现代猎头

宋斌 著

中山大学出版社
·广州·

版权所有　翻印必究

图书在版编目（CIP）数据

现代猎头/宋斌著．—广州：中山大学出版社，2017.8
ISBN 978-7-306-06101-0

Ⅰ. ①现…　Ⅱ. ①宋…　Ⅲ. ①人力资源　Ⅳ. ①F243

中国版本图书馆 CIP 数据核字（2017）第 171612 号

出 版 人：	徐　劲
策划编辑：	周建华
责任编辑：	曾育林
封面设计：	林绵华
责任校对：	马霄行
责任技编：	何雅涛
出版发行：	中山大学出版社
电　　话：	编辑部 020-84110771，84113349，84111997，84110779
	发行部 020-84111998，84111981，84111160
地　　址：	广州市新港西路 135 号
邮　　编：	510275　　传　真：020-84036565
网　　址：	http://www.zsup.com.cn　E-mail: zdcbs@mail.sysu.edu.cn
印 刷 者：	广州家联印刷有限公司
规　　格：	787mm×1092mm　1/16　26.25 印张　480 千字
版次印次：	2017 年 8 月第 1 版　2017 年 8 月第 1 次印刷
定　　价：	98.00 元

如发现本书因印装质量影响阅读，请与出版社发行部联系调换

序　　言

人类，万物之灵；人才，立国之本；精英，国之柱石。迄今所知的文明史，是人类不断改造、征服且又与自然融合的历史，是英雄人物纷争登台演义、广大人民群众不断推动创造的历史，也是发现、培养和使用人才，特别是高层次人才的历史。

现代猎头，亦称高层次人才寻访服务，系指开放有序的目标组织在管理控制边界以外，搜寻、甄别和吸纳高层次人才的过程方法。

猎头现象由来已久，延续至今。一说起源于美洲大陆。本义是指部落争斗时，针对敌方头领采取的猎杀行动，其后演变成俘获和利用高层次人才及其智慧的过程。17世纪中期，中国的藏传佛教固化了定点、定向搜寻奇异儿童的完备机制，被考证是现代猎头的早期范式。18世纪下半叶，美国建国后，持续实施大规模的移民政策，着力吸纳外国高层次人才。20世纪初期，现代猎头公司出现，主要从事人才中介服务。90年代，猎头理论得以充实，系指搜寻、甄别和聘用高层次人才的行动。新的世纪以来，猎头演变成为世界各国吸纳各类高层次人才的长效体制和机制，上升为国际人才竞争的有效策略和战略实施方式，充分体现了一定意义上的政府愿景和国家意志。

经年以来，传统的人才理念是以人才而不是职位为中心，使之能够脱颖而出、展示才华。但是，这正在被新兴的猎头重新诠释。工业革命以来，以市场为导向的大规模生产方式顿成时代潮流。机器化生产、流水装配线的出现，在解放了普通劳动力的同时，导致高层次的技术和管理人才需求激增。承接客户的有偿委托，以市场需求（职位）为中心，搜寻和匹配高层次人才的猎头组织，逐渐从一种时髦的工作进化为新兴的中介职业，演变成市场化、专业化和技术化的人力资源服务公司，能够向需求客户提供搜猎甚至是"挖角"业务，也能够向各类高层次人才提供一站式的"保姆"服务。20世纪下半叶，猎头动辄震惊全球。新世纪以来，全球高层次人才的自由流动、自由选择不断得以强化，已经摆脱了原有的政策、地域和空间限制，呈现出国际人力资源市场多元化的复杂态势。猎头的手法、思维和威力逐渐被社会公众认同，世界各国政府也通过多种渠道和路径，借助、刺激和规制猎头行业，使之成为市场化吸引外国高层次人才的柔性战略方式，甚至是促成国际高层次人才迁移的主流工具。至此，现代猎头遂被重新定位和价值重估。

商业化的猎头服务起源于美国。美国长期实行移民政策，并上升到国家战略层面。这无疑刺激了市场化的高层次人才流动。1926年，世界上第一家猎头公司——迪克·迪兰人才搜索公司（Thorndike Deland Executive Search Firm）在美国芝加哥诞生。它只收取客户的委托佣金、免除候选人的介绍费，负责多家大型零售商团高级经理的搜寻业务。这是现代猎头公司的发端。麦肯锡、博思·艾伦、豪威尔、Handy、宝鼎等第一代猎头公司呱呱落地，顿成一景。

在"柯立芝繁荣"时期，美国猎头公司放弃客户和候选人的双向收费，且必须让客户录用候选人，才能拿到委托费用，还有只按入职者年薪的5%收取佣金的做法——都让人才中介市场视以白眼。

伴随20世纪30年代的经济大萧条，早期猎头公司逐渐淡出人们的视界。随之而来的猎头现象，却让全球猎头公司大开眼界、拍案叫绝。

"二战"结束前，美国组建"阿尔索斯突击队"（Alsos），首要任务就是搜寻和俘获"轴心国"及仆从国的核物理家，最高准则就是要避免他们被苏联生俘。突击队深入硝烟弥漫的德国境内，先后寻找并绑架了1944年诺贝尔化学奖得主奥托·哈恩、1914年物理学奖得主冯·劳厄、1932年物理学奖得主维尔纳·海森堡等杰出科学家。高峰时，突击队调动的兵力将近12万人，包括1个伞兵师、2个装甲师和整个第6集团军。1945年10月，突击队被正式解散。至少2000名德国、意大利、法国、波兰的科技精英和高级专业技术人员，被掳掠到美国本土。

"冷战"时期的美国，"婴儿潮"热闹非凡，劳工运动波澜壮阔。1955年12月，美国劳工联合会和产业工会联合会正式合并，标志着劳工运动进入全盛时期。雇主们突然发现，无法与势力强劲的工会进行薪资谈判，雇员则依仗工会势力与雇主讨价还价，导致大量的中高层岗位空缺。万般无奈的雇主们，开始重视曾经蔑视的猎头服务。基于招聘问题而生存的、担当"中间调和人"角色的猎头数量激增。仅在北美地区，知名的猎头公司就超过1500家。

20世纪70年代，美国劳动力市场发生两个根本性转变：第一，雇主与雇员之间的关系变弱，裁员成为公司重组的必要手段；第二，雇员被鼓励频繁地变换工作，以谋求更高的报酬和待遇。这却使得神秘而体贴的猎头顾问，开始受到雇佣双方的好感和欢迎。猎头公司从普通的职业中介脱离出来，成为雇主和雇员共同认可的第三方中立机构，进而取得中间人控制优势。这时，一些非营利组织大量出现，能够承担高端人才的就业指导和辅助工作，从而具有一定的猎头效能。

大型国际猎头公司脱颖而出。一些北美猎头公司陆续进入英国，迅速扩张到整个欧洲大陆。此前的1951年，已经重组两次的麦肯锡公司又进行重组。1953年，海德思哲公司成立，致力于高档猎头。1955年春，史宾沙创办以自己名字命名的公司。1969年，Lester Korn和Richard Ferry在洛杉矶成立科恩·费里国际咨询公司，罗盛和银行家摩根成立了罗盛咨询。至此，美国"五大猎头"正式亮相。

猎头协会着力建设猎头的内部论坛和提供会员服务，试行成员资格制度。1982年，美国主管招募顾问协会（AERC）更名为国际猎头顾问协会（AESC），试行公司分等分级、会员准入、订金不退、投标资格和佣金底线等行业规则。预付型猎头公司（Retained Executive Search Firms）正式亮相，与兼营、非营利猎头组织区分开来，成为最典型的商业形式。到80年代末，许多大型的欧美猎头公司开始醒悟，决意追随国际猎头协会。

　　1984年夏季奥运会，使得神秘的猎头行业浮出水面。1978年11月，洛杉矶市取得主办权后，就面临严重的经费难题。鉴于前几届的巨额赤字和政策限制，百般无奈的组委会决定动用鲜为人知的猎头。彼得·尤伯罗斯最终脱颖而出、得以任命。在他的主持下，奥运会实行商业运作，迅速征集了大量的志愿者。办完后，不仅没有亏损，反而赢得2.25亿美元的收入。穷追不舍的美国媒体，直接将玉成此事的幕后英雄——光辉国际，以及它所代表的猎头行业，晒到了阳光下。

　　猎头开始被重新认识。这种在特殊情形下动用的特殊手段，的确具有显著的时效性。它超出了传统的人才中介、职业介绍的固有范畴，成为现代化、专业化和行业化的新兴现象。然而，猎头似乎没有就此停止的势头。

　　20世纪90年代，全球的猎头公司都很忙：忙着开张迎宾、忙着制造新闻、忙着接待记者、忙着上市路演。1992年、1993年相继成立的沈阳维用猎头事业部、北京泰来猎头事务所，是中国内地最早出现的专业猎头机构。猎头公司进入俄罗斯时，受到严重的政策抵制。人们开始对猎头津津乐道。1993年路易斯·郭士纳亮相IBM，1998年尼奥·菲戈德执掌空中客车、梅格·惠特曼操盘eBay，1999年卡莉·菲奥里纳空降HP、卡洛斯·戈恩担任日产汽车CEO等猎头行动，成为各大媒体的头版头条。海德思哲、光辉国际等30多家公司，戴着"国际猎头"的耀眼光环闪亮上市，受到股民的热烈追捧。其中，瑞士的亿康先达在纽约、巴黎、苏黎世交易所先后挂牌上市——庞大的"猎头帝国"，成为瑞士的第五张"国家名片"。

　　欧斯特·杨公司合伙人迈耶在《未来财富》撰文指出，未来社会就像公司在股票交易所出售股票和债券一样，杰出人才也能够在市场上公开售卖技能和成果，经纪人和分析家会对个人的技能进行"包装"和担保。从长远获益角度上看，人力资源部将成为杰出人才的代理人和投资人，人力资本市场将更加开放。

就像股票市场一样，会存在一个更有效的人才市场，将对如何奖酬人的智力工作产生重大影响。1997年，在美国猎头公司的策划及推动下，娱乐界筹划并发行15年债券，筹资5500万美元，购买摇滚乐明星齐格·斯塔达斯特的全部作品。同时，以其录制的300多首歌曲的未来专利费和音乐会演出费作为抵押担保，迅速开辟了以个人名义进行公开筹资的先河，轰动一时、大获成功。

非营利猎头机构大量出现，并分化出专门从事高层次人才培养、选拔和网罗的非营利猎头组织。网络招聘渐成气候，却没有实质性地冲击猎头市场。国际猎头协会声誉日上，极力推广的"蓝色之步（Blue Steps）"计划进展迅速，成为超出猎头公司概念的"猎头公司"。1997年，国际猎头协会欧洲理事会成立，标志着"非美化（Non-US）"拉开序幕。

2001年11月，中国加入WTO，宣布对外资谨慎开放人力资源市场。一夜之间，30多家合资公司迅速成立。在随之而来的收购浪潮中，20多家知名本土猎头公司被外资要约收购。

猎头市场广阔。1993年，全球猎头行业总收入仅30亿美元；2000年，增加到80亿美元；2010年，猛增到1000亿美元。2000年，国际猎头协会就指出，全球至少70%以上的高层次人才流动，均由猎头独立和协助完成；90%以上的大型跨国公司和所有的世界500强企业，都使用过猎头。2009财年，兼营猎头业务的瑞士德科集团，全球总收入高达211.99亿美元；专营猎头的英国瀚纳仕公司，超过39.53亿美元。

猎头行业趋于高度化。2012年，全球从事猎头业务的公司、非营利猎头组织、学术机构数量超过50万家。伴随高新技术领域不断涌现、跨国公司人才需求剧增、科技人才持续短缺、公众呼声日益强劲等因素，世界各国政府陆续出台的各种移民定居政策、留学生计划和海外人才吸引方案，使得国际高层次人才行业炙手可热，竞争格局面临洗牌预期。

产业规制日趋全面。商业猎头的优势、风险乃至惊人破坏力，逐渐被广泛认知。非营利猎头被认知，进而获得更多的政策支持和刺激。尽管世界各国的产业规制方法、层次和策略差异比较大。但是，其主旨都是指导、推动和促进猎头产业规范而健康地运营和发展。猎头行业开始夯实基础理论、拓展应用领域，不断吸纳各种新方法、新技术和新思维，壮实自身潜力，提升产业竞争力，开拓了更加广阔的人力资源市场。

政府猎头端倪。在成熟的市场经济环境下，欧美发达国家的猎头产业政策引导、行业管理和公司运营体制，臻于完备。墨西哥、美国、澳大利亚动用猎头物色内阁成员的做法，逐渐被人们所认可。一些发达国家和绝大多数发展中国家基于政府力量主导和推动的猎头，成为选拔、甄别和录用政府高级公务员、国有企业经营管理者、政党中高层后援力量和教师科研人员的"破局"工具。这种切合发展中国家实际、创新欧美国家以政策调剂、市场主导的新兴模式，对猎头的市场敏锐力、服务水平和实际功效都提出了新的挑战。

国家猎头方兴未艾。20世纪，美国的军事化掠夺高层次人才的手法，很快被复制和创新。"冷战"时期，两大阵营明争暗斗、互不相让，高层次人才偷渡、策反、叛逃事件不断发生。苏联解体时，美国、英国、日本等发达国家，毫不客气地挖走2万多名优质专家，其中不乏科技界如雷贯耳的领军人物。进入新的世纪以来，美国率先在政府部门设置首席人力资本官，应对雇员危机和尝试外部招聘。各种高层次人才振兴计划、海外留学生计划、千人计划等陆续施行，既是世界各国政府审时度势、锐意改革的战略出击，也不可避免地催生了新的人才贸易战，进而演化成没有硝烟、没有炮声，却更加隐蔽、更加激烈、更加残酷的人才争夺战。

历经100多年的演进，猎头已然成为企业和非营利组织争夺优质人才的主流工具，政府主导并积极干预的新兴产业，世界各国参与全球化人才竞争的战略方式。对于一个高层次人才来说，现代猎头似乎成了工作的必需品，因为猎头不收取候选人费用，帮忙候选人适度包装并推荐更高水平、更高档次、更新报酬的新职位，能够在相当程度上满足候选人的自尊心和虚荣心，还有跃跃欲试的冒险本能。对于一个企业来说，猎头是无法回避的。在自由开放的国际人力资源市场，要么猎，要么被猎——除非，某个企业坚定地认为，是运气而不是高层次人才在主导成功。对于一个政府来说，在全球经济一体化的信息时代，自视清高地置身世界之外，就意味在"人才流失—人才管制—人才禁锢"的恶性循环中，寻找更猛烈、更汹涌，甚至是灾难性的变革。这进一步表明，精英政治乃大势所趋。既得利益集团一心向往的世袭罔替和封闭传承，在断送中产阶层和新兴力量的美好前程的同时，也埋下破败衰落、政权终结的必然祸根。通过外部招聘和吸纳，而不是自身繁衍；通过上升渠道和晋升机制，而不是个人意志；通过国际人才的有效互通，而不是自给自足地建设清正廉洁、井然有序的国家，已经成为不可阻挡的时代潮流。

正是因为有了对高层次人才的旺盛需求，才有了争夺高层次人才的竞争，才有了猎头的运作空间。也正是有了猎头，许多高层次人才得以追求和展示自身的价值，并依赖于自己信任的猎头公司。这就是"猎头绑架候选人"的现象。然而，私人顾问型的猎头公司，并没有停止脚步，反而深深地嵌入客户需求和候选人之间，构筑了进退自如、左右逢源的耦合地带，获取令人惊讶的市场暴利。

20世纪末，光辉国际雄心勃勃地宣称，要取代20世纪罗斯柴尔德家族的金融帝国，成为21世纪新的人才帝国，人们普遍怀疑；可是，平民背景的贝拉克·侯赛因·奥巴马总统第一次组阁，猎头公司成功举荐20多名内阁成员，人们习以为常。猎头的触角和边界激起思考和担忧。但是，它本身所体现的思维能力、创新精神和时代导向，却是毋庸置疑的。

猎头是强者的工具，也是弱者的武器；是天使，是魔鬼，也是永不气馁的西西弗斯。现代猎头一直在合理地突破规则，时常考验人们的神经；然而，它所引致的新规则，又开始制约自身的发展；于是，不得不再次选择奋争——尽管，还会有更新的规则在等着它。也许，猎头永远追求的，是平静水面下的自由流动；哪怕只是轻微的流动，浩瀚无边的湖水就有活力，就有希望，就有真正的未来。

目 录

第一章 猎头的世界 …………… 1
　第一节 发展历程 …………… 1
　　一、起源、演变与早期范式
　　　　…………………………… 1
　　二、概念与分类 …………… 10
　第二节 猎头之锋 …………… 11
　　一、思维方式 ……………… 11
　　二、经典案例（1933—2013）
　　　　…………………………… 16
　第三节 理论研究综述 ……… 48
　　一、外国 …………………… 49
　　二、中国 …………………… 53

第二章 家族猎头 ……………… 55
　第一节 政治联姻 …………… 55
　　一、德国哈布斯堡家族：
　　　　"欧洲之父" …………… 56
　　二、英国维多利亚女王：
　　　　"欧洲祖母" …………… 57
　　三、日本的政治家族联姻
　　　　…………………………… 58
　第二节 企业联姻 …………… 60
　　一、欧洲的企业王朝 ……… 60
　　二、中国香港地区的财富传递
　　　　…………………………… 64

第三章 猎头公司 ……………… 66
　第一节 猎头的崛起与发展
　　　　…………………………… 66
　　一、羞涩的诞生 …………… 66
　　二、迅猛成长 ……………… 69
　　三、美好时代 ……………… 72
　　四、浮出水面 ……………… 75
　　五、全球化的开始 ………… 79
　第二节 运营与管理 ………… 80
　　一、界定、分类与基本特征
　　　　…………………………… 81
　　二、职位分析 ……………… 93
　　三、搜寻渠道与流程 ……… 99
　　四、专业技术、数据库管理
　　　　系统和项目管理 ……… 109
　　五、全程报告书 …………… 115
　　六、经营策略和扩张模式
　　　　…………………………… 116
　　七、薪酬体系 ……………… 119
　　八、全球网络 ……………… 123
　　九、顾问：最宝贵的财富
　　　　…………………………… 126
　第三节 国际猎头公司 ……… 134
　　一、美国：航母集群 ……… 134
　　二、英国：五朵金花 ……… 153
　　三、荷兰：郁金香帝国 …… 155

四、瑞士：第五张国家名片
　　　　　　　　………… 156
五、德国：日耳曼战车…… 158
六、日本：东方灯塔 …… 161
七、中国台湾：104人力银行
　　　　　　　　………… 167

第四章　非营利猎头组织 …… 169
第一节　咨询顾问型 ………… 170
一、美国布鲁金斯学会…… 170
二、美国企业公共政策研究所
　　　　　　　　………… 171
三、美国国家经济研究局
　　　　　　　　………… 172
四、日本笹川和平财团…… 173
五、匈牙利国际合作咨询公司
　　　　　　　　………… 174
六、赛诺澳中合作协会…… 175
第二节　派遣专家型 ………… 175
一、比利时退休专家组织
　　　　　　　　………… 176
二、德国退休专家组织…… 176
三、丹麦高级服务部 …… 177
四、俄罗斯专家国际合作
　　　联合会 ………… 177
五、法国国际技术咨询组织
　　　　　　　　………… 178
六、法国退休专家组织…… 180
七、荷兰管理合作组织…… 180
八、加拿大专家执行服务部
　　　　　　　　………… 181
九、卢森堡高级专家组织
　　　　　　　　………… 182
十、美国国际高级专家顾问
　　　委员会 ………… 182
十一、澳大利亚海外项目
　　　执行服务部 …… 183
十二、奥地利高级专家组织
　　　　　　　　………… 183
十三、欧洲专家联盟 …… 183
十四、葡萄牙退休专家组织
　　　　　　　　………… 184
十五、日本花甲志愿者协会
　　　　　　　　………… 185
十六、日本海外贸易开发协会
　　　　　　　　………… 186
十七、日本技术士学会…… 186
十八、日中农林水产交流协会
　　　　　　　　………… 187
十九、意大利（都灵）退休
　　　专家协会 ……… 187
二十、意大利高级专家服务社
　　　　　　　　………… 188
二十一、英国专家海外服务
　　　　组织 ………… 189
二十二、英国海外志愿服务社
　　　　　　　　………… 189
二十三、以色列专家组织
　　　　　　　　………… 190
二十四、乌克兰专家组织
　　　　　　　　………… 190
二十五、希腊技术协会…… 191
二十六、美南中国专家协会
　　　　联合会 ……… 191
二十七、玉山协会 ……… 191

二十八、美中科技商务促进会 ………………………… 192
二十九、瑞典工程师协会 ………………………… 193

第三节 基金资助型 ……… 193
　一、瑞典诺贝尔基金会…… 193
　二、以色列沃尔夫基金会 ………………………… 194
　三、美国约翰·西蒙·古根海姆纪念基金会 … 195
　四、美国福特基金会 …… 195
　五、德国洪堡基金会 …… 196
　六、美国埃温·玛瑞恩·考夫曼基金会 …… 197

第四节 协会联谊型 ……… 198
　一、美国百人会 …………… 198
　二、美国创新经济促进会 ………………………… 199
　三、美国华盛顿华人专业团体联合会 …… 199
　四、北美洲中国学人国际交流中心 ………… 200
　五、旅英中国工程师协会 ………………………… 200
　六、韩国（株）中商国际人才交流中心 ……… 201
　七、南非国际交流服务中心 ………………………… 201

第五节 学术交流型 ……… 201
　一、德意志学术交流中心 ………………………… 202
　二、加拿大北南研究所…… 203
　三、以色列魏兹曼研究院 ………………………… 203

四、日本学术振兴会 …… 204
五、日本三菱财团 ……… 205
六、日本松前国际友好财团 ………………………… 205
七、韩国学术振兴财团…… 205
八、韩国高等教育财团 … 206
九、韩国国际交流财团…… 207
十、阿根廷国家农牧科技研究所 ………… 208
十一、印度半干旱热带作物研究所 ………… 208
十二、美洲中国工程师协会 ………………………… 209
十三、全澳华人专家学者联合会 ………… 209

第五章 猎头行业 ………… 210
第一节 国际猎头协会 …… 210
　一、AESC在美国成立 …… 211
　二、全球化与"非美化"运动 ………………… 212
　三、在风暴中顽强成长…… 213
第二节 行为规范、道德公约与执业指南 …… 215
　一、行为规范 …………… 215
　二、职业道德公约 ……… 216
　三、国际与区域性惯例 ………………………… 217
　四、规范化执业指南 …… 219
　五、候选人测评及背景调查程序 ………… 223
　六、候选人权益及客户的全程监控和最终选择权益 ………………………… 224

第三节　历史逻辑和未来趋势 …………………… 234
　一、历史运行的轨迹与逻辑 …………………… 234
　二、未来展望：制约、干扰及影响因素 ………… 244

第六章　全球猎头产业 ……… 251
第一节　发展现状 ………… 251
　一、全球猎头市场 ……… 252
　二、发展现状 …………… 258
第二节　猎头在中国 ……… 262
　一、计划经济时期 ……… 263
　二、改革开放以后 ……… 264
　三、新世纪以来 ………… 265
第三节　发达国家的产业规制 …………………… 268
　一、市场主导型：以美国、英国为例 ………… 268
　二、市场和政府主导型：以法国、德国为例 …… 274
　三、政府主导型：以日本、韩国为例 ………… 279

第七章　政府猎头 ………… 287
第一节　直接型猎头 ……… 287
　一、美国：首席人力资本官和总统猎头顾问 …… 287
　二、澳大利亚：猎头招聘政府雇员 …………… 293
　三、俄罗斯：特许欧洲富豪移民 …………… 294

第二节　桥梁型猎头 ……… 295
　一、以色列：首席科学家办公室 …………… 295
　二、中国：多元化的特色道路 …………… 297
第三节　依托型猎头 ……… 301
　一、美国硅谷 …………… 302
　二、美国128公路地区 …… 308
　三、英国剑桥科学园 …… 310
　四、法国索菲亚·安蒂波利斯科技园区 ………… 311
　五、芬兰奥卢科学园 …… 313
　六、瑞典斯德哥尔摩西斯塔科技城 …………… 315
　七、德国慕尼黑科技园区 ………………… 317
　八、俄罗斯新西伯利亚科学城 ………………… 319
　九、日本筑波科技园区 …… 321
　十、以色列特拉维夫高技术新城 …………… 324
　十一、韩国大德科学城 …… 326
　十二、新加坡裕廊科技园区 ………………… 328
　十三、中国台湾新竹科技园区 ………………… 331
　十四、印度班加罗尔软件园 ………………… 335

第八章　国家猎头 ………… 339
第一节　军事化猎头 ……… 339
　一、美国：阿尔索斯突击队 ………………… 339

二、法国：外籍军团 …… 342
三、国际雇佣军 ………… 344

第二节 重大政策和专项计划
……………… 347
一、美国：定向定点猎头策略
……………… 347
二、英国：欧盟框架计划和
高级技术移民项目计划
……………… 350
三、德国：绿卡计划和投资
未来科学计划 …… 352
四、欧洲联盟：蓝卡计划和
伊拉斯谟计划 …… 355
五、日本：人才复兴计划
……………… 357
六、韩国：多级别多层次人才
专项计划 ………… 361
七、新加坡：政府和企业联袂
出击 ……………… 363
八、中国：百人计划、千人
计划和万人计划 …… 366
九、印度：人才环流和携金
回国策略 ………… 368

十、巴西：控制外流、吸引
流入 ……………… 373
十一、阿根廷：大幅修改
移民法 ………… 375
十二、泰国：人才回流计划
……………… 376
十三、马来西亚：多媒体超级
走廊计划 ……… 376

第三节 反猎头策略 ……… 378
一、美国：实行人才遏制政策
……………… 379
二、俄罗斯：全面整治人才
外流 ……………… 381
三、土库曼斯坦和白俄罗斯：美女
列为战略资源 …… 387
四、古巴：拉丁美洲留学计划
……………… 390
五、以色列：游说集团 …… 391
六、非洲："向东看" …… 393

参考文献 …………………… 397

致谢 ………………………… 402

第一章 猎头的世界

猎头现象古而有之,历久弥新。从捕杀、冻结敌对势力的高级人才,演变到生俘感化,为己所有、为己所用,进而采取智慧合作的双赢方式,乃是人类文明的重大进步。

第一节 发展历程

现代猎头,历经100多年的萌芽、发展和演进,猎头成为新兴的朝阳行业,构建了现代公司体制、行业协会和产业链,占据了人力资源高端领域。全球化、职业化和信息化的国际猎头市场,规模庞大、结构完整。

一、起源、演变与早期范式

头领是关键人物和重要标志。暗杀、捕获和猎取这些精英,更能有效地打击、压制和削弱敌方势力,壮大自身竞争力。唐朝诗人杜甫(712—770)的《前出塞》,就写有著名的诗句:挽弓当挽强,用箭当用长;射人先射马,擒贼先擒王。这里的"马"和"王",就是指解决问题的关键。

(一)本义及其演变

古代食人部落在战斗结束后,总要割取对方将士的头颅,逐一清点、计算战功,然后悬挂于己方领地和住宅周围的木架上,炫耀实力、恐吓来犯之敌。这就是"Head-hunter"和"Head-hunting"的本义。"头"至少包括有两层意思,一是指头颅,二是指头颅承载的智慧。

新中国成立以前,云南省西南部的佤族一直流传"人头祭谷"风俗,就是安排专人到村落以外绑架敌方或者过路人。猎得人头返回时,猎头队伍在接近山寨时,高声喊叫、鸣枪报捷;男女老幼盛装出迎、载歌载舞。此后,巫师砍下头颅,经过药物清洗,祭祀谷物神、祈求免遭洪灾,盼望来年的好收成。中国台湾泰雅族的猎头,主要是为了血族复仇、死后进灵界、获得保护灵、祭祖、成年、判决争议、争取社会地位和攘拔不祥等。①②

公元前11世纪，周武王攻入商都后，找到纣王的人头，悬挂在旗杆上示众，耀武扬威、庆贺胜利。秦汉以降，直到清末，军队一直延续"头功"的传统，即以实际割取的敌军人头数量计算军功。

"一战"末，英国军事理论家约翰·富勒（1878—1966）提出"斩首"概念，系指攻击敌方指挥系统为首要目标的"瘫痪攻击"，亦称"斩首攻击"。为此，神出鬼没的小型突击队也应运而生，颇有斩获。

美国人更有心得。1943年4月，根据美国海军上将切斯特·尼米兹的命令，第339战斗机中队长约翰·迈克尔少校，率领18架P-38"闪电"战斗机，在太平洋的布干维尔岛上空截杀偷袭珍珠港事件的策划者和指挥者、联合舰队总司令山本五十六大将，大大削弱了日本军界的信心和士气。③

1991年，在代号"沙漠风暴"的海湾战争中，以美国为首的多国部队，针对伊拉克总统萨达姆及其家族成员和高级官僚，采用巡航导弹和精确制导导弹进行精准打击的"斩首"行动，直接消灭首脑和首脑机关，借以彻底摧毁家族统治的伊方武装力量的抵抗意志。

以色列始终坚持并实施"定点清除"计划，通过投放炸弹或发射导弹等袭击方式，针对巴勒斯坦政治派别领导人进行"猎杀"。"定点清除"的主要参与者是以色列空军，目的是动用先进的军事装备对以色列通缉名单中的巴勒斯坦激进组织领导人和骨干分子进行精确打击，摧毁巴激进武装，为其单边行动计划扫清障碍。此外，"定点清除"还被用来对付巴勒斯坦的"人体炸弹"等恐怖袭击。2000年9月—2013年1月，"定点清除"超过150名巴勒斯坦各派高级官员，包括"哈马斯"的创始人兼精神领袖谢赫·艾哈迈德·亚辛，及其接班人阿卜杜拉·阿齐兹·兰提西。

2007—2011年，伊朗发生多起核专家遭暗杀或绑架事件。美国国家广播公司（NBC）援引匿名美国官员的话称，奥巴马政府知悉暗杀行动，但是，并未直接涉入。这一切都是以色列情报机构"摩萨德"资助、训练并提供武器的伊朗反对团体"人民圣战组织"（People's Mujahedin）负责执行的。④

---

① 左永平：《佤族猎头与剽牛——原始宗教祭祀仪式的典型方式》，《文山师范高等专科学校学报》，2008年第2期。
② 何廷瑞：《泰雅族猎头风俗之研究》，台湾大学《文史哲学报》第7期，1954年4月。
③ 张加军：《美军史上最成功刺杀：截杀山本五十六》，新华网，2007年1月6日。
④ 宗禾：《伊朗核科学家五年五人被刺杀》，《广州日报》，2012年1月12日。

（二）从猎头、猎智到借脑

在人类发展的历史长河中，猎头的意思演变，内涵不断丰富。这主要包括以下几个阶段：

1. 从猎杀到遏制

进入21世纪以来，对于敌对方的高层次人才或者潜在的敌对人物，猎头策略有所改变。在既不能暗杀，也不能劝降的前提下，美国采取"冻结"策略，对俄罗斯、中国、伊拉克、朝鲜、古巴、伊朗等所谓的敌对和潜在的敌对国家的"鹰派"人物，如著名的技术专家、理论学者、高级将领，采取打压、污蔑和毁损手段，使其失去高层信任，达到不为所用的目的。

势力庞大、资金雄厚的以色列游说集团，在美国积极采取"踩压"策略。如果认定一些参议员、众议员对美国的以色列政策发表不利的言论，就会群起而攻之，展开全方位的围剿，或者揭露丑闻，或者败坏名声，甚至拿出巨资反向资助他/她的竞选对手、破坏连任计划，目的就是把这些人搞下台。反之，偏袒以色列的美国政客，经常能够得到慷慨的捐赠和更多的选票。

2. 从猎头到猎智

伴随人类文明演进、社会发展和历史积淀，猎头含义开始转向擒获各种杰出人物、重要精英和高层领袖，不再杀死、为己所用，意即搜猎、网罗人才之意。古汉语的"猎头"表达高雅而隽永。如唐朝张说《〈唐昭容上官氏文集〉序》之"搜英猎俊，野无遗才"；又如唐朝骆宾王《对策文三》之"翘车猎彦，束帛旌贤"；再如元代刘祁《戏题太公钓鱼图》之"向使文王不猎贤，一竿潦倒渭河边"，就是指周文王得遇吕望（姜子牙）。"猎俊""猎彦""猎贤"等词汇，恰恰彰显了"猎头"的应有之意。

此后，又渐渐转化成搜寻、借助和采纳高级人才智慧，并为己所用、图谋大业。譬如春秋时期的秦穆公，巧计使用五张公羊皮，在楚国的奴隶堆中换来70多岁的百里奚，走上了富国强兵的道路；战国时期的秦昭王，五次跪地请教治国才能卓越的范雎，终于成就一代霸业；东汉末年的刘备，三顾茅庐访寻"卧龙"诸葛亮，东山再起、励精图治，得以三国鼎立；等等。

科举制度始于隋朝。隋炀帝大业元年（605年），采取分科取士、统一考试的办法来选取进士，把读书、应考和做官三者紧密结合起来，揭开了世界官吏选拔历史上的新篇章。后人曾经评价到，"前代选用，皆州郡察举……至于齐隋，不胜其弊……是以置州府之权而归于吏部。自隋罢外选，招天下之人，聚于京师，春还秋往，乌聚云合"。贞观年间，唐太宗大兴科举。一次科考结束后，他看到新进士们从端门列队而出、鱼贯而过的盛大场面，心花怒放地说，"天下英雄，尽入吾彀中矣"。在他看来，"科举取士"这张超级大网，为自己，也为自己的国家搜罗、猎获了众多优秀人才。

科举制度是封建国家和帝王动用政权资源，选拔、网罗各种人才服务国家的人才制度。较远古的禅让、先秦的世袭、汉代的察举征辟、魏晋南北朝的九品中正等诸多体制，覆盖群体更加广泛，选拔机制更加通畅，国家指向更加明确。它以工序化的流水线生产，不计出身、一视同仁地通过组织统一考试，大批量、高效率地遴选封建政权所需要的各种人才，覆盖面之广、持续时间之长、影响力之深远，自成体系、举世罕见。它是现代公务员选拔录用体制的雏形，也是政府猎头和国家猎头的源起模式。

3. 从猎智到借脑

在和平与发展的时代主题下，政府、企业对于高层次人才的需求，在不能从内部系统产生的情形下，"外部招聘"成为主流。伴随国际化程度的加深，通过合作研究、共同开发的"借脑"方式，更加常见而隐蔽。①

4. 现代意义

20世纪初，猎头从一种工作成为新兴的职业。"二战"末，美国采取政府猎头的方式，直接动用军队抢夺外国高层次人才。70年代，出现跨国猎头公司，集聚成为新兴的行业。90年代中期，猎头成为"高管寻访"（executive search）和"高端人才派遣"（executive recruiters）的代名词，进而构成完整的人力资源服务产业。

21世纪以来，猎头系指搜寻、甄别和吸纳高层次人才的总和。历经100多年的演进，已然成为企业和非营利组织争夺优质人才的主流工具，政府主导并积极干预的新兴产业，世界各国参与全球化人才竞争的战略方式。

（三）转世灵童寻访：早期范式

佛教系世界三大宗教之一，始创于古印度的迦毗罗卫国（今尼泊尔境内），西汉末年经由丝绸之路传入中国。藏传佛教是传入西藏的佛教分支，与汉传佛教、南传佛教并称"三大佛教"，是当今世界上流传区域最集中、

---

① ［美］萨蒂什·南比桑、莫汉比尔·索尼，时启亮、张鹏群译：《全球借脑》，中国人民大学出版社2009年版。

信众最执着、仪轨最丰富的宗教之一。

活佛转世是藏传佛教特有的传承方式。按照灵魂不灭生死轮回和化身再现，圆寂后、能够根据意愿而重新转世的蒙藏地区得道高僧，被称为"朱毕古"（藏语，意为化身、转世者）和"呼毕勒罕"（蒙语），即"活佛"。

一般而论，活佛主要来源于前世活佛转世者、被上级活佛认定的杰出修炼者、精通显密经论及擅长讲授的饱学宗师、品行卓越且贡献较大的寺院政教事务者等；根据历史渊源、宗教地位和影响力，分成大活佛（著名活佛）、中活佛和小活佛三个等级；活佛自主选择是否转世以及转世性别（多为同性）；转世对象多为佛缘深厚、资质灵异的幼童；转世灵童经坐床行礼、寺院教育培养，受过具足戒后，方能成为活佛、亲政视事；等等。①

1. 活佛转世制度的由来、演变及历史承继

活佛转世现象出现于元朝初期，定型于明清时期，迄今已逾 700 年。可分成四个历史时期：

（1）起源期（13 世纪末—16 世纪中叶）

公元 7 世纪，佛教传入西藏，经与当地原始的苯教辩经取胜、成为主流教派，呈现政教合一趋势。9 世纪中叶，朗达玛赞普实行禁佛运动。10 世纪末，佛教重新复兴、平稳发展。13 世纪中叶，西藏正式纳入中国版图，元朝设置总制院（后改为宣政院）掌管全国佛教事宜和藏族地区军政事务。13 世纪末，噶玛噶举派首领噶玛拔希（1204—1283）被元朝宪宗蒙哥汗召见，赐予金印、白银和一顶金边黑色僧帽。噶玛拔希圆寂前，表示将"化身再现、乘愿而来"，授记弟子珠妥·乌金巴"在远方的拉堆（地名），会出现一名能够继承黑帽派法统的人。在他诞生之前，你要继承我的事业，主持政教事务"。果然，年仅 5 岁的让炯多杰乌金巴在拉堆被找到、认定为噶玛拔希的转世灵童，后在祖普寺升座成为第三世噶玛巴，追认都松钦巴一世、噶玛拔希二世。这是时间最早的、事实上的活佛转世。它将佛教进一步神秘化，有利于佛教的稳固发展，更有利于中央政府利用藏传佛教维护统治，逐渐被宗教上层、世俗政权、僧俗民众接受并认同。

（2）推广期（16 世纪中叶—18 世纪初）

16 世纪中叶，格鲁教派（黄教）强势兴起。1546 年、1645 年，黄教寺庙集团建立达赖、班禅两大活佛转世系统，建立了比较完整的运作流程

---

① 丹珠昂奔：《藏族神灵论》，中国社会科学出版社 1990 年版。

和管理制度。17 世纪初，影响较大的宁玛派、萨迦派等教派陆续采用，并推广到西藏、蒙古、青海、四川及其周边地区。

18 世纪初，藏传佛教进入繁荣鼎盛时期。活佛规模迅速扩大，数量骤增。少数大活佛更是集宗教领袖、领主地位和世俗权势于一身。为了维护既得利益、争夺领导权，宗教上层、地方利益集团、中央政府及民间教众等势力纷纷插手大活佛转世。当时，转世灵童多通过西藏地方护法神（多为神汉、巫师）"降神"进行认定。许多活佛、贵族阶层和高级地方官吏的亲戚子女，通过暗中贿赂、舞弊等手段，得以进入活佛系统。一时间，"族属姻娅，递相传袭"，与世袭无异。①

（3）定型期（18 世纪初—民国时期）

这是活佛转世制度的整治、确立和巩固，灵童寻访规范化、流程化和制度化的关键时期。

中央政府强化了西藏的集权统治。元朝以降，西藏地区宗教冲突屡禁不止，农奴主武装叛乱此起彼伏。1727 年，雍正皇帝设置"钦差驻藏办事大臣"，设正副各一员，地位与达赖平等，代表中央政府会同达赖监理西藏地方事务，如任免高级僧俗官员、督察司法差役、稽核财政收支、调动指挥军队和涉外事务等。1749 年，废除藏王制，政务由噶厦（西藏地方政府）管理，受达赖与驻藏大臣的直接领导。1785 年，噶玛噶举派红帽系活佛挑唆廓尔喀国（今尼泊尔）入侵西藏。1793 年，乾隆皇帝派兵平叛后，旋即制定《钦定藏内善后章程二十九条》，维护了国家对西藏地方的主权统治，详细规定了西藏的官制、司法、货币、税收、宗教、军事等事宜。

创置金瓶掣签制度。《钦定藏内善后章程二十九条》第一条规定，"达赖喇嘛和班禅额尔德尼为黄教教主。蒙古和西藏地区活佛及呼图克图转世灵童时，依照西藏旧俗，常问卜于四大护法神，因依口传认定，未必准确。兹大皇帝为弘扬黄教，特颁金瓶。嗣后认定转世灵童，先邀集四大护法神初选灵异幼童若干名，而后将灵童的名字、出生年月日书于签牌，置于金瓶之内，由具大德之活佛讼经祈祷七日后，再由各呼图克图暨驻藏大臣于大昭寺释迦佛尊前共同掣签认定。如四大护法神初定仅一名，则须将初定灵童名字之签牌，配一无字签牌置于瓶内，若掣出无字签牌，则不得认定为初选之灵童，须另行寻访。"《二十九条》体现了中央政府在大活佛认定过程中的主权统治，协调了佛教教义、宗教仪轨和僧俗争斗，巧妙

---

① 罗润苍：《藏传佛教的活体转世制度论析》，《中华文化论坛》，1995 年第 2 期。

地解决了宗教首领的地位和政治经济权力的传承，客观上也创新了治理西藏的政策执行体制。①

1793年，清政府颁赐一个金瓶于拉萨大昭寺（后移至布达拉宫），专掣达赖、班禅等藏族大活佛；另赐一个金瓶于北京雍和宫，掣定蒙古族大活佛。1822年，第九世达赖隆朵嘉措的转世灵童甄别，第一个启用金瓶掣签制度，即第十世达赖楚臣嘉措。此后的200多年间，仅西藏地区的格鲁派、噶举派、宁玛派的39个活佛转世系统，就有70多名转世灵童通过金瓶掣签予以认定。

建立活佛等级序列。黄教是后藏传佛教时期占绝对统治地位的唯一主教。活佛地位最高者为达赖和班禅（并列），被视为黄教之宗；其次为哲布尊丹巴呼图克图；再次为以章嘉呼图克图（内蒙古、甘肃、青海地区的黄教领袖）为首的、驻京参班的八大呼图克图；最后则为拉萨的功德林、丹杰林、策墨林、次觉林（即"四大林"），甘丹赤巴及热振活佛；其下则为拉萨的色拉寺、甘丹寺、哲蚌寺（即"三大寺"）的"措钦朱古"、昌都寺的帕巴拉、拉卜楞寺的嘉木样活佛等。中央政权明确活佛等级序列，使得延续了几个世纪的活佛地位争论、教派间争斗等现象得以控制。②

民国时期沿袭清制。1935年2月，颁布《管理喇嘛寺庙条例》，规定喇嘛寺庙和喇嘛的管理权、转世、任用、奖励和登记权力归属于中央政府蒙藏委员会。次年又出台《修正喇嘛登记办法》《喇嘛转世办法》等，覆盖北平、承德、五台山、四川等地域。1940年、1949年，国民政府顺利完成了第十三世达赖、第九世班禅的转世灵童寻访认定工作，即第十四世达赖丹增嘉措、第十世班禅确吉坚赞。

（4）承继期（1949年以后）

中华人民共和国成立初期，西藏、新疆和青海地区发生多起叛乱。1959—1961年，西藏实行民主改革，废除政教合一的封建农奴制政权和剥削制度，建立劳动者个体所有制。同时，也废除寺庙中的封建特权，实行政教分离和宗教信仰自由政策。百万农奴翻身得解放，西藏的面貌焕然一新。

新中国尊重历史传统，承继了转世灵童制度。1950年1月，第五世嘉木样的转世灵童首次实行了金瓶掣签后，40多位活佛的转世灵童陆续采

---

① 廖祖桂、李永昌、李鹏年：《钦定藏内善后章程二十九条》版本考略（一），《中国藏学》，2004年第2期。

② 平措卓玛：《藏传佛教的传承制度》，《云南民族大学学报（哲学社会科学版）》，2006年第6期。

用。1989年1月，第十世班禅确吉坚赞圆寂，寻访工作随即展开。1995年11月29日，3名候选灵童依例在拉萨大昭寺佛祖释迦牟尼像前进行金瓶掣签，并报经国务院批准，5岁的坚赞诺布被确认为转世灵童真身。12月8日，第十一世班禅确吉杰布正式坐床。2007年7月18日，国家宗教事务局颁布《藏传佛教活佛转世管理办法》。古老的活佛转世制度重新焕发出青春和活力，成为维护西藏长治久安、深受教众拥护的传统仪轨和历史定制。

2. 灵童寻访：现代猎头的早期范式

转世灵童寻访是活佛转世制度的核心，蕴含了现代猎头的许多理念、原则和体例，是现代猎头的中国起源。

（1）特殊的寻访任务

藏传佛教认为，活佛就是"三身"中的应身佛，是躯体的更新，是灵魂的新装，是"前世"的再现。因此，活佛的转世灵童是特定的、排他的，只能是唯一的。

寻访的耗费很大。如第十世班禅圆寂后，中央及地方政府专款用于修建灵塔、保护法体和灵童寻访的费用，就超过7700万元；1994年2月—1995年1月，进行3次重大的秘密寻访工作，从5个省（自治区）46个县境内寻得灵异儿童28名；寻访时间更是长达6年。

（2）高端的专业队伍

寻访灵童是无上的荣耀，也是神圣的使命。所有寻访者出发前，都要发誓效忠佛陀、保守秘密，坚决完成访寻任务。在漫长的几个世纪，不少寻访者忍饥挨饿、沿路乞讨，伤病而死。然而，强烈的宗教信念、牺牲精神和自我驱动，促使他们义无反顾、不达到目的誓不罢休。

寻访者的素质是很高的。他们绝大多数是忠诚耿直、学识渊博，办事认真、为人诚实，具有较高的社会地位和影响，且深受僧俗敬重的大活佛、僧侣和经师们。如在1989年8月，经中央政府批准，第十一世班禅转世灵童的寻访工作正式启动。西藏扎什伦布寺敦请第十世班禅大师的经师嘉雅活佛和扎寺民管会主任强巴赤列活佛主持，图丹却吉尼玛活佛、洛桑坚赞活佛、强巴洛珠活佛等10名高僧组成领导小组，赵朴初、帕巴拉·格列朗杰、色吉堪苏·伦珠陶凯等担纲寻访顾问，阵容极其强大。

（3）细致的线索梳理

寻访工作启动后，就要着手制定寻访目标、原则和计划，围绕目标不断缩小搜寻空间和范围。

首先，廓清目标方位。一些活佛圆寂前后，弟子们或按照遗言，或借助活佛圆寂时的身体朝向，或在房顶上燃起堆烟、观察烟柱的飘动方向，或祈祷护法神等，以确定活佛的降生方位。如寻访者通过第六世达赖仓央嘉措"洁白的仙鹤，请把双翼借我；不到远处去飞，只到理塘就回"的情歌，选定了出生于理塘地区的转世灵童，即第七世达赖格桑嘉措。

其次，重视线索收集。依据活佛生前描述、降神占卜、神谕启示和观巡圣湖等路径，逐渐明晰寻访要点。在寻访过程中，他们不动声色、秘密暗访，高效率地筛选搜寻对象，最大限度地接近灵异幼童群体，如相貌是否具有佛相、身上是否有奇异印记、思维是否敏捷、语言是否清晰洪亮等。

最后，追寻先天吉兆。寻访者认为，活佛是菩萨的化身，与众不同、超凡脱俗，转世时必然出现一些吉利的征兆。如一个候选灵童出生时，家中堆放的酥油包突然胀裂，酥汁四溢、香满卧室，被视为难得一见的吉兆。又如1836年，甘南大活佛噶桑土丹旺曲在四川德格地区出生时，大地轻微摇晃，房顶上出现一道亮丽的彩虹，住宅附近的鲜花乍然盛开。凡此种种，皆是寻访者眼中宝贵的搜寻线索。

（4）神奇的验证方式

转世灵童是前世活佛精神和灵性的延续，能够记忆前世的一切，也可辨认前世用过的物品。这就是藏传佛教的"宿通"。如寻访六世班禅罗桑华丹益希的转世灵童时，共有4名灵童入围。扎什伦布寺派出六世班禅的贴身侍从苏本堪布，拿出六世班禅曾经用过的茶杯、铃、杵、念珠等旧物，与其他物件混杂一起，让灵童们自己挑选。灵童依次挑选物件后，只有来自日喀则地区白朗县吉雄奚卡的小孩，手中拿到的全都是六世班禅的生前旧物。苏本堪布据此断定真身。于是，扎寺即请驻藏大臣博清额转奏朝廷批准。1782年，清高宗批准奏请。1784年，第七世班禅丹白尼玛正式坐床。

（5）权威的认定机制

有时，经过多轮筛选后，出现多名灵童进入"决赛"的情况下，采取两种认定方法：

一种是适用于中小活佛的断定法。分成"天断法"和"指定法"。天断法包括抓阄法、降神法。指定法包括三类：一类是大活佛指定。即采取高级别的活佛甄别、认定的方法。等级较高、经济宽裕的寺院，还能够专门到拉萨晋见达赖、班禅等宗教领袖，予以正式认定。一类是世俗统治者直接指定。还有一类是僧俗共同商定，即在一些当地世俗势力比较强大的偏僻边远地区，宗教高层和世俗政权领导者商议确定。

一种是专门用于大活佛的金瓶掣签制度。早期的大活佛，如藏传佛教领袖（如达赖、班禅），或地域性宗教首领（如哲卜尊丹巴），或受朝廷赐封的呼图克图（如土观、阿嘉）等，认定形式并不统一。如五世达赖阿旺罗桑嘉措，通过抓阄法认定；世俗统治者直接指定了六世达赖仓央嘉措和七世达赖噶桑嘉措。金瓶掣签制度实施后，清政府还明确规定很多条文细目：金瓶应保持"净洁不污"，常年供奉于宗喀巴佛尊前；灵童签牌必须用满、汉、藏三种文字书写；章嘉、哲布尊丹巴、达赖、班禅等蒙藏大活佛，均须通过金瓶掣签；在灵童只有一人的特殊情形下，可以申请中央政府特许批准、免于"金瓶掣签"，如第八世、十二世达赖的转世灵童；驻藏大臣专司监督达赖、班禅及其他大活佛转世的金瓶掣签、拈定灵童、主持坐床典礼；等等。

（6）完备的后续服务

后续服务极其周全。转世灵童一旦被认定，便迎入寺院抚养、训练。坐床后，就要修身养性、习经修炼。指导者均系德高望重、学识一流的资深高僧。学业合格且年满18岁，才能正式成为活佛。同时，还配备极其专业的安全保卫、营养调剂、医疗保障等制度。

二、概念与分类

（一）概念

狭义的猎头，系指开放有序的目标组织在管理控制边界以外，搜寻和吸纳高层次人才的过程方法。这是一种单向过程。

广义的猎头，还包括反向地保护、冻结乃至禁止高层次人才流失的政策举措，即反猎头。

（二）分类

一般分成两大类。一类是个人实施的猎头行为，另一类是社会组织实施的有目标、有步骤、有手段的猎头行动。

依照实施主体，大致可以划分为猎头公司、非营利猎头组织、政府猎头和国家猎头。猎头公司和非营利猎头组织也合称"猎头机构"。

猎头公司为公司（企业）、行业和产业三个层次。在欧美国家，行业和产业并没有太大的区别。这里，主要是依据日本理论界的观点进行细化，以便将"行业管理"和"政府规制"有效廓清，分别阐述和解构。

政府猎头和国家猎头是有区别的。政府是国家利益的集中体现和执行载体，却并不是唯一的。许多个人、企业和非营利组织的猎头行为，也能够明显体现应有的国家利益,如德国的洪堡基金会、日本的笹川财团、以色列的游说集团、法国的外籍军团等。特别是在国际人才竞争过程中,现代猎头成为人才竞争的战略方式、较为特殊的竞争策略。在高层次人才市场化竞争的态势下,它是国际通行的实施工具、主流渠道和技术路线。

(三) 构成

现代猎头包括实施主体、目标对象和行动过程三个基本要素。在开放状态下,三者相互关联、密不可分。

实施主体是指主体需求。这种需求应当是现实的,通常也是紧急的。土库曼斯坦是不会聘请猎头出击,搜寻世界上最优秀的航空母舰舰长的;因为,它是一个内陆国家。同样,IBM 面临倒闭、董事会炒掉 CEO 的时候,就必须立即物色新的人选;因为,这不是一个普通的销售人员,多一个、少一个并没有什么关系。如果找猎头公司就得出钱,谁出钱谁就是委托方。即使是不收费的非营利猎头组织,也得有明确的委托意向。

目标对象即需求方的理想人选。在企业层面上,就是董事会的决议,以及在此基础上形成的委托合同。在政府和国家层面上,通常表现为针对特殊群体的引进政策和措施,如德国、中国先后实施的"千人计划",就有明确的条件要求和指向。

行动过程就是具体的方法、手段、技术路线、途径等。在企业层面,主要是指搜寻、甄别、游说、吸纳候选人的整个过程。在政府主导的高科技园区层面,也表现为吸引高层次人才的政策、措施、计划和方案等。在国家层面,多体现于高层次人才领域的重点工程、专项计划、特殊举措等。

第二节 猎头之锋

在人力资源市场,现代猎头既是天使,又是魔鬼。它就是这样一把双刃剑,让人爱,也让人恨。但是,从普通的人才中介市场脱颖而出的猎头,并不是一帆风顺发展起来的。它与其他的人力资源服务行业曾经有着严重的摩擦和碰撞,一度影响到自身的健康运营。经过长期磨合、市场细化和行业分工,才开始具有独特的思维方式,而这种方式又通过大量的实战案例验证,体现了应有的功能和价值。

一、思维方式

经过 100 多年的发展,现代猎头形成了特殊的市场规则、交流语言和独特的筹划思维、遴选渠道及防范手段。这是长期市场培育和磨砺的结果，也是了解、认知和把握现代猎头的关键所在。

（一）崇尚"精英治理"

欧美猎头也同样认为，"千军易得、一将难求"。经过实践考验的杰出人物和科技精英始终是所有的政府和企业的牢固柱石。一个复杂而庞大的、亟须迅速发展的企业，必须交给最杰出、最睿智和最能干的人物治理，才是最理想的状态；而且，还必须紧紧围绕他/她形成一个目标明确、紧密团结、行动得力的精英治理层予以辅佐，审时度势、趋利避害。特别是在家族企业从创业到现代经营的过渡中，猎头能够从企业外部搜寻到合适的职业经理人，从而起到转型升级的桥梁作用。

中低级职员并不是猎头的业务对象。除非必要，通常以"团队猎头"的方式，可以作为猎头附带的"赠品"。有时，直接交由人才中介机构，而不是其他的猎头公司完成。①

（二）信奉"成功再现"

猎头顾问考察候选人，并不会在意个人的理想及意义；而是通过考察候选人的既往历史和经验，再与职位进行匹配。猎头不过是把已经在一个企业、行业或者领域成功的人，猎取到另外一个类似或者相似的领域，让他/她们继续取得成功；顾问的任务不是选拔和培训，而是更加高效配置可以自由流动、自由选择的高层次人才，让后者取得更大的成就。

欧美猎头公司非常乐意实施跨国、跨行业的搜寻工作，可以获得高额的佣金。表面上，这样有着更高的潜在风险；然而，候选人在已经成功的领域体现出来的综合素质，却使得这种风险能够被有效控制并提前消化。②③

（三）善于"破局"

企业重金聘请猎头物色高层次人才，是迫不得已的选择，是特殊情况下的非常手段。在内部无法诞生新的职位候选人，以及内部的人力资源部门无法掌握足够的高级人力资源信息，而又急于破除"迷局"时，就必须聘用专业化、职业化的猎头公司进行外部招聘。同时，猎头服务能够减少

---

① Joseph Daniel McCool. The World's Most Influential Headhunters. Business Week Special Report. January 31, 2008.

② Hewitt Associates. Integrated Human Capital Management：Achieving Success By Crossing Traditional HR. http：//www.hewitt.com/.

③ Richard Hoon. The right man for the job. Enterprise50 supplement，November 28, 1996.

许多同行的指责和纠纷，并可以避免委托方与候选人直接沟通的不便。花费重金、打开局面，本身就是借助外部力量解决内部问题的最佳工具。①②

许多公司动用猎头公司，有着不同的原因。第一，也是最重要的，就是希望得到专业服务。如企业要招聘一名人力资源或财务高管，就得要求他们具有相当的专业知识。第二，客户或雇主可能会要求猎头公司遵循严格的时间期限，能够快速而有效地在一个有着广泛的联系网络中搜寻。大多数猎头公司能够提供专业水平方面的意见，详细分析指定职位的属性，并提供合适和合格的候选人。这些名单内通常不多于4周时间。这使得委托方节省宝贵的时间和费用，以便将精力更多地集中在候选人的安置上。第三，雇主期望的搜索正在以令人满意的步伐，以确保良好的沟通和持续的更新，对于企业的搜索。③

猎头公司一旦被选定，就意味着委托方对它所在的特定行业、公司资质、工作角色和位置所需要的资历和经验，有了比较清楚的了解。多数委托方预计，猎头公司将依据他们的策略、面临的挑战、企业文化、员工队伍和具体职位的技能特点，在市场上搜寻潜在的候选人。他们希望，猎头顾问们能够利用广泛的行业研究、专门的数据库、多样化的互联网工具等资源，帮助他们确定目标人选。这样的研究领域，还包括在竞争性对手、其他相关或类似行业的公司，发现潜在而合适的候选人。猎头公司很多的"幕后"的背景研究，将有助于他们完全理解市场和候选人类型。因为在猎头公司看来，只要候选人的自愿流动是合法的，那就是正确的；至于这样是否道德，与猎头服务并没有太大的关系。因为，这符合猎头的市场理念：市场竞争必须是合法的；市场竞争也是残酷的；合法而残酷的市场竞争，不必受到道德规范的严格约束，或者说，不是道德讨论的应有范畴。④

猎头公司有能力超越委托方自己组织的背景调查，仔细核实每一个潜在的候选人，发现特定的经历和优势。委托方则通过面试、评估，进而形成候选人的遴选档案。一旦选择潜在候选人，就要与潜在候选人进行谈判，同时邀请猎头公司参与。

特别是伴随专业化程度的不断提高，欧美猎头公司专注行业研究的水

---

① Patrick Mileham. The "science" of headhunting. DDT, Vol. 5, No. 4 April 2000.
② http://finance.21cn.com/news/gzsr/2004/08/23/1723284.shtml.
③ Greg Heslin. Why Use Executive Search Firms? http://www.streetdirectory.com/travel_guide/192733/human_resources/why_use_executive_search_firms.html.
④ Ghee-Soon Lim, Claudia Chan. Ethical Values of Executive Search Consultants. Journal of Business Ethics. Volume 29, Number 3, 2001.

平已经相当高。如在2012年，美国前5名的国际猎头公司的顾问平均年龄是55岁，至少有着26年以上的从业经验；高级顾问群还包括退休的政客、企业领袖和高级研究员等。他们对于特定的行业、特定的目标群体，轻车熟路、了如指掌。①

简单说，使用猎头公司的原因有很多。最重要的是，委托方似乎并不关心佣金的多少，而是更加关注猎头公司的专业技能和法律手段，以及他们在传统和非传统、网上和网下之间的透彻搜索，能够满足需求，并对合适的候选人名单进行微调。同时，委托方也要求猎头公司能够保证质量，建立良好的沟通网络，以及提供专业代理和法律咨询。

（四）逻辑的逻辑

一个流传很广泛的故事说，精明的猎头顾问在餐馆吃饭时，看中了正在提供高质量服务的优秀侍应生。然后，他将这位侍应生推荐到了一家大型公司工作。后来，侍应生经过努力拼搏，成为著名的企业领袖。

还有一个故事更加有趣。贫穷的老约翰只有一个朋友，就是某个猎头公司的总裁。他为了帮助约翰的儿子，开始策划一系列的计谋。首先，他找到世界银行的行长，说已经物色了一名副行长，非常年轻，只有30多岁。行长说你疯了吧？猎头顾问说我没有疯；你想想，如果这个人是比尔·盖茨的女婿，能够接受吗？行长同意了。顾问随后找到比尔·盖茨。他说，我已经为您的女儿找到了下家，非常年轻，只有30多岁。盖茨说你疯了吧，我的女儿还在上学。猎头顾问说我没有疯；你想想，如果这个人是世界银行的副行长，您能够接受吗？盖茨同意了。这样，老约翰的儿子不仅成为盖茨的女婿，还当上了世界银行的副行长。猎头顾问没有花一分钱，就办成这个奇迹般的事情。

其实，这些故事都是虚构的。猎头顾问不会推荐一个没有成功经历的人到跨国公司，他不相信一个端着盘子的年轻人是怀才不遇的，他没有义务去发现和培养人才。而且，猎头顾问不愿意和穷人打交道的，更何况是做朋友。猎头顾问不会投机倒把，因为，这是早期猎头公司曾经喜爱的。他不会伤害世界银行的行长和比尔·盖茨，因为真相是尽早要暴露出来的。猎头是不太关注所谓的细节的，他们挑选的是高层次人才——这个群体往往是穿着休闲装、拿着高尔夫球杆的，而不是西装笔挺、点头哈腰的年轻求职者。

---

① Business & Company Resource Center（Industry Overview Display Page）. Professional Executive Recruiting，Feb 22，2012.

那么，猎头顾问是怎么发现高层次人才的，或者说，他们究竟喜欢什么样的候选人呢？

简单地说，神秘的猎头顾问并不是神仙。在现代猎头发展史上，失败的案例并不比成功的案例少。至少，从欧美发达国家的实践来看，完全的成功率也只有70%左右。猎头顾问"看走眼"的事情经常发生，且无法避免。如果非要总结他们与其他人的所谓不同，也不外乎以下三个方面：

第一，成功是可以复制的。尤伯罗斯在主持奥运会之前，郭士纳在进入IBM之前、古铁雷斯出任美国商务部部长之前，已经都是非常成功的人士。猎头相信，只有已经成功的人，才能在新领域取得新的成功。因为，这是已经被证明了的，是客观存在的事实。成功的经历，使得候选人能够担负新的挑战，并将风险控制到最小的限度。这也从侧面说明，为什么几乎所有的国际猎头公司，都不会选择应届毕业生作为顾问；而是愿意重金聘请一些著名的专家和杰出人物担当顾问。他们认为，成功者之间是有直接对话权的；年薪百万元的企业高管，无法相信刚刚大学毕业的年轻顾问；只有高档的服务，才能被高端人才所认可。

第二，精力充沛是成功的必要条件。不喜欢跳槽的或者频繁跳槽的人，都不受猎头欢迎。猎头喜欢高层次人才的合理流动，特别是必要的流动。他们并不喜欢史蒂夫·乔布斯——这样屡败屡战的人，因为，总有什么原因会制约一个人的正常成功。猎头从来不相信怀才不遇，也不相信循规蹈矩能够创造奇迹，更不相信疯子一般的天才。精力充沛是一种特质。它能够让一个人享受更多、更大的成功，而不是在病床上思考人类的未来。

第三，责任精神是首要条件。从某种程度上来说，猎头接受委托，在全球范围内寻找合适的候选人，最主要的目的就是要解决问题。候选人必须被证明具有这样的能力，以及能够解决问题的主观意愿。候选人和委托方是契约关系，只要委托方满意，就是最大的成功。这就是要求候选人是一个负责任的人，不仅能够忠实地履行工作合同，而且能够真正为委托方带来实质性的效果。猎头不相信所谓的梦想、新奇的表演和一流的口才，他们只相信事实，至于解决问题的方法和手段，取决于委托方的容纳程度，与猎头无关。

（五）竭力规避风险

猎头的目标对象通常是高层次人才群体中的佼佼者，甚至是牵一发而动全身的领军人物，一呼百应的企业领袖。哪怕是细节失败，都可能造成巨大的损失，甚至会让委托方和接单方一蹶不振。因此，不是任何猎头订单,都会有猎头公司承接。猎头公司在出现猎头意向后,都会组织一个小范围的内部评估,成功的可能性在 70% 以上,才会接单。也就是说,按照委托方的初步描述,一个职位至少能够搜寻到 3 名比较合适的候选人;否则,猎头公司会主动放弃,避免搜寻的过程和结果失控。这也是许多专业猎头公司的常见做法。

出于市场竞争的需要,委托方一旦提出风险很大的猎头行动,就会考验猎头顾问的胆识和勇气,还有与委托方背水一战的决心。事实上,早期的欧美猎头公司,并不在乎行动成功与否,而是更加看重与委托方生死与共的信任与合作。①②

二、经典案例(1933—2013)

现代猎头不是异类,而是主流中的特殊。它始终与高层次人才和精英群体打交道。在这样的背景下,猎头无须保持低调,注定将一鸣惊人。21 世纪初,美国华尔街出现高级律师、证券分析师和猎头顾问三种"金领"职业。他们享有令人羡慕的社会地位、丰厚的收入和高档次的社交圈。其中,猎头顾问无疑是最神秘、最神通广大的。

在全球猎头行业 300 多个案例中精选的 20 个经典之作,涉及政治、经济、军事、教育、文化、艺术等诸多领域。其中的许多人已经作古,尽管如此,人们仰望星空时,还能够感觉到遥远的光芒。当他们/她们受命于危难之际时,或大刀阔斧,或不按牌理出牌,或无情地裁员,或进行激烈的重组,等等。总之,尝试前所未有的创新和变革。这无疑给普通的家庭、平凡的人们带来了欢乐,也带来了眼泪、迷惘和痛苦。

(一)马文·鲍尔:全球 CEO 教父③④

1937 年,年仅 48 岁的詹姆斯·麦肯锡(James O. McKinsey)带着无尽的遗憾离开了人间。这个奋斗了一生的人,留下两笔无与伦比的遗产:麦肯锡公司和马文·鲍尔。

1992 年,强势执掌麦肯锡将近 60 年后,首席执行官马文·鲍尔(Marvin Bower,1903—2003)正式退休。他给这个奋斗了一生的公司的告

---

① Executive Search at 50: A History of Retained Executive Search Consulting Presented by the Association of Executive Search Consultants In Celebration of Its 50th Anniversary, AESC, 2009.
② http://news.sina.com.cn/world/1999-12-10/40276.html
③ Thorndike Deland, Edward A. Raisbeck. The retail executive: his preparation and training. Harper & brothers, 1930.
④ http://baike.baidu.com/view/1175721.htm.

别留言是"我们每一个领导集体必须承诺:离开的时候,公司将比以前更加强大"。

詹姆斯·麦肯锡著述甚多。出版《管理与咨询》《案例分析》《财务管理》《预算控制》《会计学原理》《簿记学和会计学》《商业管理》《管理会计》等,在会计、预算、管理会计、会计原理、商业政策和管理财务等商业教育方面都做出了重大贡献,开创了现代管理咨询的新纪元。他是严格认真、治学严谨的会计学教授,前沿而新奇的管理观念超过同行30年。但是,这似乎也注定他的不幸。1926年,麦肯锡公司成立,最初的业务是专门搜寻会计师。这其实就是早期的猎头公司。世界经济大萧条时期(1929—1933),世界上第一家猎头公司迪克·迪兰公司倒闭。郁闷的迪克·迪兰和人合著了《零售行业的高管搜寻与培训》,反而出了名。那时,大量破产的企业在麦肯锡公司门口排队,聘请他们清账,进行资产登记,以便进行资产重组。这为麦肯锡公司带来了难得的发展机遇。麦肯锡公司的清产核资、资产重组、管理咨询业务,被认为是"精英荟萃"的"企业医生",声誉和地位不断提升,也带动了美国咨询业的发展和壮大。

1933年,年仅30岁、同时从哈佛法学院和商学院拿到学位的马文·鲍尔所在的律师事务所大幅减薪。他与当教师的新婚妻子开始寻找出路。他突然想起两年前,麦肯锡看到马文谈及一家服装企业破产重组的论文,曾经发出一份工作邀请函。由于没有足够的钱,马文夫妻二人只买了一张卧铺,挤着前往芝加哥。

麦肯锡并不擅长商业运作,几次都想把公司卖掉。马文·鲍尔却是经营天才。几年后,麦肯锡去世。鲍尔及几位合伙人买下已经易主的麦肯锡公司,成为事实上的掌舵人。他决定将麦肯锡作为公司商标一直沿用下去,表达对老板兼导师的知遇之恩。

马文·鲍尔将麦肯锡公司的主业定位于企业战略管理咨询。当时,管理咨询在美国还是一个不入流的概念,甚至是歪门邪道。从商被精英人士所鄙视。马文狂热地相信,美国企业的首席执行官们有着一种真实的尚未得到满足的需求,那就是对有关政策和管理的建议的需求,而且,他们会乐于接受外人的帮助;只要这些外人能够从他们的角度了解问题,并且具有很高的专业水准,就能够开拓一个庞大的市场。

鲍尔掌舵期间,公司提供咨询服务的前提是:客户公司的最高决策者,公司CEO必须参与进来。也就是说,麦肯锡与CEO合作,对CEO负责,为CEO工作。只有这样,才能保证麦肯锡提供的解决方案能够充分受到重视,并且在推行时不会遇到阻力,即"高层工作方法"。他还为麦肯锡树立了其他的高标杆，就是只关注最重大问题，只做那些决定着客户公司战略方向或公司经营全局的重要项目。公司凭借逐渐建立起来的声誉，及在收入方面的优势地位，可以将不涉及重大问题的项目拒之门外。

麦肯锡从来不打广告，也不主动招徕生意。马文认为，广告和主动招徕就暗示着要给客户某种许诺；而麦肯锡的基本原则之一，就是不给客户任何许诺。因为接手一个项目时，麦肯锡几乎不知道自己能做什么。所以，事先给客户许诺，不符合马文心中的专业性原则。麦肯锡公司完全凭借在商界的口碑和声誉，让潜在客户慕名找上门寻求帮助。这种抬高门槛、低调营销的做法，无疑极大地强化了自己的专业形象和顶级地位。"不主动"就是最大的主动，不营销就是真正的营销。对于真心想要靠专业性取胜、赢得尊敬、广开生意之路的专业服务公司来说，这是一种真正大师级的营销。它的成功完全依靠的是强大的内功，以及坚强的公司价值观、清晰愿景，这都需要顶住外界的各种诱惑以及种种非议。

麦肯锡进军欧洲市场时，多以少数商界精英分子的口头推荐为主，致力于"高层路线"传播方式，形成了风靡一时的"麦肯锡风暴"。许多欧洲的企业或公共机构，将聘请麦肯锡公司解决管理难题视为时尚之举。一时间，麦肯锡供不应求、订单如雪成为美国式管理的典型代表，极大地影响了"二战"后欧洲的重建工作。

1953年，马文在一次报告中曾经这样形容麦肯锡的形象：我们没有顾客（customer），我们只有客户（client）；我们不属于哪个行业（industry），我们自成一个专业（profession）；我们不是一个普通的企业，我们是一家专业公司；我们没有员工，我们只有拥有个人尊严的公司成员和同事；我们没有商业计划，我们只有远大志向；我们没有规划，我们只有价值观；我们只是管理咨询顾问，我们不是管理者、创办者、建造者，也不是猎头。

这个当初从事法律事务、为了挣到足够的生活费而投奔麦肯锡的年轻人，凭借他对美国工商管理界需求的判断以及执着信念，终于成为一代管理思想大师。马文作为长寿的世纪老人，是美国工商管理成熟及演变历程的活见证。在半个世纪的时间里，他对美国工商管理界持续发挥影响。从麦肯锡出来任大型公司CEO的人不计其数，然而，他们身上都打着强烈的马文烙印。马文·鲍尔是管理教父，令无数美国CEO顶礼膜拜的人。在这个耀眼的光环之下，他的一切其他个人特征均不再明显。这个大亨钟情的不是巨额财富，也不是灿烂多姿充满冒险色彩的生活，而是如何用管理思想改变商业，改变世界。

马文生活简朴而平淡。他不在乎权势和金钱，只在乎对他的客户和门徒以及麦肯锡的巨大影响。他领导的咨询项目中，客户方成员发展成为CEO的概率是同类人员的20倍；他的50多位部下，陆续成为大型公司的CEO。艾森豪威尔总统执政时，曾邀请麦肯锡为白宫服务。十几年后，总统先生在一封关于领导才能的信中，深情地写着"我极为敬仰的人给我的忠告"。马文很快回复说，"你应该关注你的工作，而不是你个人"。

时至今日，詹姆斯·麦肯锡和马文·鲍尔已经作古。没有人知道，他们之间是否有过默契和协议。马文勤勤恳恳、兢兢业业地服务麦肯锡近60年的事实，无疑表明了创办早期猎头公司的詹姆斯·麦肯锡教授，尽管不会赚钱，却看准了事业的后继者。这种惊人的远见卓识，的确非同一般。

（二）乔治·卡特莱特·马歇尔：猎将①

德怀特·戴维·艾森豪威尔、乔治·巴顿、奥马尔·纳尔逊·布莱德雷、马克·韦恩·克拉克美军高级将领，赫赫有名、如雷贯耳。殊不知，他们都是猎头的杰作。这个人就是乔治·卡特莱特·马歇尔（George Catlett Marshall，1880—1959）。

1901年，马歇尔毕业于弗吉尼亚军校。次年，他受领陆军少尉军衔并被派往菲律宾。1918年11月，"一战"结束时，他还是一个38岁的老上尉。1919年9月，随潘兴将军凯旋美国，得以晋升少校。1926年年底，他被任命为本宁堡步校教官。马歇尔是出色的教官，能够三言两语概括复杂的军事问题。他对学员要求很严格，督促他们，鼓舞他们，激发他们的热情。从步校出来的许多出类拔萃的将领，都把自己日后得以攀上军阶高峰归功于马歇尔。他在步校建立学员档案，把他认为有才华的青年军官的名字都一一认真记了下来。

1936年8月，56岁的马歇尔被晋升为陆军准将，任第3步兵师第5旅旅长。1938年2月，马歇尔准将出任陆军助理参谋长，主管作战计划处。1939年9月1日，纳粹德国军队越过波兰边界，"二战"全面爆发。当天，美国军史上最有意思的事情发生了。马歇尔准将立即前往陆军部，举起右手宣誓，受领了陆军少将军衔（永久）；片刻之后，他再次举起右手，宣誓受领临时上将军衔，就任美国陆军参谋长。已经59岁、准备退休的老参谋马歇尔，从少将直接成为上将了。

马歇尔的黑色"档案"开始发挥作用。"一战"后期，约翰·潘兴（John Pershing，1860—1948）担任美国的欧洲远征军总司令，带领少量美

---

① http://baike.baidu.com/view/341562.htm.

军参加过实战。面对新兴的日本军队战略和战术，必须要更换、补充现代军事观念的高级将领。显而易见的是，在和平时期，想升官的人，就得一步步地爬；打仗的时候，就没有那么多规矩了。况且，总统看中的军官，可以直接提拔成准将——大名鼎鼎的潘兴，还在当上尉的时候，就享受过这种待遇。在"官大一级压死人"的美国军队，长期保留"临时军衔"制度，目的是便于指挥。

据美军战史统计，马歇尔将军先后提拔4000多名中高级军官。艾森豪威尔就是其中的佼佼者。1936年，艾森豪威尔晋升为中校。1941年6月，出任第3集团军参谋长，晋升为准将。1942年5月，马歇尔命令艾森豪威尔前往英国作实地考察。6月，提出考察报告《给欧洲战区司令的指令》，罗斯福总统接受了马歇尔的意见，任命为驻伦敦的美军欧洲战区总司令。7月，艾森豪威尔晋升为中将。从中校到中将，只用了两年时间。艾森豪威尔回忆说，"马歇尔亲自给参谋长联席会议写报告，请求把我提升为少将。他说他在美国陆军中创立的作战处，并不真正是一个参谋位置。他说我是一个指挥官，因为我做的工作是调兵遣将。不久，他派我去英国，还给我加了一颗星。接着，又加了一颗星。"事实上，艾森豪威尔中将在伦敦时，手下居然有几个英国和法国的上将。解决的办法只有一个，那就是给临时军衔。美军的"临时工"通常干得不错，很少成为重大事故的最后责任人。1943年，艾森豪威尔指挥盟军进攻西西里。1944年，指挥盟军在诺曼底登陆，12月，晋升为五星上将。1945年，接替乔治·马歇尔，出任陆军参谋长。1953—1961年，连任两届美国总统。

乔治·巴顿毕业于西点军校，是"二战"的北非和欧洲战场著名将领。他也是马歇尔选中的。马歇尔在巴顿名字后面，写有"他能带领部队赴汤蹈火""但是，要用一根绳子紧紧套住他的脖子""一有装甲部队，就交给他指挥"三句短语。这足以证明马歇尔对巴顿的了解入木三分。

奥马尔·布莱德雷，也是马歇尔的杰作。1941年2月，他出任本宁堡步兵学校校长兼驻地指挥官，由中校越级晋升为准将。1943年2月，晋升为美国第10军军长，被马歇尔派往北非。1943年4月，调任第2军军长，率部参加突尼斯战役，布莱德雷开始扬名。1944年9月，他从临时中将晋升为三星中将（永久性军衔）。1945年3月，晋升为四星上将（临时军衔）。1947年4月，晋升为正式四星上将。1950年9月，晋升为陆军五星上将。他被公认为美国有史以来最有才干的军事领导人之一。

此外，还有一大批优秀军官在马歇尔的大力提拔使用下大放异彩。1940年，著名的两栖作战专家马克·克拉克少校晋升中校，任战争学院教官。1941年8月,被马歇尔调到陆军总部任主管作战的助理参谋长,跳升准将。1942年年初,他先后担任美国地面部队副参谋长、参谋长;8月,晋升少将,出任第2军军长;11月,年仅46岁的他晋升中将,是美国有史以来最年轻的中将,被任命为艾森豪威尔将军的副手。1953年7月27日,他代表联合国部队,与朝鲜人民军和中国人民志愿军,在板门店签署停战协定。他无奈地留下一句经典名言,"我是第一个在没有取得胜利的谈判文件上签字的美军将领"。

1943年,美国国会鉴于他的卓越功勋,同意授予马歇尔美国历史上从未有过的最高军衔——"陆军元帅",却被他婉拒。1944年1月,《时代》封面登载马歇尔将军的照片,他评为年度新闻人物。因为,他是"祖国的托管者""不可或缺的人"。1944年12月,马歇尔晋升五星上将。1947年1月,出任国务卿。6月,提出"欧洲复兴计划",即"马歇尔计划"。1950—1951年,担任国防部长。1953年,73岁的马歇尔获得诺贝尔和平奖。

斯大林、丘吉尔曾经评论说,马歇尔是一个真正的军事天才、卓越的政治家。然而,这是富兰克林·D. 罗斯福总统的杰作。他是美国历史上唯一蝉联四届(第四届未任满)、与乔治·华盛顿总统、亚伯拉罕·林肯总统齐名的总统。1939年,坐在轮椅上的罗斯福总统,敏锐地发现了面临退休的马歇尔——这也成就了后者辉煌而短暂的11年。在此意义上,善于"猎将"的马歇尔,本身也是被猎者。

(三)钱学森:抵得美军五个师的火箭专家①②

"冷战"期间,美国的政府猎头集中体现于两个方向。一个是策划多起高层次人才叛逃事件、通过猎头公司和非营利猎头组织招揽"华约"成员国的科技精英;另外一个是扣留、软禁高层次人才,遏制和制约其他国家的科技事业。其中,以扣留中国科学家钱学森(1911—2009)事件最为轰动。

1911年,钱学森生于上海,祖籍浙江省杭州市。1934年6月,他考取清华大学第二届庚子赔款公费留学生。1935年9月,他进入美国麻省理工学院航空系学习。1936年9月,他转入美国加州理工学院航空系,成为世界著名空气动力学教授冯·卡门的学生,并很快成为后者最得意的弟子,并被推荐加入美国科学顾问委员会。卡门说:"36岁的时候,他就是

---

① 宋斌:《政府猎头》,暨南大学出版社2010年版。
② 程贤文:《钱学森归国是国家猎头的杰作》,《国际人才交流》,2012年第10期。

一个无可争议的天才,他的工作极大地推进了高速空气动力学和喷气推进研究的进展。"钱学森先后获航空工程硕士学位和航空、数学博士学位,发表了惊人的"时速为一万公里的火箭已成为可能"新奇理论而誉满全球。

1949 年 10 月,中华人民共和国成立的消息传来,钱学森准备携妻带子回国。美国当局拒绝了。不久,被抓进美国移民及归化局看守所,"罪名"是"参加过主张以武力推翻美国政府的政党"。海军次长丹尼·金布尔(Dan Kimbeel)声称:"钱学森无论走到哪里,都抵得上 5 个师的兵力。我宁可把他击毙,也不能让他回到红色的中国。"消息很快传到国内。中国政府随即公开发表声明,谴责美国政府在违背本人意愿的情况下监禁了钱学森。周恩来总理抓住时机启动中美谈判。北京、南京的数百名教授联名致电联合国秘书长和美国总统,声讨美国当局的法西斯暴行。

1954 年 4 月,日内瓦会议召开。周恩来总理指示外交部抓住机会,开辟接触渠道。6 月 5 日,中国代表团秘书长王炳南开始与美国副国务卿约翰逊就两国侨民问题进行初步商谈。7 月 21 日,日内瓦会议闭幕。为不使沟通渠道中断,周恩来总理指示王炳南与美方商定自 7 月 22 日起,进行领事级会谈。为了进一步表示诚意,中国还释放了 4 个被扣押的美国飞行员。

1955 年 6 月 15 日,被软禁的钱学森让妻子蒋英,趁看守不注意时,夹带一封给陈叔通副委员长的信,信中写道:

"叔通太老师先生:

自 1947 年 9 月拜别后未通信,然自报章期刊上见到老先生为人民服务及努力的精神,使我们感动佩服!学森数年前认识错误,以致被美政府拘留,今已五年。无一日、一时、一刻不思归国参加伟大的建设高潮。然而世界情势上有更重要、更迫急的问题等待解决,学森等个人们的处境是不能用来诉苦的。学森这几年中唯以在可能范围内努力思考学问,以备他日归国之用。

但是,现在报纸上说中美交换被拘留人之可能,而美方又说谎谓中国学生愿意回国者皆已放回,我们不免焦急。我政府千万不可信他们的话,除去学森外,尚有多少同胞,欲归不得者。从学森所知者,即有郭永怀一家,其他尚不知道确实姓名。这些人要回来,美国人是不能释放的。

当然,我政府是明白的,美政府的说谎是骗不了的。然而我们在长期等待解放,心急如火,唯恐错过机会,请老先生原谅,请政府原谅!

附上纽约时报旧闻一节，为学森五年来在美之处境。

在无限期望中祝您康健

钱学森　谨上"

在信中，钱学森还附了一份像豆腐干大小的1953年3月6日《纽约时报》题为《驱逐对美国不利》的特别报道：1953年3月5日，钱学森——加州理工学院著名的火箭专家，在洛杉矶被美国政府驱逐回中国。但是，同时又不许他离开美国。因为，他的离去"不利于美国最高利益"。这个自相矛盾的消息是由美国移民局地区副局长阿尔伯特今天披露的。目前，钱学森博士仍在加州理工学院。

钱学森在美国受迫害的消息很快传到国内，国内科技界通过各种途径声援钱学森。党中央、中国政府公开发表声明予以谴责。美国政府不得不批准钱学森回国的要求。

1955年8月4日，移民局发出了允许钱学森回国的通知。9月，钱学森一家终于登上"克利夫兰总统号"邮轮，踏上返回祖国的旅途。仅仅5年后，中国就在西北部开始部署导弹系统，射程覆盖莫斯科，被誉为新中国的"导弹之父"。

著名的"克利夫兰总统号"邮轮，隶属于美国总统邮轮公司，定期往返中美之间。它运送了一大批中国留学生回国效力，包括：梁思礼，导弹控制系统研究领域的创始人之一，1949年回国；华罗庚，著名数学家，1950年回国；朱光亚，核武器研制的技术领导人之一，1950年回国；王希季，"两弹一星"元勋，1950年回国；师昌绪，高温合金领域的开拓者之一，1955年回国；郭永怀，两弹一星元勋，1956年回国；张文裕，宇宙线研究和高能实验物理的开创人之一，1956年回国；等等。

（四）彼得·尤伯罗斯：商业奥运会之父 ①②

1978年，美国洛杉矶作为唯一的候选城市，毫无悬念地获得了1984年第23届夏季奥运会主办权。消息传开，市民们群情激昂地上街游行了。奇怪的是，这次不是庆祝，也不是欢呼，而是抗议。

抗议活动事出有因。1972年，联邦德国慕尼黑奥运会耗资10亿美元，政府为此花了10多年还清债务。1976年，加拿大蒙特利尔奥运会亏损10多亿美元，直到2006年彻底了结。这种场馆耗资巨大，奥运结束后经营

---

① 宋斌、林春华：《奥运会的"猎头缘"》，《国际人才交流》，2012年8期。
② http://en.wikipedia.org/wiki/Peter_Ueberroth.

利用不善，严重影响城市经济发展的现象，被称作"蒙特利尔陷阱"。1980年，苏联莫斯科奥运会花费高达90多亿美元，政府亏损更是空前。

抗议效果令人满意。在社会舆论的猛烈攻势下，鉴于前几届的巨额财政赤字，加利福尼亚州通过法令不允许为此发行彩票，洛杉矶市政府禁止动用公共基金资助奥运会。也就是说，市民们将不再为15天的奥运狂欢纳税了。

那时，国际奥委会仅仅依靠捐赠和少量的电视转播费维持日常运转。他们的全部家当，不过是一处价值200万美元的房产，还有不到20万美元的流动资金。如今风光无限的国际奥委会成员们，当时却是捉襟见肘，差旅费都无法报销，只得自掏腰包。

问题似乎并不复杂。国际奥委会面临的选择也很简单：要么停办、要么生存。假若主办城市拿不出真金白银，国际奥委会根本无力单干。假若选择生存，就意味着国际奥委会必须让步，就得给主办城市更多的自主权，甚至包括放弃从电视转播费中提取8%的传统惯例。

奥运会是幸运的。1980年，在苏联莫斯科举行的国际奥委会第83次全会上，胡安·安东尼奥·萨马兰奇当选为国际奥委会主席。这位同样被称为"奥运传奇"的西班牙人坚决主张选择生存，并着手进行一系列的改革。洛杉矶奥运会组委会即被授权可以从事商业运营。

然而，新的问题又来了：谁能够而且愿意接这个从来没有人干过的"烫手山芋"呢？

万般无奈的洛杉矶奥运会组委会开始做广告，决定公开招聘一名主席。招聘条件并不苛刻：年龄在40—45岁之间，在洛杉矶地区生活过，喜欢体育，具有从经济管理到国际事务等多方面的经验，等等。

一家名叫科恩·费里的猎头公司决意接手此事。经过精心筹划和筛选，他们圈定了几个合适的人选，并拟订了详细的实施方案。在一个阳光明媚的上午，猎头顾问诺姆·罗伯茨走进了生意红火的美国第一旅游公司。他找到了副董事长尤伯罗斯的办公室，简单说明了来意。尤伯罗斯见面后，十分礼貌地说了一句"对不起，我没有兴趣！"便推辞了。

猎头公司几经辗转，找到他的妻子，游说并取得了后者的坚定信任。其妻深知尤伯罗斯的为人，鼓励他放弃现有的优越生活，重新迎接新的人生挑战，最终说服了他。

1979年年初，尤伯罗斯以1060万美元卖掉了自己的公司股权，走马上任组委会主席时，现实却是十分残酷的。迎接他的，并非空空如也：1张登记了11名志愿者的通讯录，1张只有1美元存款的组委会银行账户。

尤伯罗斯主持的洛杉矶奥运会实行商业运作，不仅没有亏损、反而赢得2.25亿美元的收入。在闭幕式上，萨马兰奇给尤伯罗斯戴上了象征着奥林匹克最高荣誉的金质勋章。他获得了"地球上最精明的人""奥运经营之神"和"奥林匹克商业之父"等称号。《时代》杂志将他作为封面人物，并评选为当年的名人。

就在那一年，许海峰夺得了第一枚金牌，实现了中国在奥运会金牌历史上的"零突破"。代表团终以15枚金牌的优异成绩，名列榜单第4。

其实，当年参加报名竞选洛杉矶奥运会组委会主席一职的候选人多达千名。为何，恰恰是猎头公司夺得了头彩，进而结下了至今犹在的"奥运缘"呢？

事实上，猎头公司的细致调查、敏锐分析和专业手法，使得他们精心包装、持续炒作的尤伯罗斯，已经不再是一个孤军奋战的候选人，而是一个集中了众多猎手智慧、心血和运作的有力竞选者。得到猎头精心指点和细致包装的尤伯罗斯，站在组委会主席遴选评委们面前时，的确是玉树临风、光彩照人：

他是典型的"美国梦"。4岁的时候，母亲去世，父亲也没有受过正规教育。但是，艰苦的生活反而使他非常勤奋、认真而上进。大学毕业后，曾经在机场运行李、做广告、卖票、检票，甚至负责到旅馆里去叫醒机组人员，都做得很出色。猎头推荐说，这就是标准的"美国货"，符合美国人的奋斗精神、国民心态和审美情趣。

他是成功人士。1972年，他以67万美元买下一家旅游公司。4年后，公司年总收入达到了2亿美元，成为北美地区第二大的旅游公司。猎头顾问推荐说，这足够说明他具有出类拔萃的商业头脑、丰富的市场经验和掌控局面的超常能力；我们所做的一切，不过是把一名成功的企业领袖，推荐到即将举办的奥运会，让他继续成功而已。

他的决心很大。经过猎头细致的游说，尤伯罗斯果断放弃现有的优越生活、低价卖掉公司股权、义无反顾投身竞选的举动，震惊了洛杉矶组委会的评委们，也使得许多候选人望其项背，自愧不如。当年，41岁的尤伯罗斯最终淘汰了正准备提前离休、参加竞选的美军四星上将、后来的国务卿亚历山大·黑格（1924—2010），与此莫无关系。

他与奥运会有缘。尤伯罗斯曾是学校水球队的主要得分手，一度入选国家队。可惜，因病在参加1956年墨尔本奥运会时落选。猎头据此劝说尤伯罗斯，既然你不能参加奥运会，那么，就来主持奥运会吧。这使得后者旧情复燃、跃跃欲试。

他注定是个传奇。猎头顾问有意无意地向记者们曝光说，1937年9月2日，现代奥运会的创始人皮埃尔·德·顾拜旦去世；尤伯罗斯恰好那天出生。后者多次向记者说过，"顾拜旦不仅死于我出生的同一天，而且是同一小时，事实上是同一分钟"。这种天生的"巧合"，让国际奥委会、洛杉矶组委会和新闻媒体连连惊叹"上帝保佑美国"。无形之中，这些宣传增加了尤伯罗斯竞选的筹码和分量，甚至是淡淡的神秘感。

猎头一战成名。不久，许多华尔街的商业精英们，会接到一个彬彬有礼的陌生电话，"这里是科恩·费里猎头公司。就是我们，发现了一个名叫彼得·尤伯罗斯的天才。您有兴趣和我们谈谈吗？"

2001年11月，科恩·费里猎头在进入中国市场之前，征取了一个非常响亮的中国名字：光辉国际。

（五）威尔纳·格里希：中国第一位"洋厂长"①②③

改革开放后，中国更加重视国际人才的友好交流。1984年8月，联邦德国杜伊斯堡市通过德国退休专家组织（SES）选派专家到湖北省武汉市进行考察。65岁的发动机制造和铁芯技术专家威尔纳·格里希就是其中之一。专家们来到武汉柴油机厂进行为期4个月的考察，义务担任技术顾问。这是新中国第一台小型手扶拖拉机的诞生地。经历"文革"十年动乱后，这个全国首家拥有上万台生产能力的农机骨干企业，却与大多数国有企业一样，纪律涣散、管理混乱、产品质量差，浪费严重。"完美主义者"格里希一边考察，一边自言自语地说："如果我是厂长，决不允许这种现象存在！"1984年11月，武汉市委、市政府决定，聘请格里希担任武汉柴油机厂的"洋厂长"。海内外舆论闻讯、顿时哗然，认为这是中国在对外开放和改革进程中，"一件令人吃惊的新闻和成功的典范"。

在任期间，格里希亲临一线、身先士卒，系统整顿了工厂的质量管理体系，使得僵化的管理体制发生了深刻的变化和进步。他随身携带的小包，总是放三样东西：游标卡尺、吸铁石、白手套。游标卡尺用于检测零件的精度，吸铁石用于吸查机器里有没有掉铁渣，白手套用于验证机器是否被脏物污染。他先后免去了包括1个总工程师、2个检验科长在内的3个科级以上干部的职务，还开除了1个工人。这些举动多少有些"离经叛道"的味道。一经媒体披露，旋即在国有企业界引发了一场大讨论。

---

① http://baike.baidu.com/view/1899120.htm.
② 勤忠：《格里希是怎样治理"武柴"的？》，《经济管理》，1986年第3期。
③ 张红：《中德之间专家桥》，《人民日报海外版》，2003年11月27日。

1986年，武汉柴油机厂的柴油机气缸杂质降到100毫克以内，居国内领先水平；废品率降到10%以下；产品的使用寿命增加到8000小时；产机向东南亚7个国家出口，年出口量达到5000台，创汇超过百万美元。当年，格里希获得永久居留资格。1987年7月，为了表彰他在中德交流方面做出的杰出贡献，联邦德国政府授予格里希"联邦十字勋章"。1994年，武汉市政府授予"黄鹤友谊奖"。2005年4月，武汉市和杜伊斯堡市分别给格里希竖立了纪念铜像。坐落在武汉市古田一路的汉正街都市工业园的铜像，镌刻着一段简洁的文字：威尔纳·格里希，在1984—1986年担任武汉柴油机厂厂长期间，忘我工作、大胆改革、从严治厂，为中国企业改革、增进中德人民友谊做出了重要贡献。

2003年11月27日，国家外国专家局举办了第3000名SES专家沙伊赫来华工作的庆祝仪式。德国使馆官员参加。从2000年第一次来华开始，沙伊赫已经是第七次来华。接受采访时，腼腆地说，这种获奖真是让人非常的"吃惊"。

威尔纳·格里希作为第一位"洋厂长"，成为新中国政府猎头的重要标志。同时，它再次打开了国有企业技术引进、智力引进的政策闸门。1987年，国家科委和外经贸部批准成立了中国国际技术智力合作公司（CIIC），并在香港设置联络处，主要任务是有计划、有步骤地引进大批国外高级人才。这些猎头行动，均由政府亲自主导、完成和实施。

（六）阿诺·施瓦辛格：角逐总统的"金龟婿"①

阿诺·施瓦辛格是个传奇人物，并没有受过专门的表演训练，却跻身好莱坞主流影星之列。这位生于奥地利的美国健身运动员、演员和政治家，却是一位虔诚的天主教徒，曾在威斯康星大学苏必略分校接受教育。2003年11月，任美国加州州长，2011年1月卸任，任期达7年。

1947年7月，阿诺生于奥地利。1963年，在奥地利的格拉茨第一次参加健美比赛。1966年，19岁的阿诺德在德国举行的欧洲健美锦标赛上，获得了"欧洲先生"称号。同年，参加国际健美比赛，第一次获得了"健美先生"称号，获得了"奥地利橡树"的绰号。1968年，阿诺离开奥地利前往美国，全部财产只有20美元，一个装有沾满汗水的运动衫提包，还有梦想。1970年，夺得"奥林匹亚先生"称号。在1971—1980年，连续7次登上"奥林匹亚先生"宝座。其中的1973年，出版自传小说《阿诺德：一个健美运动员的成长》。1983年，阿诺加入美国籍。

---

① http://baike.baidu.com/view/13843.htm.

他在一系列科幻动作影片中获得极大成功，成为经典偶像人物。从1970年开始，他在27年的时间中拍摄100多部影片。特别是在《红场特警》《未来战士》等数十部好莱坞巨片中，他扮演的男主角，英俊潇洒、孔武有力，充满阳刚之气。他的年收入一度超过15亿美元，成为好莱坞最走红、最富有的影视巨星。施瓦辛格的成名作《终结者》被《时代》周刊评为1984年十部最佳影片之一。

1986年，阿诺与被刺杀的美国前总统约翰·肯尼迪的亲妹妹尤尼斯·肯尼迪·施莱佛的女儿、电视记者玛丽亚·施莱弗结婚。引起外界无穷的猜想。这其实是一桩秘密的猎头行动。

事出有因。美国著名作家费茨杰拉德曾说："你说出一个英雄的名字，我就可以给你讲一个悲剧的故事。"有着200年历史的肯尼迪家族，无疑最能验证。约瑟夫·P. 肯尼迪一手创造的肯尼迪家族，既有辉煌的历史，也有难以掩盖的"魔咒"。1944年，长子小约瑟夫·帕特里克·肯尼迪驾驶的飞机在英国上空爆炸，被炸得粉身碎骨。1963年，次子、美国第35任总统的约翰·肯尼迪在达拉斯遇刺身亡。1968年，三子罗伯特·肯尼迪刚刚赢得了民主党加利福尼亚预选的胜利，便在洛杉矶遭到枪击而身亡。最小的儿子爱德华·肯尼迪担任议员超过40年，却因为个人绯闻事件，而无力角逐总统宝座。老约瑟夫在多次失子失孙之后，曾经给家族下过一道死命令，不允许男性成员参政（已有的除外）。

玛丽亚·施莱佛和她的4个兄弟，在马里兰州肯尼迪家族的豪华私邸长大。后来，其他的家族成员大都居住在波士顿，而她却定居加州。她也不像其他肯尼迪家的孩子那样，是从哈佛大学毕业的，而是在乔治敦大学完成了学业，并按照自己的兴趣投身电视新闻事业，先后在费城KYW电视台担任制片人兼撰稿人，在哥伦比亚广播公司（CBS）担任《早间新闻》的制片编导，在全国广播公司（NBC）担任《日期线》节目的记者，曾获美国广播电视界的最高荣誉之一的"匹博奖"。

名列"美国十大家族"的肯尼迪家族，对于政治的敏感和天赋的掌控力，是与生俱来的。2003年8月6日，在NBC加州演播室里，主持人杰·雷诺问特邀嘉宾阿诺·施瓦辛格是否参加州长选举，后者果断拒绝了。几分钟后，从洗手间回来的阿诺，出人意料地宣布，将角逐10月7日的加州州长重新选举。这让在场观众大呼意外，现场导播顿时忙乱了，他们根本来不及更换事先准备的声明，那是为阿诺不参加竞选草拟的。阿诺走出演播室后对记者说，因为妻子的鼓励，让他最终改变决定。

肯尼迪家族迅速开启竞选密码。早在约翰·肯尼迪竞选总统时，老约瑟夫就不惜动用巨额资金和宣传机器，进行铺天盖地的竞选攻势，最终造就了美国历史上最年轻的总统。至于这次，自然也是驾轻就熟。62 天后，阿诺获胜，后又轻松连任。当时，意气风发的阿诺，一度被认为是肯尼迪家族的"里根第二"，有望角逐总统宝座的"金龟婿"。

2011 年 7 月，玛丽亚·施莱弗正式提出离婚诉讼，请求结束持续 25 年的婚姻。她和阿诺共同育有 4 名子女，其中两位幼子尚未成年。此前，阿诺被迫承认与前女管家发生婚外情，并育有一名私生子，多年以来一直按时提供抚养费。媒体随即报道，在 25 年的婚姻生活中，阿诺至少与 13 名、涉及 30 多名女性有过不正当的男女关系。

内幕是显而易见的。对于神通广大的肯尼迪家族，不可能对阿诺的私生活一无所知。只是，打牌也得看时机。2008 年 6 月初，正在参加总统竞选的贝拉克·侯赛因·奥巴马宣布，邀请前总统约翰·肯尼迪女儿卡罗琳·肯尼迪进入"猎头小组"，专门负责竞选搭档。① 2009 年，参议员爱德华·肯尼迪去世后，为整个家族留下职位空缺，2011 年，他的儿子帕特里克·肯尼迪离开众议院。肯尼迪家族首次面临 63 年来无人在华盛顿联邦政府任职的局面。清洗阿诺之后，很快就有了下文。2012 年 2 月，罗伯特·肯尼迪长子约瑟夫·肯尼迪二世的儿子约瑟夫·肯尼迪三世宣布，将正式参加国会众议员的选举。31 岁的肯尼迪三世，青春阳光、没有绯闻（媒体特别强调），能说一口流利的西班牙语，毕业于斯坦福大学和哈佛大学法学院。这意味着肯尼迪家族在蛰伏后，再次有成员进军美国政坛。毕竟，庞大的家族需要政治势力的时时佑护。

所以，与其说是玛丽亚放弃阿诺，不如说是肯尼迪家族放弃阿诺。对于习惯绯闻、暗杀和丑闻的家族来说，丧失政治前途、绯闻缠身的阿诺，不再具有投资价值。有趣的是，精力充沛、肌肉尚可的阿诺，重操旧业，重新走进了电影场。

（七）路易斯·郭士纳：拯救"蓝色巨人"②

1992 年，"蓝色巨人"IBM 公司经营不善，陷入困境。1993 年 1 月，IBM 董事会宣布成立搜猎委员会，聘请当时世界上最大的猎头公司——海德思哲，为其寻找新的 CEO。

启动初期，搜罗工作并不顺利。通用电气公司的首席执行官杰克·韦尔奇就不愿参与。太阳公司首席执行官麦克尼里公开拒绝接受邀请。而苹

---

① 宇桓：《卡罗琳·肯尼迪成长过程揭秘》，中国网 china.com.cn，2008 年 12 月 26 日。
② 宋斌：《政府猎头》，暨南大学出版社 2010 年版。

果公司总裁斯卡利提出的、拯救 IBM 的工作构想，又令 IBM 的董事会和大股东们无法忍受。

海德思哲公司推荐了 RJR 食品烟草公司总裁、有着"扭亏为盈魔术师"美誉的路易斯·郭士纳。他曾经担任过麦肯锡管理咨询公司董事、美国运通公司总公司总裁及其最大的子公司——美国运通旅游服务公司的董事长兼 CEO，并在纳贝斯克公司（RJR Nabisco）担任了 4 年的董事长兼首席执行官。

IBM 公司董事会坚决不同意。理由非常简单，就是这个有着"花花公子"绰号的老头子根本不懂电脑，甚至连什么是 IT 都不知道。在这个紧要关头，猎手杰拉德·罗谢说了一段经典的答辩词："真正杰出的商业领导人，并不受此条件（行业从业背景）的限制。最重要的是，这个人必须经过实践证明，他是一个通才和能驾驭变革的人。"IBM 公司最终同意了这项提名，并把和海德思哲公司的猎头合同命名为"头号交易"。

1993 年 4 月 1 日愚人节，笑容满面的郭士纳履新。掌舵 9 年后，IBM 公司的股票价格上涨 10 倍，市值达到史无前例的 1650 亿美元。公司保险柜里重新塞满了现金，股票被股民们疯狂抢购，世界各国的政府要员频频前来参观……"蓝色巨人"重新站了起来，重新成为全球最赚钱的公司之一。

事实再次证明，郭士纳的确是一个通才。光荣退休后，他出版了名为《谁说大象不能跳舞？》的自传，畅销全球、扬名立万，又狠狠地赚上了一大笔钱。"头号交易"作为行业经典案例，进入了猎头教程；猎手杰拉德·罗谢退休后，出任了海德思哲公司的董事会主席（荣誉），被尊称为"当代最伟大的猎手"。

（八）梅格·惠特曼：主妇出身的总裁[①]

1995 年，硅谷程序员皮埃尔·奥米迪亚创建网上拍卖公司 eBay。不久，奥米迪亚便退出 eBay 的日常运营，接替他的正是梅格·惠特曼（Meg Whitman）。

1997 年 11 月，"电子港湾"委托的猎头顾问，千方百计找到梅格·惠特曼的时候，她毫不犹豫地拒绝了。这时，她正在年销售额 6 亿美元的哈斯波罗玩具公司担任学前儿童部主管，已经有两个儿子，丈夫是马萨诸塞州总医院的神经外科主任。她没有任何理由要去一家她此前闻所未闻、

---

① 叶南：《十年来十名最成功的 CEO 空降兵（1993—2003）》，《环球企业家》，总第 98 期，2004 年 5 月。

如今陷入困境的硅谷网络公司当"救世者"。所幸的是,猎头顾问也是硅谷的传奇人物大卫·贝尔尼的私人代表。当他亲自打电话给惠特曼的时候,她随即同意飞到加州谈谈。不久,她接受了这份工作。

1998年2月,惠特曼上任时,eBay的股价只有3美元。2002年,eBay的全年运营利润超过2亿美元,市值则达到了惊人的190亿美元,公司的股价稳稳地高居于80美元线上。无论以任何标准衡量,接近90倍的市盈率有些过高了。然而,多数证券分析师似乎都并不因此感到担忧。*Business* 2.0的分析文章说:"eBay的股票就像一个位于黄金地段的楼盘,你明明知道它的价格被高估了。但是,又找不出什么看跌的理由。"

从任职的第一天起,惠特曼便把她与小贩交谈,甚至与儿童沟通的耐心和机智运用到eBay的运营理念中:"在我们这一行,你必须尽可能地与用户拉近距离。"2002年,惠特曼把许多时间用在拓展新的热门拍卖子网上面。"电子港湾"下面已经设有为古玩、体育用品、汽车和服装单列的分支站点。在赢得消费者、销售商和生产企业等方面,也体现了惠特曼善于与小商、小贩和大公司领袖充分沟通的出色能力。

eBay在赢得消费者、销售商和生产企业各方面所获得的成功,也体现了惠特曼同时与小商小贩和大公司领袖沟通的能力。"她很有个人魅力,为人亲切而不显得过分自我,"eBay的一个竞争对手说,"在eBay Live大会上,上一分钟,我看见惠特曼还在和出售一美分CD的小贩聊天;下一分钟,她又和伊士曼柯达公司的CEO邓凯达有说有笑。我很难想象其他的CEO,比如说杰克·韦尔奇,也会这么做。"因纽特在线的创始人斯科特·库克也说:"梅格能和普通人有发自内心的沟通。她是一个家庭主妇和公司领袖的独特混合体。"

2005年3月,沃特·迪士尼公司(Walt Disney Co.)邀请惠特曼出任首席执行官。许多投资者和eBay员工担心1956年出生的惠特曼将离开公司。2006年年初,惠特曼明确表示:"我将与eBay休戚与共。"作为一名有威严的公司领导者,惠特曼将"务实的理想主义"带给eBay,她认为,自己正在率领一家能够做到高瞻远瞩的卓越公司,最需要的是利润与远景的折中主义。惠特曼说:"在eBay的办公室里,太阳永不西沉。"

2006年,持有eBay 2%股份的惠特曼拿到了1110万美元的报酬,包括使用公司飞机产生的77万美元。2007年3月,惠特曼退休,同时担任新任CEO约翰多纳霍(John Donahoe)的特别顾问。8月,梅格·惠特曼行使64万股eBay普通股股票的选择权。她以每股10.02美元的价格购买64万股eBay普通股股票(期权),并于同日分别以35.63美元和36.75美元全部卖出了这些股票，获利超千万美元。

2011年9月23日，惠普公司宣布，前eBay CEO梅格·惠特曼正式取代李艾科（Léo Apotheker），出任公司总裁兼CEO。

（九）尼奥·菲戈德："空中客车"驾驶员①

1998年愚人节，尼奥·菲戈德成为空中客车公司（Air bus）的总裁和CEO。几乎没有人能说清，这是他第几次变换职业了——他的履历丰富多彩，简直让人眼花缭乱。

菲戈德曾任法国工业部的首席工程师，继而在1978年担任交通部民用航天器部门的技术顾问。两年后，成为国防部军备事务的技术顾问。1981—1985年，先后在两家钢铁公司担任职务。随后又回到了政府部门，担任法国内阁负责工业事务的顾问。不久，菲戈德离职投身商界，先后在多家公司担任高管。

如此丰富的履历，使他不但拥有高超的管理技能，还积累了大量国际贸易关系方面的经验。同时，他在商业界以善于商业运营管理而著称，对于如何创建有竞争力的欧洲公司，菲戈德也不乏创见。即便如此，接手空中客车的头把交椅仍是个挑战，他的主要任务是将一个步履蹒跚的庞然大物脱胎换骨，变成一匹轻装疾驰的骏马。

菲戈德上任后，首先注意弱化空客公司股东间的敌意，设法将所有的订单平分给各个股东的制造企业；其次他致力于改进产品的质量，吸引顶尖的工程技术人员和市场营销人员加入公司；最后，菲戈德极力推动A380型号飞机的研制，这种型号的飞机是目前世界上最大的商用客机，比波音公司的747还要大上三分之一。为此，空中客车公司必须投资107亿美元。

在商业理念上，他强调公司必须获取利润。这对空中客车的员工而言是个很大的冲击——这家公司历史上一直更善于花钱，而不是控制成本。不久，得益于他的外交手段和管理技能，空中客车在全球的商用机市场上已几乎与它的老对手波音飞机平分秋色，利润率则保持在7%的健康状态。

2004年，波音公司全力抗争，试图影响布什政府对空客公司予以贸易惩罚，理由是空客从欧洲各国政府得到的低息贷款是一种不公平的变相补贴。这让波音感觉不爽。而在那个时候，菲戈德正在展示外交才能，十

---

① 刘雪峰：《十年来十名最成功的CEO空降兵（1993—2003）》，《环球企业家》，总第98期，2004年5月。

分潇洒地驾驶着"空中客车"。

"空客发生变化的步调如此之快,以至于我们都忘记了自己已经走出多远",他如是说。

(十)卡洛斯·戈恩:"成本杀手"征服日本①②

日产汽车公司创立于 1933 年,是日本三大汽车制造商之一。它同时拥有堪称世界一流的技术和研发中心,被车界称作"技术日产",也是著名的"日本神话"之一。但是,正如许多日本大型企业具有的通病一样,内部充斥着严重的官僚主义,成本控制不力,渐渐显露疲态。

1991—1999 年,日产汽车公司连续 7 年亏损,背负的债务高达 21000 亿日元,市场份额由 6.6% 下降到不足 5%。如果这样持续下去,公司只能破产。

1999 年 5 月 28 日,法国雷诺按照每股 400 日元的价格,以 48.6 亿美元收购日产汽车 36.8% 股权,以 7660 万美元收购日产柴 22.5% 的股权。另外,雷诺还以 3.05 亿美元收购了日产在欧洲的 5 个财务子公司。这样,雷诺公司一共花了 52 亿美元,完成对日产的收购交易。收购日产后,雷诺共有 17 人进入日产高层,分别进驻各个重要部门。其中,卡洛斯·戈恩进入日产董事会,担任首席营运官。

戈恩在巴西出生,父亲是黎巴嫩商人,母亲是法国人。6 岁时,他和母亲及姐姐一起移居黎巴嫩,并上了一所法国耶稣会学校。10 年后,他通过激烈的竞争,就读于法国国立高等综合理工学院,获得工程学学位。接着,他进入国立巴黎高等矿物学院,参加研究生培训。1978 年,加入米其林集团公司。1985 年,任米其林巴西分公司 CEO。1989 年,任米其林北美分部 CEO。1996 年,出任雷诺汽车公司副总裁。其间,戈恩因关闭多家工厂、节省 15 亿美元而一举成名,被称为"成本杀手"。令人称奇的是,戈恩熟练掌握法语、英语、西班牙语、意大利语和葡萄牙语,后来居然也掌握了日语。

1999 年 7 月,刚刚到任的戈恩,迅速成立 9 个跨职能团队负责采购、研发等不同项目。经过 3 个月的详细调查和充分讨论,戈恩制订出了著名的日产复兴计划(Nissan Revival Plan,NRP),宣布到 2001 年综合经营消

---

① 王峥:《十年来十名最成功的 CEO 空降兵(1993—2003)》,《环球企业家》,总第 98 期,2004 年 5 月。
② 刘晓冰:《"180 计划"完成,日产瞄准业界第一营业利润率》,《中国汽车报》,2005 年 10 月 14 日。

灭赤字，2002年销售利润率达到4.5%，有利息的债务降低到7000亿日元以下。

戈恩的"撒手锏"无视日本的商业传统，面对习惯于"和风细雨"式改革的日本人，首次采用了"外科手术"式的大胆手法，减少一半零部件供应商，由1300家零部件供应商减少到600家左右；3年内使采购成本下降20%；削减20%的销售成本和管理成本；公司在3年内裁员21000人，关闭5家工厂；卖掉所有与汽车生产无关的非汽车产业，其中包括房地产股票投资，还有令日产公司引以为自豪的航天部门。为此，戈恩一度成为日本传统主义者的公敌。日产汽车公司高层感到痛苦。与日产汽车有着千丝万缕复杂关系的供货厂家，也是苦不堪言。数万名被裁员的职工们，自发集中地停留在工厂门口，默默不语、泪如雨下。但是，日产的生产能力利用率从51%上升到了74%，暂时摆脱困境。

戈恩通过退休、人员流动等方式，强行实现裁员2万多人。同时，他力主打破日本企业传统的资历体系、股票期权等，西方公司的管理、奖励体系被引入日产。2001财年，日产创下480亿美元的销售记录，盈利29亿美元。戈恩赢得了日产公司甚至全日本的尊重。2002年，戈恩又提出了综合性运营的"180计划"，旨在通过增加销售量，提高利润率，和实现零负债，来支持日产的持续性发展。2003年，日产和雷诺公司所有车型的销售量总和为540万辆，比2002年提高了4.2%，在全球联合汽车公司中名列第五。2005年5月，出任雷诺汽车公司第九任CEO。自此，戈恩成为同时执掌横跨8个时区、相隔近万公里的两大国际汽车巨头的"双CEO"。9月，戈恩宣布，与2001财政年度相比，日产实现了销售增加100万辆的目标，"180计划"全面完成。

法国媒体评论说，在过去150年的历史中，可能只有3个人对于日本社会心理产生颠覆性的影响。1853年，美国海军准将马休·佩里（1794—1858），依仗船坚炮利，迫使日本签订第一份不平等条约。但是，他们有感于佩里刺激日本开放改革，走上富国强兵之路，从而视为日本的恩人，还专门建了一个纪念公园。1945年8月，顶着"澳大利亚的保卫者、菲律宾的解放者、日本的征服者、朝鲜的捍卫者"光环的道格拉斯·麦克阿瑟上将（1880—1964），叼着玉米芯烟斗在"密苏里号"军舰的受降仪式上，演戏一般地依次用5支派克金笔签字。这似乎让日本人感觉很体面。

卡洛斯·戈恩拯救了日产。对于日本人来说，日产公司破产，才是真正的丢脸。为了表达对他的尊敬，还出版了一本以戈恩为主人公的漫画书。客观地说，日产汽车存在什么问题、如何整治，许多企业家都心知肚明，只是不愿意触及日本人的心理底线。因为，外科医生是从来不给自己动手术的。这让"空降兵"戈恩得以在异国他乡继续成名，被誉为国际汽车业的"艾柯卡""鹰眼总裁"和"成本杀手"。

（十一）卡莉·菲奥里纳：惠普的"闪亮灵魂"①

卡莉·菲奥里纳，1954 年 9 月出生。在斯坦福大学就读期间，专业是哲学和中世纪史。本科毕业后，她考入加州大学洛杉矶分校法学院，在那里完成了研究生学业。之后，又进入马里兰大学攻读 MBA。她初到美国电信电报公司（AT&T）时，仅仅是一名项目主管。后来，逐渐在公司担任过不同的高层管理职务。

1996 年，AT&T 旗下的通信设备制造部门和贝尔实验室分离出去，成立了朗讯公司。菲奥里纳进入朗讯公司，以业绩为阶梯，很快就担任了该公司全球服务供应部门的总裁。朗讯一度经营不善。可是，在菲奥里纳的领导之下起死回生，成为美国最成功的上市公司之一。从此，名声迅速传开了。

1997 年、1998 年连续两年，号称"闪亮灵魂"的惠普公司，营业收入远远落后于市场预期，公司面临前所未有的困境。首席执行官路·普莱特力不从心，宣布准备提前退休。董事会遂决定聘请猎头公司，为公司物色新的首席执行官。

1999 年 7 月，菲奥里纳从朗讯公司"空降"惠普公司，出任后者的总裁兼首席执行官。这彻底颠覆了惠普公司高层主管由男性当家的传统。她的营销而非技术的职业背景也格外引人注目。上任不久，菲奥里纳就把全球分公司和办事处走了一遍，到市场最前线宣扬她的新想法，使惠普公司朝着全面整合的方向前进。于是，自负盈亏的 80 多个生产部门被缩减成 10 多个事业部门，统一调配研发经费，重点投资于未来的新兴领域和市场。

面对戴尔、IBM 这些行业领先者，菲奥里纳决定贯彻惠普在互联网络时代的新愿景，即扭转电脑硬件厂商的形象，转变成以服务为导向的公司。一年不到，惠普的风貌和创新措施受到市场认同，重新被分析专家们列为成长型的跨国公司。2000 年 5 月，惠普公司财政报表显示，第二季度净收入增长了 15%，达到 120 亿美元，比去年同期增长了 30%。

1998 年，《财富》杂志把菲奥里纳作为最有权力的妇女放在封面时，

---

① 宋斌：《政府猎头》，暨南大学出版社 2010 年版。

她还鲜为人知。1999年,《财富》再次评选她为美国前20家最大的公司中唯一的女企业家时,如日中天、炙手可热。而这一切,却是猎头公司的杰作。

2005年2月,美国惠普公司董事会突然宣布,免去卡莉·菲奥里纳的总裁兼首席执行官职务,决定立即生效。然而,菲奥里纳在6年内对惠普公司进行了一系列结构调整,包括对康柏公司的兼并,使惠普由一家打印机生产商,发展成世界最大的综合性信息技术产品和服务提供商之一,却是鲜活的客观事实。她的离任,被全球企业界认为是"精彩谢幕"。

更有意思的是,一向以保守著称的惠普公司董事会,开始对猎头方式情有独钟。他们在解除菲奥里纳职务的第二天,就马上宣布已经聘请了一家纽约的猎头公司,再次搜寻新的接班人,委托费用高达300万美元。

花开两朵,各表一枝。离职18个月后,沉默许久的菲奥里纳出版了回忆录《勇敢抉择》,书中讲述了自己和惠普公司之间不为人知的许多内幕。一时间,洛阳纸贵。2008年3月,她被共和党全国委员会任命为"胜利08"基金会主席,负责为总统候选人麦凯恩的竞选活动筹款,参与组织、策划一系列的竞选活动。菲奥里纳华丽转身,涉足政坛。

(十二)罗伯特·纳德里:"家庭仓库"总管[1][2]

1997年12月,在通用电器公司(GE)CEO杰克·韦尔奇为挑选接班人举行的"谁是接班人"大赛中,詹姆斯·麦克里尼、罗伯特·纳德里(Robert Nardelli)和杰夫·伊梅尔特都是胜出者。2000年,伊梅尔特成为最后的赢家。同年,纳德里被家庭仓库公司(Home Depot)高薪挖角。麦克里尼也随即离开GE加入3M,后又从3M跳槽到波音公司担任CEO。

在担任通用动力系统业务的总裁和CEO期间,罗伯特·纳德里推动技术、产品和服务创新,使之成为全球内动力工业的领导者。此外,他还通过战略性并购策略,使得所管业务快速增长。

这些杰出的职业成就,是猎头顾问信任纳德里的关键因素。2000年,纳德里在成为家庭仓库公司新的CEO之后,公司股票闻声立即上涨4.2%。可是,纳德里没有任何零售业经验。来到新公司不久,他发现创业型"牛仔"文化与通用文化非常不同:每个商店都是一个独立的王国,

---

[1] 周梦:《美国CEO们的好日子或将到头,高薪将不复返》,《雅虎财经》,2007年1月8日。
[2] 刘雪峰:《十年来十名最成功的CEO空降兵(1993—2003)》,《环球企业家》,总第98期,2004年5月。

而公司总部仅仅充当了一个支持中心的角色；在管理方面，这家公司结构松散，缺乏集中、鲜明的管理程序。

纳德里一度十分恼火。这家年销售额上百亿美元的公司，甚至无法做到允许他给全球范围内的分店经理发一封电子邮件，原因很简单，公司缺乏这种管理工具。他知道，无论公司有多大，领导都是使各业务部门聚成一个整体、产生统一行动的关键因素。在取得董事会的支持后，他即刻着手导入通用当时正在使用的管理程序，比如集中采购、加大存货控制力度、使商店的店面陈设标准化、将决策权利收归总部等。此外，纳德里还发挥了他推动公司扩张的优势，使公司分店总数在不到三年的时间内增加了100多个，达到1882个。

纳德里改革初期，家庭仓库公司被不停地折腾。很多经理和员工不适应这种变化，进而变相抵制，甚至离开公司。一名人力资源经理回忆说："这是一场革命，而不是进化"。不久，提高流动性、节省成本的措施，很快反映在公司的财务报表上。2003财年，家庭仓库公司的每股收益上升了21%，达到1.88美元，销售增长了11%，达到648亿美元。为此，纳德里不无自豪地说："执掌Home Depot这么多年，我知道如何使一家公司成为零售业的领导者，以及它能引发怎样的行业变革。"

2005年，美国350位顶级高管们的人均年收入为1160万美元，普通工人仅为28300美元。在倍数比方面，美国为411:1，中国为36:1，日本仅为11:1。2007年1月，罗伯特·纳德里因公司表现不佳和巨额薪水受到猛烈批评而黯然下台。因为董事会认为，其他人会比他干得更好。这却要付出高昂的代价：纳德里下台的时候，拿到了2.1亿美元的分手费。

（十三）詹姆斯·麦克里尼：活学活用的CEO ①

抛开各自的产品不谈，人们有足够的理由把3M公司看成GE的翻版：它们都有类似的公司文化，都喜欢把严格的质量要求带入生产的每一个步骤；它们乐于用各种技术性的方法来衡量产品的好坏，并希望由此带给客户和股东最大的回报——甚至在工作流程的设置，人员结构的安排这些具体层面，你都可以找到相似之处。唯一的区别或许是，3M最知名的产品是复合胶带，而GE是电器。

詹姆斯·麦克里尼（James McNerney，中文名：麦乐年）无疑是使3M成为"迷你型"GE的关键人物。自2001年1月从GE跳槽到3M公司

---

① 黄河：《十年来十名最成功的CEO空降兵（1993—2003）》，《环球企业家》，总第98期，2004年5月。

任 CEO 一职以来，他一直致力于在 GE 学到的一切"奉献"给 3M。当然，除了上述那些相似的地方，最重要的还是 3M 和 GE 有一样良好的业绩。2003 财年，3M 公司销售额从 24 亿美元猛增到 182.3 亿美元，利润上升了 35%，而股票价格也攀升了 35%，达到了每股 81 美元，成为该年度最赚钱的美国公司。

至于麦克里尼，则获得了数不清的荣誉，不仅他的名字是各大欧美知名媒体"年度最佳 CEO"榜单上的常客，而且，商业手段也开始被越来越多的人效法，以至于商界最流行的一句话是"让我们做得和麦克里尼一样棒"。另外，颇受媒体追捧的一点是，尽管他为公司赚了大钱，但是，报酬绝不是"最佳 CEO"中最高的，麦克里尼对此从未抱怨。

在分析人士看来，麦克里尼成功的秘诀其实很简单，就是照搬 GE 的做法，制定可行性的目标，比如市场部门的销售额或者生产部门的生产率，然后让手下的经理们去实现。表面上看这当然和其他 CEO 们的做法没有什么两样，但是，麦克里尼却显然学到了 GE 的精髓。他能做到和任务在身的经理们同进同出，帮他们想各种办法，直到完成目标。"不少人认为 CEO 就是下达命令，然后控制运营，适当的时候给予部下鼓励或者批评，但是我认为，如果你不真正地和你的经理们站在一起，你就不可能拿到想要的结果"，麦克里尼自己这样总结。

在具体层面上，复制 GE 的做法也不少，最知名的措施是在 3M 公司 67000 名员工中开展"六个西格玛"的训练。然而多少让外界感到意外的是，尽管 3M 到处可见 GE 的影子，但是，这个 54 岁的 CEO 并不希望 3M 最终成为另一个 GE，也许这和麦克里尼的经历有关。

1975 年，麦克里尼从哈佛商学院毕业以后，加入了宝洁公司（Procter & Gamble）任品牌经理助理，后到麦肯锡管理咨询公司成为高级品牌顾问。在此期间，他结识了波音公司的菲利普·康迪（Philip M. Condit），后者曾出任波音全球 CEO 一职。麦克里尼在麦肯锡任职期间曾为可口可乐、迪士尼等一流公司做过咨询。他的商业才华很快引起了 GE 全球 CEO 杰克·韦尔奇（Jack Welch）的注意，考虑他与菲利普·康迪不错的关系。1991 年，他受邀加入 GE 航空引擎公司高层，由于拿到了不少波音的合同大单，麦克里尼很快升任总裁兼 CEO。

麦克里尼的职业生涯看上去一帆风顺，其实不然。2001 年年初，他和家庭仓库公司的纳德里一样遭受重创，以公司内定韦尔奇继任者的身份败给了来自医疗集团的伊梅尔特。"内向的性格可能是他竞争失利的最重要原因"，和麦克里尼一起长大的弟弟丹尼尔分析，"因此，他的很多想法无法与董事会沟通;到 3M 之后,他显然不希望一切都和在 GE 时一模一样"。事实上,麦克里尼想尽一切办法让 3M 变得更庞大的同时,已经做出了种种创新,主要集中在沟通工作上,比如,他在大量引进一流化学研究人员之后,打乱公司的工程师只有自己固定实验室的设置,允许他们和任何一个感兴趣的项目负责人随时交谈。同时对手下的经理们,也让他们明白知道真正需要的是什么,后者可以随时到办公室和自己交流新的想法。最重要的一点是,麦克里尼一直对员工强调要保持健康,而不是玩命地工作。

(十四)特瑞·塞梅尔:重组雅虎的"神人"①

1996 年,雅虎上市。仅用 3 年时间,市值即飙升至 390 亿美元。2000 年,互联网泡沫的破灭,雅虎受到重创。2001 年第一财季,销售收入由同期的 2.3 亿美元萎缩至 1.8 亿美元,股价跌至 4.05 美元。企业的倒闭风潮使雅虎丧失大批广告订单,而时代华纳和美国在线的合并,更是雪上加霜。

2001 年劳动节,特瑞·塞梅尔担任雅虎 CEO 的第一天,就让助手把电子邮件打印出来,一边看,一边在纸上草书要回复的内容。所有的人都在想,这就是雅虎的拯救者吗?许多投资者和员工认为,塞梅尔的到来,意味着雅虎又向深渊迈出一步。

作为华纳兄弟公司的前任 CEO,塞梅尔被誉为最有创意、最成功的电影界商人之一。《蝙蝠侠》让他赚了大钱,还帮助过气的明星当上导演,拿了奥斯卡奖。在极其复杂的娱乐圈能够左右逢源的派头,使得很多大腕乐意与之合作。在好莱坞,两名助手随时照顾他的起居,出行还有私人飞机;到了雅虎,只能处处节省,减少开支;离开华纳的时候,身价是上亿美元;可是在雅虎,还得受董事会节制。但是,塞梅尔认为当时的雅虎,非常类似 20 世纪 70 年代的华纳兄弟,有着良好的品牌和优秀的人才,事业却在走下坡路。他却被此吸引。

开始并不顺利。59 岁的塞梅尔在年纪上没有优势,比雅虎员工的平均年龄大了一倍,很多新东西根本不懂。但是,塞梅尔懂得聆听,积极召回出走的集雅虎"旧部"听取意见。原先一个小时的会议,经常拖到六个小时。一旦有听不懂的地方,塞梅尔都会走到电脑旁让部下演示给他看;一遍不懂,再来一遍,直到理解透彻。

---

① 许玫:《十年来十名最成功的 CEO 空降兵(1993—2003)》,《环球企业家》,总第 98 期,2004 年 5 月。

特瑞·塞梅尔摸清家底后，果断开出两剂猛药：重组和多元化经营。2001年，原有的44个部门重组为6个，业务缩减为4块，裁员约12%，员工总数精简至3100人。在经营管理上，引入更多的传统媒体经理人，着力培养起得力的销售团队。膨胀期凌乱的管理结构和无序的创新状态，开始得到梳理和调整，面貌焕然一新。塞梅尔凭借丰富的媒体关系铺展多元化经营模式，业务迅速扩展到体育、金融、娱乐、电子商务、即时通讯和电子信箱等，改变了依靠广告收入的危险局面。2002年，雅虎结束连续6个季度无盈利的状况。2003年，实现2.39亿美元盈利，走出互联网泡沫阴影。2005年第二季度，盈利7.55亿美元。

塞梅尔是一位天生的商人，能够在处理复杂问题的同时，让人乐于和他一起工作。制片商阿尔诺·米尔臣说："他一开始不给任何回音，让你感到绝望。终于答应了，可又让你白白等上两小时。但是，见了面，他嘘寒问暖地让你特别受用，几乎忘了到这里要干什么——当然，他可没忘记要干什么。"事实上，塞梅尔津津乐道地说缺乏科技头脑，其实是他最大的财富，"假如雅虎公司的一项服务，还需要我花10分钟以上的时间来思考，那肯定有什么地方不对劲"。

2008年，微软向雅虎示好，愿以446亿美元并购，以对抗Google。杨致远以报价过低为由拒绝，转向接受Google的广告合作建议。不久，涉嫌垄断被司法部驳回。微软热情已过，雅虎市值却缩水一半。杨致远不得不引咎辞职。2009年7月底，新CEO卡罗尔·巴茨上任，已是百般无奈。

（十五）徐立之：从儿科医生到最佳校长①②

香港大学的前身，是创立于1887年的西医书院。1911年正式成立，是香港地区历史最悠久的大学之一。

2000年7月，香港大学发生"民意调查风波"，亦称"钟庭耀事件"。9月，调查委员会发表调查报告。9月6日，郑耀宗校长、黄绍伦副校长迫于重重压力，宣布请辞。事件得以平息。戴义安（Ian Davies）教授临时出任校长一职，时至2002年退休。

香港特区政府决定按照国际惯例，物色新的校长。光辉国际大中华区闻知，主动请缨完成搜寻任务。香港特区政府同意后，依据"男性、杰出

---

① 宋斌：《政府猎头》，暨南大学出版社2010年版。
② 《香港大学民意调查风波》，维基百科网站，http://zh.wikipedia.org/wiki/%E6%B8%AF%E5%A4%A7%E6%B0%91%E8%AA%BF%E9%A2%A8%E6%B3%A2，2012年11月16日。

学者、独立人格"三项基本原则,遂将重点锁定全球华人精英领域。

其时,光辉国际急欲打开中国市场,得知中标兴奋不已,立即号召所有的子公司和办事处提供人选。大中华区具体负责这一项目。他们认为,"我们这次选人,就是根据客户的要求和条件,首先进行跨国市场调查。重点是对居住在世界各地、华裔出生的学者或科学家进行考察。因为,香港大学的前身是医学研究院,如果是学医的候选人则更为理想。根据香港特区政府意愿,华人学者将会出任下一轮香港大学校长职务"。公司总部接受了这一提议,派人远赴美国、英国、日本、澳大利亚、加拿大、印度的华人集居地挑选合适对象。

一周后,锁定1500名左右的候选人。经与香港特区政府联系,首先依照"中立"原则,排除美国、俄罗斯的人选,目的是不希望有超级大国背景的人选参与。其次,依照"大国"原则,排除来自中小型国家的候选人,以期与中国的大国身份相称。最后,排除对中国不友好的国家。如此,仅有50名人选进入第一轮。

香港特区政府随即提出,希望在医学和农学领域搜寻,因为这是香港大学的传统专业,容易被公众接收;另外,希望候选人不要过多干预政治生活,避免滋生是非。于是,光辉国际排除一些来自敏感国家的人选,迅速将范围缩小到德国、澳大利亚、加拿大这些相对中性的国家,并且要求人选必须是国际化的技术型专家。最终进入候选名单的是3个人。经过香港特区政府和猎头公司的多次秘密会议,进一步排除涉及忌讳的背景,还有候选人的家庭、相貌和性格等因素。徐立之最终被选中。

徐立之生于中国上海,长于香港。1972—1974年,在香港中文大学先后取得学士及硕士学位。1979年,获得美国匹兹堡大学博士学位。后在多伦多大学执教,并任多伦多市病童医院研究所遗传系主任及首席遗传学家。1989年,成功断定导致囊状纤维症的缺陷基因,被认为是人类遗传学上的重要突破。2000—2002年,担任人类基因组织(HUGO)的会长。拥有加拿大医学研究局杰出科学家、加拿大皇家学院院士、伦敦皇家学院院士、世界创新基金会院士以及美国国家科学院外籍院士等头衔,还是加拿大勋章、安大略省勋章奖、加拿大国会Killam奖的得主。

徐立之没有什么行政管理经验,性格比较内向。出人意料的是,光辉国际之所以看中他,原因十分简单。因为,徐立之是一个有着强烈的祖国情结的学者,对于他来说,没有什么比祖国的召唤更加重要的了。

于是,光辉国际亚洲区负责人亲赴加拿大,与徐立之多次面谈。经过半年的接触及联系,终于说服了这位国际基因学权威,放弃了在加拿大舒适的工作环境和生活条件，出任香港大学第14任校长。

徐立之就任期间，除了处理一般校内事务外，致力发展香港大学成为基因遗传方面的研究中心，十分重视与大学各方成员的沟通，多次出访与海外校友会面，并为香港大学筹募经费而到处奔波，还以个人名义发电子邮件与全体师生进行沟通。香港大学逐步走出民调风波的阴霾。

2005年，领导有方、成绩卓著的徐立之，被香港市民评为当年"最佳大学校长"。这再次证明了猎头的威力。是役，光辉国际声名鹊起、呼风唤雨。

（十六）道格拉斯·达夫特：无意的"失手"①

可口可乐（Coca Cola）总部位于美国亚特兰大，源于1886年美国佐治亚州亚特兰大城一家药品店。1919年，公司成立。1928年，名为"蝌蝌啃蜡"的饮料在上海公开登报，用350英镑的奖金悬赏征求中文译名。最终，身在英国的蒋彝教授拿走奖金。这就是被公认为翻译得最好的品牌名称——可口可乐。"二战"期间，公司提出，保证每个美国军人在任何地方，都能够得到5美分一瓶的可口可乐。如此，它作为军事用品伴随美军走向全世界，特别是欧洲和亚洲国家，获得了绝对优势的市场份额，一直保持到1991年。

1981年，出身于古巴的化学工程师罗伯特·古兹维塔，被选为可口可乐公司的CEO。观察家们惊奇不已。他上任后的第一项行动，就是发表了1200字的战略声明，提出可口可乐公司要进行显著的变革，把重点放在美国软饮料市场的增长上。他执掌16年期间，可口可乐从原来的规模扩大3倍。1997年，时任可口可乐董事长和总裁的古兹维塔被诊断为肺癌。然而，消息在华尔街传出后，公司股票几乎没有波动。而当这位总裁的死讯在6个星期后宣布时，也未引起可口可乐股东的恐慌。早已安排好的、二号人物道格拉斯·艾维斯特继任CEO。

1999年6月9日，120名比利时人在饮用可口可乐之后发生中毒，呕吐、头昏眼花及头痛，80名法人出现同样症状。拥有113年历史的可口可乐公司，遭遇了历史上罕见的重大危机。艾维斯特没有遵从董事会要求，在比利时和法国消费者投诉喝了可乐感到恶心时，没有马上赶到比利时去平息事端。12月1日，艾维斯特飞往芝加哥，心情轻松地参加与麦当劳的例行工作会议。其间，他参加了一个"特别"的小型私人聚会。这决定了他的命运。直接向他发难的，却是可口可乐公司极具有权势的董事——沃

---

① 宋斌：《政府猎头》，暨南大学出版社2010年版。

伦·巴菲特和赫伯特·艾伦。6日，52岁的道格拉斯·艾维斯特突然宣布辞职。同时，建议公司高级副总裁道格拉斯·达夫特（Douglas Daft）接任他的职务。可口可乐股票开盘后，闻声大跌6%，市值瞬间蒸发100亿美元。此前，伴随公司的收入暴跌，股价已经比高峰期下跌了30%，市值持续阴跌近700亿美元。

2000年4月，达夫特成为新的董事会主席和首席执行官。3个月后，领导层改组，将一些对非碳酸饮料做出突出贡献的人员吸纳到管理层中。同时，为了精简机构、鼓励创新，达夫特削减了多达20%的员工，引发了不大不小的新闻地震。紧接着，8亿多美元的不良资产迅速转手。一年多以后，达夫特又将重点放在了开拓可口可乐国际市场方面。

2003年2月，道格拉斯·达夫特突然宣布，将在年年底退休。他还公开声明说，董事会已聘用一家著名的猎头公司寻找接班人。消息传出，股票当天以51美元报收，重挫24%。媒体猜测，总裁兼首席运营官史蒂夫·海尔很可能继任。吉列公司首席执行官吉姆·基尔茨，几乎被双方一致确定为理想人选。然而，这个秘密很快见之于报端。可口可乐公司和吉列公司高层顿时炸开了锅。人们议论纷纷，公司股价剧烈波动，新闻评论接踵而来。众目睽睽之下，基尔茨拒绝了出任这个"烫手"的职位。2004年，可口可乐公司无奈地宣布，内维尔·艾斯戴尔将在6月1日正式上任首席执行官。殊不知，自从1966年起，毕业于哈佛大学的艾斯戴尔就加入可口可乐，所领导的欧洲部曾经占据可口可乐全球利润的三分之一。在为公司服务整整35年之后，已于2001年正式退休。接单的猎头公司也为此付出了惨重的代价。因为"那次猎头行动缺乏保密性，带来了破坏性影响"。

2008年7月，穆泰康（Muhtar Kent）成为新的掌舵人。2010财年，获得价值1920万美元的薪酬，较2009财年增加30%，主要是由于奖金和股票奖励的增加。此外，穆泰康获得超过73万美元的津贴，包括私人司机、公司专机的使用，以及财务规划服务。新的"空降兵"来了，可口可乐老树长新芽，似遇春天。

（十七）迈克尔·卡佩拉斯："世通"的新掌门①

可能，没有谁像迈克尔·卡佩拉斯那样，遇到如此极端的情形：一家丑闻不断、已经破产的知名公司，把找到一名训练有素的职业经理人看作

---

① 袁宏明：《十年来十名最成功的 CEO 空降兵（1993—2003）》，《环球企业家》，总第98期，2004年5月。

绝处逢生的唯一机会。

2002年7月，世通公司（World Com Inc）因财务造假被起诉，创下美国申请破产保护案的历史记录。而这段时间，卡佩拉斯的职业生涯说来也并不如意。他是美国康柏公司的前任总裁及首席执行官，康柏与惠普合并半年后，他便辞去了惠普公司总裁职务，这是发生在2002年11月的事情。

一个月后，卡佩拉斯接手这个著名的乱摊子：出任世通公司董事长、首席执行官兼总裁。如果此举成功，既能拯救世通，又能再度点亮卡佩拉斯的职业生涯。上任伊始，他立即着手对世通进行拯救行动。这是一个做"减法"的思路：解雇直接或间接卷入财务丑闻的100名管理人员，裁员1.7万人；保留主要业务单元（包括MCI Group长途业务和Uunet全球数据网络），非核心业务一概出售，光无线转售业务一项每年就可节省7亿美元，在拉丁美洲和欧洲的一些业务也挂牌出售。

2003年4月，"世通"改回原用名"MCI"，希望通过这个金蝉脱壳的举动帮助公众忘记丑闻，从而根本扭转公司形象。在具体行动上，为了减少客户流失，卡佩拉斯和其他高层领导，亲自出面给企业重量级客户打电话，请他们相信MCI的业务运作健康。在公司内部，卡佩拉斯则成立了董事会和企业道德规范办公室，并推出了员工财务报告制度和职业道德培训计划等。更名3个月后，联邦地方法院法官便允许MCI通过支付7.5亿美元，了结因会计丑闻而遭受的欺诈指控。"世通"案至此告一段落，MCI得以稳步前进。

（十八）詹姆斯·迪蒙：打造"西部花旗"[①]

2004年年初，摩根大通银行（J. P. Morgan Chase）宣布与美一银行（Bank One）合并，一举打造出全球仅次于花旗集团（Citi Group）的第二大银行。这笔交易为分析界一致看好——并非因为合并本身前景乐观，只是因为主导合并的人是詹姆斯·迪蒙。

过去几年，迪蒙所执掌的美一银行绝非风头最劲的金融机构。但是，这无碍于人们对他充满信任。Fortune杂志一语道破天机："摩根大通收购美一银行，就是将迪蒙带回到大舞台，他的地盘。"迪蒙之父西奥多·迪蒙为老牌证券公司希尔森的员工，1973年希尔森为桑迪·维尔收购后，两人成为好友。而在两家的交往中，富有数学天赋、天生热爱商业的迪

---

① 杨帆：《十年来十名最成功的CEO空降兵（1993—2003）》，《环球企业家》，总第98期，2004年5月。

蒙，受到维尔的巨大影响。大学期间，迪蒙曾对维尔收购希尔森之事进行案例分析，深得维尔赏识。后者说："好文章！我能不能把它给别人看？"前者回答："当然！我能得到一份暑假工作吗？"

此后，迪蒙成为维尔最可靠的助手，他的工作几乎无可挑剔。从1985年维尔二度创业至1998年收购花旗银行，与维尔荣辱与共的迪蒙可谓尽得真传。人们相信：迪蒙将成为维尔的接班人。孰知，花旗集团组建9个月后，迪蒙被迫出局。外界认为，根本原因在于维尔个人意志过于强大，并不愿看到迪蒙过早对其权威进行挑战。

迪蒙曾有大量的就业选择，从网络创业公司到连锁旅店，还包括一家英国的银行。但是，迪蒙出乎业界意料地选择了美一银行——这家处境艰难的中西部银行。上任伊始，迪蒙着手解决各种问题：升级计算机系统、整饬信用卡领域的经营问题、减少对无力还款的客户的贷款，以及对各支行的服务进行升级。同时，迪蒙大量招募了花旗旧部，赢得"西部花旗"之名。他上台之时，美一银行亏损达5.11亿美元。到2002年，美一银行已经实现利润额33亿美元。不久，美一银行与摩根大通合并，成为花旗集团最大的竞争对手。

（十九）李开复：出走微软的风云人物①②

1961年12月，李开复生于中国台湾，毕业于哥伦比亚大学计算机系，曾就读于卡内基梅隆大学，1988年获计算机学博士学位。1998年，李开复加盟微软公司，随后创立微软中国研究院（现微软亚洲研究院）。

2005年7月，李开复离开微软、出走Google，让微软高层大为恼怒。《战略新闻服务》的出版商马克·安德森指出："李开复掌握了所有的搜索核心技术，这也是微软决心将Google告上法庭的原因所在。"微软声称，他涉嫌违反竞业禁止协议。事实上，李开复已经不是第一位被Google挖走的微软高层官员。2004年11月，拥有微软杰出工程师头衔的马克·路库斯基投奔Google。同年12月，Google在华盛顿州的克尔克兰建立了一个以路库斯基为总技术长的研发中心，与微软总部仅仅一个小镇之隔。尽管微软还有后继者从事该技术的研究，但是，将一名举足轻重的技术精英拱手让给自己最大的竞争对手，对于微软这样世界级的著名公司来说仍然是灾难性的。业内称，Google为此向猎头公司支付的佣金超过1亿美元。

2005年9月13日，美国高等法院做出裁决：李开复可以立即为Google

---

① 原野：《微软起诉李开复：出于无奈的铁腕》，天极网，2005年7月22日。
② http://baike.baidu.com/view/14638.htm.

工作。但是，工作范围将受到限制。这一限制在2006年1月的庭审之前一直有效。12月22日，微软公司终止了对Google以及李开复的诉讼。

2006年4月，"谷歌"——Google的全球中文名称在北京正式发布。2006年9月，入驻清华高科技园谷歌大楼。李开复大力推进人才本地化的工作，通过高校招聘工作赢得了Google总部的信任，并在中国获取了巨大的声誉。从2005年9月开始，李开复就在全国各大高校宣讲，最后在中国招聘了70多名员工。这些员工于2006年七八月陆续开始上班。从2007年上半年起，谷歌开始频繁地发布新产品及搜索的整合功能，陆续发布了地图、图书、热榜生活、输入法、金融Onebox等10多种新产品，还有若干诸如搜索建议、相关搜索等一些搜索功能的优化。与此同时，谷歌阵线联盟还在不断扩大，联盟中的成员越多就越能让谷歌摆脱舆论一边倒的劣势。正因为如此，李开复反复在各种场合说的"人才、技术、流量、收益"四步论即将收官。2007年4月，Google全球CEO埃里克·施密特，给李开复领导的谷歌中国团队打出了"90—95分"的高分。这一举动表明，Google和猎头公司的辛苦努力和算计，是十分值得的。

2008年年底，谷歌中国针对中小企业的营销论坛一共举办了26场。百度遭遇央视曝光，让许多原百度的代理商和客户转投正努力开拓市场并标榜"不作恶"的谷歌中国，使得后者业绩突飞猛进。根据艾瑞咨询的数据，2008年谷歌中国营业收入达到14.32亿元，同比提高6%，和百度的市场份额差距缩短到8%。

李开复似乎更适合从事教育培训工作。2000—2005年，李开复先后撰写《给中国学生的一封信：从诚信谈起》《给中国学生的第二封信：从优秀到卓越》《给中国学生的第三封信：成功、自信、快乐》《给中国学生的第四封信：大学四年应是这样度过》《给中国学生的第五封信：你有选择的权利》《给中国学生的第六封信：选择的智慧》和《给中国学生的第七封信：21世纪最需要的7种人才》等书信，影响广泛、好评如潮。

2009年9月4日，李开复从Google中国离职，出任创新工场董事长兼首席执行官。对此，人们却没有热议；因为，真正的风云人物，是从来不会安于现状的。

（二十）杰拉尔·德帕迪约：被猎头的"国宝"[①]

2013年1月3日，正在元旦休假的俄罗斯人收到一份意想不到的"新

[①] 宋斌、温荣璋：《杰拉尔·德帕迪约：主动出走，或被普京总统猎头？》，《国际人才交流》，2013年第2期。

年礼物"。当天，俄罗斯总统普京签署命令：根据《俄罗斯联邦宪法》第89条"A"款，兹授予1948年出生于法国的杰拉尔·德帕迪约俄罗斯公民身份。消息传开，立即引发法国媒体铺天盖地的炮轰。

杰拉尔·德帕迪约是法国的"国宝"。一生出演170多部电影，两次斩获凯撒奖，曾在《大鼻子情圣》《最后一班地铁》《基督山伯爵》等经典影片中担纲主角。1996年，获得法国最高荣誉"骑士勋位勋章"。他被公认为法国20世纪最受欢迎的男影星，也是欧洲最为知名的重量级影视明星之一。《费加罗报》称，这位著名的演员、导演兼制片人，拥有15家公司，雇佣100多名员工，涉足的产业包括高级餐馆、零售店、电影公司、葡萄酒庄、高级房产、艺术品收藏等，在摩洛哥、西班牙、意大利、阿根廷、阿尔及利亚和乌克兰都有房产。此外，还著有多部法国饮食的烹饪书。在俄罗斯，他不仅是多家银行和食品商的广告代言人，还在俄法合拍片中出演角色，拥有相当高的知名度。

2012年12月7日，德帕迪约正式定居比利时，脱离法国国籍，主要的诱因是法国对富人征收极高比例的收入税。法国媒体猛烈批评此事。总理埃罗在谈及此事时，评论他是一个"可悲的角色"。

不久，德帕迪约在《星期天报》上，公开发表致法国总理埃罗的公开信。他说，"我并不值得可怜，也不值得敬仰；但是，至少我不应该被称'可悲'……我出生于1948年。14岁的时候开始成为一位印刷工，也做过货舱管理员，后来从事演员的职业……我一直不停地在交税……我选择离开，是因为你们把成功、创造、天赋，以及任何与众不同的特质，都认作必须接受惩罚的依据……我已经归还了法国护照，我不要求获得批准；但是，我至少有权得到尊重！"媒体同时报道说，在过去的45年间，这位工人阶级出身、几乎可以被称为法国最高产的演员，缴纳税款总额约1.45亿欧元。仅在2012年，支付的税款已经达到收入的85%。根据即将实施的"财富税"计算公式，德帕迪约每年应缴税款将是年收入的1.6倍之多。

他的前妻伊丽莎白在接受采访时说，对德帕迪约的舆论围剿是极不公平的，因为他在一定程度上"代表了法国"；而他的出走，正是由于"缺少关爱"。他的女儿罗格萨娜称赞父亲是一位"诗人"，作为法国电影在国际舞台上的代表，一致在努力通过银幕输出良好的国家形象，这理应得到尊重而不是羞辱。

定居没有几天，德帕迪约在接受《世界报》采访时表示，尚未决定住在比利时、黑山，还是俄罗斯。他甚至开玩笑说，一个来自俄罗斯的老朋友已经送来了护照。

2012年12月20日,普京总统在记者招待会上予以回应:"我理解德帕迪约的感受。不过我很清楚,他认为自己是法国人,并且以此为荣。我们之间关系友好,如果,他的确想获得俄罗斯护照,那我们认为这个问题已经解决了。"他还指出,德帕迪约加入俄籍,不会影响俄法之间良好的关系。次日,梅德韦杰夫总理明确表示欢迎;同时强调,俄罗斯的收入税税率是单一制的13%,保证不会针对富人提高税收额度。

很快,俄罗斯《文化报》刊登了德帕迪约致普京总统的公开信:"我热爱俄罗斯,热爱您的国家,热爱俄罗斯人,他们的心灵和性格让我感到亲近……我不懂俄语,但我要学习,至少让人们了解我……我写信的目的,是为了得到俄罗斯护照,一个伟大国家的护照。对我来说,这将是莫大的荣幸。我热爱您的国家,并想成为她的公民。……"

德帕迪约一看到总统令,就决定立即动身。5日下午,抵达俄罗斯。6日上午,普京总统在黑海之滨的度假胜地——索契,接见了德帕迪约。官方证实德帕迪约在访俄期间,获发俄罗斯护照,但是,并未透露护照是否由普京亲自授予。当天,德帕迪约前往位于伏尔加联邦区的莫尔多瓦共和国首府萨兰斯克,受到民众的热烈欢迎。当地政府提出,愿意为他提供一套住房和办公室,甚至准备邀请这位"俄罗斯公民和伟大的法国影星"出任文化部长一职。

时至2013年2月,法国媒体和政府高官仍然"一边倒"地炮轰此事。但是,德帕迪约事件却告一段落。俄罗斯副总理罗戈津说,德帕迪约加入俄籍或许预示着欧洲富人向俄罗斯移民的苗头,"西方人不太了解俄罗斯的税收制度;否则,欧洲的富人们会蜂拥向俄罗斯"。俄罗斯国民经济和国家机关学院院长弗拉基米尔·马乌认为,授予德帕迪约国籍是个引人注目的例子,表明俄罗斯在很大程度上比欧洲稳定,前景更可预料。而且,俄罗斯的税收制度是世界上最优惠的税收制度之一。

俄罗斯政府反应迅速、做事果敢。这种"闪电"作风无疑向国际社会释放了一个新的信号:对于有"才"、有"财"的外国高层次人才,俄罗斯的大门永远是敞开的;在俄罗斯政府看来,积极而务实的国际"猎头"是十分必要的。

第三节 理论研究综述

现代猎头还没有形成权威而完整的理论体系。一是世界猎头发展历史较短,理论积累不够,欧美发达国家的研究偏重于案例分析、调查统计和创建数理模型等应用层面,致使元理论研究空白;二是在猎头所属的学科和归属问题上,各执一词、分歧很大,还没有科学而合理的统筹工具。

从20世纪30年代起,受到世界经济大萧条(1929—1933年)、"二战"(1937年7月—1945年9月)、"冷战"(1947—1991年)的国际大气候影响,以及麦肯锡公司奉行"管理咨询"路线,猎头的市场化理论研究长期停滞、鲜有建树。这就是所谓的"五十年断层"现象。

一、外国

迪克·迪兰、霍华德·布莱奇斯(1930)首先研究了美国零售行业的猎头顾问搜寻与培训领域,开启了现代猎头理论研究的先河。

N. David 和 Ammons(1988)分析和探讨了猎头在政府领域所发挥的高级管理人才寻访的作用。

Eccles & Crane(1988)指出了猎头涉及的最佳"匹配"是一个社会过程,需要多方形成有机的互动关系;而猎头作为弱势的一方,客户对其往往是缺乏信任的,由此导致猎头公司之间存在着隐性选择竞争,这对猎头自身的能力建设提出了更高的要求。

Helena Watson(1990)全面研究了欧洲的猎头市场和高端人才派遣机构的现状、运营特点和行业规则,提出了国际市场与本土猎头行业的冲突与连接等诸多现实问题的理论解决思路。

克里斯汀·布里顿(L. Christine Britton)和 Derrick F. Ball(1994、1996)对法国猎头的特点、特征和发展趋势进行了广泛调研,得出"市场声誉"和"业务技能"是影响猎头生存、顾问自身发展的两个重要因素。研究同时指出,美国、英国猎头在欧洲地区的迅速扩张,并没有消灭其他欧洲国家的猎头行业,反而强化了本土化、区域化、专业化特征,从而促进了整个猎头行业的多元化发展。①

Josefina E. Pastor(1997)研究了猎头在美国、新西兰、澳大利亚、印度、法国等国家和地区的运行情况,进行了一些探索性的对比分析,指出越来越多的猎头公司开始通过国际化战略来寻找"空间经济"。即在空间经济结构、布局因素、形成条件及这些因素间的相互联系,寻求合理的、布局协调的经济建设模式,使得猎头能够在生产力布局最合理的区域,数量和质量处于最佳状态时,可以产生最大的经济效益。

И. О. ТЮРИНА(1997)研究指出,俄罗斯人力资源市场分化为商品

---

① 克里斯汀·布里顿(L. Christine Britton)是世界猎头理论的布道者之一,著述丰富。

市场与劳动力市场时,来自西方的猎头仍然是新鲜现象。不正当竞争、偷猎关键员工、顾问直接收取现金、雇主投诉等问题,加之外国企业动辄以数倍的价格挖取关键性的技术人才,使得国际猎头公司并不受欢迎。光辉国际、安永、普华永道的工作重点,只能放在中低层面;原因是高层经营管理和技术人才已经被企业锁定,猎头将面临极其沉重的政策处罚。

Rakesh Khurana(1999、2001)对1980—1996年间、85家最大的美国公司首席执行官(CEO)的流动和继任数据,以及对相关当事人(包括流动的CEO和猎头顾问等)和猎头机构长达两年的扎根研究,得出如下结论:猎头通过发挥"调整(coordinating)、调停(mediating)、合理化(legitimating)"这三大功能来实现有效招聘,并在CEO市场的特征下(买卖双方数量小、参与者高风险、双方存在制度性风险等),猎头作为第三方找寻CEO是有效率的;在达到成功的过程中获得利益,也是在交易成本最小化原则下的合理状态。研究还指出,猎头往往会深入了解客户提供的职位信息、用人资格需求以外的更多信息,如理解企业的战略、文化和业务,以有利于实现候选人与客户战略、价值观等企业深层需求的匹配性,甚至在客户自身对人选需求并非切合企业实际需要的时候,猎头能够以自己的判断来确定正确的人才选聘标准。研究进一步强调,猎头具有合理化功能,即通过猎头的第三方角色来进行关键人才的聘用,可以显出相对的客观性和中立性,既可避免组织内部对于候选人的政治分歧,也可规避外部同行们的指责。

Christian Schoyen和Nils Rasmussen(1999)收集了来自于30个国家的猎头联营公司、145名猎头顾问实地采访和回收的调查问卷,通过考察行业认知、搜寻方法、公司识别和业务合作等关键要素,揭示了一流猎头顾问的炼成方略,归纳总结了猎头的基本流程及技术路线。[1]

芬利(W. Finlay)和考瓦第尔(J. E. Coverdill)是猎头研究领域的著名学者。1993—1996年,他们对北美地区猎头公司的经营基本模式进行了实证研究,总结了四种基本类型。而1998年、2001年的继续研究表明,在对猎头的客户(风险)管理;识别、评估和驱动候选人;基于技能与工作的匹配性(hot buttons)促成双方的有机融合(chemistry);印象管理和促成签约等,猎头能够起到有效匹配的作用。[2]

---

[1] ReachTalents CO., LTD. The Key Process of Executive Search. Aug. 18, 2003.
[2] William Finlay, James E. Coverdill. Headhunters: Matchmaking the Labor Market, New York, Cornell University Press, 2002.

2001年、2002年,在一项针对网络时代对猎头的影响研究提出,由于网络信息不能够生动、准确地体现出候选人的胜任特征,其主要受众群体并非高端人才;因此,猎头角色的重要性不会因商业网站的发展而降低。研究报告还同时指出,无论是从提高效率的角度,还是从资源依赖理论中的减少权力依赖的角度,猎头的有效性也都是可以进行理论解释的。由于真正被需要的抢手人才通常是不会主动寻找工作的,而主动前来的人才往往不是客户最需要的;从而猎头的双向沟通功能能够规避"逆向选择风险"。

AnnaLee Saxenian(2002、2005)以美国硅谷和128号公路的人才集束为主题,对人才吸引政策、新移民企业家,创新与区域发展、硅谷和其他地方文化竞争优势进行了长期跟踪研究,并考察分析了中国上海、印度班加罗尔、中国台湾新竹、日本筑波等新兴科技园区对硅谷的竞争与影响,预言新出现的全球高层次人才"人才环流"模式将迫使硅谷进入"世界中心边缘化"窘境。①

James Sherif(2005)研究了猎头在生物技术领域的现状和作用,针对知识产权、专利、收购、信誉等一系列复杂问题,猎头是能够避免敏感纠纷的合理工具,并能够猎获特定的核心团队,最大限度地节省时间和成本。

Irina G. Dezhina(2005)在研究"俄罗斯科学家:他们在哪里?他们要去哪里?"时,提出了"人才外流:神话与现实"命题时,指出美国、英国、德国、加拿大和新西兰等国家的移民立法,以及形式多样的奖学金、基金会资助是主流诱惑渠道,而无孔不入的猎头担当了保镖和保姆角色,使得合适的人选能够迅速成行。②

Ram Charan(2005)研究了企业继任者危机问题时,指出全球首席执行官(CEO)的猎头应该是一个重要的主题,因为它具有独一无二的范围和内容,以及无可比拟的重要性。这些人的表现决定了企业,甚至整个企业的命运。而这也正是决定普通民众的生活水平的关键所在。伴随CEO的任期持续缩短,使得同行业的专家评估成为新CEO竞争的有力支撑证据。在企业内部,提前培养接班人的计划在更加频繁的外部招聘面前,几乎没有用武之地。③

---

① http://people.ischool.berkeley.edu/~anno/index.html.
② Irina G. Dezhina. Russian Scientists: Where Are They? Where Are They Going? Human Resources and Research Policy in Russia, Research Programme, June 2005.
③ Ram Charan. Ending the CEO Succession Crisis. Harvard Business Review, February 2005.

Andy Hiles 和 Mo Bunnell（2008）通过对翰威特管理咨询公司顾问的研究，揭示了个体人隐藏的人脉价值，以及使得人际关系投资回报率最大化问题。在个人与社会之间存在的鸿沟，可以借助猎头来实现，而客户经常采用的团队收购行为，被证明是行之有效的。①

国际猎头协会（AESC）发行的《猎头五十年：庆祝猎头顾问协会成立50周年暨预付型猎头公司的历史回顾（1959—2009）》纪念专刊，从9个不同的角度，以丰富而翔实的史料生动而幽默的语言，介绍了现代猎头从1926年以来的发展历程和不懈追求，以及如何应对全球化、技术变革、客户需求、行业服务等新的挑战和机遇。②

Katharine Hansen（2009）研究了在猎头面试的游戏中，比以往任何时候都更令人费解的高层管理人员。他认为，在一个时间较长的采访过程中，候选人必须展示愿景，以满足未来雇主的挑战，并经过严格的审查。而"顶尖经理面谈"揭示了什么是雇主真正想要的，以及希望看到候选人的面试行为和内容。

Emel Cetinkaya Sumeyra 和 Alparslan Danisman（2011）研究了2009年271家土耳其私营就业机构的服务品种、经营范围、组织结构、协会服务等中观数据，强调在发展中国家必须解决法律层面的猎头产业立法问题，督促它们向公众提供必需的更好的服务。伊斯坦布尔市马尔马拉地区的调查表明，猎头公司"专业性"取代差异失衡的地理优势，成为实现全球化的首要条件。③

2012年年初，学术类网站包括司凯龙（Scanlon）报告、史密斯报告、《AESC统计年鉴》、《麦肯锡季刊》（*The McKinsey Quarterly*）、《猎头消息》（*Executive Grapevine*）、宝鼎年度报告、尚普咨询行业调研报告等。其中，《麦肯锡季刊》涵盖8个领域、12个行业。内容丰富而全面，时有经典文献面世。④⑤

---

① Andy Hiles, Mo Bunnell. Executive Excellence Magazine, Hewitt Associates, November 7, 2008.

② Executive Search at 50: A History of Retained Executive Search Consulting Presented by the Association of Executive Search Consultants In Celebration of Its 50th Anniversary, AESC, 2009.

③ Emel Cetinkaya, Sumeyra Alparslan Danisman, An Investigation on Profiles of Private Employment Agencies in Turkey: What are their current characteristics? Business and Economics Research Journal Volume 2 Number 3, pp. 173 – 187, 2011.

④ http://grapevine-int.co.uk/.

⑤ 《麦肯锡季刊》（*The McKinsey Quarterly*）http://www.mckinseyquarterly.com/.

二、中国

(一) 香港、台湾地区

20世纪60年代中期，香港地区出现一家美国的猎头公司。企业界引入"猎头"概念时，将"Headhunter"直译成"猎头"一词，意指寻访和搜罗高级人才的行为。台湾地区则采取了"猎人头"的意译，以表达搜寻和猎取"领头人""带头人"和"头面人物"的意思。

2000年，"台湾中山大学"企业管理学系研究所吴伯辉的硕士论文《猎人头产业研究》，是最早可见的专业学位论文。其后又见：2005年，陈惠涢的《台湾地区猎头产业之经营服务方式探讨》硕士论文；2006年，陈嘉盈的《台湾地区猎人头公司作业模式探讨》硕士论文。

(二) 内地

1. 新闻报道和普及读物

1987年，《广东金融》第3期报道的《香港的"猎头"公司》，是最早可见的介绍。

2008年、2009年，萧东楼连续出版《猎头局中局》《猎头局中局Ⅱ》（均为北京大学出版社），一度畅销。

2012年，《国际人才交流》杂志第7期推出特别策划《猎头的世界》，国际猎头协会主席彼得·菲立克斯作序，宋斌、纪云、王洪浩、郭展序分别撰写。

2. 期刊论文

1994年，沈小平的《猎头公司："莫闯红灯"》在《行政人事管理》发表，高伟的《猎头公司：高级管理技术人才的挖掘者》在《经济与信息》发表，张伟的《"猎头"悄然进入中国》在《海内与海外》发表，等等，算是最早的专业研究和报道。

2008年，周禹、曾湘泉的《基于企业和经理人视角的猎头运营实践有效性研究》在《管理世界》发表，是最早可见期刊级别最高的专业论文。2010年，宋斌、凌文辁的《国有企业猎头的人才测评模块范式选择及其实现》也在《管理世界》发表。

3. 学位论文和出站报告

2002年，西南财经大学康兵的《成都A猎头公司竞争战略研究》硕士论文，是最早的专业学位论文。

2007年，中南财经政法大学宋斌《中国猎头产业规制研究》，是最早的博士论文。2009 年，中南财经政法大学程贤文《中国猎头产业发展路径研究》博士论文面世。

2012 年，暨南大学宋斌《政府猎头：广州市国有企业猎头的理论范式与实战路径》，是最早的博士后出站报告。

4. 著作

2000 年 3 月，［美］凯文·C. 克林维克斯等，孟加、周锋、孟家其等译《招兵买马》（中国标准出版社）；5 月，［日］藤井义彦《猎头——跳槽风云录》（中信出版社）；6 月，陈贝蒂《"猎头"出击：疯狂的人才争霸》（中国工商联合出版社）；12 月，［美］阿兰·R. 施龙伯格，孙大威译《猎头宝典》（中国财政经济出版社）。

2001 年，［美］尼克·A. 科克迪勒斯，张丽宾等译《向猎头学习》，（机械工业出版社）。这是最早引入的专业著作。2003 年，张凯集《猎头实战操作指南》（对外经济贸易大学出版社）。

2005 年，宋斌、程贤文《猎头 VS 反猎头》（中国财政经济出版社）、王洪浩《猎头》（南方日报出版社）、宁瑜《猎头智慧》（中国时代经济出版社）。

2007 年，王洪浩《草船借箭》（中国青年出版社）。2010 年，宋斌《政府猎头》（暨南大学出版社）。

第二章 家族猎头

古往今来，家族之间的联姻现象非常普遍。一般来说，在双方都自由可选择的前提下，男女婚嫁是一种广义上的婚姻猎头。尽管，这种选择受到许多条件、环境和时机的限制。不仅如此，国家之间也将之作为治国策略之一。这种婚姻猎头的挑选余地其实并不大，而对候选人的综合素质要求很低，甚至没有。

如此看来，人类社会"拼爹"的历史也很悠久。这就是"长得好、不如生得好"的由来。原因十分简单，这种婚姻是有着明确目标的，且带有家族的神圣使命和盼望，与婚姻本身幸福与否没有直接关系。

第一节 政治联姻

在世界历史上，具有现代猎头概念的联姻，几乎达到登峰造极的地步。其中，以政治联姻、企业联姻最为典型。

环视世界各国的政治舞台，人们不难发现，同一家族"前赴后继"参政的比比皆是。新加坡的李光耀父子、印尼的苏加诺父女、印度的尼赫鲁—甘地家族、斯里兰卡的班达拉奈克家族……即使在西方发达国家，政治世家也是非常普遍。研究表明，过去400年，英格兰基本控制在1000个家庭手中，2500个家庭则"操纵"着整个英国。早在1937年，费尔南德·伦德伯格就曾发表《美国六十个家族》一书，断言美国由60个最富的家族"掌控"着。美国政坛最引人注目的莫过于"四大家族"——亚当斯家族、罗斯福家族、肯尼迪家族和布什家族。难怪BBC著名主持人帕克斯曼在专著《政治动物》严正指出，政治上成功的第一法则是：选好父母！

英国女议员、下院前议长贝蒂·布思罗伊德对此评论说，"政治流淌在一个家庭的血液中，就像煤垢永存在矿工家族的指甲缝里一样"。政治世家的"经营模式"同豪门巨贾的家族生意，似有异曲同工之妙，可以一代又一代地"复制"政治家，把政治变成"家族事业"。

在面积不大、国家众立的欧洲，政治联姻是一种特殊而实惠的策略。仅以德国的哈布斯堡家族、英国的维多利亚女王（1819—1901）为例。

一、德国哈布斯堡家族："欧洲之父"①②③

哈布斯堡家族（House of Habsburg）是一个德意志封建统治家族。其主要分支在奥地利，亦称奥地利家族。远祖系日耳曼人中的一支，最早居住在阿尔萨斯和瑞士的阿尔高。11 世纪初，由于该家族的主教斯特拉斯堡的维尔纳建立哈布斯堡，其家族即以哈布斯堡为名（族徽示意如图 2-1 所示）。

图 2-1

1273 年，身高两米多、貌似平庸无能的，哈布斯堡家族的鲁道夫一世，在各种势力较量过程中，幸运地被选为神圣罗马帝国皇帝（1273—1291 在位）。1282 年，他把奥地利和施蒂里亚分别传给两个儿子阿尔布雷希特和鲁道夫。自此，哈布斯堡家族同奥地利长期结合。1438 年，从阿尔布雷希特二世起，神圣罗马帝国皇帝由哈布斯堡家族世袭。1519 年，查理五世当选皇帝，开创了哈布斯堡家族的西班牙支系。1526 年，哈布斯堡王朝通过马克西米利安一世精心策划的联姻政策，继承了匈牙利和波希米亚，由此哈布斯堡王朝成为欧洲实际的霸主。1806 年，神圣罗马帝国皇帝弗兰茨二世放弃神圣罗马帝国皇帝称号，统治范围仅限于奥地利帝国。1867 年，后改称奥匈帝国。

---

① http://baike.baidu.com/view/212660.htm.
② 盛芸：《哈布斯堡的联姻政策及其霸业》，《扬州师院学报（社会科学版）》，1992 年第 2 期。
③ 荣义仿：《马克西米利安一世的联姻政策与哈布斯堡王朝的兴衰》，《学理论》，2012 年第 27 期。

"一战"后,奥匈帝国解体。1918 年,奥地利成立第一共和国。1919 年 4 月 3 日,奥地利共和国国民议会通过《哈布斯堡法》,没收哈布斯堡家族财产,其成员被逐出国。

除统治神圣罗马帝国和奥地利帝国外,这一家族也曾是西班牙、波希米亚、匈牙利、葡萄牙等国的统治家族。它的统治时期从 1282 年起一直延续到"一战"结束,是欧洲历史上统治时间最长、统治地域最广的封建家族。

哈布斯堡家族的王子王孙们,一脉相传地恪守祖训,他们不仅娴于生儿育女,而且还精于广结秦晋之好。这似乎与严格的家教有着一定的关系,也与他们本人对幸福生活的向往有着严密的关系。近代奥地利皇后玛丽·苔莱丝几乎联姻了整个欧洲,皇帝弗莱茨·约瑟夫则有"欧洲之父"之称。鼎盛时期,哈布斯堡家族的联姻关系涉及西欧、中欧、北欧的十几个国家,势力范围一度遍布全球各大洲,堪称世界家族联姻领域的"日不落帝国"。

二、英国维多利亚女王:"欧洲祖母"[①]

维多利亚女王(1819—1901)是英国历史上在位时间最长的君主。其时,英国受工业革命之惠,经济迅速发展,人口增长,国力日益强盛,侵略扩张所向披靡,成为世界强国,即维多利亚时代(1837—1914)。

1837—1901 年在位期间,英国统治的领域达到世界五大洲 3300 多万平方公里,除了本土之外,还有加拿大、澳大利亚、新西兰、印度、巴基斯坦、缅甸、马来西亚,以及非洲的埃及、南非等 10 多个国家,拉丁美洲一些小国,堪称世界历史上面积最大的帝国。世界上许多河流、湖泊、沙漠、广场、城市等都因此以"维多利亚"命名,成为 19 世纪的大英帝国的象征。

维多利亚女王的生育能力超强,9 个子女(4 个儿子、5 个女儿),均与欧洲各国王室联姻。1858 年,大女儿维多利亚公主和普鲁士王储结婚(后成为德国皇帝弗里德里希三世),德国末代皇帝威廉二世是维多利亚公主的大儿子。1862 年,二女儿艾丽斯公主与黑森·达姆施塔特大公国大公路德维希四世结亲。1894 年,艾丽斯公主的小女儿阿丽克斯嫁给俄国末代沙皇尼古拉二世,史称亚历山德拉皇后。1916 年,在英、德、俄这

---

① 金海民:《"欧洲老祖母"——英国维多利亚女王谱系》,《学习时报》,2011 年 5 月 16 日。

欧洲三强中，英王乔治五世是女王的孙子，德皇威廉二世是女王的外孙，而沙皇尼古拉二世则是外孙女婿。

她在世时，37个曾孙辈的孩子遍布于欧洲各国，几乎每个欧洲国家的王室都有她的血脉。对于她来说，欧洲几个主要国家之间的战争，无外乎是孙子打外甥、外孙女婿打外孙之类的家事。时称"欧洲的祖母"。

三、日本的政治家族联姻[①]

（一）小泉家族

日本国会共有114年的历史，而小泉家族成员在国会中占有一席之地的时间长达94年。小泉家族事业的奠基人名叫小泉由兵卫。明治维新时，日本积极扩充军备。小泉由兵卫的军火生意越做越大，进而积累起巨额财富。

小泉纯一郎及父亲小泉纯也、儿子小泉进次郎都是国会议员。其中，小泉纯一郎连任第87—89任首相。1977年，他与SS制药创始人泰道照山的孙女宫本佳代子结婚，至1982年离异。离婚前，佳代子问小泉："你是要我，还是要姐姐们（指家族）？"小泉回答："要家族。要是没有家族，我无法参加选举。"30多年来，小泉的私生活始终由姐姐信子打理，从发型、着装到饮食。

（二）麻生家族

麻生太郎是日本第92任首相。他的高祖父，是大名鼎鼎的大久保利通（"明治维新三杰"之一）。大久保利通的儿子牧野伸显（曾外祖父），官至外务大臣、内大臣，女婿便是吉田茂（第45任、48—51任首相）。吉田茂把女儿许配给了麻生多贺吉。

麻生多贺吉的父亲麻生太吉，是日本著名的"煤炭大王"，依靠榨取韩国、朝鲜以及中国劳工的鲜血而发家，靠着这些带血的钱当上议员，并同后来成为日本首相的吉田茂攀上了亲家。麻生太郎的岳父是铃木善幸，第70任日本首相。

（三）鸠山家族

19世纪末20世纪初，鸠山家族开始由法学界步入政坛，成为日本最有权势、最有经济实力的政治世家之一。

鸠山家族四世为官，最先发迹者是曾祖父鸠山和夫，曾任众议院议

[①] 玉玺：《日本五大"政治家族"》，《广州日报》，2009年8月31日。

长。他的大儿子是日本前首相鸠山一郎。鸠山由纪夫的父亲鸠山威一郎曾任外务大臣,弟弟鸠山邦夫曾任总务大臣。1986年,鸠山由纪夫、弟弟鸠山邦夫同时当选众议院议员,父子三人同时进入国会。

鸠山由纪夫的外祖父是普利司通轮胎公司创始人石桥正二郎。普利司通是世界最大的轮胎及橡胶产品生产商,也是世界轮胎业三巨头之一。2007年,普利司通公司在中国的新工厂在惠州剪彩,总投资达到3亿元,拥有中国总部、4家生产基地、1处培训中心和两处研发机构,日产轮胎2500条以上。在日本的政治世家中,在中国拥有如此雄厚的商业基础,又在政治、民间交流与中国有如此密切关系的,仅鸠山一家。2008年10月,日本公布内阁官员个人财产,其中,总务相鸠山邦夫以7.646亿日元排名首位,首相麻生排名第二,总资产为4.5547亿日元。鸠山由纪夫本人也是政界屈指可数的富豪。

(四) 安倍家族

2012年12月,安倍晋三出任第96任日本首相。此前的2006年,安倍晋三担任首相之前,其家族共出过两名首相,一个是岸信介(外祖父),另一个是佐藤荣作(外叔祖父)。岸信介当上首相后,安倍晋太郎(安倍的父亲)成为首相秘书官,后与岸信介的女儿岸洋子联姻。1991年,安倍晋太郎在即将出任首相前夕病逝。安倍家族差点出现"一门四首相"。

安倍晋三的妻子松崎昭惠(婚后名为安倍昭惠),是日本森永制果株式会社创始人森永太一郎的外孙女,该公司总经理的女儿,比安倍小8岁。安倍晋三的外祖父岸信介,原姓佐藤,早年被过继到岸家,实际与佐藤荣作是兄弟俩。

(五) 福田家族

2007年9月,71岁的福田康夫出任日本第91任首相。1976年,他的父亲——71岁高龄的福田赳夫,当选日本第67任首相。父子俩同为首相,在日本战后历史上还是第一次,被称为开创了日本历史上的第二个"福田时代"。

1954年,鸠山一郎与吉田反目时,福田赳夫跟随鸠山、岸信介等退出自由党,加入民主党。民主党与自由党合并后,他先后担任自民党政务调查会长、干事长。

他的夫人福田贵代子,是已故原众议院议长樱内义雄的侄女,父亲是原《每日新闻》社社长。福田夫妇的介绍人是已故前首相岸信介。

第二节 企业联姻

相比于马克思和恩格斯在《共产党宣言》中的比喻，血缘关系更像是将资本主义联结起来的"枷锁"。全球相当多的企业都是家族企业。它们捆绑在一起的东西可能有很强的限制性。

一、欧洲的企业王朝[1][2][3]

欧洲大陆拥有一些历史特别悠久的家族企业，许多都传到了第七、八代。然而，每当将企业传给下一代时，问题就会产生，这不仅由于所谓"富不过三代"的现象，而且还由于包含其中的家族政治。将与企业相关的财富从一代传递给下一代，往往依赖于对预期继承人结婚对象的选择，以及他们抚养子女的方式。在印度或中国等当代资本主义经济最活跃的地方，仍占有非常重要的地位。比如，全球最大钢铁公司董事长拉克希米·米塔尔（Lakshmi Mittal）出生在一个家族式钢铁企业，21岁时被包办结婚。

（一）表亲联姻

表亲婚姻是将婚姻和企业及其资产保留在家族内的一个选择。即便在20世纪的欧洲，安德烈·雪铁龙（Andre Citroen）仍将表亲婚姻推崇为保留财富的一种方式。最著名的欧洲企业王朝洛希尔家族通常都是表亲婚姻。19世纪初，詹姆斯·洛希尔（James Rothschild）在反对其侄女的配偶选择时表示："我和我们家族的其他成员在抚养后代时，往往从他们很小的时候就灌输这样一种思想：他们的爱情要限制在家族成员之内，这样他们相互之间的爱慕能防止他们有任何与非家族成员结婚的念头，这样财产将会留在家族之内。"

著名的金融帝国——罗斯柴尔德家族，是欧洲乃至世界久负盛名的。1850年左右，家族总共积累了相当于60亿美元的财富，如果以6%的回报率计算，到150多年后的今天，家族的资产将至少在30万亿美元之上。到20世纪初，罗斯柴尔德家族所控制的财富估计达到了当时世界总财富

---

[1] Harold James. Family Capitalism: Wendels, Haniels, Falcks, and the Continental European Model. Harvard University Press. March 31, 2006.
[2] 梁鸥、刘彦等译：《家族企业：联姻还是参股？》. http://www.ftchinese.com/。
[3] 宋鸿兵：《货币战争》，中信出版社2007年版。

的一半。[通过家族内部通婚严格防止财富稀释和外流。在100多年里，家族内部通婚18次，16次是在第一表亲（堂兄妹）之间。

在18—19世纪的欧洲，在每个阶层、各个家庭都指望用家族联姻策略寻求更多的财富和更大的权力。其中级别最高的例证，便是法国波旁王朝王子迎娶奥地利哈布斯堡王朝公主玛丽·安托瓦内特。农场主之间则为了尽可能获得更多土地而通婚。在《拿破仑法典》（Code Napoleon）否定了将遗产传给唯一一位男性继承人的传统，转而规定将遗产分割给所有子嗣。《拿破仑法典》是拿破仑萃取法国大革命精华的尝试。只有很小一部分财产能按意志随意支配；结果是家族生意在越来越多的家族成员中被分割。相反，几乎所有英国企业通常都传给长子，这与贵族头衔的世袭正好类似。商界和皇室之间的类似状况今天仍在继续：英格兰女王显然很习惯将她的国家比喻为"企业"，而拥有菲亚特（Fiat）及其他意大利知名品牌的企业集团负责人、已故的吉亚尼·阿涅利（Gianni Agnelli），往往被誉为"意大利国王"。

（二）传承联姻

这种在欧洲大陆出现的传承模式，不仅要求对企业实行非常严格和有技巧的管理，对家族而言亦是如此。毕竟家族财富是在其企业中所配置的资本，因此，如果家族任何一位成员因行为失当而造成损失，这些损失会由所有家族成员共同承受。在许多手工艺和商业活动中，还存在商业秘密的问题。如果流落到家族圈子之外，损失就可能由此产生。例如，制铁或纺织行业充斥着大量的秘密技术和诀窍，因此需要对竞争者加以小心提防。各企业一直在刺探竞争对手的秘密，并试图吸引其熟练工人跳槽，工业间谍也应运而生。防止工匠跳槽的最佳方法是，绝大多数的重要秘密仅限于传授儿子甚至是女儿；儿子将被限制在企业之内，而女儿则在家族联姻的战略博弈中，成为一种颇为重要的筹码。

19世纪中期，某些德国商业家族利用庞大家族资源的方式，给旅居德国莱因地区的英国作家 T. C. 班菲尔德留下深刻印象。令他感触尤深的是哈尼尔家族，族长弗朗茨·哈尼尔（Franz Haniel）是一位技术创新者，他不仅试图在制铁工艺上应用英国技术，而且还是鲁尔河谷地区煤炭开采业一位重要的先行人物。"必须牢记的是，"他写道，"该家族成员数量庞大，家族成员孜孜不倦的追求最佳工作质量，年轻成员尤其如此。而他们之间的关系也令人羡慕地和谐（这本身也是一种财富源泉）"。

弗朗茨·哈尼尔所关心的一件事是，从西欧（工业革命更为超前的英格兰或比利时）引入更多先进技术。在英格兰，他要求参观詹姆士·瓦特

（James Watt）的先进工厂时却遭到拒绝。但在比利时，他得以接近欧洲大陆领先的工程技术家族——列日省的（英裔）科克里尔（Cockerill）家族。这是一个已转向炼铁行业的纺织业家族。在19世纪30年代后期的经济低迷时期，科克里尔家族深受重创，弗朗茨·哈尼尔当时发现一个诱人机会，即获得他在繁荣兴盛时期可能无法企及的联姻。他对儿子嫁妆的兴趣并没有获得工业技能那么强烈。1839年，他的儿子马克斯与约翰·科克里尔的侄女弗里德里珂结婚。之后更多的联姻巩固了这种联盟关系。14年之后，萨斯内尔德·哈尼尔与海因里希·科克里尔成婚。1837年，弗朗茨·哈尼尔还通过其子雨果与他兄弟格哈德的独生女贝莎·哈尼尔的婚姻，使他自己的家族生意得以巩固。

类似哈尼尔家族的一个意大利家族，也将生意建立在婚姻的基础之上。这个家族在20世纪成为意大利最大的私营钢铁制造商。乔治·恩里科·法尔克（Giorgio Enrico Falck）是一位到处奔波的阿尔萨斯钢铁工程师。他将法国、德国和瑞士最佳的技术，带到了意大利北部尚未开发的阿尔卑斯铁矿区。他的儿子与当地一位铁器制造商的女儿伊雷妮·鲁比尼结了婚，这最初曾引起极大的猜疑和敌意。在丈夫死后，伊雷妮一度长期管理家族生意。这与弗朗茨·哈尼尔的母亲如出一辙，她在弗朗茨很小的时候就寡居守业。

（三）股权联姻

19世纪60年代，欧洲盛行股份公司。家族与生意共存的方式发生了重大变化。但是，家族资本主义形式并未结束。不过，不仅欧洲人的企业经营方式发生了根本变化，他们的私人生活方式也彻底变革了。现代企业为家族提供了新机遇，来利用合法新秩序的效用。一方面，新秩序使得所有权有进一步分散成为可能。它给企业家带来新的激励因素，企业家可以在二级证券市场上出售自己的股份，直接为承担风险收取回报。不过，现代企业也给家族提供了一种将自身制度化的方式。这种方式显得特别具有吸引力，这是因为，随着一代一代的传承，家族更大、关系越来越疏远、个人对于创业的一代靠记忆形成的直接联系更少。比起苦苦选择合适的结婚对象，参股堪称处理财产更加简单的方式。在参股被发明出来之前，在家族合股企业日益增加的所有者中，任何一位所有者出现财务问题，都可能引发整个公司的撤资和倒闭。而通过参股，所有要做的只是出售证券而已。再也不需要通过限定对结婚对象的选择来加强信任。于是，在浪漫爱情观念的驱策下，19世纪末欧洲商人的女性后代投入了艺术家、贵族和挥霍者的怀抱，而如果是在1867年之前的法国、1870年之前的德国或意大利，她们做梦也想不到这些。一句话，她们以自己认同的现代方式行事。

1863年，哈尼尔的第3个儿子朱利叶斯在被迫接受一场资产阶级婚姻，对方是卡罗来纳·博金。公司法改变之后，朱利叶斯娶了贵族小姐巴罗宁·冯·米伦海姆·翁德·冯·雷希贝格。朱利叶斯的两个女儿先后嫁给了4位贵族。大女儿尤金妮娅·哈尼尔先在1882年嫁给了埃克布雷西特·冯·德尔科姆－蒙特马丁，又在1904年嫁给卡尔·奥托·西奥多·格拉夫·冯·豪恩斯坦。小女儿埃尔莎也先后嫁给了贵族：1891年，嫁给梅克伦伯格一处地产的所有者弗里茨·冯·迈克尔；在迈克尔死后，她又嫁给了康特·弗朗兹·冯·瓦尔德泽。埃尔莎对约翰尼斯·马勒持不同政见的非教会新教产生了兴趣，并出资在巴戈利亚的加米施帕滕基兴附近建造了一所大型的静修中心。1909年，玛丽－路易斯·冯·哈尼尔－尼特哈默尔嫁给卢波尔德·弗赖赫尔·冯·法伊利齐。他的兄弟成了一个画家，师从一位一流的德国印象派画家，而后移居法国。

在法国、意大利和德国，是公司法的改变使得在19世纪后三分之一的时间内，财产不再像过去那样约束家族的生活。财产不再将每个儿子（更多情况下是女儿）与管理家族企业的责任绑在一起。参股应该被理解为一种契约，这种契约使得商业生活更加理性，同时在婚姻契约中减少了经济上的分量。它使女性从商业约束中解放出来，同时也解除了商业和女性的关系。在哈尼尔或法尔克家族，寡妇们在100多年前如此成功地经营了他们的企业，但是，在20世纪的家族历史中，已没有类似的故事了。

在20世纪末期，资本市场的大范围发展，更加卓越的非上市公司成为家族所有权新的推动。但是，继承财富的老问题再次出现了，在那些没有深厚的财产继承传统的家族，问题尤其明显。就在20世纪末，杰伊·普里茨克（Jay Pritzker）在临死前草拟了一份备忘录，规定财产不能被"视为个人财富，而是家族财富"。他的家族企业总部位于芝加哥，包括凯悦（Hyatt）连锁酒店。但是，这种陈旧的命令并未带来和谐，反而引起了痛苦的争斗和分裂。最终，这个家族价值150亿美元的财产，通过法庭诉讼被分给了11个亲戚。

二、中国香港地区的财富传递①②

中国香港地区的政治、企业家族联姻十分普遍。特别是许多豪门望族子女众多,更使得姻亲关系错综复杂。豪门子女就像一个小王国的后裔,他们的婚姻绝不只是个人情感的选择。越是拥有才华,可以在豪门商业帝国中起作用的人,婚姻自主权反倒越小。世家大族的父母们,对子女的婚姻仍有重大操控权。

研究者指出,"当男女两家的家人知道他们的子女将会结婚前,他们的家人大都已事先就对方的家庭背景做了调查和摸底,例如性格、银行存款和债务等。这些重要资料,对一对恋人最终能否结合,以及日后两家能否进行商业合作,有极为重要的依据。"而对一些并无丰厚身家,作为"经济联姻"筹码的平民女子,要想嫁入豪门,要经过的考验就更多了。

(一)李石朋家族

李石朋是香港富甲一方的华商。其曾孙李国宝曾出任香港东亚银行主席、香港行政会议成员。

李国宝的夫人是香港百货业巨子潘锦溪的女儿潘金翠,李国宝的小舅子就是迪生创建集团主席潘迪生,该集团握有多个法国顶尖奢侈品的中国代理权。

李国宝和潘金翠的长子李民桥,曾娶鹰君集团创始人罗鹰石的孙女罗宝盈为妻。而罗鹰石家族也是香港地产界的大亨,长子罗嘉瑞是目前鹰君集团主席、香港地产建设商会副主席,因当过心脏科医生亦出任香港医管局主席;次子罗旭瑞被誉为香港"酒店业国王",拥有世纪城市国际、百利保控股以及富豪国际酒店三家上市公司;四子罗康瑞是瑞安集团主席,开发上海新天地的成功使其在内地名声大噪,后与霍震霆前妻、前港姐朱玲玲结婚。此外,罗宝盈与李民桥离婚后,火速再婚,嫁给美心集团主席伍国伟,三年生下两个儿子,牢牢站稳了脚跟。

(二)何东家族

何东(1862—1956),原名何启东,字晓生,是香港望族何东家族的始创成员,著名企业家,香港大学创办人之一,香港开埠后的首富,先后得3男7女。他的兄弟何福(何启福),膝下共有13个子女。另外一个何

---

① 黄绍伦、郑宏泰:《香港华人家族企业个案研究》,明报出版社有限公司2004年版。
② 田爱丽:《相互参股、豪门联姻:香港家族企业传承合纵连横》,《南方都市报》,2010年12月17日。

甘棠（何启棠），儿女甚多，其中，养女何爱瑜（何柏蓉）是一代功夫巨星李小龙（1940—1973）的生母。

赌王何鸿燊来自何东家族。何世光在何福的子女中，排行第四；何鸿燊在何世光的13个子女中，排行第九。他名下有子女18名。其中：儿子何猷龙，24岁时与香港维他奶集团"太子女"罗秀茵结婚。女儿何超琼身兼香港信德集团有限公司董事、总经理，澳门旅游观光塔总经理、董事等十几个要职，掌管的公司资产多达上百亿元，是赌王何鸿燊众子女中最得力的助手。但是，在何超琼的婚事上，何鸿燊态度强硬。何超琼的第一段婚姻也算是家族间的"经济联姻"，嫁给了地产大亨香港中建企业集团主席许世勋的儿子许晋亨，随后离婚。2002年，何超琼又与杨受成的儿子杨元龙恋爱，引来上流社会纷纷议论。然而，何鸿燊对这段感情并不赞同。在多次暗示无果的情形下，最后使出"撒手锏"——他对媒体放话说："若然她要爱情，便不要承继我的财产。"终于成功棒打鸳鸯。这传递了一项重要信息：父母对子女的婚姻仍然有着某种程度上的，甚至是绝对的控制权。

（三）郭得胜家族

20世纪70年代，郭炳湘在英国留学时，已有热恋对象。但是，其老父郭得胜度不赞同。他属意由门当户对的世侄女顾芝蓉作为长子的贤内助。顾芝蓉是上海巨富顾新记老板顾林庆的幼女，才貌双全，在美国名校斯坦福大学以优异成绩毕业，回港后加入银行界，其后成为九龙所有分行的总主管，已经能够独当一面。郭得胜认定她能扶助儿子事业，遂亲自撮合。两人在1982年于美国成婚。不料，婚后半年，郭炳湘闪电式单方面宣告离婚，更是一度离家出走。

第三章 猎头公司

猎头公司系指搜寻、甄别和举荐高层次人才的营利组织。仅英文名称就多达 30 多个。常见于 Headhunter、Headhunting、Executive Search、Recruiting、Executive Recruiters、Talent Recruiters 与 Company、Firms、Consulting、Assessment、Group 进行搭配而成，如 Executive Search Firms、Recruiting Group。比如"猎人头公司"、"管理咨询公司"（Management Consulting Company）、"在线招聘"（Online Recruiters）、"人才派遣公司"（Talent Dispatch Company）、"专业人才服务"（Specialized Talent Service）、"高级专家组织"（Experten Service）、"顾问协会"（Consultancies Association）等称谓。

第一节 猎头的崛起与发展

在 100 多年的发展历程中，现代猎头与时俱进、不断调整策略，最终从人才中介市场脱颖而出。

一、羞涩的诞生

麦肯锡、海德思哲、史宾沙、光辉国际、罗盛咨询"五大猎头"的诞生、成长和壮大过程，清晰地勾勒了现代猎头萌芽勃发的生动画面。[①]

"一战"初期，美国利用"中立"地位，充当交战双方的超级兵工厂，积极对英法贷款，迅速扩大军工、重工和工农业生产。战争结束时，美国已从战前的资本输入国变为资本输出国，由债务国变成债权国。世界金融中心由英国的伦敦移到美国的纽约。1924—1929 年，资本主义社会处于相对稳定时期。美国的汽车工业、电气工业、钢铁工业和建筑业生产高涨。收音机相当普及，电冰箱、洗衣机、吸尘器、电话、有声电影进入社

---

① Executive Search at 50: A History of Retained Executive Search Consulting Presented by the Association of Executive Search Consultants In Celebration of Its 50th Anniversary, AESC, 2009.

会生活。许多大企业都建立了自己的科研机构，科研经费充足。"泰罗制"科学管理和"福特制"流水线管理，渐渐被企业接受和应用，管理人员开始成为中坚阶层。这就是高歌猛进、血气喷发的"柯立芝繁荣"时代。

竞争是商品经济的最高权威。竞争型的市场结构更具经济效率，企业也更具竞争优势。1914 年，Edwin G. Booz 说："企业管理问题的最佳解决方案，就是找到合适的候选人。"① 少数公司就专门从事招聘中高层管理人员的业务。1926 年，芝加哥大学会计学教授杰姆斯·麦肯锡辞职，创立了麦肯锡咨询公司，利用长期的人际关系为许多企业物色合适的中高级会计师和审计师。同年，迪克·迪兰人才搜索公司（Thorndike Deland Executive Search）成立，被认为是世界上第一家猎头公司。该公司专注于零售管理人员的搜寻，收取客户正式聘用的候选人第一年年薪的 5%，作为猎头服务的佣金。威廉·海顿（William Hertan）、杰克·汉德（Jack Handy）、沃德·豪威尔（Ward Howell）、博思·艾伦（Booz Allen）、希德·博伊登（Sid Boyden）等公司，起初都为客户提供中高级经理人的搜寻服务。

早期猎头公司的诞生，是市场经济的偶然撮合，也是社会分工的必然产物。忙碌的企业家是没有时间，也没有精力却搜寻中高层经理管理人员的；他们往往看中了同行业的高层人员，却不能直接下手。更加忙碌的企业内部的人事部门也无法完成这样的任务。第一，他们不能用招聘临时工的办法，招聘中层经理人，甚至是企业的副总经理、总经理级的人物，这必须得老板亲自出面。第二，他们缺乏把握整个行业的能力，也没有眼光为企业寻找合适的职业经理人。第三，他们不知道到哪里、如何找到老板喜欢的那种人，更不知道如何判定这样的优秀人才。第四，他们不能专门为搜寻一个副总经理而增加专门的人手、机构和财力，况且，企业的副总经理并不是每年都要更换的。也就是说，一个人不能为了上班的临时方便，必须购买一台车。简单而有效的办法之一，是花点小钱解决这个棘手的问题：坐出租车。多种因素组合在一起，导致企业必须通过外部招聘来解决内部中高层管理人员的招聘问题。正是市场需求和社会分工的双重作用，催生并加速了猎头公司的诞生。

当时，猎头无疑是美国人才中介市场的一个异端。这体现于两个方面。一是，它放弃了双方收费的惯例。无论是委托方（客户）的需求信息，还是求职者的登记信息，都需要缴费，哪怕只是很少的中介费。但

---

① 埃德温·G. 博思（1887—1951），现代管理咨询的先驱之一。

是,它却改变了这种坐收渔利的方法,只对委托方收费,求职者反而成了免费服务对象。二是,它看起来很猥琐。与场面庞大、人头攒动的人才市场相比,几个年轻人躲在几平方米的高档写字楼里面折腾,西装笔挺、神神秘秘的,似乎每人都扛着一个小洋镐,到处挖墙脚。最有趣的是,顾问们经常被法官召见,接受没有休止的传讯,在众目睽睽之下口若悬河、辩解是非。这些都给人才市场、人才中介,甚至是婚姻介绍所的前台人员增加了生活笑料和乐趣。①

在疑问、白眼和歧视下,雄心勃勃的猎头公司却不以为然。他们选定美洲雕作为行业标志。美洲雕,又名白头海雕,1782年被选定为美国国鸟。无论是美国的国徽,还是美国军队的军服上,都描绘着白头海雕,一只脚抓着橄榄枝,另一只脚抓着箭,象征着和平与武力。1942年8月,美军组建的第101空降师,臂章上就是一个正在嚎叫的鹰头,被称为"鹰师"或"嚎叫的鹰"。"二战"期间,"鹰师"战功卓著。那时,美洲雕是一种象征,或者荣耀。但是,那些名不见经传的顾问们,自称"鹰"或"猎手";候选人则被昵称为"狐",取头脑发达之意(如图3-1所示)。

图3-1

早期的猎头公司业务单一。伴随客户需求的不断增加多,出现了企业诊断、招聘外包、薪资管理等综合型的管理咨询公司形式。"二战"结束不久,麦肯锡公司、沃德·豪威尔公司、博思·艾伦公司和两个大型会计师事务所,对1926年成立的麦肯锡公司进行了重大资产重组。即使是在新的公司,麦肯锡和博思·艾伦仍然专注于猎头。1951年,沃德·豪威尔另立门户,麦肯锡转向企业管理咨询承包领域,始终充满激情的博思·

---

① 宋斌、林春华:《早期的美国猎头公司》,《国际人才交流》,2012年第6期。

艾伦却始终热衷于为客户提供猎头服务——直到1980年退休。

二、迅猛成长

20世纪50年代初，自然生长的猎头公司并没有什么特色。如同风靡美国的"琼斯乳猪香肠"，在没有进入市场之前，不过是一个患了全身麻痹症的农场工，自食其力地努力而已。猎头也是这样。

好运气很快就来了。尽管，这受益于美国的政策环境和经济形势的变化。由于美国长期实施吸引优质人才的移民政策，给猎头提供了广阔的生存空间和丰沃的政策土壤。特别是针对一些大型企业的高层次人才需求，政府往往是非常关照的。比如波士顿128公路地区，由于大量的军工订单，许多企业经常通宵达旦地加班加点，人声鼎沸、机器轰鸣。企业急需的专业技术人员，猎头还没有反应过来，人事部门就从大量的求职信里找到了合适的候选人。

风起云涌的劳工运动，直接消除了战争带来的高层次人才需求低迷。1955年，美国劳联和产联合并，标志着劳工运动进入从全盛时期。由于工会组织势力强劲、雇员权利被过分放大，雇主已经不能与雇员进行先前的正常谈判，大量的经营管理、专业技术岗位空缺，却无法招聘到合适人选；一些猎头公司趁机而入，为雇主寻找各种各样的候选人，并从中收取双方的费用。那时，许多猎头公司与人才中介公司并没有什么区别，动辄要求以现金进行结算。

猎头开始有了自主意识。他们开始寻求与人才中介市场不同的运营理念和做事风格。简单地说，传统就业机构和猎头公司之间的区别在于："就业机构是为人找工作；而猎头是为工作找人"。猎头公司主动搜寻候选人的基本思路和保险领域中的逆向选择法非常相似。在猎头眼中，那些急于渴望更换工作（或那些失业）的候选人，不如那些正和雇主因为年薪讨价还价的候选人更加合适。在保险行业，那些最需要保险的人，绝大多数却无力购买，从而不是最理想的售卖对象。从风险角度来看，最希望能改变职业的人，却是最缺乏吸引力的候选人。相比之下，明星职员经常令他们的雇主满意；他们既不会回应招聘广告，也不会主动与就业机构的进行联系。猎头公司可以发现和辨别这些优质雇员的唯一途径，就是通过公众媒体和社交网络搜寻他/她们的名字，提取这些候选人在商业征战过程中的蛛丝马迹，进而拼凑成完整的候选人简历信息。

所有的猎头公司都从事两个基本活动。第一，寻找客户和候选人；第二，尝试将候选人与客户进行匹配。

第一项活动，始于猎头订单和搜索任务。猎头订单是客户与猎头公司之间的简单协议，前者明确提出招募候选人的职位需求，后者将试图填补；如果推荐的任何一个候选人得到客户雇用，猎头就会上门收取费用。

所有的猎头公司，甚至于资历最老、技术最熟练的，都要花时间获取新的订单，无论是使用数以百计的"菜鸟"①打电话给潜在客户，还是以老朋友的身份经常询问老客户——主要目的，不过想了解他们在不久的将来是否有需要填补的中高层职位。

一旦猎头收到并签下委托订单，就会把注意力迅速转向搜寻合格的候选人。搜寻候选人的渠道并不是单一的，猎头顾问们可以利用公司自己的候选人数据库，或通过人才中介市场（包括招聘网络）浏览简历摘要和购买完整的简历，或干脆直接给自己熟悉的候选人打电话，等等。

第二个活动，猎头公司向客户推荐可能的候选者。这种匹配包含：说服客户面试并聘请候选人、说服候选人去面谈、准"东家"和候选人晤面三个基本内容。如果必要，猎头会介入，并参与候选人的年薪谈判，以及许诺帮助候选人终止其当前的就业——这是特别重要的谈判筹码和议价时机。

无论如何，匹配是最终的决定因素——直到客户向候选人提供职位，并且候选人同意并顺利入职——否则，猎头公司不可能获得任何报酬。

猎头公司大量涌现。那时，小型猎头公司非常多。1946 年，重组成立的宝鼎国际（前身是 Boyden），历经艰难、顽强生长，成为最早的著名国际猎头公司，仍然存活至今。创业伊始，顾问们努力遵循客户至上的原则，从而奠定猎头行业的基础规则。为了确保客户委托的真实性，一些猎头公司要求客户，首先支付一笔永远也不会退还的保证金。这就是猎头订金的雏形。他们不断创新各种运营渠道，以独特的商业手法潜心操作，还很有远见地细心挑选和培养具有专业形象的顾问群体。②

1953 年，Gardner Heidrick 和 John Struggles 共同创办了海德思哲（Heidrick & Struggles）国际咨询公司。此前，John 曾经担任 Montgomery 的人事经理，然后在艾森豪威尔总统管辖的商务部工作。他们和博思·艾伦一起，开始拓展高档猎头业务。他们设立在芝加哥金融区的总部，装修简单、空间狭小，每月的租金却高达 100 美元。首先光顾的三个客户，居然是西弗吉尼亚州的煤炭、北方信托和大陆制罐等著名公司。这使得公司

---

① 菜鸟，意指新手。
② http://www.boyden.com/.

业务饱满、飞速发展。1957 年,以专业、执着的海德思哲公司率先实行合伙人制度,创新了猎头行业的公司治理结构。早期猎头公司以低成本运营、获利丰厚引以为自豪。但是,随着光辉国际推出花样繁多的"国际市场营销"策略,这种局面得以改变。20 世纪 50 年代末,海德思哲坚定地执行高速发展的"战略地图",创建高管招聘指数,以及打造了早期的猎头运营管理系统。

1955 年春,博思·艾伦的校友、汉密尔顿大学的毕业生史宾沙 (Spencer Stuart) 应邀加盟海德思哲,不到一年就选择离开,旋即在美国猎头公司的发源地——芝加哥,成立了以自己名字命名的公司。然而,史宾沙吃惊地发现,那时的猎头行业似乎已经太拥挤,简直没法找到理想的业务范围。好不容易拿到的第一张订单,却是在委内瑞拉搜寻高级经理——这让公司在起步的时候,就硬着头皮走上了国际化的经营道路。

正如英国的萨克斯顿·朋伯菲德公司(Saxton Bampfylde)的资深顾问 Anthony Saxton 所说,"猎头并不完全是美国独有的。当时,除了美国公司,一些仍然值得尊敬的欧洲猎头公司也在努力发展。如英国的领先国际 (Whitehead Mann),奥地利的 GKR、Berndtson、Carre Orban 和瑞士的亿康先达(Egon Zehnder)——史宾沙的校友,于 1964 年以自己的名字创建了公司"。①

1969 年,Lester Korn 和 Richard Ferry 在洛杉矶成立了科恩·费里国际咨询公司(Korn/Ferry)。他们借助公共关系、营销和强烈的商业直觉,独出心裁地编写并售卖《高管聘用指数》和《董事会年度研究》等。同年,耶鲁大学的研究生罗盛(又译:雷诺仕,Russell S. Reynolds)和前商业银行家摩根(J. P. Morgan)成立了罗盛咨询公司,并创立了自己的经营风格,成为一家具有华尔街金融背景的国际猎头公司。1984 年,在公司总部的接待室,精心摆设了一架名贵的老式钢琴和一副前英国首相温斯顿·丘吉尔的亲笔画。罗盛咨询始终强调,所有的联营公司必须遵守的共同价值观,就是要构筑一个高度认可、协同有力的企业文化基石。

美国的猎头公司迅猛发展,积极拓展海外业务。顾问们不得不经常预订国际航班——例如,史宾沙先生接到公司的第一个猎头订单,就拎着公文包立即赶到机场,飞往加拉加斯,约见客户所需要的候选人。当初,横行于 20 世纪 90 年代的麦肯锡、海德思哲、史宾沙、光辉国际、罗盛咨询

---

① 2009 年 6 月 12 日,光辉国际宣布收购领先国际。公告强调,后者是在实践领域、市场以及客户合作的总体战略方法等方面,与光辉国际旗鼓相当的领先品牌。

"五大猎头",也不过只是年轻的创业团队而已。

然而,顾问们雄心勃勃、精力充沛,洋溢着执着而乐观的创业热情。但是,他们也有典型的"嬉皮士"特征,比如广泛、经常和奇怪的工作时间安排,频繁出入高档场所,在现场按小时收取报酬等。令人惊奇的是,他们不仅具有发达的商业头脑、稳定的心理素质、高超的社交能力,还有严守纪律的工作习惯,以及一尘不染的高档衣柜。

猎头公司活力非凡,纷纷拓展海外市场并开设国外办事处。英国,很快成为美国猎头公司在欧洲拓展业务的登陆场——因为,这里能够迅速搜索并捕获到没有什么语言和文化障碍的候选人。伦敦作为国际金融中心,拥有大量的优质人才资源。借助于1993年成立、总部设在布鲁塞尔的欧洲联盟,美国猎头公司蜂拥而至并迅速扩散到整个欧洲。

三、美好时代

存在就是合理,反之亦然。作为一种广泛而深刻的社会现象,猎头并非偶然而至。①

1970年以来,猎头的崛起反映了美国劳动力市场中的两个根本性转变:第一,雇主与雇员之间的关系变弱,也就是说,雇主更愿意将削减雇员作为公司重组的一个部分;第二,雇员被鼓励更加频繁地变换工作,甚至于职业,以谋求更高的报酬和待遇(Osterman,1999)。

在雇主与雇员之间情感承诺水平较低的环境中,猎头公司获得了生存良机,并能够迅速发展。猎头的存在,不但体现了这种市场需求,同时也反向刺激了它——鼓励员工离开现有的工作岗位,他们不必忠于他们的雇主——因为他们的雇主不对他们忠诚。如此,猎头从第三方的人才中介角色,深深插入了脆弱的雇佣关系,成为和雇主、当然也和雇员能够"面对面"的沟通平台。在不远的将来,最新的就业信息和机会,成了猎头高度活跃的前线阵地(Frenkel,1999)。

(一)雇主和雇员:关系不再紧密

20世纪60—70年代,内部劳动力市场从学术概念变成现实研究的核心领域。不同的员工从不同的起始点进入公司,然后按照他们的绩效和资历依次向上进步——起点取决于他们进入公司前所具有的技能水平和教育经历。社会科学家解释说,内部劳动力市场是雇主与雇员之间的隐式协

---

① William Finlay, James E. Coverdill. Headhunters: Matchmaking the Labor Market, New York, Cornell University Press, 2002.

议。雇员提供他们的承诺、忠诚和努力的工作，公司则回报作业安全、加薪和事业发展。一些批评者嘲笑长期而稳定的企业员工关系整合，比如日本企业终身雇佣制度（在经济发达的日本，猎头并不太活跃）。但是，大量的事实证明，这却对无数白领员工有巨大吸引力和诱惑力。只要公司能够避免严重的经营危机，白领们就能够继续享受工作，几乎不再谋求公司外部的就业机会。

20世纪90年代，可爱的雇主们开始破坏一种默契：毫不留情地裁减白领员工。如在20世纪90年代早期，柯达淘汰1.7万个、AT&T削减4万个、西尔斯和IBM分别削减5万和6万个就业岗位，其中包括大量的白领职位。1996年，发表在《纽约时报》的一系列标题为"美国的瘦身(The Downsizing of America)"的文章捕获到了这种时代情绪。文章报道说，Eastman Kodak、AT&T、Sears和IBM等著名企业中层管理阶层的一些中年白人，突然发现自己失业了——这是他们职业生涯中的第一次。一家公司的人事经理还专门印发小册子，让同行们如何科学而巧妙地向被解雇的员工透露削减消息。美国各大报纸还创造性地发明了许多的委婉语，替代"解雇""裁员"这些敏感字眼，如"瘦身""取消选择""技能修补""资源再分配""重组""岗位适当调整"和"工作失衡矫正"等。

1990年以来，美国经济既创造了大量的就业机会，又导致了大量裁员。保罗·奥斯特曼通过比较1972年和1994年的公司裁员公告数据，分析了不断变化的裁员性质：在1972年，近70%的公司宣布公司表现不佳而裁员；约30%是公司为提高长期竞争力进行结构性重组而裁员；而到了1994年，少数公司将裁员归咎于效益不佳，大多数公司则归咎于战略结构重组（Osterman，1999）。《纽约时报》调查发现，75%的被调查者认为公司比10年前更不忠诚于雇员，只有6%的被调查者表示公司更加忠诚于员工；64%的人认为员工比10年前更不忠于他们的雇主，只有9%的人说员工们更加忠诚。在1992—2000年的就业增长时期，出现了许多大型公司。自1994年以来，至少拥有1000名员工的企业得到了最快的增长；但是，少于25名雇员的公司所雇用的新员工比例已由30.1%下降到29%。2001年8月，《纽约时报》指出，解雇往往会与雇用联系在一起。美国管理协会针对1441家公司的调查显示，仅在2000年，至少36%的公司同时新增和削减职位。

在美国的劳动力市场，公司的雇用和解雇只是为了寻找即时的劳动者；雇员也已开始采取行动，不再指望雇主对自己的忠诚，而是积极追求企业外部的就业机会。雇主已转向了依靠猎头，寻找拥有可用的技能的工人，企业的人力资源部门和内部劳动力市场的功能近乎消失；企业员工也愿意聆听猎头的指导，既可得到新的工作机会，又可以对付突如其来的裁员。《纽约时报》称，超过50%的、35岁以上的管理人员说，他们与猎头至少每季度接触一次。

(二) 雇佣前沿：互动式服务工作

在美国，绝大多数经济部门是提供服务工作的。自20世纪50年代以来，服务业和制造业的就业差距不断扩大。1999年，前者的雇员是后者的三倍。这些服务，通常都要求直接与顾客或客户接触，从事的所谓"互动式"或"第一线"的服务工作。

前线服务工作的范围较为常规，比如餐厅服务生、零售销售人员和美发师等提供的服务，也包括更为烦琐复杂的，如管理顾问和律师等。这些工作和活动至少拥有两个共同特征：一是前线服务工作涉及操纵顾客或客户，让他们以某种方式感觉和响应来自于服务方的情绪。Hochschild (1983) 称之为"情绪劳动"。[1] 二是前线服务工作的种类急剧增加。Frenkel (1999) 通过比较美国人口普查局1994—2005年的前线工作、前线支持工作和后台或手动工作三个类别的职业成长的数据，发现前线工作人员很可能会超越其他两类，成为增长最快的子类别——大约增加300万个就业机会。

但是，这种增长和前线工作人员，以及他们是如何管理与雇主或客户的关系，几乎没有什么关联。麦卡蒙和格里芬 (2000) 认为，顾问与客户、医生与病人、学生与乘客之间的工作关系，仍然没有得到充分研究。猎头行业将提供特别有用的证据，可以观察到前线工作者的真实世界，还能够深刻认识事情的本质。这是因为，猎头公司同时与两类不同的客户（客户和候选人）进行交互联系时，还必须进行协调二者的关系。

猎头是极其特殊的前线工作。它们在客户和候选人之间斡旋，似乎处于弱势地位，甚至可以说，全部工作不过只是为了满足双方的要求。一方面，猎头公司受制于客户，因为它们从事的是高度竞争的猎头行业，通过完成应急招聘任务而获取报酬；另一方面，他们也容易受制于候选人，因为后者和猎头并没有正式的工作关系，必须说服他们入职，才能得到客户而不是候选人支付的报酬。在客户与候选人之间进行的、拉锯战式的谈判

---

[1] 情绪劳动是指员工要在工作中表现出令组织满意的情绪状态。例如，银行内负责办理储蓄业务的员工，必须表现出礼貌和耐心；酒店的服务员，即使被惹怒了，也要面对微笑来迎合顾客。

过程中，猎头近乎无助；它的中立位置决定了它只能提供各种建议，尽快撮合双方成交。如此，猎头不得不学会善于操纵与利用客户和候选人双方的雇佣关系和预期心理，以便控制它们的互动。这也表明前线工作人员似乎能够享受更多被公认的非正式权力。

猎头公司通过多管齐下的策略满足客户需求。第一，猎头开始打造紧密的长期客户，以便客户只使用猎头而不是其他的渠道进行招聘工作。第二，选择性地对待客户。面对客户的无礼要求和过高的搜寻成本预期，猎头需要放弃客户信任，以减少损失。第三，如果可能，猎头将用欺骗手段确定可能的候选人，然后利用他们的冲动或者顾虑说服他们成为正式的候选人。第四，有效控制客户和候选人的彼此印象。在工作面试之前，向他们提供经过精心挑选有关对方的信息，目的是确保双方均以良好的印象进入面谈。第五，在与双方的交流过程中，吸收或化解任何一方的愤怒，以缓冲他们的忧虑。当然，这种多管齐下的运营策略并不能百发百中。尽管猎头公司有时进行了最大努力的沟通管理、印象管理和风险管理，求职面试仍然以失败告终；尽管猎头公司被客户或者候选人直接警告甚至咒骂，但是，候选人仍然接受了客户的聘用。这些似乎说明，像猎头这类前线服务，只能选择成功案例带来的喜悦或者客户许诺的少量赔偿，才能弥补顾问们由于弱势中介地位导致的、不可避免的心理创伤。

四、浮出水面①

欧美猎头公司仍然经常劝诫激情而年轻的顾问们务必保持低调。但是，所有的猎手心里都十分清楚——这是不可能的。

怀才，如同怀孕一样。时间长了，总会被看出来的。猎头行业整体浮出水面，与奥运会"尤伯罗斯事件"有着不解的缘分。它作为猎头行业的经典案例，它客观描述了台前幕后英雄的艰辛、敏锐和机智，还有应得的巨大荣耀。

20世纪90年代初，美国刚刚从衰退的阴影中走出来，逐渐活跃的商业活动使得全国的猎头办公环境开始改善。②

猎头，也称为高层次人才招聘，或者人才搜索顾问——总之，都是一些不那么令人欣赏的名字。然而，社会公众们吃惊地发现，公司渴望

---

① 宋斌、林春华：《奥运会的"猎头缘"》，《国际人才交流》，2012年8期。
② William Finlay, James E. Coverdill, Headhunters: Matchmaking the Labor Market, New York, Cornell University Press, 2002.

雇用新员工的同时，也愿意将人才搜寻和第三方中介联系在一起。那时，新闻记者们的一项重要任务，就是迅速调查清楚究竟有多少猎头公司将会从美国经济的复兴中获益，以及能够获利多少。例如，1994年的《商业周刊》的一篇文章报道说，这是"猎头的美好时代"和"自从20世纪七八十年代早期的经济扩张以来，管理咨询（人才搜索）行业进入最辉煌的发展时期"（April 4，1994，P4）。随后的一个报道提到，90年代开始的持续经济扩张，使得猎头公司变得异常繁忙（June 2，1997）。即便在2000年、2001年的经济放缓时期——对猎头来说也并不完全是坏消息——许多公司蓄谋已久的解雇行动，反而充实了猎头公司精心维护的候选人储备库，并使那些暂时没有失去工作的雇员更愿意主动和猎头顾问打电话聊天。

猎头是第三方代理，是一种由雇佣方支付费用的商业服务形式[①]。为客户服务的猎头顾问们会获得一份委托合同，寻找和识别客户空缺职位的合适候选人。成功招聘的收费标准，通常等于候选人第一年的年薪的30%。一些著名的猎头公司，如光辉国际、史宾沙和海德思哲，主要为年薪超过10万美元的高层职位进行搜索工作。特殊情况下，猎头公司在成功地找到客户满意的候选人以后，才能够拿到佣金。普通的猎头公司比较喜欢在客户的同业、同行中搜寻猎头职位所需要的高层次人才，这样似乎更加轻而易举。在猎头佣金方面，也显得比较宽松——从第一年的年薪的20%到30%不等——如果遇到特殊情况，双方将在15000～150000美元之间挑出一个中间数值，作为结算价格。况且，职位也并不是严格意义上的高端，可能还包括中层管理人员、低级别管理人员和专业技术人员，甚至于办公室的普通职员。

猎头通常被应用于紧急招聘领域。事实上，市场估计应急人员招聘约占所有招聘领域的85%；高层次人才的应急招聘工作，占到猎头实际工作量的90%以上。不少客户们经常消耗大量的时间和金钱，对付突如其来的应急招聘；而应急招聘的最重要也是最烦琐的工作，在于如何识别、评估和储备合适的候选人。但是，这恰好就是猎头公司的主营业务。他们不仅利用网络来寻找潜在候选人的职业亮点，也积极搜罗目标客户的最新需求。顾问们通常是积极寻找和鼓动候选人，而不是等他们自己上门求职。此外，他们热衷于搜索和物色那些春风得意的、通常在

---

① 这种表述是不确切的。早期的欧美猎头，向客户收取猎头佣金，也向候选人收取就业服务费。后来，预付型猎头公司严格实行单向收费制度，而兼营公司参考执行。

职在岗的，而不是那些正在家里翻看报纸、盯着就业屏幕做记录找工作的所谓高层次人才。

1994年的英国公众广告统计表明，尽管经济衰退的阴影不散，猎头行业仍然是大买卖。高管招聘受到追捧，猎头订单以惊人的速度持续增长，宣传广告开始猛增。至少840家大型和小型猎头公司在各大媒体亮相，大量招聘猎头顾问以便扩大业务。① 在美国，的确很难精确地统计，猎头职位在整个人力资源领域的百分比。② 研究者们缺乏一些数据——这些数据可以使他们通过求职广告、个人联系或招聘/猎头的分类，确认专业人才、技术管理和辅助工作的人，分别在就业总量中的百分比。不过，可以借助雇主招聘证据来揭示真相。调查表明，大约20%的公司经常使用就业机构来招聘管理类和行政类的职位；26%和32%的公司经常使用报纸广告发布雇员招聘公告。但是，这些数字仍然不能显示并比较各项招聘渠道的成功率。此外，美国国家调查组织（NOS）的数据对象范围主要是中小企业。1995年的调查发现，30%的中型企业采用猎头公司进行招聘——尽管，它没有同时提供任何和其他招聘技术的比较数据。值得注意的是，猎头公司几乎从来没有选择应届大学毕业生——这是多年的统计数据中唯一没有变化的。种种迹象表明，猎头是专业和管理职位的候选人的主要甚至是首选的招聘手段。

猎头主动识别技术，与潜在理论、保险领域中的逆向选择法非常相似。一般说，那些渴望换工作或那些失业的候选人，被认为不如那些正和其雇主进行很好合作的候选人合适。在保险业，那些最需要保险的人，往往不是最合适的。从风险角度来看，最希望能改变职业的人，往往是最缺乏吸引力的候选人。相比之下，明星职员经常令他们的雇主满意其工作，因为，他们既不回应招聘广告，也会主动不与就业机构联系。

猎头公司不可避免地提高了劳动力市场中的候选人的就业机遇。一项研究发现，以3062家中型高科技公司的新进员工为样本，通过猎头公司获得的初始薪水，比其他任何其他方式都要高得多。而且，这些员工似乎还有更大的可能性，在不久的将来能够顺利获得加薪。这些调查证据让学术界和实业界惊讶地发现猎头公司的身影随处可见，且令人防不胜防。

---

① Executive headhunting still big business. Management Accounting (British), April 1, 1994.
② 这里的人力资源领域，包括：政府就业指导机构、劳动力就业市场、人才派遣机构、人才中介组织（含非营利）、猎头市场等。

大批新闻记者们开始紧密地追踪在大西洋上空飞来飞去的猎头顾问们。在逐渐普及的彩色电视机屏幕上，社会公众开始对猎头事件的主角、配角和操盘手，以及令人眼花缭乱的猎头新闻津津乐道。一些浮出水面、乐意亮相的猎手们，如史宾沙公司的汤姆·纳夫（Tom Neff）和海德思哲公司的杰拉德·罗谢（Gerry Roche），与IBM、可口可乐和沃尔特·迪士尼公司的首席执行官们在一起谈笑风生的场面，不时见诸报端；而猎头公司运作的许多内幕，被媒体频频曝光。几乎所有的人，都赞成一种说法：这些家喻户晓的公司依靠猎头，将更有作为。

猎头被人们重新认识。人才难觅，人才无所不在，却又无处可寻。尽管失业率居高不下，全世界的企业仍面临难以填补的职位空缺，这一现象主要是现有人力所拥有的技能与全球雇主需求不匹配所致。对于一家正在蓬勃发展的企业，董事会经常头疼的事情，往往是一个非常简单的问题：到哪里寻找主管？或者说，应当如何寻找？这似乎成了心病。[1]

当一个猎头职位来临时，猎头公司首先要解决的问题，是到哪里寻找候选人？如何能够知道找到的候选人，最能胜任哪项工作？如果能够胜任，他们对激励和薪酬的期望是否能让猎头公司的客户接受？寻找候选人的最佳途径是什么？是使用企业通讯录、黄页，去每家公司调查，还是从可能了解他们工作表现的相关人士那里获得信息？必须查看多少候选人，才能确保给客户推荐的候选人是最好的？

要解决这一系列问题，根本的解决路径是基于职位的搜索。首先，要对猎头职位进行职位分析，进行市场定位，关注猎头职位所需要的核心能力；其次，构建一个合适的候选人才池，包括企业内部的和企业外部的候选人才；再次，采取合适的搜索方法，运用多种途径对候选人进行搜寻；最后，通过审查、比较、调查，确定约12位候选人进行面试。

例如，当一家美国的计算机硬件公司准备在亚洲招聘一位国别CEO时，决定聘请猎头出马。猎头公司首先列出了该地区相关目标公司所有现任CEO、COO和其他"CXO"们，涉及的公司包括与其行业相关的硬件销售商、软件及服务提供商、供应商，甚至还包括一些不太相关的公司，比如电信、软件行业。然后，由一家高管猎头公司完成对每一个人的初步审查，由此把原先很长的名单削减了90%。此外，具有相关背景、尚在美国和欧洲工作的亚洲人构成的第二份名单，也得到了系统化的调查。第三

---

[1] 克劳迪奥·费尔南德斯-阿劳斯（Claudio Fernandez-Araoz）：《到哪里找高管》，《商业评论》，2008年第4期。

份名单列出的是所有目标公司过去的高管。最后，第四份名单包括了其他行业的高管，比如来自消费品和耐用品行业的高管，他们背景出众，具有公司招聘职位所需要的关键能力，而且看上去能够很好地融入该公司以及该职位所在国的文化。接着，包括公司亚洲地区副总裁和公司人力资源总监在内的招聘团队，把 100 多位潜在候选人的名单缩减到 12 个人。他们面试了这 12 个人，并且将其与先前为进行标杆对比所确定的、已知的"最优秀的经理"进行了对比，筛选出 3 位候选人，推荐给客户。

20 世纪 90 年代后期，一些较大的猎头公司开始公开上市，再次引发了社会公众、市场分析人士和新闻媒体的高度关注。1999 年，戴着"国际猎头"光环的海德思哲、光辉国际分别在纳斯达克和纽约证券交易所上市，顿成市场明星。许多猎头公司的专业公关、品牌和宣传人员，仍在继续为猎头行业摇旗呐喊——她们消除了猎头的神秘，同时也扩大了市场的需求。

五、全球化的开始

猎头的全球化是被动选择。这归结于高层次人才存量的持续沉淀。然而，它通过尝试和实质性的突破，证明语言、肤色、种族和国界并不是制约高层次人才自由流动的桎梏。①

20 世纪 50 年代中期开始，美国的猎头公司迅猛发展，海外业务数量猛增。猎头公司纷纷拓展海外市场并开设国外办事处。顾问们不得不经常预订国际航班。例如，史宾沙先生接到公司的第一个猎头订单，就拎着公文包立即赶到机场，飞往加拉加斯，约见客户所需要的候选人。

2000 年以来，全球化改变了世界经济、管理实战和高层次人才的供应及分布。"婴儿潮一代"面临退休以及新兴市场的旺盛需求，基本兑现了麦肯锡公司在曾经预测的、全球性的"人才争夺战"。② 这似乎有助于解释一个现象：即使是在经济不景气的大气候下，2008 年全球猎头服务行业的市场收入，仍然从 2004 年的水平增长了近 120%。全球猎头市场的份额仍然以北美、欧洲、中华区/泛太平洋地区为主（如图 3-2 所示）。

---

① Executive Search at 50: A History of Retained Executive Search Consulting Presented by the Association of Executive Search Consultants In Celebration of Its 50th Anniversary, AESC, 2009

② "二战"后，全球普遍出现长期而持续的生育高峰，被称为"婴儿潮"（Baby born），也就是所谓"爆炸的一代"。

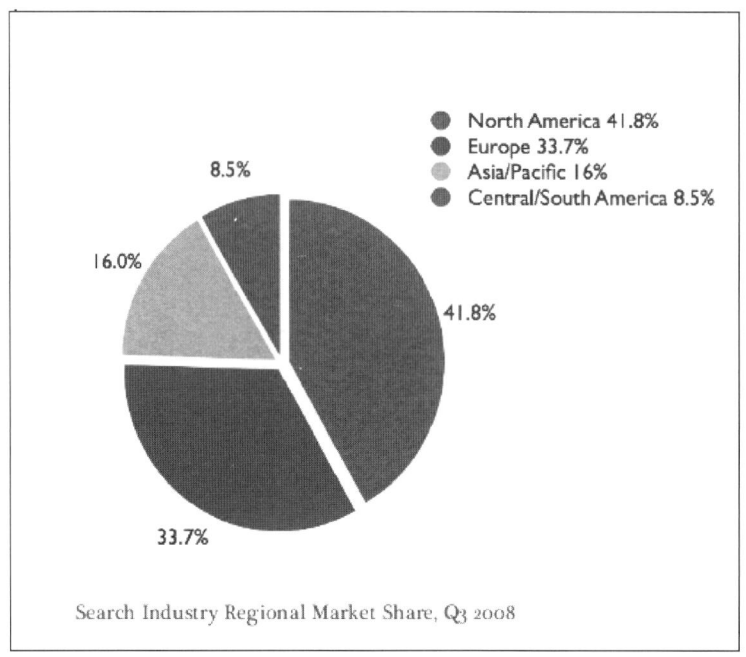

图 3-2

猎头全球化趋势日益明显。国际猎头开始青睐亚洲、太平洋地区和拉丁美洲地区。这些北美和欧洲以外的、属于边际地区的市场份额持续攀升。如亚洲/太平洋地区 2008 年的猎头总收入，占到全球 16% 的市场份额；中美洲/南美洲地区，则上升到 8.5%。而在 1993 年，这些市场是可以忽略不计的。

由于高层次人才现量和储备持续吃紧，猎头顾问需要研究在全球范围搜寻更多的候选人。比如说，一个顾问接到的搜索任务，可能是通知设在印度的分公司为伦敦总部搜寻在上海、巴黎或纽约工作的高管。

进入 21 世纪以后，为了应对来自新兴市场猎头需求的急剧上升，许多猎头公司和猎头网络公司增设了许多新的办事处，不仅包括中国、印度、俄罗斯这样的大国，还包括猎头规模较小的市场，例如波兰、罗马尼亚、土耳其、乌克兰和阿联酋等。

第二节 运营与管理

现代猎头公司和非营利猎头机构的运营管理，是不尽相同的。但是，在基本原则、流程规范、面试评价和项目管理等方面，却是高度一致的。

一、界定、分类与基本特征

(一) 界定

猎头公司主要包括预付型、兼营型两种基本类型。其中,预付型猎头公司是最典型、最专业的组织形式,包括三个要素:

1. 单向收费

只对委托方收费,不收取候选人的任何费用。

2. 限时完成

委托方通常要求猎头公司在一定期限内完成订单;如果超出期限,委托自动失效。

3. 预付订金

即委托方面必须支付一笔费用,作为真实委托的诚信金。即使猎头行动失败,猎头公司也不会退还。①

猎头与职业中介(employment agencies)、人才中介(talent agency)和人才派遣(recruiters)的联系及区别,大致描述如表 3-1 所示:②

表 3-1

联系及区别	职业中介	人才中介	人才派遣	预付型猎头
委托性质	客户、人选	客户、人选	客户、人选	客户委托
收费方向	双向收费	双向收费	单向收费	单向收费
有无时间限制	无	无	无	有
订金	全退	全退	全退、部分退	不退
保密程度	公开	公开	公开	保密
协议	单/双方协议	单/双方协议	双方协议	三方协议

在欧美发达国家,职业中介机构通常是政府主办的,或者是政府委托私营企业承包,很少甚至不收费。

人才中介机构通常是通过人才网站、招聘广告和人才市场的要求,客户大量收集人才信息;往往不能寻求高级管理人员,或在同行业中具有较

---

① 根据我国现行法律的有关规定,订金不具有定金的性质,交付订金的一方主张定金权利的,人民法院不予支持。

② What is the difference between head hunting company and talent agency? http://www.21cnmanager.net/faq11.asp.

强的专业或难得的人才。

人才派遣，也称人才派送、人才租赁，系指用人单位通过人才中介服务机构选聘急需的人才；中介机构分别与用人单位和派遣人员分别签订派遣合同；用人单位向中介机构缴纳管理费；中介机构负责派遣人员的薪酬，并代办社会保险、管理档案等。主要特征是用人单位与劳动者个人不存在直接的劳动关系，用人单位与派遣机构共同对派遣人员实行双轨制考核管理。如在英国、瑞士、日本、荷兰、中国等国家。高端的人才派遣机构通常被认为是兼营型猎头公司。

猎头公司收到客户的需求信息之后，就会着手研究和分析相关行业，如果正式接受客户委托，就得按照基本条件、任职条件、规定时间等要求，搜寻合适的候选人，承担或者协助客户对候选人进行背景调查、测评和心理测量，并最终协助候选人履新。

它们之间区分明显。打个简单的比喻，职业中介是"街头小吃"；人才中介机构是"盒饭"，可以进行简单的菜式组合；人才派遣是"自助餐"，相对比较高档一些；而猎头公司，特别是预付型猎头公司，就是包房"宴席"，猎头顾问像厨师一样，根据客户的爱好和口味，提供特色化的个性服务。[①]

（二）类别

在欧美国家，能够提供高层次人才服务的机构，包括职业介绍机构、应急招聘公司和预付型猎头公司等。其中，应急招聘公司也包括常见的人才派遣公司。

1. 职业介绍机构（employment agencies）

在世界各国，几乎都有这样的机构。有的是私人的，有的是政府主办的，还有政府所有、私人承包的。通常实行免费或者固定收费制度，甚至可以同时收取候选人和委托方的费用，对入职时间也没有太多要求。

2. 应急招聘公司（contingency recruiting firms）

应急招聘公司是猎头公司的早期形态，与普通的职业介绍机构类似。但是，它通常不收取候选人的服务费用。它们比职业介绍机构更加专业、速度更快，相当于职业介绍机构的高档和猎头公司的低档（俗称：小猎头）。

一般情况下，如在客户完整提供岗位描述、任职条件和工作职责等前提下，德意志银行纽约分行紧急招聘行长，就会悬赏通知：24 小时内提

---

① What is the difference between head hunting company and talent agency? http：//www.21cnmanager.net/faq11.asp.

供 5 名合格候选人简历的,付 20 万美元;48 小时提供的,付 10 万美元;48 小时以后,招聘通知自动失效。

应急招聘公司不参加客户与候选人的联络、谈判和录用协议,或者在完成招聘任务之后领取佣金,或者按工作小时收费,或者直接售卖候选人简历,不能依照猎头公司的年薪标准收费。①

3. 预付型猎头公司（retained executive search firms）

这是最彻底的,也是最昂贵的招聘类型。20 世纪 80 年代以来,预付型猎头公司成为猎头行业的中坚力量。很多客户喜爱采取猎头的方式搜寻高管。这是因为:

猎头范围相对集中。例如,一家大型跨国房地产公司需要搜寻一名英国分公司的总经理,委托 10 家职业介绍机构或者应急招聘公司也没有用——因为,它们根本就没有合适的候选人。而一家专业从事房地产的美国猎头公司却能够接单——他们手上可能握有全球房地产 100 强所有副总经理及以上职务的名单。当然,他们还知道,在哪里以及如何找到性价比合适的候选人。

猎头服务速度很快。世界一流的猎头公司,通常会在猎头协议签订一周内,提供至少三份合格的候选人名单。如果客户提供额外的奖金,第二天就能够见到名单。

猎头服务措施齐全。在高管领域,传统招聘方式失败的主要原因有三个:招聘工作沟通不畅,缺乏系统化的流程,合同谈判不理想。而对于运作规范的预付型猎头公司来说,这些几乎都可以有效避免。在猎头过程中,委托方随时可以过问猎头的实际进展、当前情况和工作计划等。至于令候选人头疼的,如解除现有工作合同、办理辞职手续乃至小孩转学等问题,都由猎头公司一手包办。在"保鲜期"以内,猎头公司将免费递补。②

猎头能够保证较高的投资回报率。高管招聘的成本在三年予以摊销。这使得昂贵的猎头佣金能够迅速被消化;在摊销过程中,合适的候选人正在为委托方创造新的价值,从而节省了招聘成本。

（三）特征

2011 年,一家德国猎头公司的顾问克里斯蒂安·帕博,按照德文字

---

① 美国重心（人力资源）集团,2012 年 1 月。
② Why Use a Retained Executive Search Firm? http://www.hightechpartners.com/index.php/our-articles/171-why-use-a-retained-executive-search-firm.

母从 A 到 Z 的顺序，生动形象地描绘了猎头。①

A：繁荣。在经济繁荣时期，人们可以很好地解释，猎头公司是如何运转的。在经济危机时，这些公司曾经无处安身，现在却会得到新的投资。那些在德国版巨兽网站上刊登招聘信息的人事经理们，顺带一起投放公司广告。可惜，那些已经拥有好工作的优秀人才并不在他们的搜寻范围内。

但是，在一场经济危机后，这些精英们会变得不安，并再三权衡他们是否应该跳槽。这时，便是我们猎头出场的最好时机。我们通过外部资源优势引导他们，并向他们分析跳槽的好处。通常都是胜算远大于风险。

B：泡沫。20 世纪 90 年代后期，已经有很多私人猎头公司出现。他们认为，如果介绍一个人才就可以得到 80000 欧元，那我也可以做到。然而，在那几年经济复苏的短暂时期，对于那些仍然干着不温不火的差事的人来说，猎头的作用也并未显示威力——因为，公司人事依赖的是人事部门的安排。但是，当 2002 年大经济危机来临后，猎头公司越过重重阻碍，业绩增长 60% 以上。这对猎头阵营来说，却是一次彻底的巩固。2010 年，知名的德国猎头公司超过 4000 个。

C：打电话。越身处高层的人，越容易取得联系。他们多数都有自己的私人办公室，往往交谈时不会被打扰。此外，他们已经通过工作向外展示了自己的能力和信息。当我对一个财务总监（CFO）感兴趣时，我会给他的办公室打简短的电话，约定一个下班后的长时间电话。须注意的是，我通过合适的途径给公司领导打简短的电话，说明来意并得到准许。因此，才有了晚上或是周末的第二次谈话。但是，如果我所找的是 IT 行业的人，我必须改变策略。如果我直接在他们办公室同他们交谈，会显得太过突兀。他们性格更为内向，我说话得更加小心。

D：数据库。我的通讯卡片里有 40000 多个名字。但是，并不是所有人都保持着频繁的接触，只有几百个被放在优先考虑的位置。可惜的是，其中的女性很少。如果能够有 10%，就算很高的比例——因为，传统的德国女性不太愿意跳槽。

猎头搜寻候选人主要有三个来源：高层次人才数据库，主动投放的求职简历，以及猎头顾问自己捕猎到的特定群体。

E：搜寻经理人。高层管理者，即所谓职业经理人。他们是猎头关注的主要对象。以前，猎头公司只受雇于搜寻经理人；如今，猎头的工作范

---

① Ein Personalberater erzählt. Das ABC des Headhunting. Spiegel. June 2011.

围扩大了。猎头顾问们可以为客户搜寻几乎所有层级的员工。比如我们公司，主要搜寻人事经理、销售总监和办公室经理。

F：菜鸟。对于每一个应聘毕业生，我只能推荐他们到猎头公司去实习。已经有好几次，把我们公司的实习生直接转让出去。因为，任何一家猎头公司都不可能推荐这些缺乏经验、简历单薄的毕业生们给客户。

G：金钱。猎头酬金并不便宜。一些大型企业早已习惯了猎头的收费，往往已和猎头签订了长期的框架协议。但是，那些与我们第一次合作的中小型企业，首先会说："你疯了吗？"我们的报酬是根据候选人的预订收入为标准的。如果这个职位的年薪是10万欧元，那么，我们的报酬是2.5万～3万欧元。当我们拿到酬金的三分之一时，就得马上开始工作。因为，我们可能将走遍德国，并在调查分析过程中投入巨大。

猎头是经济领域的领取赏金的职业猎人。而市场上所谓的人才研究员，只能被称为"侦探"；他们负责找人，然后我负责商谈。通常，我们会找出50～70人，从中确定20人进行面谈，然后向客户推荐5人，直到客户满意为止。

H：猎头。人才咨询的一个特例便是猎头。猎头意味着目标明确的商谈，以及设法使"目标人物"跳槽。虽然猎头起源于美国，但是，在德国发展也很不错。它也正是我的工作之一。

I：刺激。猎头的高层次人才搜索是分行业、分层次地进行的，其中，包括被客户人事主管辞退或者开除的人。一次，我的一个同事把目标锁定在了一位女士，并对她说，帕博先生想和你深谈一次。他将在一个酒店里等她，并给了她房间号码。我想，那位女士一定没搞清楚由来，误解了我的邀约，马上就挂了电话。当人们不知道我们是做什么的时候，这种状况时常发生。

J：求职。我对就业市场的了解已有20年，知道求职并非随便。我认为，求职是一门艺术，也是一项工作。对此，人们必须事先互相了解。但是，很多人求职总是抱着随便的心态，或是把它当作是别人的事一样对待。然而，也有人误打误撞地碰到自己梦想的工作——那纯属巧合。

如果您热衷于招聘广告或是想当然地去求职，那就错了。公开的人才市场上，能够提供的只是现有职位的10%。剩余的90%存在于隐蔽的市场。以房地产中介为例。那里所提供的公寓通常不好，因为他们游离于私人关系网络之外。人们必须自己了解，四处打听：谁住在哪？谁要迁出？谁找租户？在就业市场亦当如此。好的机会，必须是在招聘网络之外存在的。

K：保密。实际上，猎头行动非常隐秘。过去，人事调动权威为劳动部门所有。因此，一切都得秘密进行。猎头商谈时，充当的是代理人角色。他们会说，"我不能告知您我的客户是谁，但是，我很喜欢您的简历并想和您会面商谈"。猎头顾问定好会面地点，并邀请对方前去。通常情况下，对方会在好奇和紧张气氛的刺激下前往。

可是，这种方式在过去所拥有的魔力，如今显然已不奏效。面对消息灵通的人们，猎头必须多花心思才能找到合适的切入口。我现在所做的就是让自己扮演成一个对话者。通常这样开始自我介绍："我久闻您的大名，希望能和您谈谈您对未来工作的安排。我手中有一些非常好的机会和计划。但是，我还是想首先了解一个问题：您是否愿意加入？"如果这人有兴趣，就会有人和他商谈，并最终达成协议。许多事实证明，那些被成功搜寻到的理想对象，很少会主动错过这样的机会。

L：跳槽"跛子"。对于猎头顾问来说，德国人并不容易伺候。因为，他们对跳槽持怀疑的态度。

这很好理解。同美国员工相比，德国的高层们更为忠诚。在美国，高管们可以今天辞职，明天就不用上班。而在其他国家则不一样。美国人可以像蒲公英播种一样，向全世界抛出自己的简历；而生性害羞的德国人，却害怕他们的真实生活被完全公开。德国人跳槽并不想表现出来——因为，担心被现有的雇主发现。这就是猎头的工作了：他必须给这些优秀的"跛子"们狠狠踢上一脚，让他们勇敢地迈出跳槽的第一步。

M：中小企业。很多中小企业从未想到与猎头公司合作，他们的销售经理总是把目光放到报纸上的招聘广告。现在，他们更频繁地来回翻看报纸，因为他们雇用不到合适的人。然而，很少人意识到，仅用一个招聘广告并不能获得招聘的成功。因为，他们只是坐在那里，并没有把招聘信息通过写信或邮件发送到候选人家里。如果有优秀的人前来应聘，他们会发现，那人也同时申请了其他的公司。总有一天，这些中小企业会对招聘的失败引起警觉，转而求助于猎头。

N：合适的会面地点。在某些特定的高级酒店，猎头的活动非常密集。例如：在慕尼黑的凯宾斯基酒店，或在杜塞尔多夫的喜来登酒店，我的同事们会很乐意为您服务。我也会到那里预订酒店房间或是会议室。那里的气氛轻松且舒适。

O：哦，终于来了！其实，每个人都在他们的办公室等待着一个带来救赎的重要电话。它寄托着他们对事业的憧憬，以及对未来工作的肯定。而突然造访的猎头电话，正好可以部分满足这样的心理期盼。猎头最开心的，莫过于又有新的猎物钻进他的口袋。或许，这就是猎头之所以神奇的原因之一。

P：人资顾问。我们终于谈到人资顾问了。没有一种教育，可以完全指引你走进职场。

我大学学习的是电气工程学专业，毕业后于1992年成立了自己的公司。时隔20年，"人资顾问"这个概念对我来说依然模糊。大多数人资顾问的工作是招聘新的员工，有的是负责裁员，如乔治·克鲁尼在2009年出品的电影《在云端》中所扮演的一样。其余的一些，则是帮助企业制订培训计划和职业发展计划。

R：重组。几乎所有经济领域的职位重组，都是人资顾问工作的结果。

S：间谍。有人一开始就会说，他们对介绍工作没有任何兴趣。他们担心，我是他们老板雇佣的间谍，前来试探他们的忠诚。这当然是胡说八道。

T：命中。仅从可以搜寻到的外在信息，很难获得合适的工作人选。起决定作用的还是面试。面试解答的关键问题不是"您是谁"，而是"您怎么样"。

U：不安。我就像个医生——只要我说，我是干什么的，我就得提供帮助。人们会考虑一个问题："他能为我做什么。"这没错。职场中的人们承受着巨大的压力。如果我进入办公室只是说些没有实质的漂亮话，他们不会愿意同我交谈。我们年轻时接受的教育，让我们或多或少决定了我们对已选道路的忠诚。

同时，基于必要的安全感，我们不相信自己可以承受更多的挑战。猎头顾问们面临的挑战之一，就是必须打破这种状况——他们必须把人们从安于现状中拉出来，帮他们实现自己的价值。

W：变更。人事主管同应聘候选人对话的开场白不会是："我有一个职位，你要吗？"一个好的人事主管，应当也是一个好的职业规划顾问。他必须深入了解候选者。这意味着人事更换得一步一步来。人员每变更一次就表明，这人能够与新的企业文化相适应，并且保持着灵活的头脑。过去那种年轻时开始在一家公司干，之后就在那一直升迁的"铁饭碗"已经不存在了。

Z：角色转换。一直以来，经常会有其他行业的招聘经理敲开我的办公室大门，问我是否有兴趣加入他们。我的表现和我向别人推销时则完全不同——礼貌地拒绝他们。因为，我已经深深地爱上了猎头这个职业。

（四）操作准则

欧美猎头公司为猎头服务制定了一些重要的操作准则。主要包括：

为客户提供服务，并仅从客户获得报酬。猎头公司的愿望是与客户一起找寻并吸引优秀人才。客户具有最终的决定权。

猎头公司尽可能向客户提供有关候选人的适当信息，以及向候选人提供有关客户组织和职位的适当信息，使客户和候选人达到最大程度的满意。

只有客户确定由猎头公司完成服务，并经候选人同意，猎头公司才能向客户提供有关合适候选人的详细信息。

（五）工作准则

顶级的国际猎头公司在猎头过程中非常注重以下工作原则，有的公司将其作为工作手册。主要包括：

1. 保密性

了解客户战略和管理体系是猎头工作成功的保证，针对客户组织和员工的任何敏感信息，猎头公司都将绝对保密。

另外，猎头公司认为保密对保护候选人同样是必需的，因为推荐的许多候选人目前仍工作在现任职位上，客户公司必须尊重这个事实并且在搜寻过程中，尽可能不对外泄露候选人信息。只有直接参与到招聘工作中的人才能知道候选人的姓名和报告材料。

2. 互动关系

最好的合作关系是互动式的。就像猎头公司将搜寻过程中发现的任何特殊情况通报给客户一样，猎头公司也要求客户，随时通知他们有可能影响结果的任何新的进展。

3. 时间表

只有当客户授权开始时，猎头公司才会将一项搜寻任务列入时间表。为了给客户面试和选择留有足够的时间，猎头公司希望有三个月时间来完成一项任务。在国际搜寻和一些具有特殊难度的单子中，时间还会更长一些。

4. 沟通

猎头公司在整个搜寻过程中，建立并保持与客户的良好沟通渠道，包括个人会面、电话、书信以及会审等。顶级的国际猎头公司还启用在线资源进一步加强沟通。它们拥有经过加密的受密码保护的广域网系统，可以用任何一台接入国际互联网的计算机进行访问。它们能为某一项搜寻任务定制一个专用网站在线提供信息,保证猎头顾问与客户的伙伴关系并方便提供候选人。客户随时随地可以获得搜寻工作的最新进展。候选人也可以在自己方便的时候查询信息。

5. 排他性

为了避免在市场中引起混乱,猎头公司要求所有针对某一搜寻的活动由他们来组织。因此,猎头公司要求客户在没有事先咨询的情况下,不要将猎头公司为客户正在进行的搜寻项目,发布招聘职位广告或采取其他招聘方式,也不要聘请其他猎头公司。猎头公司还要求客户将已经认识或自荐的任何合适候选人提交猎头公司来考虑。

(六) 委托协议

委托协议也称猎头合同,系指委托方和猎头公司签订的委托猎头任务的合同,明确各自的责任、权利和义务。分为基本条款和附加条款两种(如图3-3所示)。

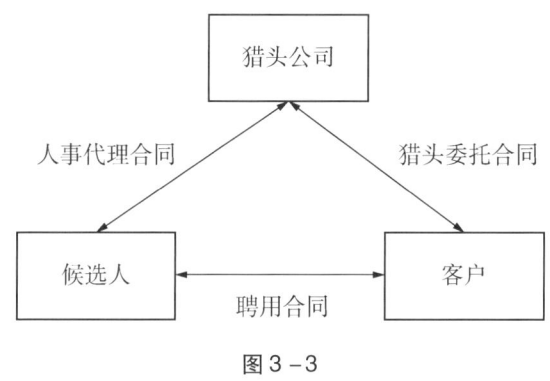

图3-3

基本条款包括:职位、任职要求、年薪标准、猎头佣金、时间限制、订金数额、付款方式、违约责任等。

附加条款包括:保密措施、竞业禁止(又称竞业回避、竞业避让)、免责、专卖(排他)、包换(保鲜期)、最后取舍、期权约定、特别委托费等。其中:"竞业禁止"是指候选人如果还在处于不能自由流动的时候,猎头公司负责解约事宜,赔款则由委托方支付。"包换(保鲜期)"是指在候选人入职后,只要发生候选人离职的情况,猎头公司必须在规定的3~12个月的保鲜期内,免费推荐一名替补人选。"最后取舍"是指在2~5人的最终候选人名单中,委托方必须录用一名正式候选人;即使委托方拒绝录用,也必须支付全款。"期权约定"是指猎头公司可能不收费或者少量收费,而是双方共同约定获得公司股票,等到候选人完成工作合同年限以后,才能上市交易或者按股票的市场公允价格无条件地卖给录用企业。"特别委托费"是指定向定点猎头,即猎头公司在"挖墙脚"成功之后,无条件获得的赏金。[1]

最重要的是猎头佣金条款。猎头公司不收取候选人的任何费用的,因此佣金是唯一的收入来源。条款通常包括:

1. 收费标准

预付型猎头公司依据候选人第一年的年薪20%～45%收取,第二年及以后就不再收取。这里的"年薪",是指委托方和候选人约定的、完成职位要求以后的基本收入,可约定包括绩效奖金、当年的期权奖励等。

在紧急招聘时,双方也会采取"一口价"方式简便行事。规范的猎头公司会坚持最低收费标准;因为在业内,凡是低于某个标准的,就不视为猎头。如2005年,美国猎头行业约定,佣金的最低标准是2万美元/单;中国香港地区和内地分别是2万港元、1万元人民币/单,即高层次人才的年薪分别不低于12万美元、12万港元和10万元人民币。

2. 支付方式

1999年,Christian Schoyen、Nils Rasmussen和亨丽塔·戴维斯(Research总裁)、安德鲁·诺克斯(光辉国际合伙人)、贾斯汀·卡彭特、科尔尼(AT国际合伙人)、道格·史密斯(沃德·豪威尔国际汽车集团)一起,汇总来自30个国家、145名猎头顾问提供的运营数据,列举了两种最典型的收费方式(如图3-4所示)。

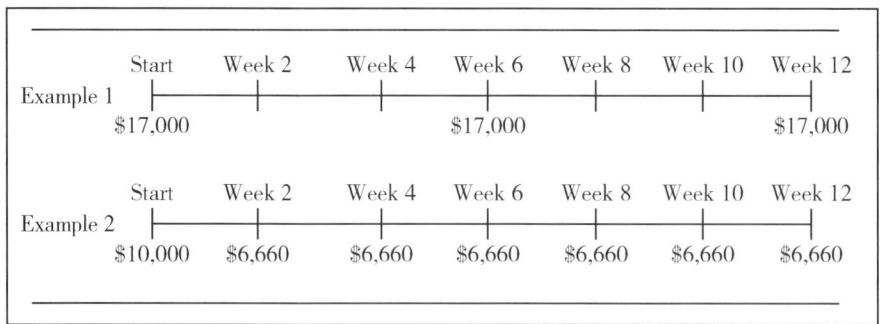

图3-4

---

[1] Reach Talents CO., LTD. The Key Process of Executive Search, Aug. 18, 2003.

举例说明。一个职位年薪 15 万美元、限时 12 周完成、佣金总额为 5 万美元（比例是 30%）的猎头订单签约后，预付型猎头公司收费方式可以选择：①启动时，收取 1.7 万美元；在第 6 周，再收取 1.7 万美元；结束时，最后收取 1.7 万美元。总共 5.1 万美元。②启动时，先收取 1 万美元，然后依次在每周收取 0.666 万美元。总共 4.996 万美元。在任何一种方式下，电话费、差旅和其他费用另计。①②

在欧美发达国家，最为常见的是"三个三分之一"制度，而中国香港、台湾地区流行采用"三三四"制度。业内通称"头款""中期款"和"尾款"。其中，"头款"可冲抵猎头订金。③

3. 特别委托费

类似于"赏金"。即在竞争激烈、此消彼长的情况下，委托方支付特别委托费，借助猎头挖取竞争对手的关键人物。通常按股票期权方式，或者现金交易。

（七）经营之道

无论是两三个人，还是动辄上千名员工的猎头公司，都有各自的经营风格和秘诀。总体而言，成功的国际猎头公司具有以下几个共性：

1. 运营成本低

早期的美国猎头，从公司名称就能够简单得知，通常是一个人的独资公司和两个人的合伙公司。这就是 20 世纪 50 年代的"芝加哥现象"，也就是"211"格局：两个合伙人，一个管全面负责，一个管财务；一间办公室，一根电话线。当时，猎头公司属于人力资源服务行业，主要是依靠人脉关系和交际圈在运营。因此，只要少量的资金能够支付一年的办公室租金、水电费和必要的税收，就可以开张了，甚至不需要全职人员。如果业务多了，首先是配备一名漂亮的前台工作人员，主要任务就是接电话。韩国猎头公司起步的时候，通常是 1∶5 配备公司顾问，即每名全职顾问负责联络 5 名兼职顾问，目的就是节省开支。

猎头公司的办公室选址非常考究。基本原则是，宁可在昂贵的繁华地段租 10 平方米，也不在偏远地带租 100 平方米。原因很多，主要是体现档次、交通便利，容易接洽业务。大型欧美公司的驻外机构，通常会选择

---

① Christian Schoyen, Nils Rasmussen. Secrets of the Executive Search Experts, American Management Association, New York, June 1, 1999.

② Example based on a person with MYM150,000 in annual compensation and a search that takes twelve weeks. Phone, travel, and other expenses are extra.

③ Business & Company Resource Center. Feb2, 2012. http://galenet.galegroup.com/.

扎堆办公。对于地处闹市的豪华办公场所，就是猎头公司根本不需要计较成本的风水宝地。

2. 业务口径小

猎头公司启动后，通常固定在一到两个比较具体的领域。如早期的麦肯锡公司，最早只负责为企业搜寻中档的会计师，高档的审计员和低档的会计员，并不在业务范围之内；除非有利可图，否则不理。如此一来，不仅能够最大限度地挖掘人力资源的末端市场，而且可以突出专业性和技术性，赢得客户的信任和依赖。

这其实是市场细分问题。一般来说，口径越小，替代性越弱，容易阻止竞争对手步人后尘，从而获得一定程度的安全。最重要的是，能够充分发挥数量极其有限的创业者的个人优势，集中精力、拓展市场。如罗盛咨询成立后，充分利用合伙人摩根强大的金融家族背景，专门从事金融行业的高管搜寻，自然也就驾轻就熟、得心应手。

3. 绑定大客户

海德思哲创业时，其实只有3个客户，却个个大名鼎鼎。最早国际化的史宾沙猎头公司更直截了当，办公室常常和大客户的人力资源部门对门，甚至同在一个办公室。这使得猎头公司的收入稳定，免去四处奔波的辛苦，还能够和大客户公司一同成长。

欧美公司认同的大客户，一般具有以下几个共性特征：资金充足，人员流动性好，行业竞争力较强，已经或者准备上市，跨国企业，等等。

4. 按比例扩张

1999年，光辉国际上市后，子公司和办事处遍布全球，平均顾问数却不到8名。这是缘于公司内部一个不成文的早期规定，公司按上一年的总收入，以一定的比例，框算下一年的顾问总数。如在2011年，每名顾问的平均业务收入必须超过50万美元；特殊的城市，如纽约、伦敦，则要求高达150万美元以上。

这是猎头公司依靠订单吃饭的生存方式决定的。即使某一年业务量猛增，也不会轻易招兵买马。国际猎头公司是不会解雇高级顾问，特别是资深顾问的。至于新手、行政人员、助理顾问等，则是来去自由、不加管束的。最重要的是，猎头公司随时要准备"过冬"，确保行业不景气的时候，福利待遇能够继续维持，以凝聚士气、徐图未来。

5. 精选合伙人

猎头公司一旦走向正规道路，就会扩张。这主要包括两种方式：一是新增合伙人；二是压缩股东比例，引进风险投资或者转让给新的股东。

亿康先达通常是从内部的优秀员工中挑选；在新兴市场，却会增加当地的合伙人。如在沙特，就挑选名门望族、接收过西方教育的中年男子。欧美猎头公司非常重视合伙人的专业技能、教育背景和新闻知名度，且多是45岁以上、65岁以下的高层次人才。即使是普通的顾问，从业经历至少也得10年以上；凡是低于这个年限的，被认为是匮乏专业素养和人脉资源。

6. 极其灵活的办公模式

猎头公司多为项目负责制。传统的坐班、例会制度比较常见。但是，新兴的SOHO模式（small office home office）受到欢迎。这是基于国际互联网上的、能够按照自己的兴趣和爱好自由选择工作的、不受时间和地点制约的、不受发展空间限制的工作方式。猎头顾问通常可以按照特长、兴趣和爱好选择合适的项目，且可以在家里上班。

由于工作的特殊性，顾问们通常在下班时间与候选人联络。因此，作息时间是不固定的。但是，总会保持随时联系的习惯，如24小时不关手机和全天在线。

二、职位分析

（一）明确意向

委托方最初多以需求意向的形式出现。凡拟采取猎头方式进行招募的，均视为猎头意向；所涉及的具体职位或者岗位，即为猎头职位。猎头意向和职位经基层组织和企业明确、细化后，通常以书面报告的形式，提交到组织人事部门或人力资源管理部门，即猎头提案。

猎头提案经委托方组织人事部门研究、商议通过后，将以原则通过的决议形式，进一步予以明确和确定，主要包括明确猎头职位、基本程序和时间安排、执行部门和负责人等。

（二）需求评估

猎头需求评估阶段是猎头的第一个环节，也是整个猎头行动的起点。多以委托方组织人事部门承担和执行。通常采取实地调查、人员采访、同业参考等方式。评估工具也较多，如问卷调查、同业比较分析等。其中，以SPIN模型较为科学和简便。

20世纪末，尼尔·雷克汉姆通过实例研究，总结、创立了SPIN顾问式销售模型，运用实情探询、问题诊断、启发引导和需求认同等心理学方法，对客户进行技巧性提问，发掘、明确和引导客户的需求与期望，连续不断地推进营销过程，直至客户认可并接受销售人员的推销价值和对策（如图3–5所示）。

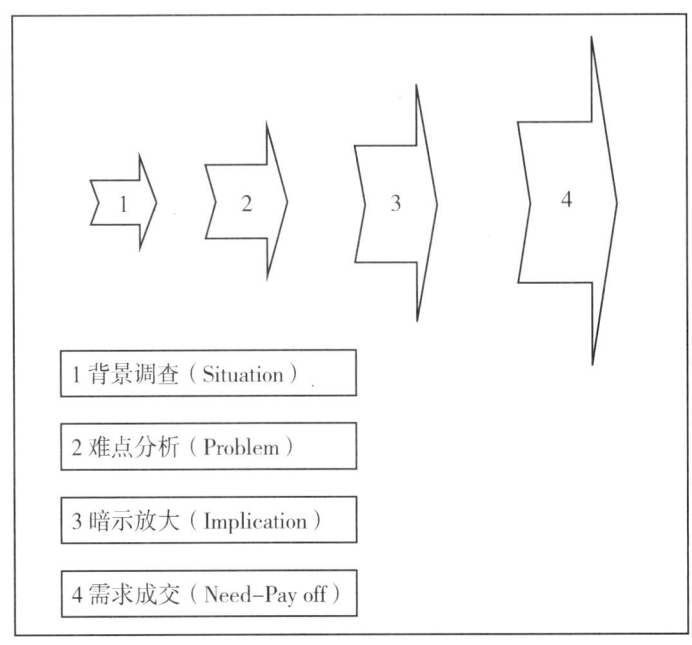

图3–5

但是，由于SPIN模型采取了自内向外的、放大式的心理诱导，对需求方自身认识、明确和确认本身的需求，也有着简捷、方便的实际操作效果。

1. **背景调查**（situation）

委托方组织人事部门受理猎头提案后，通常会选派和指定一名经验丰富、技能全面的人事专员，具体负责项目落实和管理工作。人事专员通常约定需求方进行正式沟通，对需求方的岗位性质、经营规模、管理流程、人员需求意向等诸多领域进行背景调查，以便客观描述需求方的真实和潜在需求要素。

2. **难点分析**（problem）

人事专员会同需求方共同分析需求方的主要难点，如职位现状、离职或辞职动机、新候选人的基本条件、现有岗位职责、现有职位权限、薪俸待遇等。通过引导需求方进一步认识隐含需求，把握需求方所透露出所面临的问题、困难与不满，修正、明确高级人才需求目标和范围。

3. 暗示放大（Implication）

人事专员了解客户需求后，固定并放大需求方的重要性与急迫性，暗示各种可能的解决方案、同业公司的案例借鉴，提供可行的多元化解决方案，以吸引需求进一步明确猎头目标、计划和任务。

4. 需求成交（need-pay off）

人事专员在需求方意向坚定，并能够接受双方商定的解决方案及经费开支后，即完成需求评估工作。

（三）职位描述和分析

职位描述和分析就是对职位设置目的、汇报关系、任职要求、主要职责、衡量标准、工作权限、工作方式、主要流程及制度等方面作充分的、详细的分析及说明。通过职位说明书，能够明确职位的设置目的、上下隶属、同事同僚结构、工作范围、职责、工作权限、工作依据及任职条件。多采用 PAQ 问卷法和深度访谈法对现有职位进行分析，以制定较为详细的职位说明书。

按照猎头职位的基本性质，职位分析可采取委托方独立完成，或者采取多部门、多单位协同的方式进行。如在美国联邦政府部门高级公务员出现空缺时，就采取"1+3"型职位分析方法。即以政府人力资源部门为主，兼有政府顾问（智囊团、咨询专家和聘用专家）、从事公共部门管理研究的专家学者和特邀猎头公司参与，组成职位评估小组。主要目的就是要清楚、公正而客观地确定猎头职位的综合价值和时效，以判断和预测猎头成本。

1. 职位设置

在进行"1+3"型职位分析时，职位评估小组中的顾问担任"破坏者"角色，采取连续递进的、否决式提问，其他成员则予以解答。问题只有一个：我们能否撤除这个职位？可分解成以下几个条件假定及推问：

a. 假定职位是不必要的。即如果政府撤减猎头职位，其他职位是否可以承担，或者部分承担该职位的职责和功能？

b. 假定猎头是不必要的。如果不能撤减猎头职位，除了招募新的人选以外，有没有更加可能而现实的解决办法？

c. 假定猎头行动肯定失败。如果在猎头行动失败后，还不能在短期内解决新的人选问题，将面临的最大风险是什么？

d. 职位评估小组通过快速否决其他解决方案、排除干扰因素的方式，得出结论：必须设置这个职位，撤除职位的多种因素是不成立或者影响极其微小的。反向论证最大限度地解读和分析了某个具体职位设置的原始动机和起因。因为，通常认同和熟视无睹的重要职位，存在不必要或者替代设置的可能性。

2. 业务职责和管理职责

根据委托方的运营管理的职要求，梳理并描述猎头职位的业务职责，如：

a. 参与制订公司年度总预算和季度预算调整，汇总、审核下级部门上报的月度预算并参加公司月度预算分析与平衡会议。

b. 负责公司行政方面重要会议、重大活动的组织筹备工作。

c. 领导公司的后勤服务工作，创造和保持良好的工作环境。

d. 定期组织做好办公职能检查，及时发现问题、解决问题，同时督促做好纠正和预防措施工作。

e. 负责定期召集员工建议审议委员会成员对合理化建议进行评审。

f. 负责协调公司系统间的合作关系，先期调解工作中发生的问题。

g. 代表公司与外界有关部门和机构联络并保持良好合作关系等。

同时，梳理出猎头职位的管理职责，如：参与讨论公司部门级以上组织结构、确定下级部门的组织结构用人需求、面试、不合格员工处理、培训方案、培训时间、绩效考评原则、绩效考评、考评沟通、确定考评结果，审批下级部门财务、监督并控制下级部门的费用支出，汇总、起草和制定月报表、季度报表、年度工作报告，等等。

（四）决策和执行影响度

根据企业决策流程和一般程序，猎头职位能够主导和参加的决策层面，以及在决策过程中的角色，是衡量候选人职位重要性的必要依据和前提之一。

决策模型是为管理决策而建立的模型，即为辅助决策而研制的数学模型。随着运筹学的发展，出现了诸如线性规则、动态规则、对策论、排队论、存贷模型、调度模型等有效的决策分析方法。它们均由计算机予以实现。在管理系统的优化决策模型中，通常包括线性规划优化、非线性规划优化、启发式优化和进化优化策略等。

在猎头职位决策流程和基本逻辑分析领域，决策树模型简单易行、备受欢迎。决策树是用二叉树形图处理逻辑的一种工具，直观、清晰地表达决策流程的逻辑要求。特别适合于判断因素比较少、逻辑组合关系不复杂的情况。同时，决策树很擅长处理非数值型数据，这与神经网络只能处理数值型数据比起来，就免去了很多数据预处理工作。

通过决策树分析猎头职位决策和执行影响度，主要是判断职位在最优决策流程中的定位，以及缺失这个环节对整个决策系统的影响力和破坏力。猎头职位如处于最有效、最优化的决策流程环节中，它的影响力将是极其重要而关键的。更为重要的是，政府和猎头公司共同分析职位的决策和执行力角色，在于候选人能否在一定层面和环节上实现严格而有效的保密以及保密预防和实施途径。

（五）任职要求

基于职位描述和分析的任职要求，以同行或同业的相关职位进行比较和参照，依照最低要求确定候选人任职的起点标准。

1. 基本标准

通常采取的选拔标准，均以最低的限制条件为依据。大致包括以下性别、年龄、国籍和居住地，工作性质（专职/兼职）、权限和范围，教育和培训程度，工资、级别要求，能力条件、从业经历，身体条件等。

2. 附加标准

附加标准，即破格或者特殊标准，也称宽限标准。如学历较高者，年龄可放宽的最高界，又如在行政工作经验方面，可以基本确定"至少3年及以上工作经验"。对于一些特殊职业，还有必要的特殊标准要求，如仪表要求、经常出差要求、外语及熟练程度要求等。

（六）成本预测

评估小组的一个重要任务是在对职位描述和评估过程中，必须预测政府成本。包括两个方面：

一方面，如果采取自主招募的方法，根据先前的支出标准，成本将是多少？如果支付这样的成本，能否达到目的？

另一方面，如果采取猎头方式，成本将是多少？是否能够被接受猎头成本？或者说，能够容忍的、最大的猎头成本极限是多少，且能够被猎头公司所认同？

（七）职位分析报告

职位分析报告应该是广泛而全面的，足以让潜在候选人和客户双方明白，即将展开的猎头行动，究竟要填补什么样的位置，担负什么样的职责，并能够得到什么样的回报等。它要让所有参与行动的人，包括猎头顾问及其助理、客户及指定联络人和潜在的每位候选人。尽管通常情况下，这种职位描述是不充分甚至欠缺的，猎头仍然需要面面俱到。它主要包括以下几个方面：

1. 关于客户

a. 背景及发展现状。

b. 厂房、办公地点及员工人数。

c. 组织结构（组织结构图）。

d. 产品生产线、销量及市场占有率。

e. 产品盈利能力，过去、现在和预计增长率。

f. 公司的强项和弱点。

g. 企业文化。

h. 为什么会出现空缺或者新增？

i. 如果一个人以前在这个位置上，他或她在哪儿去了？

j. 这个职位有什么不寻常的吗？

k. 为什么不撤销或者合并这个职位？

2. **关于职位**

a. 在总体结构中的位置。

b. 职责、职能、职责和责任。

c. 工作目标和时间要求，以及如何实现他们。

d. 整个公司和相关的部门或分部（显示功能以及层次关系）的组织结构图。

e. 面临的挑战和工作（包括改进方案）预期。

f. 公司的今后政策和做法，会对候选人有什么样的影响？

g. 候选人的个性要求和取向。

h. 对于候选人的未来发展及上升预期，能有一个时间表吗？

i. 候选人的主管和下属的资历及经验。

3. **理想的候选人（必要的和可取的）**

a. 教育和学历资格。

b. 语言要求。

c. 个人素质。

d. 技能要求。

e. 进入企业文化的融合程度。

4. **目标人选位：他可能在哪里？**

a. 名称和公司部门。

b. 地理位置。

c. 销售量。

d. 标准工业分类（SIC）和功能代码。

e. 员工的数目。

f. 可能的头衔（最低）。

g. 可能的级别（最低）。

职位描述报告与候选人见面时，应当有所保留。因为可能涉及同行业的竞争问题。特殊情况下，报告书是不能发送电子邮件的，须专人送达。这是一项铁的纪律。

三、搜寻渠道与流程

（一）搜寻渠道

20 世纪 20 年代，现代猎头在美国诞生。随着时间的推移，猎头的运营模式成为结构化的演进过程，开启了一扇新的大门——成为搜寻高级经营人才、管理人员和专业人士的最佳途径。猎头研究的重点——也被称为猎头的核心竞争力，逐渐转移到如何识别和筛选高素质的候选人。

纵观世界猎头发展的历程，大体可以划分成四个阶段。在第一个时代，主要依靠猎头公司和顾问个人与候选人之间的关系接触，即所谓的"老男孩网络（the old-boys' network）"。① 20 世纪 50 年代，几乎所有猎头公司的候选人名单，均来于此。在第二个时代，候选人的来源开始增加，主要是商业公司内部掌握的资料、公开的应聘信息和顾问们的校友名单。在第三个时代，即采用最先进的搜索工具，能够海量地扫描系统化的行业内和跨行业的信息源、各种高层次人才目录（校友、出版物和在线查询）、冷电话（cold call，陌生电话）和电话本的现有名单等。这就出现了戏剧性的变化。猎头顾问们可以舒服地躺在沙发上，在国际互联网——没有国界和边缘的平台上——点击来自世界各地的高层次人才简历。挑战依然存在，那就是充分利用信息社会提供的一切机会，迅速找到最合适、最有兴趣的候选人。在这个时候，"老男孩网络"的商业价值似乎不复存在了。"第四代"猎头，是基于思维创新、技术驱动和逻辑推理的变革。它通过对人际交往和技术技能的科学梳理，远远超过了"老男孩"的毕生修炼，从而成为一个行之有效的高层次人才招聘方式。

一旦拿到客户的订单，猎头就会依照性价比的原则，全力搜寻合适的高层次人才。也许，就是客户内部的人，或者同行的人，甚至是跨行业的人。至于是否物色海外候选人，得看订单的筹码是多少。②

1. 专业猎头公司只拿自己能做的订单

猎头行业，什么都能做；猎头公司，却是看单吃饭的。这是有道理的。因为，猎头从事高层次人才搜寻，几乎覆盖了包括自身在内的所有行

---

① 老男孩网络，可简单理解猎头公司和顾问比较熟悉而亲近的人脉关系。
② 宋斌：《猎头是如何搜寻高端人才的?》，《国际人才交流》，2012 年第 10 期。

业。但是，基于规模、业务和成本的限制，猎头公司往往只集中在几个领域。著名的猎头巨子光辉国际，主营业务也无外乎涉及高科技产业、金融服务业、保险业、工业制造业、消费品行业等。专业猎头利用行业研究、人才地图、交际圈、新闻媒体等多种渠道物色高层次人才。一般而论，市场竞争型的职位，在同行同业中搜寻；对于创新型的企业，倾向于对既定行业有所了解，甚至比较陌生的成功型企业领袖。尽管如此，猎头的经营面仍然非常狭小。比如，一个泰国企业需要水稻育种筛选专家，美国的海德思哲是不会承接的。原因是，它只做企业领袖的搜寻。如果是必须接单，它将耗费巨大的人力、物力和财力，可能也不会有什么收获。反之，如果阿根廷需要一个从事零售业的跨国公司首席执行官，它一定能够在短时间内拿出几百个合适的候选人出来。

有时，猎头顾问在接单时，经常会自言自语地问客户，你是不是打错电话了？其实，就是因为客户在物色猎头公司时，只喜欢名气大小，而没有仔细看清猎头公司的能耐。这种能耐，有时可以划分得非常细。如针对澳大利亚的房地产营销总监职位，在从1万元到100万美元的年薪分布区间，可能会有几十家猎头公司在"分段吃饭"。因此，找对猎头，永远比相信猎头更加重要。

2. 佣金总额决定猎头动用多少资源

猎头公司是逐利的。双方出现猎头意向时，它将首先考察客户的经营规模、市场信誉、产品份额、支付能力等资质，再确定具体的猎头职位，以及这个职位应当具有的岗位职责、任职条件和履新时间等，然后进行内部评估。内部评估其实就是两件事：可以找到合适的人吗？我们能够赚多少钱？如果可行，就会立即通知客户签约。

猎头佣金往往是合同的要害所在。如果猎头公司已经有合适的候选人，就会要求对方提价，以便多拿些利润；如果还没有合适的候选人，就会要求对方降低搜寻标准，以便尽快完成任务。这种貌似精明的做法，也促使客户不得不分散订单，在顺利实施过程中有效降低搜寻风险。同时，客户会认真考虑自己的需求是否符合市场行情。

佣金总额是猎头的主要来源，刺激并制约猎头公司的出击。不为客户所知的是，猎头公司一般会保持30%以上的盈利，搜寻成本不会超过合同金额的70%。有幸拿到金额巨大的订单，较小的猎头公司主动转包给规模大、信誉好的同行去做，俗称"扔单"，自己拿点手续费就很高兴了。反之，遇到客户关系特殊，或者后期影响极其重要的时候，猎头公司赔本也会干。

2012年年初，一些美国从事银行业高管搜寻的知名猎头公司不约而同地增加了佣金比例，最高可达候选人年薪的45%，有的甚至将最低佣金提高到40万美元/单。这至少说明：猎头是随行就市的，只要有提价的空间，肯定是毫不犹豫；猎头开始"绑架"华尔街宝贵的银行家群体，谋求享受垄断利润。

3. 职位高低决定猎头的搜寻范围

猎头"层级"界定搜寻范围。"层"主要是指核心层、外层两种，即职位候选人距离客户实际控制人的远近，这决定候选人今后的权益。"级"是指职位需求的档次，比如：是否需要同行业顶级的高层次人才，是否必备海外背景，是否具有特殊资质（证书、荣誉等），是否涉及候选人的违约行为，等等。

猎头赚钱是非常有学问的。简单说，就是把大公司的中层职业经理人，猎到同行的小企业做高层，乃至CEO；或者，把小公司的高层，猎到同行的大公司做中层。这种买卖自然让客户、候选人和猎头都十分满意。除非必要，猎头通常会顾忌成本，不会主动物色跨国、跨行业的优质候选人。

一种常见的说法是，顶级的候选人不需要行业经历。猎头公司在物色CEO时，并不看重候选人的从业经历，而是更多地关心性格、掌控和变通能力、风度谈吐、家庭观念等。因为这些因素往往制约一个候选人能够走多远、飞多高。所以，猎头公司反复向客户解释的，不过只是天才、通才和人才的区别而已。

4. 最重要的是合适

对于合适问题，猎头的解释很多。最充分的理由就是确保性价比。值得重视的基本事实却是：如果候选人大材小用，迟早会要求增加年薪，从而导致整个经营管理层也不得不同时提高工资，使得客户成本猛增；如果候选人小材大用，会迫使其他与之共事的能人含泪辞职，导致士气瓦解、人心涣散。这就像一面墙壁，需要塞进去的那块砖，大小合适才行，不能太小以致留下空隙或者因为太大进而破坏整个砖体结构。

印度猎头对于"合适"两字理解深刻。Transearch公司崇尚"物尽其用、人尽其才"的东方思维，创造性地发明了"平衡计分卡"，从市场、业务、员工和社会四个关键价值点，考察候选人的合适程度，而不仅仅是财务业绩。事实证明，效果甚佳。

（二）工作流程

1. 基本流程（三步法）

早期的欧美猎头公司崇尚"快速赚钱"的原则，撒播面大、流程简单、质量差、成功率也低。尽管如此，它们仍然遵循最基本的"三步法"。这种方式，至今在英联邦成员国家仍然作为最基本的流程。以搜寻钻探工程师、宝石鉴定师和矿石提炼师为主营业务的南非杰克锤猎头公司（Jack Hammer），丝毫不认为这是过时的原则。①

步骤1：研究和鉴定潜在的候选人池（注：根据职位所需要的候选人，始终在一个特定的区域搜寻。有理由相信，他/她离猎头顾问的预期心理距离并不远。在南非，这样的人是非常有限的，也是可以找到的）。

步骤2：猎头对具有适当技能和积极进取（注：愿意跳槽）的个人进行采访，随后提交名单（注：可能是一个，也可能是多个；这得看佣金的多少，再决定猎头顾问的实际付出）。

步骤3：和客户进行沟通，具体谈判猎头的佣金报价，并以道德和期限的角度，促使客户尽快从多个候选人中挑选最合适的入职者。

这些貌似简单的流程，却让杰克锤猎头能够95％的完成搜寻任务；候选人服务客户的期限超出猎头年限的人数比例，高达90％；在2009年，最终入围候选人的比例高达1∶2；等等。最重要的是，它占据了南非75％的专业网络招聘市场份额，享有广泛和高度的信誉。

2. 高管寻访（八步法）

20世纪90年代初，以光辉国际为代表的欧美猎头公司将高管寻访流程，固定成七个要点（即"七步法"）。墨西哥猎头行业在此基础上，增加了"方向"步骤，并几经改进，创新出更加完备、亦被业内高度认同的"八步法"。②

步骤1：定位。基于客户面临的战略、文化、金融和运营问题，进行透彻了解。目的是规范猎头行动的基准。同时，这些数据将支持猎头公司建立合适的胜任特征模型。

步骤2：方向。根据搜寻目标，确定路线图和搜索策略。这包括使用猎头公司所知道的涉及文化、商业模式、行业、工艺和产品的专业知识，

---

① Jack Hammer, our fresh approach to executive headhunting cuts through the ordinary. July 2010. http：//www.jhammer.co.za/.

② Alder Koten Staff. Engineering Recruiters：Access to Mexico's most talented engineers. May 28, 2012. http：//www.alderkoten.com/.

寻找可能存在的目标方向。在欧美发达国家，经营管理体制比较完备，猎头指向非常明确。而在很多发展国家和不发达国家，一些希望动用猎头的中小型公司，其实根本不知道猎头为何物。因此，明确方向似乎更加重要。这是墨西哥猎头对于世界猎头行业的重大贡献之一。

步骤3：搜寻。针对客户需求，将猎头顾问的行业知识和商业智能，运用到具体的搜寻过程之中。

步骤4：评估。猎头公司对于职位感兴趣的候选人，进行规范评估。

步骤5：面试。根据客户要求，猎头公司将对职位有兴趣和认为适合的候选人提交给客户。

步骤6：验证。协助客户共同验证获选参加面试的候选人。这也在同时验证猎头顾问先前评估的效果元素。

步骤7：签约。作为第三方，猎头顾问亲自见证客户的选择，并促使后者与合适的候选人签订工作合同。

步骤8：过渡。猎头协助候选人辞职，并安排顺利入职。猎头顾问将继续与之保持沟通，积极调整候选人心态，确保后者平稳过渡到新岗位。

3. 企业领袖搜寻（九步法）

国际猎头巨子海德思哲是企业领袖搜寻的典型代表。它首创，并最终被市场高度认可的"九步法"。[①]

（1）需求评估

与客户公司一起分析其用人需求，了解组织关系，决定待聘人员应该具备的技能和工作经验，以及其他为物色合适候选人所需要了解的具体要求。

（2）职位详细说明

在仔细评估客户需求后，准备一份书面的职位详细说明，列述该职位的工作职责、理想候选人的能力要求和搜寻标准。该详细说明将成为完成人才搜寻的指南。

（3）搜寻

猎头顾问获得职位详细说明，搜寻合适候选人。同时，也在储备了丰富的个人、企业和其他资源的计算机数据库中搜寻。

（4）候选人甄别

猎头顾问将通过电话造访各位合格的人才，了解他们对职位的兴趣。在此期间，任何进展情况都将报告给客户公司。

---

① http：//www.heidrick.com/.

(5) 候选人面试和评估

猎头顾问对有希望入选的对象安排面试,并对其经验、技能以及对客户文化的适应潜力进行评估。

(6) 对候选人的陈述

4~5位达到职位详细说明要求的候选人,将以保密的书面报告形式提交给客户。

(7) 用人公司对候选人的面试

猎头顾问为客户和候选人计划双方都适合的面试时间和地点,并安排旅程、处理费用偿还等事情。每次面试结束后,顾问分别联系客户公司和候选人收集反馈。

(8) 提供对获选候选人的参考材料

一旦客户公司决定了最终候选人,猎头顾问将联系各位能够为获选候选人提供推荐和参考材料的个人。客户公司将阅读参考推荐人对获选候选人的评语。

(9) 完成人才搜寻

搜寻工作快要结束时,如客户公司需要,猎头顾问可以协助薪资安排。猎头顾问将代表客户向所有在搜寻中提供帮助的人员表示感谢。候选人到任后,猎头顾问还将提供帮助新人尽快融入客户团队中的服务。

(四) 关键环节

Christian Schoyen 和 Nils Rasmussen(1999)收集了来自于30个国家的猎头联营公司、145名猎头顾问实地采访和回收的调查问卷,提出了猎头行业的诸多关键环节。[①]

1. 客户需求分析(职位分析)

搜索开始前,必须定下基调。即开展客户和猎头顾问的协商,包括岗位要求、任职要求,企业组织结构、决策流程和文化融合等。因为错误的描述和判断,势必造成非常严重的后果;任务必须准确,要写得很好。通常可以按照四个方面着手调查和分析:①什么位置以及什么人留下的空缺;②候选人向谁汇报工作(即候选人的顶头上司和间接上司);③候选人的同事是哪些(即职位的平行关系);④谁向候选人汇报工作(即候选人的直属下级和间接下级)。

2. 候选人寻访

最重要的是,准备一个正式而简单的工作计划,以指导猎头顾问们的

[①] Reach Talents CO., LTD. The Key Process of Executive Search. Aug. 18, 2003.

搜索。这种路线图至少包括四个要素：

a. 选取可能的行业。猎头通常希望在最短的时间内、找到最好的候选人。首先，应当关注客户的竞争对手。其次，与客户类似或平行的产业、行业。最后，风马牛不相及的行业，也有可能存在合适的候选人来源——这取决于职位的通用性或者替换性。如果这些都是不够的，那么，就要借助客户的产品或服务对象，来确定候选人的大致范围。在欧美发达国家，行业信息库（企业黄页）、现代化的公众图书馆，还有能够提供免费咨询的学术人士和资深专家，都会对搜寻提供一定的帮助。

b. 确定目标公司。首先，必须避免进入政策"禁区"和行业"禁地"。其次，在平行的行业进行产品或者服务的类比考察。一旦确定目标公司时，就需要做一些挖掘。如调查母公司的年度报告或者直接致电，了解子公司的情况，获得目标候选人的职务位置、级别和相关信息。有时，在上市公司的年度报告，包含有下属的子公司关键管理人员的细微信息，如一些高层次人才在母公司担任虚职或者挂名、却在子公司握有实权。

c. 追踪特定的候选人。猎头顾问要换位思考，仔细思考一下：他可能以及为什么会跳槽？鱼饵是什么以及在哪里？什么会让候选人毫不犹豫地离开现有的优厚待遇，投向新的怀抱？等等。

d. 时间表。明确的时间表，可以随时提醒猎头的实际进度，推进的整体计划，以及误期误时的处置措施。必须注意的是，客户和候选人之间的条款谈判，通常是曲折而漫长的。

3. 人职匹配

（1）甄别与评估

在猎头看来，并不是所有的潜在候选人，都有同等的入职机会。因此，必须进行排序，尽早列出合适的候选人，不必把时间浪费在没有效益的全盘考察上。通常的方法包括：

基本筛选。有时会发现这样的情况，即猎头顾问在试图决定候选人取舍的时候，发现候选人的书面陈述（简历）含糊不清时，需要候选人按照标准的简历模板重新填写，以便获取关键而有用的数据信息。尽管通过电话补充资料是可能的，但是，这并不是唯一有效的方式。

挖掘新的候选人。为了迅速找到合适的候选人，必须对候选人的信息进行补充。包括教育和经验、从业经历（公司的规模、职务级别、组织结构图、负责部门、岗位职责、工作变动的原因）、三件最有成就的案例、现有的工作及其约定条款等。

美国光辉国际非常重视 CEO 继任搜寻。它们认为，作为企业领袖的首席执行官，几乎是企业运营管理的核心人物。因此，猎头公司在甄别与评估候选人时，除了基本的行业约定以外，还必须把握两个基本原则[①]：

内部与外部的平衡：在关注内部人才的同时，保持对外部人才市场全面、实时的理解。

主观与客观的平衡：在对人才、能力及优缺点进行主观评判的同时，采用严谨客观的测评工具及方法，为降低判断错误的概率及对候选人有更全面的了解，应考虑将客观的衡量指标融入评估流程。

印度Transearch猎头公司认为，在所有的国家，特别在发展中国家没有什么比确保适合在招聘过程中更重要。这涉及猎头行动的"性价比"问题。[②] 包括四个提问：

有一种文化合适吗？文化是一个或中断的问题时，从外面采购人才。在Transearch，猎头顾问使用一个专有的评估工具套件，评估客户目前的"急需"文化映射。

有领导合适吗？在过去的十年中，Transearch猎头公司已经制定和磨炼一个独特的、专有的方法来定义角色的具体领导能力。

有团队配合吗？了解候选人的团队发展阶段，了解候选人在团队中的角色及其做出的贡献。

性价比合适吗？

Transearch平衡计分卡提供了一个明确的和可衡量的方法来定义在一个特定的角色中怎样才是成功。平衡计分卡衡量市场、业务、员工和社会四个关键价值驱动，而不只是财务业绩。

（2）飞行面试和三方面试

电话不是万能的。想真正把握候选人的优点和缺点，必须通过面对面的约见进行验证。因候选人来自世界各地，猎头顾问经常需要出差到各地对候选人进行面试，这就是飞行面试。面访需要事先列出访谈的提纲，如：访谈的主要内容、候选人的需求和愿望、个性特征、有没有特别的素质条件等。在整个面试过程中，要让候选人多说话。通常须坚持二八法则，即20%的时间提问，80%的时间聆听并记录。

顾问在访谈过程中，须重点寻找候选人的个性特征，如手势、自信、热情、进取心、适应能力、记忆和思维、幽默感等。可以准备一些很好的问题，譬如：你现在的老板会怎样形容你？是否有个人的因素影响工作？

---

① Joe Griesedieck，Bob Sutton. 完善CEO继任计划. www.kornferry.com.

② http：//www.transearch.com/.

至少需要覆盖5个方面：解决问题的能力、沟通技巧、入职动机、人际交往能力和管理技能。每一项，都需要打出分数（1—5分，分数越高代表越理想）采访结束后，顾问应该能够回答三个关键问题：候选人能够做的工作是什么？这是候选人愿意做的工作吗？候选人将是合格的管理者吗？

欧美发达国家猎头公司都有自己设计的标准约见或者面谈的模板。但是，真正能够体现顾问水平的往往是顾问本人撰写的评语。

猎头顾问经过面试后，筛选出3～5名最有可能的候选人，安排与客户面试。猎头顾问为客户高层和候选人安排双方都适合的面试时间和地点，并处理好旅程、相关费用等。每次面试结束后，顾问分别联系客户公司和候选人收集反馈。如果客户不满意，或者所荐人才对该企业不满意，猎头公司则继续进行搜索、面试、推荐，一直到找到客户合适的人才为止。

（3）复核验证（背景调查）

复核验证主要包括初步复核和常规验证两种：

复核的内容包括学术成果验证、信用卡记录、刑事犯罪记录和新闻媒体报道等。

验证的内容包括个性特点及管理风格，与上级、下属和员工的关系，候选人优势及评论，需要改进的地方（弱点），干扰候选人表现的主要因素，个人财产积累和财务现状，离职动机等。

谈判、协定与履新。客户决定签约理想的候选人时，就要开始谈判。这是最后的阶段，也是最为漫长和反复的时刻。初步确定最终的候选人以后，安置问题就提升到首要位置。不过，信心十足的猎头顾问会和客户一起跟进。欧美专营猎头公司的普遍做法是，如果由于一些意想不到的原因，在候选人到位后的一年时间内离职，他们将免费更换一名候选人——客户负责支付将要发生的费用，如顾问的差旅费用、和客户联系的通信费用、出租车费和午餐费之类的。

谈判签约后，猎头顾问协助办理辞职、入职手续。当客户与人才双方都满意并确定聘用关系后，该人才便面临如何顺利辞去原职的问题。因为是高层，辞职十分敏感，猎头顾问便可根据专业的经验提供建议，怎样皆大欢喜地全身而退。而人才也面临怎样适应新环境、熟悉新岗位的问题，猎头顾问因有前期调查摸底，也可提供有关建议。在人才就职时，一般将会与客户进行猎头费用的结算。

（五）后续服务[①]

针对东方特色的中国内地市场，特别是不成熟的市场政策、环境和竞争，一些起步较早的机构曾经专门提出增加后续服务项目：

1. 猎头训练和培训新入职者

优质的后续服务就是在为客户提供他们所需的猎头服务后，仍然保持与客户的联系，继续为客户提供服务。猎头公司把下面几点铭记在心：

a. 客户在推荐成功后需要些什么？

b. 每位客户的情况都各不相同，客户后续服务的需求也是千差万别的。

c. 要不厌其烦、及时地关心，主动地询问，有力地帮助，给予完善的措施。

后续服务理念中有几条宗旨，一是后续服务必须是灵活机动的，这是最关键的宗旨；二是让客户成为后续服务工作的中心；三是想客户所想、急客户所急；四是认真做好后续服务。猎头公司在向客户提供服务前，不管是直接的还是间接的，都必须详细了解客户的具体要求，然后量体裁衣，制订完善、周全的后续服务计划。

当人才就任新职后，刚工作会有一段时间的适应期。猎头顾问需协调客户和人才之间的关系。一些操作正规的猎头公司还提供人才的试用期保证。在试用期期间，客户发现所选人才不满意而辞退，或者人才对客户不满意而又跳槽了，猎头公司则会免费重新物色候选人，如果最终搜寻不到合适的候选人，将可能按合同退回大部分费用（最高可达80%，约20%的订金是永远不退的）。

2. 猎头关注细节、防止误解

（1）职位分析

如何正确把握客户的意图，是猎头公司最关注的问题之一。一般来说，客户首先给猎头公司的信息是企业要招聘的具体职位，这也是猎头公司的服务主旨。如何准确理解客户的意图，关键就是猎头公司对这个职位进行准确的分析和把握。

对于职位的分析，一般现任职位上的员工及其上司，对其职位信息是比较了解的，对职位的表达也是最直接、最具体的。但是，这些表述不一定是最完善、最科学的说明。猎头公司对职位的分析，是建立在对客户了解的基础上，结合前期在有关的调查、访问中所收集的信息资料进行整

---

① 肖建安等：《猎头管理和运作》，上海厂长经理人才公司，2005年8月。

理，围绕着客户提供的招聘需求，而制定猎头公司人才搜寻的标准、条件和搜寻方向。

（2）人才寻访

对高级管理人才的搜寻，也是猎头公司猎头业务中的重要环节之一。猎头业务最为核心的内容，就是通过自己特有的渠道，在短时间内为企业搜寻到企业所需而企业一时又无法搜寻到的、合适的高级管理人才。所以高级管理人才的搜寻工作，是猎头公司业务能否顺利开展的决定因素。

（3）后续服务

后续服务对猎头公司来说是非常重要的。80%的业务来自于20%的老客户。但是，不成熟的猎头公司在推荐成功后，往往会产生新客户似乎比老客户更重要的错误想法，于是开始冷落老客户：

猎头公司对老客户常常会用电话代替上门拜访。

猎头公司常常会费尽心机去策划如何用更特殊的服务来承诺未来的新客户，因此将老客户撇在一边。

猎头公司常常会拖延给老客户回电的时间，因为老客户已不再是优先考虑的对象。

即使是对于老客户的随访、沟通、评估甚至投诉，猎头公司常常在处理上会不够重视。

猎头公司对老客户的一些请求，诸如被荐人在试用期后离开，要求再提供一个候选人时，常常会拖延，不及时予以支持。

猎头公司常常会因为自以为很了解老客户的想法，而放弃跟踪随访。不再经常关注客户对服务的意见。

导致以上错误行为的原因主要是猎头公司对客户的后续服务的两大误解：一是一般的核心服务就能使客户满意，不需要后续服务。二是为了提高市场的占有率，忽略后续服务。有些猎头公司把市场占有率看得比较重，他们情愿把时间放在开拓新客户上，也不愿意花更多时间进行后续服务，他们认为市场占有率是获得最大利益的唯一途径，以至于不注重后续服务。只要推荐的候选人成功上岗，他们就匆忙去开拓新的客户，不再关心以前的客户了，甚至消失得无影无踪。

四、专业技术、数据库管理系统和项目管理

现代猎头从诞生之日起，始终在不断地更新和完善自身服务体系。其中，专业技术、数据库管理系统和实行项目管理始终是重要内容，乃至于核心要素。

(一) 专业技术

1. 职位分析

常见的职位分析方法很多。包括观察法（跟踪观察、阶段观察、表演模拟等）、问卷调查法（PAQ、TTA、OAQ 等）、采访法（面谈、电话采访等）、专家讨论法、工作日志法、决策法（简单加权平均、综合评价法 TOPSIS、基于优势关系的决策模型、层次分析法、网络分析法等）、职位定位法（瀚威特法、光辉国际法、系统定位法等），等等。[1][2]

在职位分析结束时，会形成书面报告：一种是职位说明书（job description，JD），另一是为职位分析报告（job specification，JS）。双方认可后，就可以签订猎头服务合同。

2. 搜索

在数据调用上，分成公司内部和外部两种（必要时，可求助于同行）；在行业范围上，分成有无同行业从业经历两类；在层次搭配上，分成高中低三档；在推荐进度上，分成普通和重点推荐；在数据收集上，分成存量和浮量（候选人简历处于自由买卖状态）两种；在入职速度上，分成紧急招聘和延期入职两种；在简历陈述上，分成普通和标准；等等。

无论怎样，所有的搜索都是以"快速、准确"为基本原则，紧紧围绕职位要求（任职条件、基本资格、既往经历等）展开的，以确定目标职位的候选人群体（通常 3~5 名）。

3. 测评与人职匹配

常见的测评方式包括三种。其中，心理测量方法包括卡特尔人格测验（16PF）、职业倾向（SDS）、三 Q（IQ、EQ、AQ）、领导风格、管理方格、CPM 领导理论等；评价方法包括述职演讲、公文筐（IB）、无领导小组讨论（LGD）、管理游戏等；辅助测评工具包括人格测验（DISC）、成人智力量表（WAIS）、一般能力倾向（GATB）、测谎仪（LD）等。

人职匹配常见于"特性–因素"、"人格类型–职业匹配"两种方法。在具体的操作工具上，多见于胜任素质（能力）模型。在此领域，东西方文化差异比较明显。如在欧美发达国家，国际猎头公司往往青睐于候选人的既有经历、领导力和掌控力，乃至个人魅力；而在泛亚洲地区，多重视伦理观念、协同配合、人际关系处理、公关等因素。

除上述基本技术以外，品牌管理、印象管理、绩效评估、风险控制方

---

[1] http://www.hewittassociates.com/.
[2] http://www.job-description.co.uk/.

法、沟通技术、心理判别、社交礼仪、个人形象设计等，都是所有的猎头公司，特别是顾问们必修和选修课程。

(二) 数据库管理系统

数据库管理系统也称数据管理系统。在欧美发达国家，最为常见、最为普及的是国际猎头协会推广的 AESC 猎头软件。

2013 年年初，较为知名的中国本土猎头软件并不多，如全程 HMS、金略、雇得易、中腾智能、伯乐等。这些软件价格低廉，且具有鲜明的本土特色，多为中国内地猎头公司所采用。例如，全程 HMS 软件能够提供试用版本，且实行服务器托管、按用户数量计收各项费用（如下图所示）。① 至于猎头管理软件的内容构成，大同小异（如图 3-6 所示）。

图 3-6

2012 年年底，在中国内地的中外猎头公司通行的、高层次人才简历的字段数量统计（光辉国际、TMP、Bo-Le 均系大中华区版）如表 3-2 所示：

---

① http://www.hms-china.cn/.

表 3-2

软　件	字　段　数	字段过滤	自定义字段	累　计
Bo-Le3.0	24 个	6 个	5 个	35 个
全程 HMS	31 个	15 个		46 个
锐旗	33 个	10 个	5 个	48 个
TMP 2.0	35 个		22 个	57 个
雇得易 1.0	27 个	27 个	5 个	59 个
光辉国际	55 个	12 个		67 个
平均值	34 个	12 个	6 个	≥53 个

简单说，字段越多，对候选人的描述就越详细，也容易促成人职匹配。但是，建设成本与管理费用也将成几何级而不是算术级增长。

特别是涉及多语种互译的时候，如日语简历转换成法语，中文简历转化成葡萄牙语时，研发费用是极其惊人的，且必须采取人工修改的方式予以弥补和校正。

进入 21 世纪以来，一些著名的国际猎头公司纷纷采取远程视频对话系统，借以减少顾问的面谈成本。也有一些猎头公司要求候选人增加视频化的自我介绍，类似于风靡一时的浙江卫视《非诚勿扰》节目的个人宣传片。这一方法，却令人惊讶地广泛应用于婚姻猎头，也称爱情猎头领域，且效果还不错。

（三）项目管理

项目管理包括目标制定、行动计划、组织结构、进度跟踪、风险控制、财务预算、终止审查等基本要素。20 世纪初期，迅猛发展的信息技术充实了项目管理理论。在公司项目管理领域，大量商业软件的推行和应用使得项目管理技术和水平大幅提升，并取得了较好效果，如 IBM 公司采用 ABT 公司的 PMW 技术实施项目管理。对于项目经理的选拔、培训和绩效度量，以及政府、社会变革、物质资源、市场、系统方式的深入研究和实践，也不断推动项目管理理论体系日臻科学而完整。

项目管理理论被广泛应用在猎头实践。这与委托方搜寻高级人才的要求、特点和目标密切相关。对于特别要害的职位，以专项、专人和专门机构（责任部门）的方式展开工作。而猎头公司接受客户委托或授权，通过市场手段物色高级人才时，业内以"一单"称谓；且专门指定猎头专员，负责每个订单项目的制定、跟踪和完成。跨国猎头公司则以项目经理的方式，直接对猎头订单进行专项全权管理；项目经理在项目范围和预算内，可以动用公司所有资源，以及公司关联的可支配资源（如同业伙伴、协议合作公司等），紧紧围绕项目，统一协调、多方沟通，以期在指定时间和地域内达到目的。

猎头实践为项目管理理论增添了新的内涵和外延。在高级人才市场中，猎头行动大多具有较强的目标性、针对性和时效性，特别是强调过程与目的保持一致。这与项目管理的基本要求和做法不谋而合，也是猎头行业不断总结、比较和选择各种管理理论的结果。同时，在政府猎头和国家猎头领域实施项目管理，更加有利于财政预算、风险控制和结项审查等工作的展开。

借鉴欧美发达国家猎头公司项目管理的成功经验，基本内容、流程及措施大致如下：

1. 项目立项

委托方在拟定人才需求、委托猎头公司运作前，必须进行项目立项，包括领导变革、领导人、追求结果、业务才干、合作和沟通五个方面。其目的是对职位的任职资格和候选人素质要求进行认真分析，以确定具体的选拔任用条件。

立项工作必须解决职位性质、候选人要求和职位成本三个基本问题。立项的基本原则是人职匹配。合适的候选人履行职责时，整个管理系统集成和运行达到理想状态下的最优化，才是猎头公司苦苦追索的最终目标之一。而合适的人选与合适的职位在匹配时，局部领域的岗位配置和资源利用效率趋于高值，力求实现高性价比。

2. 项目主管

在立项过程中，如授权政府部门负责项目的日常管理工作，如组织人事部门、政府办公厅（室）等。项目负责人则由具体行政部门的负责人担任。

3. 项目流程

基本流程包括：

（1）拟定猎头计划。如确定招录岗位、入围名额、报名时间、基本条件、考核程序、面试及测试等。

（2）公布猎头信息。委托方在权威媒体或者指定媒体上，将招录方案、联系人、联系方式等。如属于委托形式的，须与猎头公司法人签订书面猎头合同，商定委托价格和支付方式，经第三方公证后实施。

（3）确定入围名单。根据猎头计划，确定报名人数或者猎头公司推荐名单，进行资格复查、体质检查、背景调查、学历审核、从业经历验证等。合格者，须发出书面通知或在媒体上公布。

（4）水平能力测试。委托方组织专家或者部门领导进行包括笔试、面试、心理测量等测试。依据综合评分，按一定比例列出候选人名单。

（5）人职匹配。如实行差额淘汰制或多人同时入围猎头职位，可采取同时或者逐一试用制度，也可采取临时上岗制度。3个月后，经过人职匹配、综合考核、人际关系调查、适应力和胜任力分析等多项调试，确定胜出人选。但是，政府部门在确定合适人选后，须至少保留一名后备候选人资格，资格有效期为一年。

（6）签订录用合同。如是委托猎头公司情形的，委托方、猎头公司和候选人三方要签订正式的工作合同。

4. 项目控制

项目控制主要包括财务预算、风险控制、项目进度等。其中，项目进度跟踪和控制最为重要。在进行描述和控制的众多工具中，甘特图（Gantt chart）方式较为简便而优秀。

甘特图也称为条状图（Bar chart），1917年由亨利·甘特开发。其内在思想简单，基本是一条线条图，横轴表示时间，纵轴表示活动（项目），线条表示在整个期间上计划和实际的活动完成情况。它直观地表明任务计划在什么时候进行，及实际进展与计划要求的对比。管理者由此极为便利地弄清一项任务（项目）还剩下哪些工作要做，借此评估工作是提前还是滞后，还是正常进行。这是一种理想的进度和时间控制工具。

项目主管代表委托方（委托方或授权方）依据猎头合同，围绕猎头目标和对象，定期检查和落实猎头公司进度，修正误差、调整坐标，并将检查结果反馈到上级主管部门。在候选人基本确定的情形下，还要对人才综合测评方法、笔试和面试等领域进行干预和控制，以保证竞聘过程的顺利进行和适度透明。

5. 项目审查

项目审查主要包括财务审核、人职匹配和试用审核。根据猎头公司的惯例，猎头佣金在合同签订后、合同完成时、候选人考核结束正式录用后三个阶段各支付佣金总额的30%。人职匹配是整个猎头行动的要害所在，主要是对猎头公司推荐的候选人是否与职位相适应进行评估。项目主管可选择委托第三方进行测试，也可以自行组织专家、技术人员和主管领导组成的审核委员会进行考核。在候选人即将结束试用期、准备正式录用时，要对候选人试用期间的领导力、胜任力和适应力等方面进行审核，以确认猎头行动的真实性和有效性。

6. 项目结项

其标志是委托方与候选人签订正式的聘用合同，或者委托方解除与猎头公司的委托合同。

五、全程报告书

在人才测评后，猎头公司将 3～5 个确定入围的候选人名单。同时，单独组织编写猎头全程报告书。如果可能，也会参考政府部门（企业）和第三方监督机构的建议和意见。

（一）编制原则

1. 客观原则

客观记述猎头行动的全过程，包括专家组成名单、行业评估人员及其背景、公信度、知名度介绍等辅助性的说明资料。

2. 数据原则

多以数据、数字表述，如需要特别说明的地方，可提供参考技术指标、数值以及数值分析鉴定参照表。

3. 通行原则

按照国际惯例和行业准则制作，且能够符合所在国家普通人文和社会心理。

4. 效力原则

在各项技术测试及评价显著位置，须标明"郑重声明：此测试之内容、程序和结果是在多名候选人在相同的、特定条件下的测试结果，并不具备法律法规效力，也不能作为排除或者淘汰候选人的唯一依据"字样或类似提示。

（二）基本内容

猎头公司的介绍、特色及典型的成功案例。

完整而齐全的猎头流程示意图（表），包括程序、时间、地点等基本要素。

候选人参与的、原始的技术测试表格、问卷、笔迹、答辩录音（可作附件）、现场照片（如无领导小组讨论的场面）。

专家、学者、同行业高层人员的邀请原则、组成结构、人员名单，以及能够证明候选人资格、能力和信用的资料（复印件）。

评估小组评审程序、决议及全部评委共同签署的、测试（鉴定）结论的原始材料。

背景调查资料，如飞机票、食宿、采访录音、证明人书面证明及电子邮件等方面的原件或复印件。

候选人在指定医院进行的体检表及基本结论原件，如有特殊要求的，还须提供体能测试、心理健康测试等专业性的辅助证明。

候选人性格、能力和生理缺陷与猎头职位要求的差距、切合风险分析。

候选人的其他资料，如政治审查材料、无犯罪记录证明、最近三年的纳税证明清单。

猎头合同规定的、必要的材料及证据，如声音鉴定、笔迹鉴定、属相及星座推理描述等。

（三）特别说明

报告书的体例，多由猎头公司自行决定。

语言使用工具为所在国的官方指定或通行语言；特殊情形下，应该提供外语版本。

报告书的内容增加、删减程度及其分量，可视具体的猎头职位而定，对结构和篇幅并无具体的要求和限制。

六、经营策略和扩张模式

20世纪70年代，欧美企业进入大分化、大重组和大变革时期。但是，这种涉及经营模式的浪潮，对猎头行业并没有太大的影响。最重要的原因，就是猎头公司的经营成本（重心）低，收入相对稳定、经营环境相对封闭。一个流行欧美国家的业内说法是，经济景气的时候，猎头帮客户找候选人；反之，帮候选人找工作。总之，这是一个只有春天的行业。

在1993—1996年，通过对美国东南部主要大都市区的34家猎头公司、超过300小时进行的实地调研，专家们列出4种最典型，也是最常见的经营模式。[①]

（一）本地化经营：强龙难压地头蛇

早期的猎头公司，最开始只是从事本地化经营。本地化经营的策略是

---

① William Finlay, James E. Coverdill, Headhunters: Matchmaking the Labor Market, New York, Cornell University Press, 2002.

集中精力尽量收集本地或某些行业、领域的潜在候选人，形成数据库。使得公司能迅速为本地客户提供需求，形成相对的优势。

举个例子。20世纪80年代，乔治开了一家猎头公司，开始了他的大规模本地战略。10年后，他的公司已经匹配了295位会计师，现有11名猎头顾问。2000年开始，通过一个15000～16000名候选人的庞大数据库，可以实现每年搜寻350位会计师的目标。乔治认为，这是公司的主要资产；他同时也承认，如果没有本地合适候选人，也会在公司的数据库之外进行搜索。

（二）线索俱乐部：效益型人脉网络

小型猎头公司的经营策略是建立效益型的人脉网络，通过人脉来交流、获取信息。"线索俱乐部"就是一个典型的例子。

盖尔作为猎头，一直热心于构筑人际网。她已属于"线索俱乐部"，一群女性专业人员和业务伙伴每周四午餐时聚会，并交流他们各自行业的工作信息（或线索）。这是一个获得新客户和候选人，并引出转介的机会，盖尔对此评价很高。

美丽漂亮的盖尔，是人际网的25名独立合伙人之一，也与另一个网络的其他人分享他们的订单和候选人。这个网络使她们在招聘文员、秘书的速度方面可以满足他们的客户。客户说，虽然她的数据库中没有合适的候选人，但她是一定会找到一个，如果她进行广泛和耗时搜索。网络使盖尔和其他成员进入彼此的数据库，从而极大地扩展了合格候选人，数据库的相互交流甚至共享，与不同公司的猎头顾问共同完成搜寻，是"线索俱乐部"的典型特征。

（三）品牌管理：快速走向区域连锁

猎头公司在不断的发展中，开始进入细分市场，专营自己熟悉的几大领域，进行品牌管理的阶段。

弗兰克在1970年7月开了自己的招聘公司，取名叫布朗招聘。在前15年，公司对职位并不加分辨，重点是低级的行政人员，但它涵盖广泛的行业。在20世纪80年代中期以后，他的顾问进行业务研究后，弗兰克决定进行重大的战略转变。告别跨行业招聘，公司将集中努力在四个主要领域：会计、市场营销、工程和初级军事人员服务。这是一项迈向专业化的政策，逐步形成了弗兰克的"品牌管理"。他认为他的生意变得越来越专业："我们现在很有针对地细分市场，更多比我们刚开始时专业。"

通过专业化的增长，布朗招聘已扩大到100多个雇员，在全国各地设有办事处，收入在全国范围内的招聘公司排名在前 1%。

（四）垂直专业化：国际猎头的雏形

某些猎头公司在某些行业、领域形成品牌优势后，逐渐形成了国际猎头的雏形，走上了猎头国际化的道路。

马丁，一个猎头公司的所有者兼经理，自 1986 年以来一直从事猎头工作。他在从事零售业工作之后购买了专门从事零售业猎头业务的特许专营公司。五年后他的专营权合约结束，马丁决定不更新它，而是继续作为独立的猎头，并改名为：零售搜索顾问（RSC）。

该公司的主营业务仍集中在零售领域。马丁解释说，他选择了专门的"垂直"，他的意思是，他是在搜寻任何管理或行政级别的职位时感到非常舒适。在我们采访时，像马丁一样，他聘请的所有猎头中，有 4 位有零售业工作背景。他觉得雇佣零售业人员的优势是有相当多的行业知识，并能够很快地学习猎头知识。在马丁的公司中，新雇佣的零售业人员只需要 3～6 个月就可以熟悉 80% 的日常决策要点。

马丁的公司覆盖巨大的业务范围，为 Regis Salons 等大型商城提供 12000 多个年薪 1.5 万元的管理职位，并继续为 Office Depot 和 Kmart 等大型零售商年薪 15 万～16 万元的高级行政人员职位上扩展业务。征聘策略导致不同公司招聘新人的级别差异很大。最低级别的商店经理之类岗位的关注点是在速度上：客户希望猎头能很快建立一个合格的候选人的数据库，并希望他们能不拖延地做出聘用决定。对于这些搜索，猎头公司通常很马虎。在最高级别强调的是质量：客户期待获得非常胜任的候选人，并确定他们已经找到最佳的候选人，它们往往花费时间做出聘用决定。

猎头公司的搜索努力通常是密集和长期的。马丁说填补这些职位通常会花 2 个月或更长时间。对于普通职位，RSC 公司平均花费至少 60～75 天来完成业务。宽谱职位的另一个后果是，猎头在每个岗位上获得的报酬有相当大的差异，3000～50000 元不等。马丁说，他的猎头公司每年能做 12～15 个岗位。全国范围内经营的猎头公司，如果客户和候选人都是当地人，那只是巧合。这意味着猎头很少去看他们的候选人，他们必须学会通过电话成为有效的面试官和评价人员。

垂直专业化使得猎头公司更加国际化。这并不是一家著名的猎头公司因为庞大的规模、巨额的收入和众多的顾问而令人瞩目；关键在于所有的搜寻程序和要求都具有相同的、普遍的和高品质的模板。也就是说，全球标准是严格而统一的。例如，在印度搜寻一名年薪 50 万美元的 IT 高级经理，和在美国搜寻一名年薪 200 万美元的高级工程师，所操作的程序、步骤和方法都是完全相同的。

调查指出，猎头公司之间的关键区别是，他们为全国还是地方的市场工作。猎头像弗兰克和马丁，使全国各地往往要花费大量的时间搜索岗位，不太可能面对面地满足他们的候选人，并且通常具有专业的焦点。候选人往往出现在某一部门的跨级别的管理人员。像乔治和盖尔，为本地市场工作，其客户希望能快速获得候选人，这就很大程度依赖他们的数据库。通常，真正合适的候选人往往来自跨行业、跨部门的优质人才。

七、薪酬体系

基于经济发展水平、产业发展态势和民族心理诸因素，世界各国的猎头顾问报酬标准和发放方式，都有非常明显的区别。大致可以分成传统型、流行型和期权型三种基本模式。

（一）抽红分利制度①②

薪酬理论发展到今天其意义已远远超过了为劳动者支付劳动报酬，在商业世界瞬息万变的今天，薪酬体系更多的是要体现与企业的内在需求、战略要求和文化要求的匹配。所以，要用战略的眼光来看待这些薪酬策略制定的背景。

万宝盛华的核心员工是一个个如猎手般的专业顾问，他们从事着公司业务的几乎全部流程，从最开始的电话拜访开发客户、与客户面谈，然后签合同开始为客户寻找合适的候选人、面试候选人、给客户推荐候选人，到最后候选人正式上班开具发票，甚至催款，这一整套的业务流程都是由顾问独立完成的。每个顾问每个月都有固定的任务量，顾问的薪酬水平和任务量的完成情况相关很大，顾问之间的薪酬水平也有很大的差距。从这个意义上来讲，这里的每个顾问就相当于销售人员，顾问的薪酬体系类似于销售人员的薪酬体系。而针对销售人员的薪酬体系主要有五个部分：纯基薪、纯佣金、基薪加佣金、基薪加奖金和基薪加佣金加奖金。万宝盛华的顾问薪酬体系采取基薪加佣金加奖金的复合模式。这就是传统的抽红分利制度。

1. 基本薪酬

万宝盛华的基本薪酬是基于职位要求的。首先，很难去准确地衡量一

---

① http://www.manpower.com/.
② 戴苏斌：《猎头公司专业顾问的薪酬体系分析——以万宝盛华为例》，《商业文化（学术版）》，2010年第12期。

个顾问的能力，其次职位设置很方便操作，顾问面临两条职业发展通道：一是接着做高级顾问，基薪有所增加但还是佣金和奖金占很大比重；二是做管理岗位，薪酬取决于其领导的团队的任务额达成情况。这两个原因决定了基本薪酬是基于职位的。在万宝盛华，职位从低到高依次是业务助理、顾问、高级顾问、分支经理、区域总监。

作为全球500强，万宝盛华的基薪至少会选取在市场75分位上，采取领先的策略。薪酬结构上，首先每一等级都会有对应的薪酬区间，但区间的浮动范围很小。相邻等级之间的交叉是没有规律的。例如，如果一个顾问本月完成了很多的任务额，那么他的薪酬水平就有可能超过区域总监。基薪只是给予这个职位一个基本的保障和认可，对于顾问最重要的还是佣金和奖金。

2. 佣金

佣金就是基于销售人员的实际任务完成情况，按照一定的比率为其支付提成。在万宝盛华，顾问对毛利润的提取比例是有变化的。总体来讲，佣金跟毛利润是成正比的，因为公司假设毛利越高的职位在市场中的人才就越少，为此顾问付出的劳动和承担的风险也就越大。

3. 奖金

奖金部分的首要问题就是奖励什么。很简单，公司考核什么就奖励什么。例如有一个组每个月要承担42万元的任务量，这个组有6个顾问，那么每个顾问要承担7万元。月末如果完成了这个量，则完成了考核的要求不用再做其他考核，可以拿到全额奖金，如果没有完成则会按照其他指标去评价顾问的工作，比如电话销售、关键技能推荐、客户拜访、新建订单、推荐候选人等。如果一个顾问连着三个月都没有完成要求的任务额，并且各项考核指标都达不到要求，就会面临离职的风险。

如何奖励包括对已完成绩效的奖励和对绩效目标的奖励，万宝盛华公司常用的奖励方式有：绩效加薪、个人特别绩效奖、推荐计划和团队奖励计划。

a. 绩效加薪体现了对已取得的绩效成果的认可，它的显著特点是增加的部分直接加到基本工资中去，体现了对员工的长期认可。如果一个顾问连续两年时间每个月都能稳定地完成给定的任务，那么就晋升高级顾问，基薪也会加上去。

b. 个人特别绩效奖励是一种针对特别突出的业绩进行奖励的方式，万宝盛华有一个"百万俱乐部"，每年任务额能达到100万元的顾问才能加入这个俱乐部，俱乐部的会员有一次性15000元的奖金以及在年会上受到 CEO 表彰的荣誉。

c. 推荐计划是奖励成功为公司推荐新员工的行为，顾问每向公司成功推荐一名新同事会得到 5000 元的奖励。

d. 团队激励计划是如果团队中所有成员本月都完成了既定的任务额，那么这个团队的每个人奖励 300 元的团队活动费用。

长期的激励计划比如员工持股计划在万宝盛华是很少见的，在这里工作三年以上的员工已经算是老员工了。首先是因为这项工作本身的压力很大，需要不断补充年轻人，公司也希望保持一定的流动率；其次因为绝大多数员工的目的很明确，不是来万宝盛华养老的，而是趁着年轻来淘金的，所以公司的长期激励计划发挥作用的空间不大。

4. 福利

福利是总报酬的一部分，不按工作时间支付，是一种普惠制式的报酬形式。福利可以分为法定的福利和企业补充福利。在万宝盛华，公司严格遵守国家法定的福利。但除此之外，企业几乎没有任何补充福利。这是因为：首先，公司是结果导向的，类似销售人员的猎头顾问最想看到的就是通过自己的努力赚到的工资卡里的钱数，而很多福利往往是隐形的、长期的，不容易直接感觉到得。其次，很多公司福利是成本的一部分，比方说免费的咖啡、奶茶、午饭、班车等。万宝盛华最大的战略却是"利润最大化"，尽一切可能节约成本——所以，它的顾问们没有这些福利，是符合公司战略的。

（二）合伙人制度①②

1. 古老的平均分配思想

亿康先达公司创办人 Egon Zehnder 曾经在《哈佛商业评论》上发表了《一种简单的薪酬方式》。文章表示，公司最重要的理念就是平均分配，这是近 50 年高速发展过程中最核心、最重要的成功秘诀。而这个前提，就是公司所有权和分配权的相对分离。创办人拥有公司的缅甸的股权；但是，在进行利润分配时，大股东却是作为普通的一个合伙人参与分配的。一个主要目的，就是调动所有股东、合伙人和普通员工的积极性和协作精神。也就是说，公司将是大家共同创业、共同分享的平台，而不是众多合伙人、猎头顾问和普通员工为大股东打工的赚钱机器——当然，这台"赚钱机器"是由大股东出资修建并精心维护的。业内人士曾经评论到，曾经

---

① Egon Zehnder. A simpler way to pay. First Person. Harvard Business Review. Pril 2001.
② 宋斌：《瑞士猎头：第五张"国家名片"》，《国际人才交流》，2012 年第 5 期。

在东方的中国一度盛行的"大锅饭"移植到猎头行业,却收到了出其不意的良好效果。它使得传统的猎头顾问"单兵作战",变成了令人生畏的"群狼战术",更使得亿康先达从5000多家大型欧美猎头公司群体脱颖而出、后来居上。

2. 严密的合伙人制度

亿康先达的合伙人管理体制,独步天下、别具一格。如在2005年,分布在全球37个国家62个独资办事处的350名顾问,就通过实行"单一利润中心"的合伙人体制紧密联系在一起。这样的组织架构旨在避免不必要的内部竞争,实现公司全球各办事处之间天衣无缝的密切合作。

合伙候选人拔制度规范、考核严密。在公司组织的员工招聘面试过程中,每个候选人都要面对25～30个合伙人,他们会仔细地观察每个候选人,如果其中任何一个人表达了对候选人的强烈保留(反对)意见,公司就不会再考虑录用。每年都会有10～20个员工被提升为合伙人,最后提升谁为合伙人,由合伙人评估委员会决定,这个团体是由每3年从公司各个部门抽调出来的合伙人组成的,一般有6个人。这个评估委员会有权拜访每一个与合伙候选人有着工作联系的人,包括同一部门及相关部门的同事,甚至于候选人曾经服务过的客户。

这样挑选合伙人很不容易,而且费用不菲。但是,公司认为,这对于客户和公司都是有益的,足以回报当初的投资。因为,合伙人一般都会毕生从事这一行业。数据表明,在全球猎头行业,员工平均流动率是30%;在亿康先达,这个数字却只有2%。

基于合伙人长期而忠实的效力,使得公司迅速建立起一个分布在世界各地的、强大的人际关系网。许多高级的猎头顾问,不仅是所在国家的杰出人物,甚至是刚刚退休的高级政府官员。他们认识很多人,而且对所在的国家也十分了解。

3. 独特的"利润池"分配

利润分配体制极其独特。它将公司追求利润、追求人际关系和睦有机搭配起来,建成了一个类似"大锅饭"式的分配格局。它主要包括两个阶段、三个步骤:

第一阶段,预留发展基金。亿康先达明确规定,将每年利润的10%重新投入到公司的经营领域,相当于通常的公积金。因此,公司股份每年都会升值。EgonZehnder指出,当一位合作人退休或离开公司时,公司要买回他的股份。他卖出手上的股份,就拥有他离开时和提升为合伙人时的中间差价。显然,合伙人停留的时间越长,股票也就会更有价值。如果一位合伙人在公司工作5年，股份的价值大概可以翻一番。

第二阶段，形成"利润池"。亿康先达的利润中剩下的90%分配时，按两个步骤实施，分成"大小池"。"大池"，也就是其中的60%，将在所有合伙人中均分；而"小池"，也就是另外的40%，将依据合伙人的资历程度进行分配。入伙1年获得1年的资历值，入伙2年获得2年的资历值，依次类推，直至15年的资历值的最上限。公司把所有合伙人的资历值加起来得到一个总资历值，然后将上述40%的利润去除以这个总资历值，得到一个基数，每个合伙人将得到相当于其资历值乘以该基数所得到的金额。一个入伙15年的合伙人在资历值的利润池中的所得，数额相当于入伙1年的合伙人收入的15倍。

以一个入伙15年的合伙人为例。他每年的收入包括：以股票（公积金）形式出现的分红、合伙人利润平均所得、合伙人资历所得三个部分。当然，如果合伙人本身也是公司员工，还会得到一份比较稳定的职位年薪。

由"平均分配思想""合伙人制度"和"利润分配池"组成的亿康先达分配模式，比较适合于业务分散、质地相同的猎头公司。它加强了所有成员共同的价值观和期望，使得所有的股东、合伙人、顾问和普通员工，能够共同享受亿康先达这艘"超级航母"乘风破浪带来的、来自于不同国家和地区的丰厚利润。

（三）期权制度

进入21世纪以来，一些大中型或者成功上市的欧美猎头公司参照股票期权制度，尝试解决新进猎头顾问，特别是档次很高的兼职顾问的报酬问题。

在此制度下，顾问们的基本工资很低，甚至出现所谓的每月"一美元底薪"。但是，伴随工作年限、工作业绩的不断增长，将会不断地得到猎头公司根据业绩等级划分、上不封顶的期权。这种期权，可能是股票形式，也可能是股份形式，而且是随时可以兑换成现金的。

八、全球网络

当今世界的竞争，可以概括为"数字＋人才"，即信息时代的数据、人力资本时代的人才。现代猎头把二者有机地结合起来，并进行了发挥。

(一) 全球鹰系统[①]

国际猎头公司的内部数据集成系统，即所谓的"全球鹰"系统，绝对机密，控制严格。猎头公司全程报告书能够让人们抛开技术层面，直接面对国际猎头的应用层面，厘清高层次人才数据库的基本结构和功效。

猎头行业的委托订单模式，决定了公司经营管理的不连贯性和季节性。普通猎头公司大多随遇而安，有了订单就做，没有订单就放假。而真正一流的猎头公司，却是一年四季持续忙碌的。他们并不是以订单为基准确定经营计划和方向，而是为一个庞大、复杂的系统而工作。这项工作的中心，就是智能信息检索、分类和更新系统。智能系统如同全球鹰的大脑，储存、整理和更新来自每个猎头顾问的汇报、邮件和会议记录。例如，光辉国际公司的89个全球办事处和5000多名顾问组成的猎头网络，密切关注所在国家或者地区的人才市场动向，定期向总部汇报工作进展、统计整理信息，从而能够建立起遍布全球的搜寻数据库。

字段是高层次人才数据库最基本，也是区分猎头公司真正实力的关键所在。一般来说，候选人的简历字段越多、描述就越清晰、搜寻起来也就越方便；这样，无疑增加了猎头公司搜集信息的渠道，进而提升了实际的运营成本。2012年年初，依照国际猎头公司的报告书所揭露的高层次人才字段平均值，通常都在50个以上，有的甚至超过150个。一些极其优秀的候选人，还附有音像视频、个人宣传片、谈话录音等，使得信息容量很大。如果再加上候选人的背景调查、性格分析、证人证言、风险预测等，几乎就是一本相当完整的自传。

智能系统一般由智能检索、信息导入、数据集成、加工处理和后台管理五个部分组成。智能检索是通过网络，定点、定向锁定猎头关注的领域和范围，采取关键字段、声音和图像的自动检索，生成条块式的信息样品，统一进入系统入口。信息导入是通过专业分类，如所在国别、行业领域、薪酬水平、学历职称等，对信息进行初步登记、筛选和标识。系统主机依据公司的既定程序，整合各系统的入口数据，实时或定期集成，形成猎头数据服务层。服务层数据经加工处理后，成为纵横分布的、网格型数据库。使用者依据所需要的基本要素，输入调出指令，系统就会自动生成简化的、多级差的候选人名单。公司决策层、管理层，则按照不同的级别、权责进行数据调用、后台维护和逐级管理。

鉴于系统的机械化、程序化特点，一些国际猎头公司还租借或自主开

[①] 宋斌：《全球鹰：跨国猎头公司的秘密武器》，《国际人才交流》，2009年第11期。

发了特殊智能工具，如人脉资源分布动态、人际关系密切度分析、年度收支分析等软件。值得一提的是，很多国际猎头公司已经实现了简历自动抓取功能，即锁定候选人信息，并及时自动更新。而且，猎头公司非常重视候选人的公众形象和知名度，他们喜爱甚至沉迷于收集候选人在各种媒体的新闻曝光率、被采访报道率等，确认候选人的优先举荐等级。在猎头公司看来，候选人持续而稳定的媒体关注度和上镜次数，不仅是候选人事业成功的典型标志，也是个人资源社会化的重要表现，更能够促使猎头边际效益最大化。

全球鹰系统的输出成果，就是常见的猎头报告书。它主要包括个人简历、工作经历及业绩、专业技能评估、心理体能测试、中短期工作规划等基本信息。有时，还得根据客户的特殊要求，增加其他内容，如学术成就、同行评价、信誉调查、新闻曝光率等。一些特别重要职位的候选人，如可口可乐的首席执行官、谷歌的全球副总裁之类，猎头公司提供的全程报告书，多达几百页，甚至上千页。据说详细的程度，可以令候选人本人，以及他的父母、兄弟姐妹、亲朋好友们都感到吃惊。当然，在任务成功之后，猎头公司通常会免费赠送副本。

（二）云服务

云计算（cloud computing）是一种基于互联网的计算方式。人们借助它，可以按各自的个性化需求获取共享平台提供的软硬件资源和信息。

早在1997年，一些国际猎头公司就尝试建设基于云计算的云服务，并取得了一定的效果。这就好比：遍布世界各地的办事处、分支机构和联络站，将已经证实的需求信息及时"蒸发"到总部，通过总部强大的数据库系统，自动搜寻和匹配成千上万的合适候选人，形成一朵巨大的"云"，然后飘移到全球任何一个地点的上空，根据项目负责人及主管经理的申报，再以"下雨"形式发送候选人信息——要么下点小雨，要么下大雨，甚至是暴雨。形象地说，国际猎头万宝盛华公司远在德国摩泽尔河中游河谷特里尔小镇的办事处，也能够动用总部伸手所及的全球高层次人才资源，推荐正在欧洲、美洲、亚洲、非洲，甚至是南极洲工作的优秀候选人，以便重新为特里尔镇物色一名新镇长。

云服务系统有着严格的规范控制。猎头公司大多用采取"层级管理"，要分层次申报、分级别处理。不过，日常的审批手续向来比较简单。须知，高效永远是猎头的根本作风——这与人才中介市场坐等有着明显的不同。应当注意的是，只有金光闪闪、足够诱惑的佣金，才能享受这样的待遇。档次稍微低一些的职位，可能就在当地打发了，最多也只是打几个跨省市的漫游电话。

九、顾问:最宝贵的财富

优秀的猎头顾问通常来自人力资源管理顾问、企业管理人员、作家、董事会顾问、企业家、慈善家和世界上最精英的商学院毕业生等领域。他们几乎都是"拼命三郎",拥有强大的社交能力,具有触及人类心灵深处的亲和力,热衷于为客户进行人才匹配,热衷于搜寻优秀的高管。他们经常对企业领袖说:"不管怎样,我们会找到你想要的人。"这些能够带来丰厚利润的顾问们,就是猎头公司最宝贵的财富。①

(一)面临的挑战

预付型猎头公司善于处理企业复杂的高层次人才招聘问题,这个已经成为事实。而全球化的猎头服务,更是屡见不鲜。猎头服务可能是一种不道德的商业行为,因为它鼓励竞争对手挖走一个自己认为合格的员工。有人则提出另外一种意见,认为员工是"不是雇主的私有财产"——假若吸引了来自竞争对手为他们提供更好的待遇及条件,被猎头鼓动的候选人选择离开,不应该被视为不道德。更早以前的研究指出,这是劳动力市场竞争激烈的一个有力证据。②

可是,问题的症结似乎并不在于,猎头公司是否寻求通过道德的方式猎取竞争型公司的员工,而在于猎头的搜索过程和评价做法是否符合道德标准。Nash(1989)针对150名英国职业经理人的调查却发现,超过1/3的受访者声称拥有自己的私人猎头顾问,以便在与其他不合格的候选人竞选中,以及争取最有利的工作协议中,享受自己应得的权益。

在美国的实证研究也同样表明类似观点。候选人得到新的许诺,也会果断选择离开,尽管这与是否具有高道德水平有着千丝万缕的关系。也许,他们根本不知道猎头公司是什么,或者说,到底是干什么的(Smithand Sussman,1990)。奇怪的是,这也同样发生在远东地区。缺乏严格的道德操守,似乎就是猎头公司的一个有机部分(Hong Kon Davies,1992)。猎头愿意在搜寻活动中,主动犯这样的"道德流产"名声,和正在下降的企业高管们的道德值,究竟有什么区别?

通过国际化的联合调查,结论却是十分简单明了的:

猎头公司更愿意用环境因素,而不是利润因素,说明自己为什么要去挖一个正常工作的高层次人才。

---

① Joseph Daniel Mc Cool. The World's Most Influential Headhunters. Business Week Special Report. January 31, 2008.
② Reach Talents CO., LTD. The Key Process of Executive Search. Aug. 18, 2003.

猎头顾问用什么方法说服一个企业的高管辞职，取决于他的道德水平——但是，这似乎与猎头公司无关。

只要候选人感觉满意，猎头顾问所做的一切就是正确的。

尽管如此，调查仍然指出，即使是口口声声要把候选人"脱离苦海"的猎头顾问们，也必须在工作中认真考虑没有法律约束的伦理道德问题。因为，任何符合人类基本伦理道德的商业行为，将更加值得人们尊重。

（二）方法论和业务技能

采用猎头方式招聘高层次人才，是被证明最有效、最彻底的办法。猎头始终在追踪和搜寻志向远大、埋头苦干的优质人才。这个群体有着强烈的事业心和优越感，通常也被周围的人们尊重并形成了一个较为熟悉而舒适的工作环境。因此，他们不会缺乏工作，从不积极主动地寻找新的工作；他们宁可喝着咖啡、晒着太阳，也不会花一点点的时间去阅读整版的招聘广告，或者浏览最新发布的招聘信息。因此，需要猎头顾问们认真识别和直接认识，并悄悄地靠近。

一个好的猎头顾问，必须具良好的心理素质、敏锐的分析能力和扎实的理论基础。我们所描述的研究技术适用于世界各地，但有时必须调整，以适应不同国家的文化差异。持久的创意、快速而专业的行动、文明高雅的举止，都使得猎头成为一门真正的艺术。因此，必须重点考察猎头公司在搜寻过程中如何确定具体的候选人。有时，潜在的候选人多达数百个。但是，只有少数人将被列为寻访对象。拨打电话时的次数，可能只与电话费有关，而与目标候选人无缘。因此，必须保证通话质量。世界一流的猎头顾问，紧紧盯住的候选人目标通常不超过 5 个；即使精力旺盛，也不会浪费时间。当然，数字是不变化的，候选人姓名可能会随时更换——他们的职业习惯是永远保持信息互动和简历更新。

1. 搜寻定位

一个好的猎头顾问，必须具有良好的心理素质、敏锐的分析能力和扎实的理论基础。我们所描述的研究技术适用于世界各地，但有时必须调整，以适应不同国家的文化差异。

猎头搜索的目标群体，通常是高层次人才。他们从来不缺乏工作；工作对于他们来说，只是一个苹果，无非个头大点或者小点而已。猎头顾问必须面对一切可能的困难，比如前面的大门关了，后门也锁了，只要厨房的窗户还开着——那仍然有成功的机会。持久的创意、快速而专业的行动、文明高雅的举止，都使得猎头成为一门真正的艺术，而不是一个商业活动或者什么社会科学之类的东西。即使在猎头行动失败的时候，温文尔雅、从容不迫的礼貌礼仪，却是非常重要的——眼前的候选人，可能随时笑容可掬地会出现在你的面前。猎头顾问的最终目标，就是找到足够数量的、合格的和有兴趣的候选人，迅速而专业地完成任务，获得应有的物质和心理享受。

猎头在实施过程中，有两个重要的、方向却彼此相反的流量参考：一个是候选人的数目流量在不断减少，直至最后一个（如果没有，只能重新搜索或者与客户协商岗位职位要求）；一个是与候选人交流的内容流量不断增加，从工资、福利、待遇，到职位要求、工作合同、违约条款，乃至安家费、交通补贴、小孩转学等，均一定或者可能涉及。[①] 其中，任何一个候选人拒绝的理由，都可能成为另外一个候选人同样的借口，除非猎头公司和客户重新修正——当然，修正意见必须通过每位候选人——包括因为这个原因而拒绝的那个。

2. 考察候选人资源

最重要的是，准备一个正式而简单的工作计划，以指导猎头顾问们的搜索。这种路线图至少包括四个要素：

a. 选取可能的行业。首先，应当关注客户的竞争对手。其次，风马牛不相及的行业，也有可能存在合适的人选来源——这取决于职位的通用性或者替换性。猎头通常希望在最短的时间内找到最好的人选。因此，最好是专注于直接竞争对手，然后类似或平行产业。最后，如果这些都是不够的，那么，就要借助客户的产品或服务对象，来确定人选的大致范围。在欧美发达国家，行业信息库（企业黄页）、现代化的公众图书馆，还有能够提供免费咨询的学术人士和资深专家，都会对搜寻提供一定的帮助。

b. 确定目标公司。首先，必须避免进入政策"禁区"和同行业"禁地"。其次，可以在平行的行业中，进行产品或者服务的类比考察。一旦确定目标公司时，就需要做一些挖掘。如调查母公司的年度报告或者直接致电，了解子公司的情况，获得目标人选的职务位置、级别和相关信息。有时，上市公司的年度报告包含有下属的子公司关键管理人员的细微信息，如一些高层次人才在母公司担任虚职或者挂名，却在子公司握有实权。

c. 追踪特定的候选人。也就是说，猎头顾问要把自己放进候选人的鞋（换位思考）。仔细思考一下：他可能以及为什么会跳槽？鱼饵是什么

[①] 其实，至少还有第三个流量参考。这就是伴随搜寻活动的深入，费用支出流量是不断增加的，除非搜寻活动立即停止。

以及在哪里？什么会让候选人毫不犹豫地离开现有的优厚待遇，投向新的怀抱？等等。

d. 时间表。明确的时间表，可以随时提醒猎头的实际进度，推进的整体计划，以及误期误时的处置措施。必须注意的是，客户和候选人之间的条款谈判，通常是曲折而漫长的。

3. 确定具体人选

有时，潜在的候选人多达数百个。但是，只有少数人将被列为寻访对象。拨打电话时的次数可能只与电话费有关，而与目标人选无缘。因此，必须保证通话质量。世界一流的猎头顾问，紧紧盯住的人选目标通常不超过 5 个；即使精力旺盛，也不会浪费时间。当然，数字是不变化的，人选姓名可能会随时更换——他们的职业习惯是永远保持信息互动和简历更新。

（1）采购

采购是将可能的候选人进一步定位。在候选人较多的时候，其中一些可能会很快发现是不合适的，因为他们不符合职位描述的要求。为了尽快确定合适的人选，并初步排序，就需要打第一个确认电话。通常情况下，第一个电话就是要打到那些对相关行业和公司非常熟悉的高层，如行业协会的负责人和主管级以上的高级经理——谁拥有特定的知识、经历和视野，谁就有发言权。一些社会资源丰富和交际型职业，如会计师、律师、银行家、记者和经常出来做生意的学者，也都会是不错的证实渠道或者值得信赖的第三方。

采购电话主要是落实候选人的全面资讯，也不排除获得尽可能多的、新推荐出来的潜在候选人。如果有，将是令人惊喜的意外收获。打了足够数量的采购电话，猎头顾问应该得到潜在候选人的确切背景和身份。更加重要的是，顾问们可以轻而易举判断：在这个过程中，究竟哪些人对今后的猎头行动更加有用，以及"万事通"型的消息灵通人士的信息源渠道组成和更新频率是什么样的，等等。

在小型的大市场采购。通常情况是，在一个候选人众多的大市场里面，目标很难一时确定下来；而在小市场，却刚好相反。这时，需要做一个类似性价比的分析。比如，在美国、德国和英国这些高层次人才的大市场能够找到，但是，客户却"买不起"。那么，只能在如爱尔兰、挪威和瑞典这样的国家进行采购。可是，信息来源越是广泛，耗时也就越多——尽管，同样条件下，爱尔兰的工程师年薪开价还不到美国的一半。

从源头找起：究竟是谁离开了客户，导致职位空缺？通常来说，客户发布的离职新闻，并没有记者报道的那样真实可信。通过检查客户的高管名单，再与上一财年的名单进行对比，就可以发现问题。至少，可以得知幕后信息。甚至可以简单判断，猎头游戏很快就要结束了，因为客户（采用猎头）可能是别有用心。如果想进一步证实，顾问可以直接打电话到公司，使用真实姓名和假身份（同学或者朋友），要求对方提供离职者的联系方式。在大多数情况下，对方会尽力帮助你——因为，你所需要找到的人，已经离开公司。千万不要假装你是吉姆或者史密斯，这可能在通话中被录音，导致不必要的法律纠纷。讲话时，礼貌、快速和保持积极的声调，都有助于顺利达到既定的目的。

电子邮件。首先，须保护客户的秘密。如果可能，公司名称应被排除在外（这当然是困难的）。其次，邮件规范而简洁。不要引起任何误解，哪怕对方是一个非常了不起的候选人。如果对方回复，并表现出极大的兴趣时，猎头顾问可以主动索要新的联系方式并承诺保密。最后，不要等待目标候选人主动回复。这是因为，猎头通常是有时间要求的——等待，有时意味着开始走向错误。

破题。打任何电话之前，猎头顾问必须确保专业形象和公司声誉。第一印象是唯一的，也是无法短期培训弥补的。不要说谎欺骗候选人，目的仅仅可能只是为了让他尽快答复。如果这样做，只会适得其反。

调用外部名单。如果使用的是外部的猎头公司，可以要求对方协助核准候选人的姓名。采购电话往往是耗时的。顾问的个人风格、专业技术、利益驱动和个人感受，往往决定采购的成败。语音邮件是非常危险的，这意味着呼唤。对于一些高层次人才来说，他的秘书或行政助理，可能是听取语音信箱录音的第一个人。因此，猎头顾问的心理可能会被严重烧伤——因为，你发出的信息是——卡尔或者亨利先生正在求职。因此，一个很好的规则是，必须直接联络候选人，并告诉他，没有其他的旁听者。一个很好的例子是，猎头顾问琼斯在洛杉矶致电华尔街日报的约翰·史密斯先生，在语音信箱的留言是"我是琼斯。经朋友介绍，方才找到您。我需要您的帮助，请尽早致电（555）555-5555"。

学会与接线员打交道。接线员往往是第一线调查的难点。一些基本的规则包括：尝试直接获得潜在候选人的联系方式，而不是他或她的秘书的；自信的声音，能够在交谈的秘书那儿顺利过关；通过一个中间人；在傍晚或清晨的非工作时间呼叫候选人；等等。可是，总会有那样的几个人，永远不会给你回电话。为了不浪费时间，使用简单的短讯留言即可。一个显而易见的事实是，大多数人喜欢被恭维。

（2）文件（记录信息）

寻找合适的人选时，顾问会对大量的电话、邮件以及每次呼叫的结果，进行必要的记录和处理。包括信息：详细谈话的时间和记录、再次跟进的时间和记录等。

建立完整的电话记录和个人日志。

科学使用代码。为了对客户和候选人进行保密，必须适当使用代码。这是非常重要的。比如沃德·豪威尔和其他许多优秀的国际猎头公司，都编制了自己的代码本。因此，猎头顾问可以尝试建立自己的密码本，独立或者配合通行的代码本。当然，定期更换密码本是一件非常痛苦的事情；然而，一旦泄密，后果将不堪设想。

养成手工书写，而不是电脑记录的日志。猎头顾问假若这样做了，就如同建立了一个属于自己的 CPU，随时可以控制和掌握候选人数据，并适时进行更新。

（3）候选人背景（简历）

在搜查过程中，候选人的简历应当按名称的字母顺序，或特定的规律进行扫描。

成功完成搜索后，候选人的背景应该放到下列之一的地方：

专门的文件夹。所有的候选人，应按照字母顺序排列。还必须包括：谁成为最终的候选人、内部或者外部组织的评估、咨询报告和所有候选人名单，都应当及时归档。即使没有入围的候选人，也可能成为未来搜索的最佳来源

文件柜。备案制度固然很好，却不能过于详细。可以使用代码方法进行分类。例如，沃德·豪威尔公司创造了根据 SIC 代码进行分类分级管理的制度。

纸篓。不可救药的候选人，或者令人反感的那种，没有必要继续浪费时间，直接扔进废纸篓就是。永远保持良好的，哪怕是自得其乐的精神状态，比牢记那些不愉快的事情加重要得多。

（4）面试和筛选

在猎头看来，并不是所有的潜在候选人，都有同等的入职机会。因此，必须进行排序，尽早列出合适的人选，不必把时间浪费在没有效益的全盘考察上。通常的方法包括：

基本筛选。有时会发现这样的情况，即猎头顾问在试图决定候选人取舍的时候，发现候选人的书面陈述（简历）含糊不清。这时，需要候选人按照标准的简历模板重新填写，以便获取关键而有用的数据信息。尽管通

过电话补充资料是可能的,但是,这并不是唯一有效的方式。

挖掘新的候选人。为了迅速找到合适的人选,必须对候选人的信息进行补充。包括:教育和经验、从业经历(公司的规模、职务级别、组织结构图、负责部门、岗位职责、工作变动的原因)、三件最有成就的案例、现有的工作及其约定条款等。

面对面采访。电话不是万能的。要想真正把握候选人的优点和缺点,必须通过面对面的约见进行验证。事先,需要列出采访的提纲,如:谈话的主要内容,候选人的需求和愿望,个性特征,有没有特别的素质条件等。在整个面试过程中,要让候选人多说话。通常须坚持二八法则,即20%的时间提问,80%的时间聆听并记录。

顾问在采访过程中,须重点寻找候选人的个性特征,如手势、自信、热情、进取心、适应能力、记忆和思维、幽默感等。可以准备一些很好的问题,譬如:你现在的老板会怎样形容你?是否有个人的因素影响工作?至少需要覆盖五个方面:解决问题的能力、沟通技巧、入职动机、人际交往能力和管理技能。每一项都需要打出分数(1—3分,分数越高代表越理想)采访结束后,顾问应该能够回答三个关键问题:候选人能够做的工作是什么?这是候选人愿意做的工作吗?候选人将是合格的管理者吗?

欧美发达国家猎头公司都有自己设计的标准约见或者面谈的模板。但是,真正能够体现顾问水平的,往往是顾问本人撰写的评语,如对候选人约翰·哈里森的约见记录如下:约翰今年三十六岁,戴着眼镜,有修剪整齐的胡须,中等身高、体重合适。他很开放,能够轻松进行对话。约翰出生在新泽西州一个中产阶级家庭。他是唯一的孩子。母亲去世时,他才两岁。他的父亲是在当地用餐的餐厅经理。约翰在高中时期,参加了varsity橄榄球和学校的网球队。此外,他对计算机科学和数学很感兴趣。他争取到1万美元的奖学金,就读于帕西帕尼研究所计算机专业。在那里,他完成了学业,成绩在班上名列前茅。约翰似乎是一个良好的人际关系和坚实的价值观的人。约翰希望有一个挑战环境,充分享受工作乐趣。此外,他希望能够在管理宽松的条件下,发挥自己的特长。他的妻子在当地的杂货店工作。他们的女儿,计划明年开始上幼儿园。

(5)复核验证

主要包括初步复核和常规验证两种:

复核的内容包括:学术成果验证、信用卡记录、刑事犯罪记录和新闻媒体报道等。

验证的内容包括：个性特点及管理风格，与上级、下属和员工的关系，候选人优势及评论，需要改进的地方（弱点），干扰候选人表现的主要因素，个人财产积累和财务现状，离职动机等。

（6）结束搜索

在鉴定、筛选、面试、背景调查之后，常规搜索就基本结束了。一旦确定最佳人选，最重要的是迅速采取行动，并立即通知客户和候选人。

经验丰富的猎头顾问，通常会在搜索结束的时候，对所有联系过的候选人，以电子邮件的形式，发出感谢信。格式大致包括三种：通知最佳人选，预约与客户见面的时间和地点；感谢参与，表达今后合作的美好愿望；普通的感情联络。

（三）反猎头策略

英国猎头研究学者 Andrew Sheridan May 提出，猎头公司在为客户找到满意的候选人后，必须要想办法维持候选人至少在客户那工作一年，而不能被其他猎头公司挖走。更有甚者，猎头公司想尽办法猎杀竞争对手的"头"。这就需要反猎头策略。①

1. 建立共同的搜索目标

猎头公司与客户达成协议，安排猎头顾问随时了解客户的需求，与客户共同参与猎头项目，旨在管理客户关系。猎头顾问与客户形成紧密的联系，达成共同的搜索目标，确保客户明确自身的需要。

2. 选择合适的猎头顾问

首先，猎头顾问需要充满自信，具有详尽和熟练的搜索能力。一个好的猎头顾问开展搜寻工作时是富有创造性和横向思维的。猎头顾问需要具有丰富的专业知识，但又能灵活地执行猎头任务，应变能力强。其次，猎头顾问必须与客户的高层形成良好的关系，相互尊重和信任。最后，这是至关重要的，猎头顾问检查客户最近联系的猎头公司名单，如果发现最好的猎头公司太多，那么，为这个客户进行猎头搜索将只限于次要工作。

3. 编写一个简短而明确的猎头协议书

猎头顾问在搜索之前准备好猎头协议书，注明客户的需求、搜寻方式、方法、时间等工作说明，固定而明确的客户代表，双方的权利和义务等。目的是为了有效地满足客户的需求。

---

① Andrew Sheridan May. How the gamekeeper can make the most of his poacher. Career Development International, 1997.

4. 时间表

猎头顾问需要准备一个工作日程安排表。明确报告时间、绩效目标和工作中的联系人。猎头顾问需了解客户组织的发展，洞察组织的长处和短处，这可能会影响后期的猎头工作。决策参与者需关注日程安排表标注的关键日期。日程安排表是专业的标准设置，进度报告应与其一致。沟通不畅是猎头失败的根源。沟通过程中，必须加以管理，以确保猎头顾问有相应的权力，不实行由客户代表全权负责的搜索。猎头顾问需自由检查客户在组织内对候选人的任命意见，并帮助落实。

5. 预约谈判

猎头顾问在报酬和就业方面为客户和候选人提供适当的咨询建议，能确保客户和候选人了解对方的期望。对候选人的薪酬要求进行管理，避免使客户与候选人之间出现不可逾越的鸿沟。顾问与候选人的关系，确保是在"亲密的"的阶段，听取他的意见。

从客户和候选人的观点看，一个成功的猎头结果应当：一是被任命的候选人是一位出色的人。二是猎头顾问被客户认可，并愿长期合作；三是客户可以通过询问评估搜索的彻底性。如是否有证据表明，已发现了最佳候选人？有多少候选人在客户公司中工作时又想另谋高就？候选人中有多少人以前已知我们的猎头公司？对已开展的对考生能力的测评手段和技术，如何详细评估？等等。

第三节 国际猎头公司

国际猎头领域有"五、四、三"的说法。2000年以前，麦肯锡、海德思哲、光辉国际、史宾沙、罗盛咨询合称美国"五大猎头"；2000年以后，光辉国际、海德思哲、万宝盛华（跨国高端人才派遣）、巨兽（全球最大的在线网络招聘公司）成为美国猎头的"四大天王"；而从20世纪90年代起，海德思哲、光辉国际、亿康先达被誉为"全球三大高管搜寻公司"。[①]

一、美国：航母集群

在欧美发达国家，有着"全球十大顶级管理咨询公司"之说，包括：

---

① "Big5" Generalist Firms. Yale School of Management. http://mba.yale.edu/alumni/online_resources/career_resources/big5firms.shtml.

麦肯锡、波士顿、埃森哲、科尔尼、翰威特、普华永道、贝恩国际、德勤、汉普咨询、惠普咨询。这些公司涉及高层招聘、职位描述、候选人任职条件和要求、决策流程分析、薪资体系、辞退机制等，所以经常被列入猎头行业。

（一）麦肯锡：从猎头公司到管理咨询集团

麦肯锡公司是最早的国际猎头先驱之一。与其说90多年的国际猎头发展史，相当于美国猎头的发展史，还不如说其实就是麦肯锡公司的发展史（如图3-7所示）。①

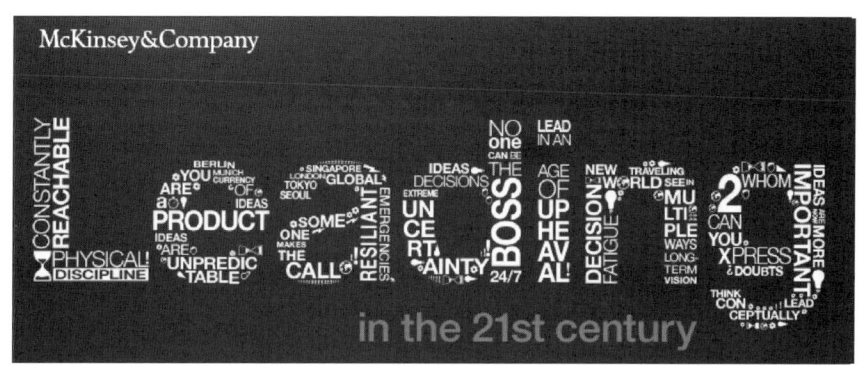

图3-7

20世纪20年代，管理理论仍处于探索阶段。1926年，迪克·迪兰创办人才搜索公司的时候，芝加哥大学的会计学教授詹姆斯·麦肯锡和几个朋友、同事一起也成立了新公司。新公司主要为企业提供预算和审计服务。此后，他已经不再从事学术研究，专门从商。他对企业的组织和管理问题，能够提供独立的咨询意见——这让公司很快赢得了良好的市场声誉。

麦肯锡定位于帮助美国公司经营管理的高级顾问领域，负责解决后者最重要的业务问题。他们被称之为"管理工程师"，主要是提高企业的经营效率。麦肯锡成功地扩大了客户群，不仅帮助低效的企业，也协助健康的企业重新调整自己，以便在动荡的商业环境中，选择今后可能前途广阔的经营方向。

20世纪30年代，成立不久的麦肯锡公司就迎来了新的春天。1933

---

① http://www.mckinsey.com/.

年，富有远见的麦肯锡力邀偶然相见的马文·鲍尔（Marvin Bower）加入，一起为公司文化带来了强大的引导力和生命力。后者拥有哈佛大学的MBA学位和法学博士学位。鲍尔坚决认为，管理咨询应当具有与从事法律、医学工作一样高素质的专业操守和运作标准。

1937年，麦肯锡英年早逝。继任CEO的鲍尔，依据几个核心原则，精心塑造一直延续至今的公司理念，包括：客户利益至上；接受委托时，应当考虑让客户的价值回报超出实际的佣金支出；公司的所有权应受到限制，以吸引卓越的合作伙伴；公司员工必须接受专业培训，积极出色地工作，与公司一起追求永久的事业目标。

20世纪30年代末，在鲍尔的强势管理下，"管理咨询"取代"管理工程"，成为一个新的行业标志。

20世纪40年代，第二次世界大战深刻地影响了美国的商业环境。麦肯锡的业务重心，转移到帮助几家大公司进口生产设备，全力支持美国军方。伴随客户群的不断增长，公司先后在芝加哥、洛杉矶、旧金山设立新的办事处。即使是在迅猛的扩张时期，麦肯锡仍然遵循运营原则和承诺，恪守"一个公司"的理念。任何一个办事处，都不是松散的成员单位。据此，所有的客户都会享受公司同样提供的、最公平和最完整的优质服务。

20世纪50年代，迎来了波涛汹涌的国际化浪潮。在世界经济高度一体化的驱动下，公司于1959年在伦敦成立了第一个海外办事处。南美石油公司邀请麦肯锡参与评估它的全球业务，使得后者能够迅速抓住机遇，可以借助全世界这样的实验室测试"一个公司"的做法。在美国本土和海外，不仅收购了一个新的蓝筹公司，还和一些国家的政府和军方，一流的国际企业集团、几个著名的军火商建立了协同机制。公司还应邀为当时的美国总统德怀特·戴维·艾森豪威尔（1890—1969）管理的白宫，研究出一套至今仍然使用的行政程序和制度。踌躇满志的麦肯锡公司开始涉足公益事业——声名显赫的美国红十字会，成为第一个非营利组织客户。

20世纪60年代，尽管全球化是21世纪企业的主题，却受益于世界各国在整个20世纪60年代纷纷降低关税壁垒的政策法规。这促使许多美国和欧洲公司，努力走出自己的国门。许多早期的跨国公司纷纷登门拜访，寻求麦肯锡公司的意见，以便组建跨国企业集团。公司的国际业务数量剧增，先后在荷兰、德国、意大利、法国和瑞士设立了办事处。加拿大和澳大利亚也被纳入公司的国际运营网络。作为一个全球性的人才库供应商，客户在麦肯锡"一个公司"体制下，可以根据实际需要，不分时间、不分地点地随时进行咨询，享受顾问们提供最好的服务。

1964年,《麦肯锡季刊》开始发行。它能够向世界各地的商界领袖介绍公司最具创新性的管理理论。时至今日,《季刊》仍然拥有近50000名印刷品订户,200多万的网络产品用户。

20世纪70年代,被证明是最具挑战性的10年。形势发展迫使麦肯锡继续学习,克服困难,总结来之不易的宝贵的经验教训。公司认为,商标的市场化保护将是大势所趋;世界经济是在不断变化的;一个陷入困境的世界经济和广泛的社会动荡,的确破坏民众的信心;日本的迅速崛起,给美国传统的管理理论和方法,特别是在制造行业,带来了深深的疑虑和沉重的反省;等等。

麦肯锡公司突然发现,在20世纪60年代的高速扩张,已经威胁到公司最宝贵的财富:客户关系。老化的知识结构、一般的顾问素质和平淡的服务质量,经常让公司面对客户的连续提问,显得十分尴尬。经过专项研究,公司决策层决定增加投资,特别是在新知识、新技能方面要强化所有顾问们在关键领域的专业知识、运营策略和组织实施等。70年代末,这项耗资庞大的行动落下了帷幕——公司认定,至少在未来的10年,顾问们将重新赢得尊严和信心。

20世纪80年代,是蓬勃发展的10年。在美国,以及后来在欧洲的商界领袖们,最为关心的就是创造价值和形成国际竞争力,特别是加大企业间的合并和收购活动。高歌猛进的信息技术,迫切要求新的投资。面对这些挑战,麦肯锡公司扩大了顾问招聘范围,借以提高管理咨询经验的广度和深度,保持咨询队伍的多样性。公司还投入巨资,整理和出版管理书籍,提高公众的咨询访问量,致力于建设真正的全球性网络。

麦肯锡顾问们撰写的书籍受到市场关注。汤姆·彼得斯和罗伯特·沃特曼撰写的《追求卓越》,取得巨大成功,全球销量超过500万本,并在长达两年多的时间里,牢牢占据《纽约时报》畅销书排行榜第一。理查德·福斯特的《经济学视角下的思维创新》和大前研一(Kenichi Ohmae)的《无国界世界》,都被誉为里程碑式的著作。

20世纪90年代,空前的全球化业务被重新定义。1992年,强势执掌麦肯锡公司将近60年后,首席执行官马文·鲍尔退休。他给这个奋斗了一生的公司留言是,"我们每一个领导集体必须承诺:离开的时候,公司将比以前更加强大"。麦肯锡呼吁整个管理咨询行业进行重组。例如,公司曾与德国托管局一起,制定世界上最大的私有化方案,评估德意志民主共和国(东德)的8000家国有企业和国营联合企业,并把这些企业变为股份公司。与此同时,公司业绩翻了一番,顾问数量超过5000名,并在

1999 年将业务扩大到 20 个国家。还成立了麦肯锡全球研究院（MGI），帮助顾问了解客户的需求，探讨基础的经济学问题，积极向经济和管理学界提供对于全球经济的微观和宏观观点。

21 世纪的前 10 年，让全世界和麦肯锡公司仍然记忆犹新。全球经济的革命性变化，开辟了贸易、生产力、创造财富和扶贫的新机会。网络经济泡沫、"9·11"恐怖袭击、全球金融危机等，都在敲响人类社会的警钟，永远不能满足于表面的和平与繁荣。21 世纪以来，麦肯锡不断超越传统的核心战略，实现组织和操作多样化，在医疗保健、教育和经济发展等方面，发挥着越来越重要的作用。

（二） 海德思哲：企业领袖孵化器①②③④

1953 年，Gardner Heidrick 和 John Struggles 合伙成立海德思哲（Heidrick & Struggles），总部设于芝加哥（如图 3-8 所示）。

图 3-8

运营伊始，公司就定位于企业最高层职业经理人（企业领袖）的招聘领域。以质量承诺、客户服务、团队、诚信和卓越为导向，追求"专业、专注"，崇尚"道德水准"。1992 年，路易斯·郭士纳拯救"蓝色巨人"IBM，就是海德思哲的经典之作。交易完成后，自然也出名了。

1999 年，海德思哲在纳斯达克成功上市（代码 HSII）。2009 年 2 月，首席执行官凯文·凯利说，猎头的传统业务模式"被打破了"，必须集中

---

① http：//www.heidrick.com/.
② Aili McConn. A Headhunter Searches For A Second Life —Heidrick & Struggles looks beyond executive recruiting. Business Week I January 26, February 2, 2009.
③ 明月：《咨询公司抛售 Google 股票，净赚近 1.3 亿美元》，新浪科技，2004 年 9 月 19 日。
④ 宋斌：《"海德思哲时代"或将终结》，《国际人才交流》，2013 年第 7 期。

到有限的重点领域。他同时预言，大约6.2亿美元的猎头市场，存在于花旗集团、雅虎、德国默克集团（Merck）等顶级公司的高管搜寻领域。毫无疑问，海德思哲将是这些订单最有力的获得者。2000财年，《华尔街日报》指出Heidrick和Struggles先生的公司，成为世界上"美国人合办的、最大的搜寻公司"。海德思哲的搜寻业务总是和世界财富500强联系在一起，被认为是全球最著名的幕后英雄之一。不仅如此，公司每年成功完成的上千个搜寻案例，使海德思哲在猎头行业中处于名副其实的领袖地位。

2001年年初，海德思哲由于为Google寻找到一位新的CEO，而获得了后者的股票期权。8月19日，Google上市后，便将这些股权兑现，以30美分的价格购买了大约120万股B股，而Google的发行价为100.01美元/股。2008年9月中旬，以每股108.22美元的价格顺利出售，净赚近1.3亿美元，刷新了全球猎头行业的单笔收入的最高纪录（此前，史宾沙公司创下一单收入7000万美元的行业记录）。

2008年年底，老牌劲旅海德思哲构建了由65个分部和1400名顾问组成的全球业务网络，极力维护着公司创立时所倡导的价值观和合作精神。由于公司现代而独特的价值观念，海德思哲的资深主席被尊称为"世纪招聘人"，欧洲分部也成了"欧洲领先的搜寻公司"。

海德思哲声称，他们期望成为所有人力资本管理的先知，为所有使领导者们彻夜不眠的问题寻找创造性的解决方案。这些问题包括招聘、培训、职员留任、薪资、评估、过渡期管理和董事会管理等等。同时，公司也要为猎头行业"创造一个新的游戏规则"。为此，公司建立并完善了全面的领导资本管理策略，为全球客户提供了从首席执行官CEO、董事会成员到公司高级管理人才的搜索咨询服务。客户群逐渐覆盖了全球财富1000强的跨国公司、中等规模的公司、高速发展中的新兴中小企业、非营利机构、教育机构、基金组织和政府部门。

海德思哲矩阵式的组织结构，可按不同业务和不同地理区域进行划分，能够更好地理解客户的运作、商业策略和竞争态势，并因此提高了服务能力。严格而科学的专业划分，使他们能集中精力于关键行业和职能的业务。行业和职能的丰富经验，使他们能够物色到具有高素质的企业领袖。

海德思哲享有盛誉。它的最大特色就是极其专注。因为专注，所以成功。这句话在它身上可以得到最有力的诠释。在它看来，最为顶级的高级人才，市场价值也最大。特别是企业领袖级的高层人才，是海德思哲唯一关注的对象。为此，公司对猎头顾问的挑选极其严格，猎头顾问多数是富有专业经验和知识的行业专家和学者，甚至是退休的政府要员和商业界的杰出人物。

海德思哲在猎头市场的无声语言可以总结成：因为，我是最优秀的猎头公司；所以，我只找最优秀的企业、最优秀的高级人才。许多跨国公司和高级人才，纷纷选择海德思哲或以被它关注为荣耀，以此体现出市场身价和品位。在专业操作领域上，视野开阔、胆识过人，行动隐蔽、手法细腻。特别在企业领袖这样被公认为尖端而敏感的地带，海德思哲向来是温文尔雅、游刃有余。如此种种，都是海德思哲公司的独到和过人之处。

2013年6月，久负盛名的美国海德思哲猎头公司决意挂牌出售。然而，它带给人们的并不是震惊，而是更多的反思与惋惜。

诞生以来，海德思哲为了刻意保持"企业领袖孵化器"的美名，频频在各大媒体亮相。即使在失手的时候，也不会忘记微笑着和新闻记者们调侃几句。这让行业观察家们逐渐漠视。

上市后，公司运营几乎没有秘密可言。特别是严格而全面的新闻披露制度，反而制约了以"行动隐蔽、手法细腻"而著称的海德思哲，在先前擅长的跨国、跨行业的重大猎头行动之前，不得不有所收敛。这在客观上影响了企业形象。

高管老化严重。20世纪80年代以来，海德思哲的高层管理人员更新率低，新锐人物很难得到上升空间。严格而苛刻的选拔提升制度，与狭小的公司规模发生严重冲突，使得原来单纯的人际交往开始出现僵硬的"公司政治"。

投资失误接连不断。海德思哲董事会的主要精力放在客户领域，却对自身的公司发展并不在意，甚至有着"卖品牌、卖标准"的所谓一流企业的霸道。他们雄心勃勃投资的猎头行业"搜索引擎""十三步程序"以及南美洲的合资公司，无一例外地遭受失败。

轻视行业核心竞争力。事实上，海德思哲的顾问选拔与培训是世界一流的，也是公认的"黄埔军校"。但是，公司对顾问们的自由去留，却是非常开放的。这事实上免费向国际猎头公司提供了培训基地，且让一度高不可攀的专业技术，成为顾问们投靠新东家的"见面礼"。与此同时，海德思哲的全球办事处规模很小，通常只有3～5名顾问镇守。如果遇到几名顾问突然辞职的情况，只能暂时关门大吉。

面对市场的夹冲力，却无良策。反之，如在美国，光辉国际移师政坛，开始为美国政府搜寻高级雇员，从而占据一块很大的市场。史宾沙明确在法律顾问、财务总监和信息官的"三位一体"的框架下，为全球客户量身定制专业服务,推出"人力资源猎头"的创意,获得业内的高度认同。擅长资本运作的巨兽公司,先后收购澳大利亚和中国大陆的著名企业,致力于网络招聘市场。快速扩张的万宝盛华,通过收购人才派遣行业,寻找到了低端猎头市场的盈利模式,屡屡捧到流着黄油的新鲜蛋糕。

(三) 光辉国际:全球业务"三足鼎立"①②

1969 年,Lester B. Korn 和 Richard M. Ferry 二人在美国的洛杉矶,创立了光辉国际(如图 3-9 所示)。

图 3-9

1969 年公司成立以来,光辉国际始终在全球高管搜寻行业处于领导地位;为了帮助客户应对人才管理所面临的挑战,光辉国际整合了高管搜寻、公司治理和 CEO 招聘、招聘外包、人才测评以及高管辅导和发展等一系列业务,为客户提供整合的人才解决方案。1975 年,成立香港办事处,第一次被《财富》杂志排名为全球最大的搜寻公司。1997 年,开设了上海办事处。1999 年,在纽约证券交易所上市(NYSE:KFY)。2001 年,光辉国际被经济学人智库(EIU)誉为亚洲领先的经理人搜寻公司。

2005 财年,光辉国际以全球总收入 2.79 亿美元、较上一年劲增 30% 的业绩,名列美国猎头公司冠军。2008 年,光辉国际在全球 39 个国家的 73 个城市开设 89 处办事机构,营业总面积超过 75 万平方米。其中,猎头业务机构 76 个,猎头顾问总数 684 人,人才库储量达 390 万人。在全球完成了 11106 个招聘项目,50% 以上是 CEO、CFO、COO、董事会成员或

---

① http://www.kornferry.com/.
② Business & Company Resource Center. Feb2,2012.

其他高等级的职位。公司与50%的世界500强企业关系密切或者曾经合作，号称是当时世界上规模最大、营业收入最高的高级管理人才顾问公司。

光辉国际十分重视中国市场。早在1978年，为适应未来大中国区经济的发展，就在香港成立了分公司，逐渐发展成为当时亚洲区域最具影响力的高级人才顾问公司。1995年、1997年，光辉国际公司分别开设了北京和上海办事处。公司高层政治敏锐、头脑清醒，充分意识到发展中的中国企业对跨国型高级人才的需求，能够预测政府意图和倾向，主动与当地政府紧密合作。2002年10月，光辉国际获得北京市中外合营人才中介服务许可证书，北京办事处也因此升格为北京分公司。2003年12月，上海分公司成立。2005年3月，公司亚太总部迁移到上海。2007年，广州办事处成立。至此，大中国区形成北京、上海、广州和香港四大办事处的运营格局，公司员工150余人。2003年以来，光辉国际大中国区的业务量持续剧增，平均年增长率都超过了30%。

光辉国际三大全球业务：

1. 高管寻访（ER）

在全球范围内帮助客户招聘高管人才。光辉国际的高管搜寻服务团队由国际上领先的专家组成，他们利用他们的市场知识以及本土视角为客户提供服务，同时，展现出对客户全方位需求具有深刻的洞察力和理解力。这种能力使光辉国际的专家能够以最及时和有效的方式，招募到具有理想的经验背景和工作态度的职业经理人。光辉国际称之为搜寻人才的艺术。

2. 外包和中层招聘（OMR）

包括招聘外包服务、项目招聘、中层经理人招聘、招聘咨询以及短期人才派遣等。

a. 招聘外包（RPO）。不同规模不同行业的企业都认识到招聘外包已成为优化招聘质量的最有效方式，可使企业集中精力提升自己的核心竞争力。作为全球领先的招聘外包服务提供商，光辉国际的全资子公司未来之步（Future Step）为许多客户成功提供了全面的招聘外包服务。作为客户的招聘合作伙伴，未来之步经常帮助客户招聘优秀的人才，打造有效的招聘流程，并根据实际的需要派专业顾问进驻客户公司，完成招聘外包服务。未来之步的业务范围遍及全球，拥有一流的招聘专家，技术先进，评估准确，可以在客户需要时及时搜寻到最合适的候选人。

b. 项目招聘。未来之步开发了专门的招聘策略，提供切实可行的项目招聘服务，以帮助客户实现在短时间内的多职位招聘需求。它对现有的资源进行评估，并根据客户的具体情况制定专门的招聘策略，并以此为基础，帮助客户完成招聘工作的整个流程。通过专业化的招聘流程，客户将只需要较少的投入就能得到最佳的招聘效果。

c. 中层人员招聘。未来之步在17个国家有近40个办事机构，与光辉国际遵循同样的工作流程，并共享统一的全球数据库，因而可以在最短的时间内搜寻到最适当的中层管理人才。根据客户的招聘需求，顾问会制定合适的招聘方案，在最短的时间内搜索到合格的人才。

d. 咨询业务。纽曼集团是未来之步旗下的一家专业咨询服务公司，提供人力资源管理各个环节的咨询服务，包括人才战略分析和规划、流程评估和优化、技术和服务评测、选择和实施以及人力资源规划。当然，未来之步也为客户提供招聘工作的运营支持和系统管理服务，包括终端用户、候选人支持和招聘管理系统的报告服务。

e. 人力资源过渡性解决方案。未来之步公司拥有最大的经预筛选的中层专业人员数据库。无论客户有月度、季度、年度的或者更长期的过渡性人才需求，它都可以为客户直接提供优质的、合适的专业人才，以满足客户对人才的过渡性需求。

3. 领导力发展项目（LDS）

主要是帮助客户从内部培养管理人才。这个国际上领先的管理咨询企业已经认识到，除了从外界招聘优秀管理人才之外，坚持同时从内部培养、教育、和保留管理人才对于企业的可持续性发展至关重要。光辉人才管理和领导力咨询结合了经过实践证明的、基于事实的高管行为测评和发展工具，为客户提供一系列提高人才有效性的解决方案。光辉国际区别于其他咨询公司的主要特点在于结合了光辉国际传统的高管猎头的能力、顶尖的国际品牌、深刻而科学的方法和工具，富有咨询经验的优秀顾问团队以及全球的资源分布。

光辉国际人才管理与领导力咨询独特的解决方案包括：

a. 人才管理战略。整合关键的人才管理体系；帮助客户识别和建立与企业长期战略息息相关的高管、人才和组织能力。

b. 素质模型开发。基于行业的研究和最佳组织实践，结合研究企业内优秀的人才，帮助客户建立个性化的素质模型。

c. 收购兼并中的领导力。协助客户解决收购兼并中的变革管理、人才测评和人才整合等问题，以确保提高收购兼并的投资回报。

领导力人才是影响企业在收购和兼并成败的关键因素之一。光辉国际协助客户在企业实施收购兼并之前进行高管人才的测评,以及目标公司企业文化的诊断,衡量兼并中的人才挑战以协助收购兼并决策。光辉国际还整合公司独特的高管猎头和领导力咨询专长,协助收购兼并后的新公司从外部搜寻适当的高管人才,同时从内部培养新公司所需要的领导力团队。

(4) 高管领导力培训

持续性的职业领导力培训可以协助开发高管的领导力潜能。培训内容皆根据企业的业务状况,整合光辉国际的研究的六大领导力关键要素而设计:战略技能、经营技能、魄力、活力与动力、组织定位技能、个人及人际交流技能等。光辉国际还提供针对人力资源专业人员的光辉国际领导力技术认证课程。

发展计划。研究表明,无论是经理、领导还是个人贡献者,那些对自己更了解的人会比那些对自己缺乏自知之明的人更加成功。他们有更好的自我认知的原因之一是由于他们愿意积极寻求反馈,认真对照自己反思,并且将改进的想法尽快付诸行动。光辉国际进行了一系列的研究,以进一步了解他们怎样有效地完成这一发展过程。光辉国际将学术研究成果出版后,许多人力资源管理者、组织发展专家和高管教练将这些研究成果转化管理实践。

发展计划是针对一项弱点或因缺乏某项对于职业发展至关重要的能力而产生的发展机会而制订的。通常我们称之为个人发展计划(IDP)。一份完整的个人发展计划一般需要涵盖在具体工作中发展、在人际互动中发展和从培训课程中获得这三种能力发展的途径,而且按照70/20/10的比例来获得能力。

光辉国际在为客户建立系统的发展计划体系以及为人力资源部以及直接经理提供发展计划的辅导认证方面有很丰富的经验。包括发展计划手册(Career Architect),着重于长期的发展计划:从反馈中学习,从具体任务中学习,从全职工作中学习,从发展计划中学习;自我提升计划(FYI),每项能力的行为描述、替代的能力、能力提升的方法、阅读书籍等。

高管领导力培训。研究结果显示,领导力培训对管理人才的能力发展及其人才挽留有关键性影响。面临全球经济不景气的严峻挑战,领导者带领团队从容面对挑战的能力更为重要。鉴于此,光辉国际提供的客户化训练课程,依据公司就领导力素质的六个要素来进行设计:战略技能、经营技能、魄力、活力与动力、组织定位技能、个人及人际交流技能等。所有训练内容皆根据企业实际需求及组织愿景,结合光辉国际的研究资料而规划。特色与优势包括:

个人化学习——光辉国际课程内容设计及学习模式选择，具高度个人化。高管领导力课程通常以小班模式进行，后续以一对一的教练辅导及相应工具来深化学习成效并衡量成果。

组织影响极大化——透过训练课程所强化的技巧，促使高管提升绩效；催化新任高管的发展速度；立竿见影的影响力以及拓展人际关系的能力。

专业讲师群——光辉国际对执行训练课程讲师制定统一而严谨的标准，多数讲师具有业界的资深管理职经验、丰富的领导力发展咨询专业及国际化的视野。

实际个案学习——课程特色具高度体验式学习元素，以企业实际议题作为个案研究主题。

专业认证课程——光辉国际独特的以研究为基础的深刻的领导力技术可以帮助领导力发展专业人员提高实践技能。公司提供的公开课包括：

a. 了解领导力素质（基本要求课程）。
b. 素质为基础的面试和选拔技能（认证课程）。
c. 提高 360 反馈的影响力（认证课程）。
d. 运用学习的敏锐度鉴别高潜质人才（认证课程）。
e. 以领导力发展为目的的辅导。
f. 参与性风格的领导者（引导课程）。

（5）管理人才测评

光辉国际在国际上领先的测评技术具有五个特点：保密性、基于业务目标、方法的可信度、持续性的反馈以及潜质鉴别。

光辉国际整合旗下 Lominger 和 Decision Dynamics 等子公司，形成独特的最先进而且经由实践证明的方法和工具，不但能够高效搜集和沟通被测者的关键信息，而且保证了友好的用户界面且使用便捷。此外，它精心设计的测评流程，既减小被测者的不安情绪，又可以尽可能地使得测评流程的整体价值最大化。

2011 年，光辉国际宣称已经在全球范围内测评了超过 13 万名高管。公司以具体而客观的标准来进行测评，因此可以将被测者和经验证标杆岗位进行对标。公司综合多方面的数据进行测评，包括自我测评、360 度反馈和由专业测评师主导的面谈。这些数据的综合使得公司可以对被测者有高准确度的评价和比较。从而可以避免对一个人笼统、偏颇的评价，消除简单定论的可能性。

(6) 高管团队有效性

通过测评高管团队的动态协作、管控模式、绩效、透明度和整体的效率来提高团队合作的有效性。

(7) CEO 继任计划

继任计划基于高潜质人才的挑选和相互比照，以及目标候选人的培养计划，来达致高质量的领导力交接。

光辉国际采用基于深入调研的继任计划解决方案帮助企业前瞻性地规划和建设人才生命线以保持企业的可持续发展。这一解决方案主要包括以下几方面：

诊断组织能力（企业未来所需要的组织能力和人才）。利用光辉国际战略效能诊断工具明确企业取得长足发展和成功所需要的领导团队、人员、组织能力和人员素质。

甄选高潜质人才（企业目前人才状况）。对照所需能力/素质并使用高潜质人才评估（choices）和比对（talking talent）等工具甄选出真正的高潜质者。

明确人才来源（企业如何弥补差距）。评估差距并明确为取得成功人才的出处在哪里？是内部培养还是外部搜寻？

致力人才管理（企业如何管理人才生命线）。致力于人才的持续发展和人才的调配。光辉国际提供一体化的人才发展解决方案，包括个人发展规划、教练辅导、教育课程和其他实战性的发展手段等。研究表明，只有29%的高绩效者是高潜质者，而93%的高潜质者都是高绩效者。所以对继任计划过程而言，至关重要的是甄选出高潜质者。光辉国际可以帮助企业及早发现高潜质者，确保企业使用正确的手段发展真正的人才，杜绝人才生命线断裂。高潜质人才评估工具衡量学习"敏锐度－高潜质"的主要指标，包括心智敏锐度、人际敏锐度、变革敏锐度和结果敏锐度四大因素。

(8) 高管辅导

帮助高管从个人领导力行为方面了解其工作岗位的要求，以优化对个人、团队和组织的影响。

光辉国际已经建立了一个全球的教练网络，这些资深的教练都具有广泛的高层企业管理经验，并能够将具体的企业目标和辅导对象个人的专业发展紧密联系起来。独特的高管辅导包括根据客户和辅导对象具体情况而灵活设计的各种辅导方式，如一对一当面辅导、电话辅导、团队辅导、内部辅导流程的建立以及内部教练培训等。内容包括：提高领导力素质的辅导，提高目前绩效的辅导，加速胜任新岗位工作效率的辅导、跨文化工作的辅导，建立高绩效领导力团队的辅导等。

（四）史宾沙：国际化经营巨子[①]

1956年，斯宾塞·史宾沙（又译：斯宾塞·斯图亚特）在美国芝加哥成立了史宾沙公司。现已经发展成为世界领先的猎头公司之一。（如图3-10所示）

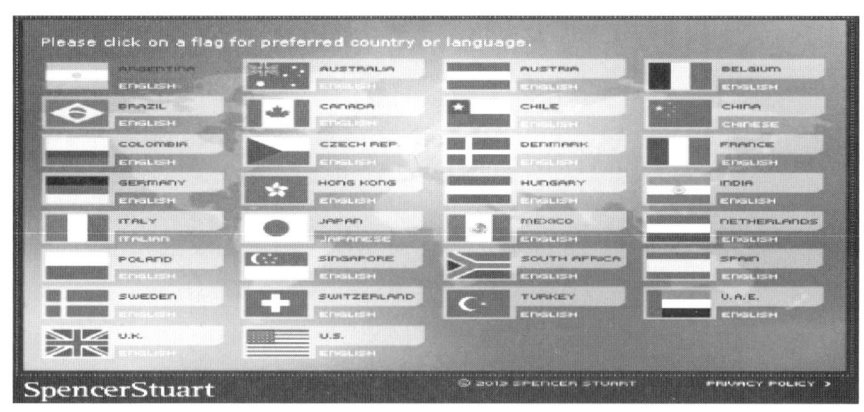

图3-10

1959年，史宾沙正式设立苏黎世办事处，成为最早的国际猎头公司之一。1961年，公司在纽约和伦敦相继开设了办事处。不久，欧洲地区的办事处多达20个，盛极一时。

1983年，史宾沙第一个在国际猎头行业中建立了用于服务实践的专门委员会。1995年，建立金融服务实践课程，吸引了史宾沙全球客户群的25%。1998年，推出全球智能服务，后在2007年更名为史宾沙执行评估服务。这项服务包括兼并和收购服务、领导力评估、继任规划和人才的标杆。

2002年，正式确定在法律顾问、财务总监和信息官的"三位一体"的框架下，为全球客户量身定制专业服务。2004年，又推出"人力资源猎头"的创意。斯坎伦·亨特宣布这是"在搜索行业的分水岭事件"，并认为史宾沙是当时美国最大和最有生产力的猎头公司。这是有底气的。针对董事会成员的猎头业务，占全部收入的50%以上，雄居行业之首。仅在2011年，公司在世界各地完成了4000多个猎头项目。

[①] http：//www.spencerstuart.com/.

2012年9月，在29个国家设有53个办事处，拥有300多名具有专业猎头经验的行业顾问。高科技的广泛运用，使得顾问们的信息交流跨越国家边界，实现了部门专业化和知识共享的最大化。史宾沙还拥有一流的联营公司和研究人员，以及来自政府提供的先进软件技术支持。

（五）罗盛咨询：华尔街背景的国际猎头[1][2]

罗盛咨询主营突出、业务广泛，处事低调、出手果断，长期屯居在华尔街银行业，似乎养成了独具一格的经营性格，不动如山、动如脱兔，堪称国际猎头行业的"冷面杀手"。在筹划运作、专业技能方面尚有商榷之处，罗盛咨询的眼光、胆识和敏感度足以与光辉国际媲美。如图3-11所示。

图3-11

1. 快速发展（1969—1977）

罗盛（Russell Reynolds，又译雷诺仕）毕业于耶鲁大学，曾经是摩根担保信托公司的高管。1966年，他加入一家专门搜寻商业银行高管的猎头。1969年，成立了自己的公司。罗盛非常重视个人形象，只穿细条纹的吊带西服和衬衫，频繁出现在各种高档酒会和晚宴。1984年，他在接待区放置了一张温斯顿·丘吉尔的亲笔绘画，还有一台昂贵的施坦威钢琴。独特的是，他与客户采取信使方式，而不是电子邮件。

1975年，罗盛公司成功搜寻25家银行的首席执行官和总裁。1976年，总收入近600万美元，约44%来自金融领域。先后在芝加哥、休斯敦、伦敦、洛杉矶和巴黎设有办事处。1977年，猎头顾问的年薪在3.5万~20万美元不等；而自己拿到的，却是35万美元。

罗盛公司擅长搜寻银行总裁、首席运营官、执行副总裁级别的高端

---

[1] http://www.russellreynolds.com/.
[2] Business & Company Resource Center. http://galenet.galegroup.com/.

人才。时间通常是 3~6 个月，分成三个阶段完成。在理解客户的需求后，公司将动用 10 万左右的候选人数据库进行筛选。这些候选人可能来源于金融类的期刊报纸，或者是不请自来的简历，最多的却是各种宴会、联谊活动交换而来的名片——他把这个称作客户和候选人之间的"穿梭外交"。

2. 繁荣与危机（1979—1992）

20 世纪 80 年代，猎头没有规则可言，只管收钱、不管道德的"灵活性"成为时代口号。罗盛猎头告诉人们，凡是与他们合作的客户，不用担心高管被挖走；没有合作过的，随时会被偷袭。1981 年，在香港开设了第一家亚洲办事处，波士顿、达拉斯和马德里办事处相继成立。1984 年，新加坡和悉尼办事处成立时，集团的年收入已超过 3600 万美元，29 名公司董事的年薪超过 15 万美元。公司总部搬到泛美大厦，并在法兰克福、墨尔本、东京开设办事处。在 20 世纪 80 年代中期。罗盛本人从来不为客户资源发愁，却担心香港办事处的地毯长出霉芽，达拉斯办事处的接待员嚼着口香糖接电话。这位极其讲究的创始人，甚至专门指定一家理发店，每个星期一都准时到纽约办事处给所有的员工免费理发，原因是那些人太邋遢。

1987 年 10 月，美国股市暴跌，金融界经历严重紧缩。纽约的银行家们在 3 年裁减 3.5 万个职位。1990 年，8% 的罗盛公司员工辞职而去。1992 年年底，罗盛猎头决意迅速扩大国际业务，而不是转行做管理咨询，相继在米兰、布鲁塞尔和爱丁堡开设办事处。1993 年，多伦多办事处成立，罗盛本人宣布离开公司，霍布森·布朗接任首席执行官。

3. 新的动力（1993—2000）

20 世纪 90 年代，国际银行业和全球业务的迅速增长，证明了罗盛的远见和眼光。13 个全球办事处开始大量招收顾问，主要是金融衍产品、资本市场和人才领域的专家。罗盛公司说服华尔街的银行家们，如果想网罗精英人才，满足未来的发展需求，就得绕过讨厌的人事经理们，和董事会保持直线联系。摩根士丹利公司接受了这一方案，然后是雷曼兄弟公司。它们都能够享受罗盛公司的折扣优惠政策。1993 年，华尔街的银行家们贡献 3100 万美元的佣金，却得到罗盛公司提供的 570 名高级经理和 39 名技术专家。

1994 年，罗盛公司迎来成名之作。佛蒙特州的冰淇淋制造商、Ben & Jerry's Homemade 公司的联合创始人本·科恩辞职，罗盛接受了猎头订单。与先前不同的是，它居然开始在美国的各大新闻媒体大做广告，口号非常响亮——"Yo! I Want To Be Your CEO!"的招聘广告。不久,就收到22500份申请(包括候选人提出的经营思路、工作建议和未来发展规划等),经过层层选拔,遴选出500名候选人参加竞赛,最终入围的候选人仍然多达十几个。等到新的CEO上任的时候,几乎全美国人都记住了这个连续做了半年多广告的冰淇淋制造商,还有风头正劲的罗盛猎头公司。

1995年,罗盛涉足新兴而暴利的医疗保健领域。公司按年薪的35%收费,一单业务的最低标准是10万美元。汉堡、墨西哥城、华沙、上海、阿姆斯特丹、布宜诺斯艾利斯、哥本哈根和圣保罗办事处相继成立。

1997年,国际妇女论坛专门向罗盛公司颁发了特别奖,原因是后者让更多的妇女进入银行的高层,从而有力提升了女银行家们的社会地位和成就。

1999年,集团收入超过2.36亿美元,比上一年劲增22%。2000年,35个办事处能够提供40多种行业服务,集中于金融服务、信息技术和医疗保健领域。在东欧和日本,多数是非执行董事、高级财务人员招聘和人力资本评估业务。美国本土业务开始降到50%以下——这意味着罗盛公司实现了真正的国际化。

2008年11月,罗盛咨询提出了中国、印度、巴西应当"抄底华尔街"的口号,引起全球舆论哗然。2009年9月10日,中国科学院院士、原中国科学技术大学校长、63岁的朱清时,从200多名候选人中最终胜出,成为南方科技大学第一任校长(聘期5年)。这也是中国内地第一个通过国际猎头公司在全球选聘的大学校长。幕后的策划者之一,就是罗盛咨询。新闻还报道说,它曾为霍普金斯大学、欧洲商学院搜猎校长候选人,并与哈佛、耶鲁及牛津大学有过成功招聘及合作经验。

2012年9月,罗盛咨询拥有40个全资子公司,以及遍布世界各地的275多家联营公司,每年完成3000个以上的高管猎头任务,业务遍布北美和南美、欧洲和泛太平洋地区,涉足非洲、俄罗斯、东欧、中东和南太平洋地区。

(六)万宝盛华:万宝"万能"[①]

万宝盛华集团(Manpower Group,NYSE:MAN),创新的员工队伍解决方案的世界领先地位,创造和提供高影响力的解决方案,使客户实现其业务目标,并提高他们的竞争力(如图3-12所示)。

---

① http://www.manpower.com.cn/.

图3-12

1948年,万宝盛华成立于美国威斯康星州密尔沃基市。有超过60年的经验,公司创造了独特的解决方案,帮助客户赢得价值。这些解决方案涵盖人才招聘和评估的整个范围、培训和发展的驱动需求,以及外包和人力咨询职业生涯管理。

万宝盛华每年提供的招聘、人才派遣、产权管理等一整套解决方案,为所有行业的大中型企业提供动态的组合服务。在中国内地,它以"万能"而著称,业务范围几乎覆盖了所有的人力资源领域,甚至包括人才中介服务。

2011年4月,经过长期而秘密的谈判,万宝盛华低价收购了号称华南地区最大的猎头公司——锐旗猎头。在新闻发布会上,中华区总经理指出,锐旗人力集团的员工派遣数量,几乎相当于一个巴黎的总和;独立而完整的锐旗猎头公司,仅仅只是作为陪嫁,甚至省略了必要的品牌评估程序。

2011年,万宝盛华的全球总收入达220亿美元,名列"财富500强"的129位,成为美国最大的猎头公司。2009—2011年,万宝盛华连续被评为业内最受赞赏的公司。它的40多万个客户分布在世界各地,在全球82个国家和地区拥有4000个办事处,在80多个国家和地区拥有行业领先的网络,在世界各地拥有超过30000名员工。

(七) 巨兽:全球最大的在线招聘商[①]

1967年,Andrew J. McKelvey创办美国巨兽公司(NYSE:MNST)。它是Monster的母公司,是国际网上招聘的领袖。著名的招聘广告代理网络TMP Worldwide亦属Monster Worldwide的旗下。总部设在纽约,25个全球办事处,4600多名雇员。同时,它还是S&P 500指数及NASDAQ100的成员公司。

Monster是全球领先的网上求职网站,亦属Monster Worldwide旗下部门。1994年创立,总部设于美国马萨诸塞州Maynard镇,并陆续在全球

---

① http://www.chinahr.com/.

24个国家,用26种的不同语言兴建了分支网站。它主要为优质求职者,与不同行业的杰出雇主配对,缔造双赢局面。

2008年10月8日,美国在线人力资源企业巨兽公司和中华英才网在北京宣布,巨兽公司以1.74亿美元现金完全收购中华英才网,为其拓展亚洲市场迈出重要一步。公司还说,1.74亿美元收购中华英才网剩下55%股权的交易十分合理,并将继续使用"中华英才网"品牌,目标是在中国内地网络招聘领域保持实现市场占有率第一(如图3-13所示)。

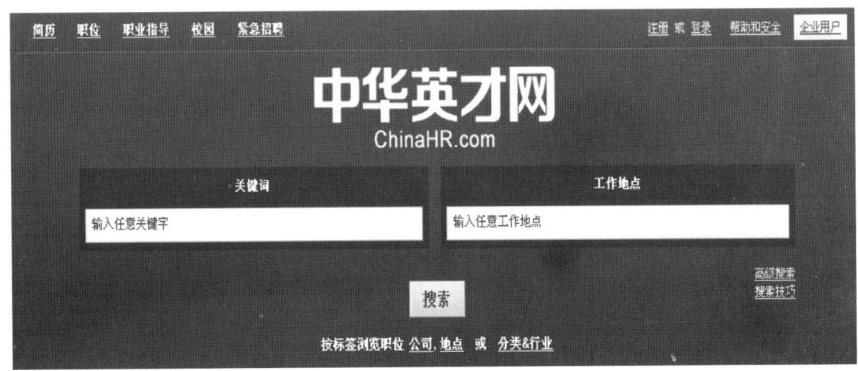

图 3-13

2013年1月,巨兽公司将中华英才网列入"待售资产",并将完成交易的时限圈定在"财年结束时"。专家称,意向接盘方对中华英才网的出价已经低至1000万美元。曾几何时,巨兽对中华英才网的投资以及对赌协议,让一些著名的招聘网站加入了疯狂的广告战。在风险投资的猛烈推动下,中华英才网、智联招聘的高层领导不计成本地进行用户圈地、压低价格。然而,中华英才网最终未能成功IPO。

事实上,就在中华英才网彻底转身成为外资公司的危急时刻,包括创始人张杰贤、拥有一定股份的职业经理人张建国等悉数退出。而巨兽派驻的职业经理人,崇尚美国管理经验,强行更换基层经理和管理者。如一个客户提出猎头服务时,他们通常要求顾问们按照美国的惯例,最多提供5份候选人的简历;此前,对于送上门的订单,顾问们动辄抛出100多简历,甚至是无限量供应。这也让许多老客户失去了原本享有的多层次、多级别服务——在不成熟的市场下,这几乎是一个众所周知的潜规则。不管如何,中华英才网最终失去昔日的"狼性",出现各种各样的"水土不服"症状，无法获得正向现金流，遂被边缘化。[1]

二、英国：五朵金花

风度翩翩、沉默寡言的英国人崭露头角、后来居上，诠释了"在猎头行业，没有永远的冠军、只有永恒的创新"这一真理。

（一）瀚纳仕[2]

瀚纳仕（Hays）是英国第一大猎头公司，以提供高端人才派遣、私人顾问式的猎头服务闻名遐迩。它成立于1867年，起初只是一个名不见经传的职业中介所，负责为一些大型工厂招聘技术工人，甚至还从事商品贸易。后逐渐专注于人力资源领域，并在伦敦交易所上市（LON：HAS，如图3-14所示）。

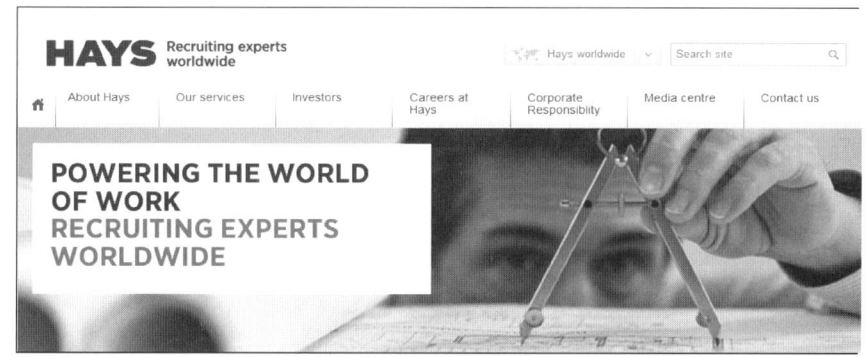

图3-14

瀚纳仕猎头的最大特色是提供私人顾问服务。在派遣过程中，一些潜在的高端人才会得到额外的关照；通过各种渠道获得的高级候选人，都会在节假日得到亲切的问候。如有必要，顾问还会向他们免费提供学术讲座、私人聚会、职业培训方面的信息，借以拉紧猎头公司和候选人的感情距离。许多候选人在离职时，也会主动征求猎头顾问的意见，谋划自己的职业规划方向和实施方案。如此一来，猎头公司在某种程度上绑架了高端人才的心理，形成一种类似依赖关系的纽带，成了极其稳定而有效的候选人群体，刺激了猎头公司的迅猛发展。

---

[1] 施建：《巨兽贱卖中华英才网，水土不服兵败中国》，《21世纪经济报道》，2013年1月17日。

[2] http://www.hays.com/.

2009 财年，全球总收入超过瑞士亿康先达、美国的光辉国际，达到 39 亿美元，被《2010 年全球人力资源服务机构 50 强》列入"招聘/猎头类"世界第一。2011 财年，集团的总收入为 3.256 亿英镑，稳固世界超一流猎头公司之列。

2012 年 9 月，瀚纳仕的全球业务波及 33 个国家，还在新兴的南亚区域开设了 7 个办事处，超过 7800 名员工的 245 个全球办事处，每年为超过 15000 名求职人员找到了长期工作，并为超过 33000 名人员找到了短期工作，临时员工和合同员工的派遣数量超过 12000 名。

（二）米高蒲志国际[①]

米高蒲志国际（Michael Page International，LON：MPI）1976 年在伦敦成立，是代表世界顶尖雇主，专业从事长期、合同和临时职位招聘工作的领先招聘咨询服务机构。它在伦敦证券交易所挂牌上市，每年的营业额超过 10 亿美元，在 28 个国家设有 166 个办事处，全球雇员超过 5000 人。

2003 年，米高蒲志国际在上海开办中国内地的第一个办事处。到 2012 年 9 月，在全球所有主要商业中心设有办事处，包括香港、伦敦、纽约、巴黎、东京、多伦多、新加坡、悉尼等。

（三）Harvey Nash Group[②]

Harvey Nash Group 于 1988 年成立，总部位于英国伦敦，在伦敦交易所上市（LON：HVN）。业务涉及人力资本管理、外包以及咨询服务，甚至包括企业软件开发项目。在美国、欧洲和亚洲，共设立 38 个办事处，包括伦敦、法兰克福、纽约、香港等，主要从事招聘和猎头业务，客户涉及许多世界领先的公司，政府、非营利组织、银行和私营企业。2009 财年收入近 7 亿美元。

（四）Hydrogen[③]

总部位于伦敦，伦敦交易所上市公司（LON：HYDG），是一家英国的招聘服务供应商。公司为大中型企业提供中高级专业人才的临时或正式员工的招聘服务，招聘领域主要覆盖：科技、金融、专业和工程部门。2009 财年收入 1.2 亿美元，列《2010 年全球人力资源服务机构 50 强》第 37 位。

---

① http://www.michaelpage.com.cn/.
② http://www.harveynash.com/.
③ http://www.hydrogengroup.com/.

（五）PSD[①]

成立于1992年，总部位于英国伦敦，是一家领先的招聘/猎头服务供应商。主要业务包括：猎头、广告招聘、紧急招聘、合同工及雇佣招聘、候选人评估中心及心理测试等。2009财年收入0.67亿美元，列《2010年全球人力资源服务机构50强》第43位，共有8个办事处，200多名顾问（如图3-15所示）。

图3-15

三、荷兰：郁金香帝国

1960年，Frits Goldschmeding创办任仕达公司（Randstad Group）时，拟定了三项核心价值：了解、服务和信任；臻于至善；和谐共赢（如图3-16所示）。[②]

图3-16

它是国际性的人力资源外包解决方案供应商，以专业人员招聘、人才派遣、薪酬外包与员工配置等服务在欧洲、北美与亚洲地区享有盛名。集团业务可划分成大规模定制员工配置、专业人员派遣、客户现场人力资源

---

① http://www.psdgroup.com/.
② http://www.randstad.fr/.

服务三个主要领域。在荷兰、比利时、德国、波兰及美国东南部地区,任仕达都是市场领跑者;此外,集团在加拿大、中国、丹麦、法国、匈牙利、印度、意大利、日本、卢森堡、葡萄牙、西班牙、瑞典、瑞士、英国和土耳其的业务也相当活跃。

通过控股上海人才有限公司,任仕达在中国为客户提供全方位的人力资源服务。上海人才有限公司拥有上海市人事局唯一授权使用的"中国上海人才市场"品牌。这一战略联盟,使得任仕达成为少数几家获得授权能够在中国提供人才派遣和其他人力资源服务的公司之一。

2012年,业务拓展到40多个国家,覆盖了全球90%以上的人力资源服务市场。2008年,公司完成对维迪奥(Vedior)的收购之后,一举成为全球第二大人力资源服务供应商。《财富》杂志2009年500强排名,任仕达集团位列第450位,同时入选《财富》杂志"欧洲十大顶尖企业"。次年,《欧洲商业周刊》授予任仕达"50家最佳企业"和"最佳人才派遣公司"。

四、瑞士:第五张国家名片

瑞士银行、军刀、手表和邮票,是闻名全球的四张"国家名片"。殊不知,这个神奇的中欧小国还有声誉日隆的第五张名片:猎头。[①]

2005年,德科集团(Adecco)以总收入215.6亿美元,雄居全球人力资源服务商榜单冠军。公司前身居然是瑞士人创办、总部设在日内瓦的超级国际猎头公司——亿康先达(又译:艺柯集团,EZI)(如图3-17所示)。

图3-17

[①] 宋斌:《瑞士猎头:第五张"国家名片"》,《国际人才交流》,2012年第5期。

1964年，瑞士人、哈佛商学院工商管理硕士Egon Zehnder创建亿康先达咨询。5年后，它就在欧洲8个国家开设了办事处。1971—1982年，东京、圣保罗、纽约、墨西哥城办事处相继成立。1996年，公司合并组建德科集团（Adecco S. A.）。2007年，列世界500强的第261位。2008年，这个名字古怪的猎头巨子已经拥有——300名顾问，遍布70多个国家和地区的6700家分公司，财年营业收入超过300亿美元，公司股票已先后在纽约证交所、巴黎证交所和苏黎世证交所上市。

创建之初，亿康先达实行"合伙人"制度，包括合伙人和普通员工两个层次。全体合伙人平均分配公司的股权，哪怕是刚刚入伙的新面孔，也是如此。也就是说，那些原始合伙人的股权比例，其实在不断地下降。最有威望的合伙人被推举为董事会主席，称为"第一合伙人"，没有任何特权。每当决定公司经营战略、高层人员和发展大事时，合伙人每人一票；投票过半就可以基本议定，鲜有复议。普通员工在进入公司第5年后（特别优秀的除外），即可申请入伙。在公司组织的员工招聘面试过程中，每个候选人都要面对25～30个合伙人。面试实行一票否决制。每年都会有10～20个员工被提升为合伙人，最后提升谁为合伙人由合伙人评估委员会决定。任何一名评估委员只要认为是必需的，就有权单独进行候选人的背景调查。

Egon Zehnder曾经深情地说，我们相信我们的顾问应在本公司拥有终身的职业生涯，要加入可能非常困难；一旦进来，这里没有"提升或出局"（Up or Out）一说。全球猎头公司的顾问流动率高达30%，亿康先达却始终低于4%。即使有的合伙人执意离开，很快就可以结清应得的薪酬、并按市价向公司出售自己的股权，然后带着一张巨额现金支票潇洒离开。

在亿康先达，"人人为我、我为人人"的骑士精神"打虎亲兄弟、上阵父子兵"的东方观念和"乌托邦"式的幻想，被有机地植成了共存共荣、共进共退的"狼群"文化。10多次国际化扩张、两次重大资产重组和三个交易所先后挂牌，无一不凝结着合伙人的共同心血。2000年，创始人Egon Zehnder让贤，使得150多名全球合伙人感动不已。

"瑞士军团"有效地解决了欧美猎头喜欢单兵作战、以业绩论英雄的行业痼疾：顾问和客户谈判时，多数都喜欢单干，争取利润最大化；顾问之间相互保密、暗中抢单，为的是增加业绩；顾问私下接活现象普遍、不管企业亏损与否等。合伙人制度能够将广泛而零散的人脉关系公司化，并确保任何合伙人都可以安心养老。而对合伙人的严格遴选，更提升了队伍的整体素质。"世界上最危险的组合,就是钱和人的组合。但是,我们把金钱的因素完全抛开了;我们追求的是一种理想状态。"董事长丹尼尔·梅兰(Daniel Meiland)说。

作为一个高度国际化的公司,亿康先达还有另外鲜为人知的经营秘诀,那就是充分调动猎头顾问的私人资源。在公司步入正轨之后,创始人 Egon Zehnder 热衷于挑选性格开朗、人脉丰富,且具有一定背景的中老年人作为合伙人。在他看来,临近退休的知名人物和技术专家,经过几十年的持续积累,具有超出常人的支配力和敏锐力。特别是伴随体力的下降,他们/她们更加愿意从事档次较高的智力服务,并从中获得乐趣。而亿康先达不过是提供了一个充分交流的平台,使之能够得到社交的满足感,甚至是年轻人的崇拜感。在开设新的办事处时,他喜爱聘请当地的具有名门望族背景的中年人作为 CEO,严格立规、大胆授权。如此一来,亿康先达事实上调动了一个又一个既有的、庞大的人脉网络,大量收集需求信息、物色合适的候选人。而公司支付的,不过是一个顾问的工资而已。所以,公司在迅猛扩张的时候,本身也给所有的顾问带来高额的收益,进而证明和吸引了新顾问的积极参与。这种兼有东、西方的融合思维,堪称一绝。

亿康先达成为瑞士的"国家名片"端倪已现。2005 年起,亿康先达每天可为客户提供的雇员派遣超过 70 万人。2007 年,列世界 500 强的第 261 位,进入国际猎头公司综合实力前十强。2008 年,《世界管理评论》指出,这个名字古怪的猎头巨子,已经拥有 3300 名顾问,6700 家分公司遍布 70 多个国家和地区,财年营业收入超过 300 亿美元。2009 年,公司业绩、派遣规模和运营指标,都超过了著名的光辉国际、海德思哲和史宾沙公司。

亿康先达的收入和利润一直比较稳定。业内通常依据它的份额,计算全球人力资源市场(主要包括招聘、人才派遣、猎头三大类)的总收入。这就是"7%计算法"。如按 2008 财年,营业收入超过 300 亿美元,占全球 7%的口径,全球人力资源市场的总收入应当超过 4285 亿美元;再按预付型猎头市场的总收入占 30%的比例,得知约为 1285 亿美元。其中,中国内地、香港和台湾地区的份额约占 25%,市场容量 320 亿美元左右。

五、德国:日耳曼战车

德国猎头行业比较发达,起步却很晚。著名的光辉国际、海德思哲、万宝盛华等国际猎头公司,在德国并没有捞得什么好处。2012年年初,德国最大的猎头公司是总部位于瑞士的德科集团。

(一) 罗兰贝格公司

1967年,在德国成立的罗兰贝格管理咨询公司(Roland Berger Strategy Consultants),一度被认为是世界排名前五名的国际猎头公司。该公司隶属于德意志银行集团(如图3-18所示)。①

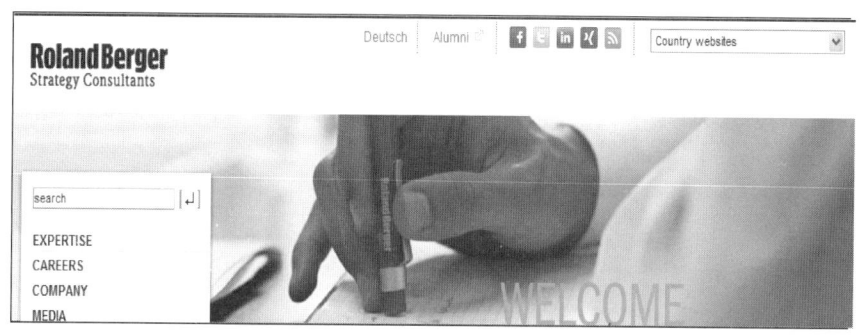

图3-18

2012年年初,公司共有240名合伙人,在全球36个国家开设51家分支机构,2700多名咨询顾问来自近40个国家,是欧洲最大的战略管理咨询公司。

(二) 奥杰斯本特森国际咨询公司②

1971年,在德国的法兰克福市成立。原名英特杰(Ray & Berndtson)。公司在猎头和领导人测评领域处于国际领先水平。2009年4月,伴随重大重组,公司由原来的英特杰(Ray & Berndtson)发展,并更名为奥杰斯本特森(Odgers Berndtson)。由于管理职位日益增强的全球化趋势,公司十分重视咨询业务的国际化。为了更好地完善全球客户的咨询服务,公司在全世界实行统一的质量标准(如图3-19所示)。

---

① http://www.rolandberger.com/.
② http://www.odgersberndtson.de/de/.

图 3-19

猎头是奥杰斯本特森公司的服务重心和专长。对于任何职位更换咨询，公司考察的不仅是候选人的个人魅力和专业技能，而且还有候选人和客户的文化匹配程度。该公司的目标是追求最优匹配，而非现成匹配。奥杰斯猎头搜寻注重个性化服务。它的业绩是每个顾问个人品质、专业知识和热情投入的结果。奥杰斯的顾问们往往有能力成功挖掘到顶尖职位的人才。公司管理模式是业务主导制。每个合伙人对公司的盈利贡献将单独予以表彰和奖励。这种合作经营的原则，保证了顾问们的高校投入和奥杰斯本特森最高水平的客户满意度。

一些备受瞩目的公司高层职位出现空缺时，奥杰斯的"董事会兼首席执行官办公室"（Die Practice Boardand CEO）专门负责安置。它已经为富时公司（FTSE）、知名国际企业、全球最大的非营利组织以及一些公共部门和民营企业的高层职位提供了最佳候选人。该部门的任务是：首先，建议客户公司为它的领导团队寻找合适的候选人并指明如何吸引争取这些候选人。然后，奥杰斯团队对候选人品质所提出的建议，标准通常是"谨慎、坚定和团队合作精神"。他们搜寻的是能为客户带来收益的人才。凭借成熟的搜索流程和专业的工作手法，参与并确保了候选人、客户和其他利益相关者之间就所有事项进行有效磋商。40 多年来，从刚开始创业的小公司到世界财富 50 强的大企业，奥杰斯本特森同各个行业的不同公司成功地展开了合作，使得该公司在所有经济领域的高层管理团队打造中发挥了重要的作用。

2013 年年初，公司的 50 个办事处遍布 27 个国家，拥有 700 多名员工。服务专长：董事会和 CEO、企业合作、财务管理、人力资源、IT 管理、法律、私人投资、采购与供应。服务行业：商业及专业服务、消费产品与服务、教育、能源与公用事业、金融服务、医疗保健、工业、资讯及通讯生命科学、媒体和娱乐、公共部门和非营利组织、体育等。

(三) 科恩鲍姆国际顾问公司[①]

1945 年 10 月 15 日,从盟军战俘营幸运脱身的格哈特·科恩鲍姆 (Gerhard Kienbaum) 创立。主要提供猎头、人力资源管理、薪酬咨询和管理咨询,以及企业间合作的咨询服务。此外,它还是联邦德国管理顾问协会的成员,同时担任着政府猎头的重任 (如图 3-20 所示)。

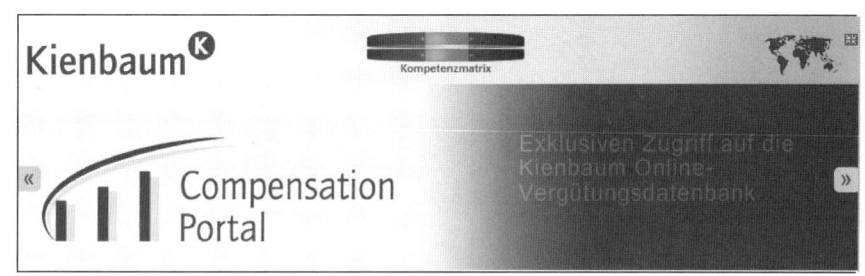

图 3-20

在科恩鲍姆国际顾问有限公司 (KCI) 旗下,同时注册有两个运营公司: 科恩鲍姆猎头顾问公司 (KEC) 和科恩鲍姆管理顾问公司 (KMC)。它是德国在猎头和人力资源管理市场的领导者。2009 年、2010 年,公司销售额达到 1.157 亿欧元、1.19 亿欧元。2012 年年份,集团营业额 1.25 亿欧元,员工 740 人。现有国内办事处 13 个,国际分部 19 个。擅长领域: 服务产业、汽车、机器、能源及公用事业、金融服务及房地产、商业、保健、高科技、交通、运输、物流等。

六、日本: 东方灯塔

日本派遣行业起步较早。"二战"结束不久,朝鲜战争 (1950 年 6 月—1953 年 7 月) 随即爆发。日本迅速从战争废墟中恢复过来,成为美国为首的"联合国军"的后勤供应基地和物资集散地。这极大地刺激了劳动力市场,增加了大量的就业机会。伴随持续高涨的"婴儿潮",以及美国新兴的派遣法案,使得日本派遣业务剧增,并最终促成了猎头行业的发展。

---

① http: //www.kienbaum.de/.

(一) 瑞可利 (Recruit)

1960 年 3 月，在东京都千代田区创立。它是第一代派遣企业的代表。1977 年 11 月，成立株式会社人才信息中心。1984 年 4 月，公司改名为株式会社瑞可利（如图 3-21 所示）。①

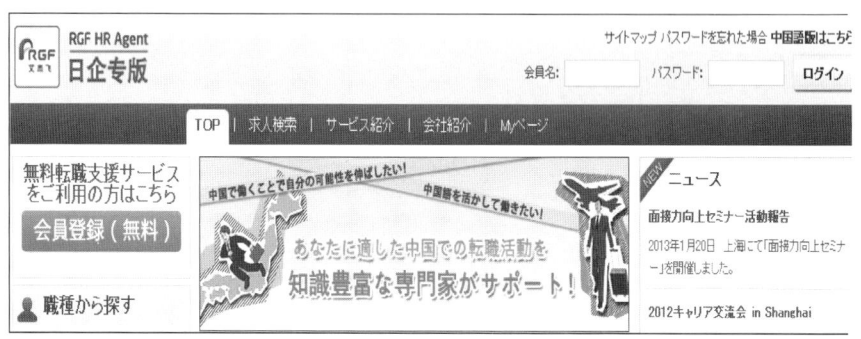

图 3-21

2004 年，瑞可利集团在成立上海瑞可利广告有限公司（现易名：艾杰飞，RGF），以"启程日本 Work In Japan"校园招聘计划而闻名。2006年，注资中国最大的网络招聘平台"前程无忧"，并如愿成为最大的股东。先后在中国的上海、北京、天津、广州、深圳、大连、苏州、香港等开设分公司。2009 年 4 月 1 日—2010 年 3 月 31 日，销售额达 7933.29 亿日元，成为号称日本第一、世界第四的人力资源服务提供商（份额约占日本市场 50% 的）。2012 年，公司员工 5929 人（男 2659 人、女 3270 人），董事长兼 CEO 柏木齐。

20 世纪 90 年代中期，同样出身于人才派遣行业，却得到日本政府和本土大型企业全力支持的两大知名猎头公司——仕达富集团和沃德博集团，联袂出手、并肩作战，牢牢占据 70% 以上的日本本土猎头市场，成为民族猎头行业抗衡国际猎头的成功典范，堪称东方的"灯塔双子座"。

(二) 仕达富 (Faro Recruitment Group)②③

1981 年成立，创业社长是冈野保次郎，原英文名：Staff Service，新名

---

① 株式会社 RECRUIT（瑞可利）http://www.rgf-hragent.com.cn/jp/.
② 大久保顺一. スタッフサービスグループ人才派遣业界の新たな雄. 早稻田大学商学部井上研究室ケース. 2005 年 4 月作成（20059 年 10 月一部改訂）.
③ http://www.staffservice.co.jp/.

"Faro"是西班牙语"灯塔"的意思,力求塑造新的国际形象。

它是日本规模最大的人才服务(人才派遣)机构,世界领先的雇员招聘和人力资源管理公司之一。经营业务涉及行政管理岗位、技术员、IT工程师、制造业事务、护理和家庭看护、医疗保健等领域的人才派遣、介绍预订派遣员、才介绍、事务承包等(如图3-22所示)。①

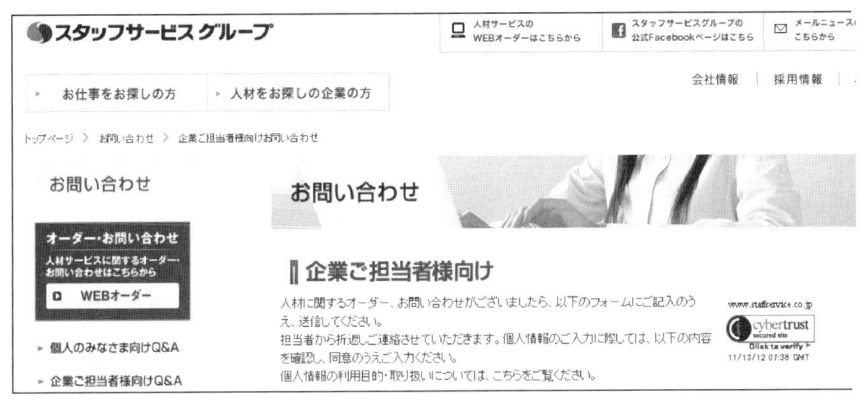

图3-22

仕达富的公司发展历史可分为五个主要阶段,这几乎也是日本猎头产业发展史的缩影:

1. 黎明期

1981年,31岁的冈野保次郎从三井住友建设株式会社辞职创业。当时,人才派遣业可以说是事务处理型服务业,是派遣法颁布前的法律"擦边球"行业。冈野先在京都落脚,一年后移到了市场更大的大阪,并很快建成了牢固的商业据点。

1986年的劳动者派遣法实施后,市场发生了很大变化,之前没有进入这个行业的大型企业纷纷宣布要进入。实力弱小的仕达富决定存活下来。事隔不久,风云突变。涉嫌行业垄断的由于大型企业全线撤退,使得仕达富迅猛成长起来。在京都、大阪、神户一带,它的业务量仅次于临时就业中心,营业额达到了第二位。在本地关西一带站稳脚之后,仕达富于1989年开始进军东京市场,起初比较顺利,但是马上碰到泡沫经济瓦解时期。到1992年,营业额是240亿日元,年销售额垂直下降了100亿日

---

① 介绍预订派遣员,是指当一份派遣契约接近终了的时候,派遣公司预先给这个可能不会续约的就业者,在其他企业重新介绍职业的派遣方式,以便缔结原有的劳动者派遣契约。

元,高峰期的 680 名从业人员减少到 280 人。不过,这个危机很快就过去了,仕达富再次焕发青春活力。

2. 营业过程的改革

冈野保次郎确有过人之处。1994 年,泡沫经济瓦解时,冈野却化"危机"为"机会",大量聘用具有忠诚勇敢、取舍命献身"武士道"性格的职业经理人,从日本派遣行业营业额排名第 20 位急速冲进了前 10 强。为了让公司职员能仔细、认真地做好能做的事情,公司经营开始系统化、程序化,这是仕达富和派遣公司明显不同的地方。

冈野社长通过市场分析认为,人才派遣不是一个靠运气发展的行业,比如偶尔碰到岗位空缺,或者企业准备增加人员,就会收到业务订单。诚然,派遣行业不能控制一个企业是否需要招聘派遣员工,但是,它一定不能错失任何企业出现的市场——把握这种市场时机是非常重要的。基于此,他让手下的经理们每天要对 20～40 个公司进行定点观测。通过这种方式,仕达富能够敏锐地捕捉到市场信息源——也就是企业的第一线需求。一旦发现有需求,而且必须在需求没有变化之前,就能在 2 个小时以内迅速通报给仕达富全体从事派遣业务的职员们。这些程序化的业务信息很快变成谁都知道、谁都能够做的公共资讯,仕达富借此从标准管理转变为行动管理。

与现有的大型派遣企业相比,仕达富并没有作为独立法人进行运营。按照政府实行劳务派遣,必须进行场所营业的法规,不管是 1 个公司有 100 个派遣员工,还是 100 个公司合计有 200 个派遣员工,都得同样地按照规范与业务量同步。如果业务增加,就要增加一定数量的派遣员。这就是所谓的派遣必要场所营业。对于在一个动辄雇用几百名员工的大型派遣企业来说,以大厦单位、楼层单位来配置业务支撑基点,比起以公司总部为基础进行统筹管理,更加容易把握时机。因此,仕达富不是以公司为单位,而是以场所为单位来管理客户企业,并且融入了低成本、高效率的资源运营方法。

3. 情报系统的投资

为了满足客户企业"希望立刻派遣员工"的迫切需求。2000 年 6 月,仕达富实行"2 小时推荐人选"作业制度,即在接受客户企业的委托以后,两个小时以内就要选择出最合适的人选名单,迅速完成公司的各级审批,然后统一推荐给客户。2001 年 1 月,为了提高运营效率,公司引进建设了新协调体系(New Coordinate Syste,NCS)。10 月,开始提供收到订单起 25 分钟以内,项目经理必须到达客户公司办公地点或者订单发出地点登门拜访，2小时以内就能够提供符合要求的派遣人选名单的快捷服务。这种独特的速度服务，让全日本的其他派遣公司相形见绌。

2002年9月，仕达富通过个人掌上电脑（PDA）引入营业支援系统。公司所有职员持有装置个人手持电话系统（PHS）卡片的掌上电脑，随时浏览和调用需要拜访企业的业务内容和事业规模、业务部门负责人（关键人）的名字等情报。从技术的角度来说，支援体统能够实现利用系统，彻底支援前往拜访企业的项目经理，详尽地掌握目标、任务和联系人等信息派。登门拜访后，项目经理会在个人掌上电脑上记录拜访信息，包括：今天拜访了谁，看见了谁，遇到了什么事，怎么处理的，有没有和我们竞争的其他企业，竞争企业的派遣员是否增加了，办公室的密度怎么样，等等。这些信息都会及时输入，并统一由PHS网络输送到数据中心。

有时，一个项目经理一天要访问20～40个公司，工作日报也不完整、详细。而营业支援体统同时支持大量访问用户的时候，系统也不尽善尽美。然而，由于每一个到公司访问的最新情报都能够立即汇总、累加，就不断提高了客户企业情报的精确度，堪称在人力资源服务领域世界级的日式创新——"移动云服务"。

4. 利用商业广告提高知名度

泡沫经济时期以后，仕达富发展又一次遇到瓶颈，那就是知名度低。特别是在首都圈一带，竞争异常激烈。1997年5月，公司为了提高品牌影响力，打出了价格昂贵的商业广告。在商业广告里，为了用最小的成本获得最大的影响力，大胆采取了"波地行走"概念。"哦，猎头！"这一新颖口号也助力不少。仕达富开始被记住，知名度有了很大的提高。

5. 全球拓展

2001年12月，仕达富完成了业务的全国性拓展。与其他大型派遣公司利用本地人才铺开方式不同，仕达富是全部通过自身网络实现的。通过直营型分支机构，总部能够指挥全国的业务，掌控所有的信息反馈，并能够确保统一的运行标准和营业风格。

2003财年，仕达富全球总收入高达23亿美元。2010年3月—2011年3月，集团的营业额达到1807亿日元。1988年，仕达富在香港设立了第一个海外分部。到2012年年初，拥有4000多名专业顾问，已开办90多个海外分支机构和办事处，业务范围涉及英国、美国、中国香港、中国内地、日本、澳大利亚、匈牙利、波兰、泰国、巴西、印度尼西亚、新加坡、意大利、西班牙、法国、瑞士、越南、澳大利亚等国家和地区。

仕达富集团的主营业务包括人才招聘、薪资管理服务、人事测评、专业人才再就业等。凭借遍及全球的信息和网络,可为从跨国公司到小型企业在内的各类企业提供人员配置解决方案、外包服务和人力资源管理咨询。知名的子公司包括:仕达富业务支持公司、Techno 业务支持公司、Techno 服务公司、医疗服务公司和仕达富国际培训公司。

(三) 沃德博 (WDB)

沃德博株式会社的前身,是日本工作数据银行株式会社。1985 年,中野敏光在兵库县姬路市创建 (如图 3-23 所示)。[①]

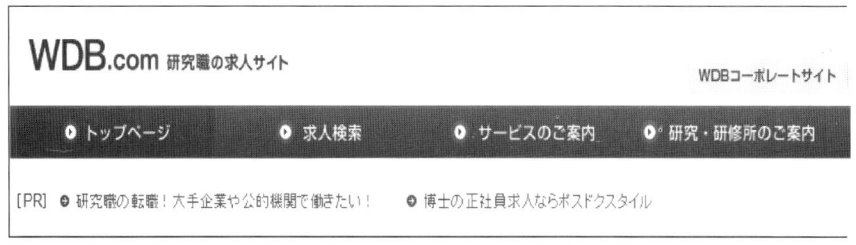

图 3-23

早期的主要业务,是以化学为中心的理科系研究职务的人才派遣、人才介绍。2011 年 11 月,开始转变为控股公司,同时,旧的沃德博株式会社更名为沃德博控股公司。

沃德博控股是日本人才派遣协会(社团法人)的主力成员,以关东为中心,由国内 51 个据点、4 个研究所/研修所构成,集团公司有包括控股公司沃德博在内的 14 个公司。另外,虽然以研究所命名,但是,实际上不是真的研究,仅仅只是作为注册人员的研修设施。

2007 年 1 月 15 日,日本媒体发表的公信榜《顾客满意度高的人才派遣公司排名》中,沃德博的员工服务是第一位,工作质量是第一位,决策速度是第二位,方便性是第四位。2011 年 12 月 28 日,在《2012 年度版顾客满意度高的换岗、人才介绍公司十佳公司》公信榜中,综合排名第一位。此外,在年收入不满 400 万日元和年收入 400 万~600 万日元的各部门顾客满意度评比中,它也是排名第一位。在 2011 年 3 月—2012 年 3 月决算期,集团公司销售额超过 224 亿日元,基本利润超过 16 亿日元。

---

① http://www.wdb.com/.

七、中国台湾：104人力银行

中国香港和台湾地区的猎头起步并不晚。1965年，一家美国猎头公司进驻香港，开设了办事处。台湾几乎与香港地区在同一时间引入"猎头"概念，并翻译为"猎人头"公司，意为主管找寻公司（executive search firm）或者猎人头公司（head-hunting）。

严格来说，台湾人才市场当初对猎头是非常抵制的。在这个盛行传统中国文化的地区，曾经认为猎头顾问是不务正业，或者说鸡鸣狗盗之徒，更不用说花钱去搜寻人才了。然而，台湾当局却已经意识到，伴随高端人才的出走，"空岛"现象已经不可避免。于是，刺激人才市场的措施陆续出台。正是在这样的背景下，猎头始得抬头、重新振奋，并逐渐形成气候。

1996年，杨基宽创办104人力银行，开启台湾"人性化求职求才服务"先河，迅速成为最大人力资源服务提供者。Survey-based市场研究公司调查称，104人力银行市场占有率高达90%，是台湾地区第一家上市的网络型人力资源企业（如图3-24所示）。①

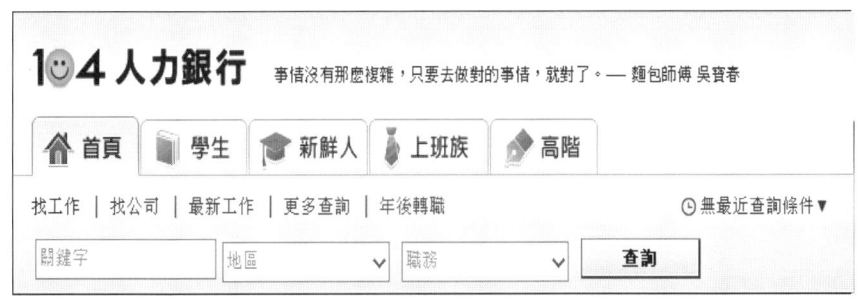

图3-24

104是台湾地区的电话查询号码，跟中国内地的114一样。104人力银行的名称由来如此，被称作"地下的人事局"。

2009年6月6日，杨基宽在台湾成功大学毕业典礼致辞，呼吁毕业生待业超过3个月，不妨到企业免费工作，尽快累积工作经验；批评延期毕业是逃避面对就业，是懦夫的行为。这些言论引起轰动。2010年1月7日，他逼走104人力银行营销总监邱文仁，且拒付资遣费，而使该公司登

---

① http://www.104.com.tw/.

上各大媒体版面,成为讨论话题。

在提供"人性化求职求才服务"的企业理念下,104人力银行对求职者提出了"不只找工作,为你找方向"的品牌承诺;对求才厂商,104人力银行则期许提升台湾企业人事管理水平,为企业"不只找人才,为你找伙伴"。截至2013年1月,累计服务求职会员逾533万人,求才的厂商超过24.2万家。2013年,它是台湾地区最大的猎人头(猎头)公司,起点年薪约为人民币40万元,按照20%~35%的标准收费。

第四章　非营利猎头组织

非营利组织（non-profit organization，NPO）是介于政府和企业之间、不以营利为目的的社会组织。如民间组织、社会团体、慈善组织、志愿者组织、免税组织、非政府组织（NGO）和草根组织等。

"二战"后，非营利组织得以重视。联合国、世界银行、世界卫生组织、WTO 组织、绿色和平组织、红十字会等著名机构，力量越来越强，影响越来越大。20 世纪 90 年代，非营利组织迅猛发展。发展中国家的非政府组织在亚洲、非洲和拉丁美洲的成长迅速。1984—1993 年，菲律宾登记的非政府组织的数量增长了 148%，达到 5.8 万个，是同期私人营利组织增长率（65%）的两倍。在肯尼亚，这个数量从 1978—1987 年增长了 184%。90 年代初，巴西拥有约 11 万个非政府组织，印度位居第二，超过 10 万个。1995 年，世界性的非营利组织超过 3 万个。2012 年，美国拥有 190 多万个，其中包括在政府登记的 341000 个宗教团体。人口不多的以色列拥有 3 万多个，平均 250 人就有一个，"结社"比例居世界第一。[1][2]

非营利猎头组织具备猎头功能，能够提供高层次人才举荐服务，信息来源比较广泛、收费很低甚至免费。这种组织的数量、从业人员和实际规模无从统计，保守估计在 20 万家以上，相当于全球非营利组织总量的 10% 以上。2010 年以来，许多非营利组织开始与猎头机构频繁接触，期以解决日益紧迫的"高管荒"。[3]

基于发展中国家的角度，可以依据各种非营利猎头组织主要的业务、范围和效能，分成以下几种基本类型（如表 4-1 所示）。

---

[1] Year book of International Associations（Brussels：Union of International Associations）.
[2] http://www.nccur.lib.nccu.edu.tw/.
[3] 《非营利组织的招聘难题》，沃顿知识在线，2010 年 3 月 19 日。

表 4-1

类　　型	主　要　功　能
咨询顾问	调查研究、政策咨询、管理监督、效果评估
派遣专家	提供简历、对口联络、技术支持、派遣专家
基金资助	奖励、资助、捐赠、项目投资、信贷、社会福利
协会联谊	友情联谊、联合投资、信息交换、技术转移
学术交流	国际交流、邀请访问、科研合作、文化推广

第一节　咨询顾问型

这种非营利猎头组织，类似于著名的麦肯锡集团，能够参与国家和政府层面的管理咨询。基于学术背景、中立性质和公益影响力，往往也是优秀成员获得政府职位的捷径之一。

一般而论，管理顾问机构和个人的收费是比较高的。这被视为高档次的人力资源消费。如麦肯锡改选东德的国有企业项目，收费标准比较低，总额却是天文数字。即使是单个的项目，收费也奇贵无比。如在 1944 年，鲁思·本尼迪克特应美国政府之邀，对日本文化进行研究，以便为制定对日政策（特别是考量美军在日本登陆之后的未来情形）提供帮助和科学依据。1946 年，她出版的《菊花与刀》，成为解析日本民族精神、文化和日本人性格的名作，被公认为了解日本的必读书。这项研究在日本和世界引起广泛关注，被翻译成英、法、中、日、西等 20 余国文字，总发行量超过 1000 万册。专家认为，美国政府当年支付巨额研究经费（一说 150 万美元），却是值得的。

一、美国布鲁金斯学会

即 Brookings Institution，创建于 1927 年，是美国著名的综合性政策研究机构，与企业研究所齐名。学会颇具规模，历史悠久，以坚持自由派观点著称，常被称为"开明的思想库"（如图 4-1 所示）。[①]

---

① http://www.brookings.edu/.

图 4-1

学会遵循"独立、非党派、尊重事实"的研究精神,提供"不带任何意识形态色彩"的思想,旨在充当学术界与公众政策之间的桥梁,向决策者提供最新信息,向公众提供有深度的分析和观点,成为美国著名的公众政策研究机构。

它与民主党关系密切。许多重要成员为民主党政府出谋划策,储备和提供人才。自杜鲁门总统以来,历届民主党政府都起用该学会成员担任要职,故又有"民主党流亡政府"之称。它是卡特总统的智囊机构,也是北美、欧洲和日本"三边委员会"的前身布热津斯基组织的中坚力量。主要得到美国东部财团的支持,洛克菲勒财团起主导作用。

2013 年年初,学会成员近 300 人,其中有 10 人担任行政领导职务。学者共有 100 多名,从事近 85 个研究项目,其中高级研究员 75 人。他们拥有极强的学术背景,观点和文章在学术界很有影响,使学会享有"没有学生的大学"之美誉。一些学者服务于政府部门和私人企业,被称为"学术实践者"。如斯特普·塔尔博特毕业于耶鲁大学,来布鲁金斯学会之前任耶鲁大学全球化中心主任,主要研究欧洲、北约、国家安全、俄罗斯与苏联、南亚、美国外交等,著作颇丰。1993—2001 年,先后担任国务院特别顾问、克林顿政府的副国务卿。董事会主席吉姆斯·约翰逊,曾经是 Fannie Mae 抵押公司总裁,也是奥巴马总统的"猎头小组"核心成员。

二、美国企业公共政策研究所

简称 AEI。1943 年,由摩根财团控制的约翰斯·曼维尔公司董事长刘易斯·布朗创建。原名美国企业协会,向国会兜售维护企业界利益的言论,宣扬自由市场思想(如图 4-2 所示)。①

---

① http://www.aei.org/.

图 4-2

20世纪70年代，威廉·巴鲁迪担任所长时，着手改变这个机构的性质，扩大研究的范围，包括政治、经济、外交、防务、能源和社会等各个方面，大量出版、发行其研究成果，广泛宣传其主张，陆续与300多所大学建立了协作关系，每周举办《公共政策论坛》电视节目，在全国400多个电视台播放，竭力扩大其影响。

尤其是尼克松、福特政府的20多名高级官员加入该所后，享有共和党的"流亡政府"和"影子内阁"，也有"保守的布鲁金斯"之称。里根竞选总统期间，该所20余名研究员和学者为他充当顾问；里根当选总统之后，一些顾问被任命为政府重要官员，成为重要智囊团，对里根政府制定各项政策，尤其在经济政策方面，有着重要的作用。主要得到摩根财团等东部财团的支持。

三、美国国家经济研究局

简称NBER。创立于1920年，是民间的、非营利性、非党派性的研究机构，总部位于马萨诸塞州坎布里奇，并在加利福尼亚的帕洛阿尔托和纽约设有分部。主要宗旨是促进对经济运作更深的理解，致力于在公共政策制订者、商业执业人员和学术界发展及传播公正的经济研究（如图4-3所示）。[①]

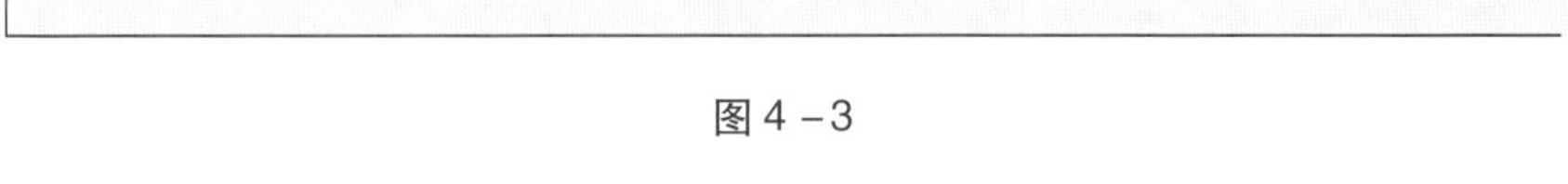

图 4-3

---

① http://www.nber.org/.

美国国家经济研究局早期研究主要集中在宏观经济上，详细地研究商业周期和长期经济增长。图4-3 经济研究局还有庞大的工作论文库，提供《美国经济评论》《经济学季刊》《政治经济学杂志》《经济研究评论》等世界顶尖经济期刊上的论文免费下载。

2013年年初，拥有近600名知名的经济学或者管理学教授组成的研究员队伍。他们主要从事开发新统计指标，估计经济行为的数量模型，评估公共政策对美国经济的影响，以及设想其他政策建议的影响等实证研究。12名研究员获得诺贝尔经济学奖，3人担任总统经济顾问委员会主席。来自美国第一流大学和主要国民经济机构的代表所组成的主任委员会管理。费尔德斯坦（Martin Feldstein）是该局的现任主席和CEO。

四、日本笹川和平财团

简称SPF，是日本财团法人中规模较大、运作成功的国际化的代表。1986年9月，由日本财团和赛艇业界共同出资设立，以推进国际理解、国际交流及国际协作，以健全国际社会和实现世界和平为宗旨。总部设置于东京都港区，主管部门是国土交通省，并在联合国正式注册（如图4-4所示）。①②

图4-4

笹川和平财团设置笹川太平洋岛国基金、泛亚洲基金、中欧基金、日中友好基金等。其中，日中友好基金总额为100亿日元，是中日之间数额最大的民间友好交流专项基金。主要是通过项目向对象国实施援助，可分成三种方式：

---

① http://www.spf.org/.
② http://japanese.dbw.cn/system/2009/08/31/000156993.shtml.

1. 自主项目方式

财团包揽资金筹备到事业全盘的策划及实施。

2. 助成项目方式

财团交付认可项目以资助金，而项目则完全由选定的组织实施，必要时财团方面只是行使一定的监督权。

3. 自主兼助成和自主兼委托方式

该方式往往是针对一些专业性较强的事业，聘请有关专业机构与财团一起筹划并展开项目。如为推进日中青年历史研究者的交流，以自主兼委托的方式邀请早稻田大学主持项目的具体实施。

笹川和平财团的国际猎头行动，带有相当的政治和外交色彩，比如：免费为太平洋岛国培养各类高层人才，并提供远程教育；为越南、老挝、柬埔寨和缅甸政府进行人力资源规划；邀请波兰、捷克、斯洛伐克、匈牙利东欧四国科技精英和研究人员双向交流；向中国著名大学日语系的学生提供专项奖学金，组织中日两国少校及以上级别的军事人员进行交流和研修；定期组织中国市长代表团访日；每年选拔 10 名越南政府机关的中坚官僚及经济政策立案者及学者，赴韩国大学进修，并在政府机关及民营企业实地考察两周；等等。

五、匈牙利国际合作咨询公司

简称 TESCO。1962 年，匈牙利政府创立。擅长项目认证、公司管理、国际商务管理、项目管理、投资宣传、业务发展及咨询、私有化交易等，涉及农业、城市规划、旅游、进出口、能源、商务、投资等行业（如图 4－5 所示）。①

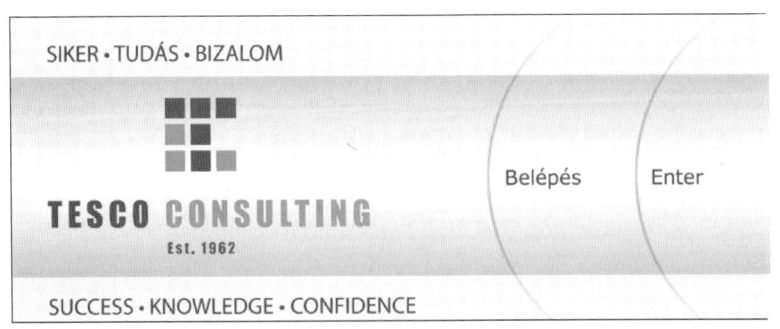

图 4－5

---

① http://www.tescoconsulting.hu/.

20世纪90年代初，TESCO一直是匈牙利政府授权的代理和执行机构，负责组织和实施政府与57个发展中国家签订的技术和科学合作协议，建立了巨大的国际关系网络，积累了广泛的经验。在中匈科学技术合作委员会中，负责主持执行匈方关乎国民经济发展领域的科学技术交流活动，已经接受了350名来自中国的年轻人来匈牙利进行为期3年的现场培训。到2012年，TESCO已经派遣了8000名高素质的工程师、教授、医生等专家前往发展中国家，并承接3万名来自发展中国家的年轻人来匈牙利接受教育和培训。

TESCO也从事部分商业活动。通过工程、建筑和安装业领域方面的技术及相应服务的出口，在欧洲（重点在德国）、北非和中东的营业额高达30亿欧元。特别是在工程管理上经验丰富，已经派遣了数以千计的匈牙利工人和熟练的技术人员出国执行工程任务。

六、赛诺澳中合作协会

简称SINOOZ，成立于2003年8月，总部设在澳大利亚昆士兰州布里斯班市。由在澳中国高层次留学人员发起，以"充分利用澳大利亚智力资源为中国服务"为宗旨，为推动中国引进国外智力事业而奉献一分力量。①

赛诺协会登记在册的专家500多名，提供专家志愿者技术和管理咨询服务，致力于向中国企业推荐高新技术，尤其是环保型技术，包括废旧轮胎微波回收技术，污水处理提取天然气技术等。

第二节 派遣专家型

外国专家组织是高级专业技术人才组成的志愿者组织。在欧美发达国家，许多志愿者本着人道主义、志愿服务的基本原则，奔赴世界各地，特别是不发达国家和发展中国家做出尽可能多的奉献，期以共同谋求人类的未来福祉，甘心无私付出。

一般地说，专家们具有丰富的知识和实际经验，愿意为发展中国家、落后国家和地区提供免费援助。常见的经办程序包括：联络和接受申请；提供专家名册和技能经验介绍；专家本人与申请方沟通，并初步确定意向；商定三方共签的工作合同；办理派遣手续；等等。一般情况下，申请方承担食宿、办公费、零花钱等。至于保险费、往返机票以及工作时间

---

① http：//www.sinooz.cn/.

等,各方协商议定。①

中国国家外国专家局"海外高层次人才搜索引擎",免费提供专家简历查询,以及经过认证和有过合作经历的外国专家组织(如图4-6所示)。②

图4-6

一、比利时退休专家组织

简称BSC,是一个非商业性、营利性的志愿组织,主要由已退休的、非高新技术领域的高级行政人员、公务员和专业技术专家组成。聘请单位只需要承担工作所需要的日常开支。③

该组织提供工业、商业、农业等方面的专家服务。主要包括机械、化工、有色金属、冶金、玻璃制造、烟草、纺织、建筑业、采矿业、公共管理等领域。最为擅长的有综合管理、信息技术、人力资源管理、保险、商法、市场研究、进出口贸易以及产品的生产和售后服务等。还包括项目可行性分析、评估和研究、国际市场销售、广告生产促进、大众传媒,生产管理、财务管理、市场计划及预算、对外贸易发展、国际营销战略。政府、团体以及各类中小型企业均可向该机构申请专家提供技术支持。

二、德国退休专家组织

简称SES,是一个公益事业性机构,经费由德国企业界赞助(如图4-7所示)。④

---

① 中国国家外国专家局网站http://www.safea.gov.cn/.
② http://search.chinajob.com/.
③ http://www.bscfed.be/.
④ http://www.ses-bonn.de/.

图 4-7

SES 专家的工作迅速有效,尤其是在经济和技术领域的培训领域。服务领域包括:铸造、模具、仪器仪表、环保设备、医疗、能源、建筑业、汽车制造、金融、行政管理、机械、电子、畜牧业、化工、橡胶、商务营销等。

根据中国与 SES 的协议,退休专家的工作不收报酬,但是,应得到用于个人开支的少量零用钱,一般是 50～159 元/天。选择专家时,除专业经验外,健康状况、外语水平、国外工作经验、经济状况和适应聘用国条件的能力均在衡量之列。选派的退休专家一般不超过 70 岁。聘用期不超过 6 个月,聘用期在 3 个月以上者,SES 将争取配偶陪同。

三、丹麦高级服务部

简称 SS,是由企业高级专业与管理人员组成的协会,能够提供经验丰富、技术精湛、专业合格的技术、财务及商业专家。服务领域涉及经营管理、财政、法律、人事管理、后勤生产、会计、销售、市场营销、项目管理、进口、出口、计算机系统、公共关系等,聘用方式可以担任各个层次的顾问或主管,兼职或专职厂长、经理、董事会成员等。SS 的工作人员可以用英语、德语、法语、西班牙语、俄语、意大利语进行交流,有些人则掌握了多门外语。

四、俄罗斯专家国际合作联合会

1998 年成立,是一个非政府性组织,曾经是苏联的毕业生教育机构。委员会成员包括中国、越南、埃及、约旦、蒙古、尼泊尔、秘鲁、突尼斯等。合作伙伴包括由 10000 多名在苏联和独联体国家获得高等学历的中国公民组成的欧美同学会留苏分会。1999年起，俄罗斯高校联合会与中国外国专家局开始合作（如图4-8所示）。①

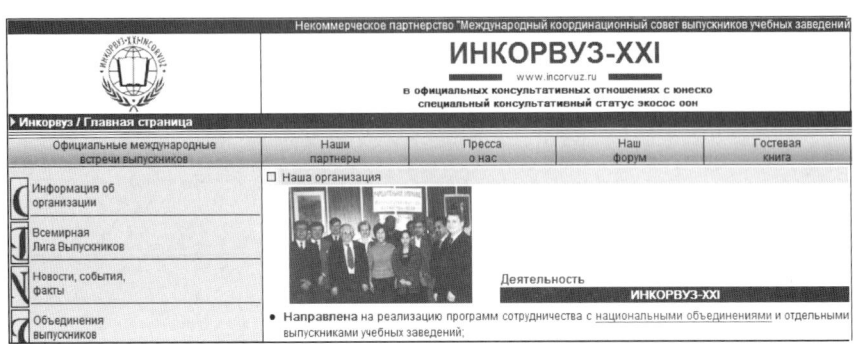

图4-8

联合会有权对科学技术咨询项目和专家进行鉴定，解决企业现代化的具体问题，为解决复杂的技术问题提供帮助。服务领域包括：按照中国企业的需求精选俄罗斯专家；拥有俄罗斯专业人才的基本储备，参与中国国家外国专家局的规划；机构开办循环讲座和提高中国专家的专业技能；开办讲座，提高专业技能的课程，可以在中国进行，也可以组织中国的团组到俄罗斯接受培训；安排日程和为中国企业及机构的团组到俄罗斯培训提供接待服务；联合会按照中方机构和企业的申请，安排中国团组到俄罗斯的大学、科学机构和企业访问以及在俄罗斯的城市观光游览的详细行程；充分研究俄罗斯现代加工业和俄罗斯的科学工艺以及生产机构；联合会拥有愿意在中国企业实行、销售和进行本地加工的俄罗斯现代科学技术与俄罗斯技术和技术加工学会的详细清单和数据库；协调中国公民深造过程中所遇到的问题；等等。

在商业框架内，联合会还能够负责协调在俄罗斯深造的外国公民与就读大学之间的各种问题，包括提供签证支持、接机、送到所学习的学校和在合同中所承诺的其他服务。

五、法国国际技术咨询组织

简称ECTI，成立于1975年，在66个国家设有代表机构。ECTI是一个非营利性组织，不接受政府的补助金，经费来源于法国企业的支持，其

---

① http://www.incorvuz.ru/.

中，80%的资金来自组织敌人筹集和企业赞助，20%的资金来自其他捐助（如图4-9所示）。①

图4-9

2013年年初，拥有近4000名受过大学教育和专门技术训练的退休高级专家。他们具备很强的能力和责任心，经常接触业务工作，一直保持着很高的技术知识水平。

ECTI服务时间最长可达数月，不收取服务费，接收单位仅须负担专家在当地的食宿和交通费用。

服务对象包括大中型企业；希望通过技术帮助，提高其成员竞争性的专业部门；试图技术水平达到一定水平的中小型企业；试图在主要待建立开发项目的部门等。可解决技术、管理、经济、金融、商业、社会和教育等方面的问题，可承接初步调查及可行性研究、设备故障及改进、人员培训等。

主要服务范围：农业及农业开发、林业、渔业、食品和农副产品加工、畜牧业、环境、油类及油类副产品、水文和水利、冶金有机和无机化学、电力、采矿、机械工业、维护技术、电子设备、旅游及宾馆、机械学、机械工程、建材、纺织、成衣及皮革制品、塑料公共设施及市政工程、建筑及城市规划、包装及装卸、市场营销、银行、保险、管理、培训和教育、数据处理、玻璃工业、供暖及制冷、高科技、卫生、造纸和印刷等。

---

① http://www.ecti.org/.

六、法国退休专家组织

简称 AGIR，是法国一家私立的非营利协会，完全独立于政治、宗教和一些专业集团的影响，立场中立（如图 4-10 所示）。①

图 4-10

AGIR 的专家包括已经退休和即将退休的志愿者。现有成员 2500 人，其中 25% 是妇女。可以提供贸易、工业、行政管理、银行、保险、会计、零售批发、交通运输、酒店管理、教育培训、农业、农副产品加工业、农村发展、医疗保健、住房与公共工程等领域的专业服务。申请单位可以从 AGIR 提供的多名专家中选择合适人选。专家免费提供其技能和经验，其他的费用需由申请单位或第三方支付。

七、荷兰管理合作组织

简称 NMCP，1978 年成立。NMCP 是一家由高级管理人员和退休专家组成的独立机构，涵盖从经济到社会发展的各个领域，拥有农业、工商、服务、政府和公司管理等各方面的专门人才。专家属于志愿者性质 NMCP 特别强调，都是长期从事本专业，有所成就和贡献的专业人士。②

2012 年，已经 4000 多名登记注册的专家，每年完成约 1600 个项目。每年派遣约 1200 名专家到中国，顾问领域包括农业、工业、保健、管理、公共服务、人员培训等。NMCP 只负责派遣专家的保险费。派遣期间的住宿生活费及办公费等，则由用人单位负责。派遣时间由 NMCP、专家本人和用人单位共同决定，通常是 3~6 个月。用人单位还可以选派管理人员到荷兰接受培训和实习。

---

① http://www.agirabcd.org/.
② http://www.med.navy.mil/.

申报的基本条件包括：独立公司、企业化运作；不属于外国或跨国公司的下属机构；没有足够的资金进行外部的独立咨询；专家派出所需的费用与预期的成果相称；接受方负责住宿生活费用、交通和办公设施租借等费用。

八、加拿大专家执行服务部

简称 CESO，是一个非营利的机构，经费主要由加拿大国际开发署（CIDA）和印第安等事务及北部发展部提供。除此之外，加拿大 300 多家公司也为 CESO 提供经费（如图 4-11 所示）。[①]

图 4-11

CESO 专家们的服务领域包括：农业（作物栽培、育种、科研、牧场管理、疾病控制和预防、害虫控制、水果蔬菜生产、温室设计、大棚蔬菜、采后保鲜技术，干旱农业等），畜牧（育种、育肥、饲养模式、畜牧管理），林业（育苗、育种、疾病控制、害虫控制），纸浆和造纸，旅游，饭店管理（食品和饮料、客房管理、服务），管理培训，人力资源开发，食品加工，矿业（黄金、白银选矿），中小企业发展，环境保护等。

到 2012 年，CESO 已经在包括加拿大的 104 个国家，完成了 14000 多个项目。1979 年，CESO 与中国建立合作关系，已完成 850 个中国项目。现有 2000 多名专家，涉及 155 个专业领域。专家均是志愿性质。向用人单位提供他们的专业技能、经验和时间。用人单位不需支付工薪，只需为专家提供住宿、食物、当地交通和零花钱等费用。

---

① http://www.ceso-saco.com/.

九、卢森堡高级专家组织

简称LSC,是一个非营利机构,成立于1998年。成员来自退休和在职技术及管理人员,专业背景广泛,国际合作经验丰富。它致力于帮助中小企业解决技术、管理、商业、信息处理等难题。LSC在以下专业由高水平的专家可以提供:钢铁、机械、化工、高层企业管理、融资、企业规划、产品设计、营销策略。LSC帮助出口企业熟悉国际法规,协助企业达到环境质量认证体系的基本要求(ISO 9000—14000),同时帮助企业参与国际运行,寻找合作伙伴,于国外顾客、供应商、分销商、投资者建立联系。[1]

LSC经费来于成员的会费及社会捐赠。办公设施由卢森堡工程师、建筑师、工业联合会以及卢森堡商会等提供。

十、美国国际高级专家顾问委员会

简称IEC。美国商业部资助,旨在促进交流、贸易、投资与经济稳定。从1991年开始与中国国家外国专家局合作,向中国派遣专家。IEC专家成员12000多名,是一个集企业管理人才与工程技术人才的精英于一体的协会,专家来华服务,不收取报酬。该组织派遣的专家对项目申请单位进行免费义务援助,不收取任何报酬。[2]

IEC现有1200名成员,是一个集企业管理人才与工程技术人才于一体的协会。服务提供包括:管理、财政金融生产制造、会计、工程、市场经营、电脑网络、公共关系、商业计划、质量控制、高级科技、新技术等许多领域的专家。同时IEC网络还可以帮助架起与美国高层商业界的桥梁,促成建立合资企业。

用人单位通过各地的引智部门,可将专家需求表递交到该组织。接到用人单位的需求表之后,将会在最短的时间里为需求单位寄上IEC协会一位或几位专家的简历,尽可能满足用人单位的需求。为确保找到最适合的专家,用人单位要把问题实质讲清楚,并明确提出希望获得的结果、任务及目标越明确具体,就越能找到合适的专家。IEC协会的专家是免费的,企业只需负担专家在华的食宿、国内交通、专家零用钱等。

---

[1] http://www.l-sc.net/.
[2] http://www.comcast.net/.

十一、澳大利亚海外项目执行服务部

简称 AESOP，是非政府性、非营利性专家组织，主要面向发展中国家的企业、组织和社会公共机构，提供技术和管理帮助。经费由澳大利亚国际发展援助局和企业资助。该组织已成功地在太平洋、东南亚、中国、印度洋和非洲的 19 个国家执行了 3500 多个项目。现有志愿者 300 多人。①

AESOP 的专家的一切服务都是免费的。用人单位必须承担一定的聘请责任，包括提供舒适的居住条件及生活必要的费用等。

十二、奥地利高级专家组织

简称 ASEP，成立于 1988 年，是非营利、非政府组织。其成员是由在企业的退休专家和志愿者组成。宗旨是提供技术援助，帮助发展中国家企业改善管理和技术水平，提高全民生活质量，与中国企业和政府管理部门有过成功的合作（如图 4－12 所示）。②

图 4－12

ASEP 重点提供旅游业开发、景点设计、宾馆管理和市场营销领域的专家服务。还涉及苗种繁育、加畜养殖、钢铁加工、酒类酿造、高分子化工、制药、建筑设计、城市规划等领域。

十三、欧洲专家联盟

简称 CESES，成立于 2000 年。总部设在比利时布鲁塞尔，是一个国际性的非营利组织，由欧盟 17 个国家的 24 个高级专家志愿者协会联合发起的。它很少有自己的经常性收入或收入。方案和项目活动所需的经费，

---

① http：//www.aesop－planning.eu/.
② http：//www.asep.at/.

主要来自客户、保荐人（企业和私人）以及政府或国际机构的公共资金（如图4-13所示）。①

图4-13

2009年，下设21个专业委员会，注册专家24000余人，都是具有丰富理论与实践经验的高级专家。服务领域包括农业、纺织、石油化工、电子、建筑、旅游、机械、城市规划等。

CESES业务覆盖小型和中等规模的企业，工业和农业协会和合作社，以及正在发展中经济体和转型经济体，还提供商业和人道主义援助项目。但是，任何军工企业、军事或敏感的核项目，都被排除在CESES成员的活动范围。它的知识产权（专利、分类信息等）受到保护。CESES的专长是拥有企业，社会和有关领域的资深专家。这些专家具有10～30年不等的工作经历，完成了超过4万个的国际合作项目，覆盖158个非洲、亚洲、中欧和东欧及拉丁美洲和大洋洲的发展中国家。2010年以来，每年约接受5000项中小企业的申请，提供跨国服务。CESES对请求帮忙的申请者进行评估，然后转发给合适的专家。一旦同意，就将签订工作合同，CESES负责办理保险和旅行证件。

十四、葡萄牙退休专家组织

简称APCS，成立于1988年，是一个追求公共利益的非政府组织。该组织的目标是为国内外的个人或企业提供专业的、技术上或管理上的帮

---

① http://www.ceses.net/.

助。由大约150个来自不同专业领域的会员组成，涉及工程学、经济学、金融学和会计、法律、建筑、自然科学、环境保护和领土计划等领域。①

十五、日本花甲志愿者协会

简称JSV。1977年9月，在原亚洲开发银行行长渡边武的倡议下，由一批志愿人员发起成立，并设立了财团基金。1979年1月，经日本外务省批准，成为财团法人（如图4-14所示）。②

图4-14

JSV的合作方式比较简便。符合申请条件的单位，填写邀请专家申请表，明确需要专家指导的技术内容、现状与技术交流等信息，经政府部门审核或者担保，即可视同正式的申请，直接提交到日本花甲志愿者协会。派遣专家的国际旅费由JSV负担。但是，如果派遣期限未满二周或者提出的申请超出年度预算，则属例外。派遣期间的交通费、房租费生活费、紧急医疗费均由用人单位负担，不用支付工薪。但是，用人单位应当根据专家的具体情况，负责配备技术交流和日常生活上的翻译；按照50元/天的标准发放专家零用钱。

中国的企业（含合资企业）、学校、研究所、行政机关均可申请JSV专家援助。准备邀请专家的用人单位，应向省、市地区的人才办或引进办提出申请，将所希望交流的详细技术内容及信息传送给协会。JSV收到中方申请后将组织专门研究，在已登记的会员中选拔最合适的人才，并附上本人的履历书推荐给中方。如有中方已知的专家，亦可指名邀请。日本的专门技术分类较细，不可能满足过宽的专业要求。因此，JSV建议初次派遣的期限不宜过长。

---

① http://www.pum.nl/.
② http://www.jsv.or.jp/.

十六、日本海外贸易开发协会

简称 JODC，隶属于日本通产省的非营利性机构，无偿向发展中国家提供技术援助的，目的在于帮助发展中国家的企业提高产业技术水平。[1]

协会本部登记 1300 多名专家，涉及矿业、建筑业、制造业、服务业等领域，内容比较广泛。JODC 特别擅长制造业领域的机械电子、钢铁金属、石油化工、纺织、食品行业的加工工艺和质量管理。该协会不派遣医疗、教育、农渔林业方面的专家。

用户单位可以登录协会网站，查询专家资料。通过各地的引智部门提出用人申请，申请项目分别为指名和非指名两种。接到申请后，协会本部就开始联系专家，经过反复询问调查，在专家同意指导、企业同意接受的情况下，本部召开"派遣调查会"对项目进行审查，全部合格后方可执行派遣。

JODC 规定，派遣专家所需费用的 25% 由用人单位负担，即解决专家派遣期间的交通、住宿、饮食和零用钱等，其余费用由日方承担，不支付工薪。专家聘用期最长可延至两年。

十七、日本技术士学会

简称 IPEJ，成立于 1951 年，是日本著名的公益法人机构。2009 年，学会技术士注册人数为 78500 名。IPEJ 丰富实践经验的技术士奔赴各国，在机械、电气、通信、建筑、农业、情报经营等多种技术领域，做出了广泛认可的贡献（如图 4-15 所示）。[2]

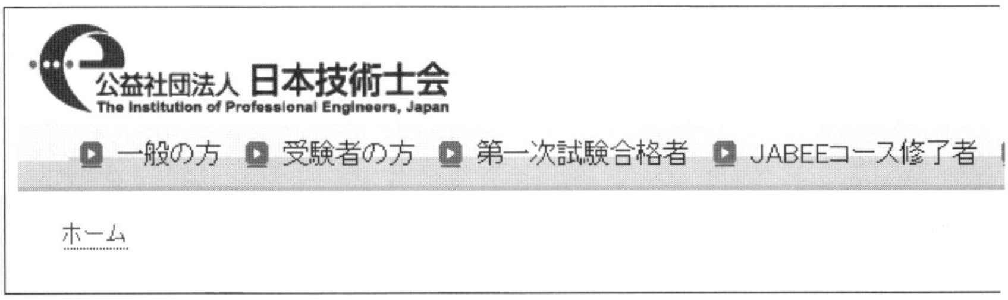

图 4-15

---

[1] http://www.jodc.or.jp/.

[2] http://www.engineer.or.jp/.

专业领域涵盖：机械、船舶海洋、航空宇宙、电气电子、化学纤维、金属、资源工学、建筑、上下水管道、卫生工学、农业、森林、水产、经营工学、情报工学、应用理学、生物工程、环境、原子能放射线、综合技术监理等。

十八、日中农林水产交流协会

简称 JCEAA，全称为"社团法人日中农林水产交流协会"，前身为日本中国农业农民交流协会。在中日两国尚未恢复邦交正常化的 1971 年 8 月，以日本众议员八百板正为团长成立了该协会，主要致力于中日两国农业及农民间的交流事业。1985 年，成为社团法人。①

主要领域为：接受农业进修生赴日本农业现场学习农业生产技术、经营方式及互相派遣留学生；1979—1999 年，接受约 1600 名除西藏外的各省、市、自治区的进修生。此外，为支持中国的长期农业发展计划，向中国派遣专家组进行实地考察、研究及进行示范性课题合作。

合作示范项目包括：1979 年，在吉林省公主岭市进行了"日本水稻种植安全多收、省力机械化栽培展示"项目；1981—1983 年，在四川省进行了日本果树（锦橙）示范项目；1998 年，在辽宁省大连市指导"大连市城市绿化事业"；1981 年起，日本福岛县与河南省洛阳市洛宁县开展了日本苹果栽培示范项目；1985 年，由日本青森县常磐养鸡农业组合与吉林省梨树国有农场合资兴办了 10 万只养鸡规模的养鸡企业；1999 年 3 月，与陕西省开展了肉牛繁育项目。

JCEAA 在了解中国农业及农村现状的同时，积极组织派遣各种包括由年轻人及妇女的友好交流团及日本农技专家的专家组到中国进行农业技术交流，同时也接受中国相关人士到日本访问交流。其中，1971—1999 年，派遣至中国的交流人士为 6000 人次，并接待了中方 900 名各类人士的访日活动。

十九、意大利（都灵）退休专家协会

简称 VSP，成立于 1985 年，是一个非政府的、非营利的退休专业技术人员志愿者组织，以帮助许多国家现场解决技术、管理问题为宗旨，提供免薪援助，不收取报酬（如图 4-16 所示）。②

---

① http：//www.sir.or.jp/.
② http：//www.tin.it/.

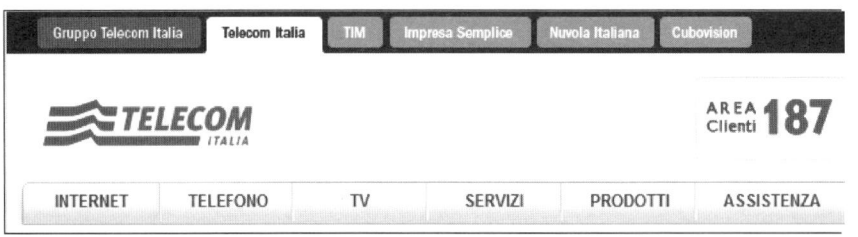

图 4-16

服务领域：农业（作物收获、果树种植、水稻品质改良、动物养殖），纺织（服装、时装、皮革、制鞋）；管理（公司管理、后勤、市场营销、广告、城市规划、地质、环境保护），汽车工业（汽车、机械工业、机器零件），旅游（旅游业管理、景点开发），医疗等。

VSP 是一些国际重要合作计划联盟的创始会员，包括 ESSC（欧洲退休专家服务联盟）和 SVAS（退休专家顾问志愿服务）。前者由 VSP（意大利）、ASEP（澳大利亚）、BESO（英国）、ECTI（法国）、NMCP（荷兰）、SES（德国）等 6 个国家的退休专家志愿者协会组成；后者包括 VSP、ASEP、AESOP、BESO、CESO、ECTI、IESC、NMCP、SES 等 9 个协会成员。

VSP 并通过其会员，安排直接的协助及传授技术知识、训练课程以及后续工作等给中小企业。VSP 的退休专家执行服务的平均期限为 2～3 个星期，退休专家不领任何薪酬，但是需要邀请方支付旅费、膳食等费用。

二十、意大利高级专家服务社

简称 ISES，是一家非营利的自愿机构，目的是通过退休专家和经理人员的服务给外国提供帮助。专家可以帮助私营和国有企业，以解决各种经济和技术领域的问题。技术服务不需要支付专家的报薪、国际旅费和生活费用由聘用国家支付。[①]

ISES 的专业服务领域较广，包括：农业、工业、建筑业、电讯业、教育、旅游、能源、交通、环境、城市发展、健康、供水等。ISES 的专家主要在东欧和中国执行项目。项目服务的平均时间为 10～60 天。

---

① http：//www.isestorino.it/.

二十一、英国专家海外服务组织

简称 BESO，1972 年成立，是一个独立的、志愿的民间机构。在英国政府的支持的捐款，英国政府海外发展署补充部分费用（如图 4-17 所示）。①

图 4-17

BESO 向发展中国家的农业、玻璃制造、陶瓷、建材、交通运输、塑料、油漆、汽车、采矿、纺织、服装、印刷、橡胶、化工等领域派遣富有经验的技术、管理人员，全心全意进行短期的专业技术和管理等方面的咨询、指导和培训，帮助企业提高效益、扩大效益、增加就业。

2012 年，该组织拥有 2000 多名注册专家，已在 80 多个国家完成 2000 多个项目，包括对中欧、东欧国家的援助计划。项目周期短至两个星期，长的可达 6 个月。该组织不收服务费用，并为派出人员及其配偶提供交通和有关费用。

二十二、英国海外志愿服务社

简称 VSO，成立于 1958 年。其宗旨是派遣有经验和更成熟的志愿人员到发展中国家传授他们的技术，培训当地的工作人员的技能。截至 2012 年，VSO 向大约 50 个发展中国家、派遣了 2000 多名志愿者服务人员。这些国家必须被联合国认定为发展中国家；否则，VSO 就会停止派遣志愿人员。②

VSO 的服务领域很广。在中国的项目，绝大多数是英语教育教学项目，其他项目有银行、经济、计算机技术、护理和医疗、职业技术培训、工业、园艺、农业和林业等。近年来，将发展农业和其他非教育类技术项目列为重点扶持领域。志愿工作人员服务期限较长，从数月到两年，甚至

---

① http://www.beso.org/.
② http://www.vso.org.uk/.

更长。聘用单位的实际花费很少,志愿人员的培训费及国际旅费都由 VSO 组织负责。

二十三、以色列专家组织

简称 MATAT,是一个非政府性的、完全独立的非营利组织。1993 年,在以色列外交部的资助下成立。它也是一个自愿性的组织,一切活动都本着自愿的原则,不管是协会本身还是其成员,都不以赚钱、盈利为目的(如图 4-18 所示)。①

图 4-18

MATAT 的专家们具有大量的实践经验,又有精湛的专业技术,自愿到需要他们的地方去传授自己的知识和经验,其中,农业专家占 70%,工业专家占 20%,医疗卫生和其他领域占 10%。派遣专家免费援助,不收取任何报酬。服务领域包括农业、计算机、电子、林业及药材工业、纺织、渔业、皮革、畜牧、食品工业、建筑、社会学、教育、运输、音乐、商业、地质、通讯、旅游、金融、建设、金属工业、保险、化学、管理、电业、财会、机构设备、专业培训、电机、空调设备、保养、公共服务、市政工种、气象学等。

二十四、乌克兰专家组织

简称 BMC,与乌克兰科学院、食品技术研究所、小麦研究所、兽医研究所、农科院、人文科学院、农业部、教育部、文化部等有着良好的合作

---

① http://www.matatknowledge.co.il/.

关系；与乌克兰科技、工业、教育、医药、农业等领域的专家联系密切，能够根据中国提出的需求，派遣专家来华服务。BMC 掌握的青贮技术世界一流。①

二十五、希腊技术协会

简称 TCG，成立于 1923 年，是一个公共法人实体。现有大约 110000 名专业工程师注册成为协会会员。协会主要研究关乎公共利益的科学、技术、科技经济和发展事宜；对官方和其他社会团体提出的相关要求给予专业的观点；根据发展、自然资源及环境给予项目执行建议；给工程师组织培训项目，参与研究和发展项目；致力于技术的普及；组织工程师资格考试、提供工程行业许可证；等等。②

希腊技术协会由筹划指导委员会管理，积极参与世界范围内的工程组织，可以提供在土木工程、建筑、机械工程、电子工程、化学工程、采矿和冶金工程、造船学和造船机械工程学、电子工程学等领域的服务。

二十六、美南中国专家协会联合会

简称 FACP，是非营利性专业团体，现有 17 个中国旅美专业人士协会为其成员组织。该会代表了来自美国南部各州的数千名中国旅美专业人士，其中包括科学家、工程师及其他领域的专业人士。大部分成员拥有博士或硕士学位并在公司或政府机构的技术、商务、管理或研发部门任职。③

服务领域：致力于帮助旅美专业人士在美发展，促进中美两国之间在科学、技术、文化、商务及其他领域的交流与合作。作为地区性组织，为其会员融入美国主流社会及沟通中美两国文化提供了良好的条件，同时也为其会员提供了更广泛的联络渠道，尤其是在美南地区。该组织派遣的专家对项目申请单位进行免薪义务援助，不收取任何报酬。

二十七、玉山协会

1990 年，李国鼎、郭台铭、徐大麟、庄以德等在美国硅谷发起成立，以台湾第一高峰"玉山"命名（如图 4-19 所示）。④

---

① http://www.uabmc.com/.
② http://www.tee.gr/.
③ http://www.facpsu.org/.
④ http://www.mjglobal.org/.

图 4-19

玉山科技协会是北美最有经济影响力的华人社团之一。主要目标包括：促进科技信息之交流；促进科技转移；协助科技创业基金之取得；协助科技人才之延聘；交换企业经营管理之经验；举办科技有关之讲演、座谈或专题研究；强化各地玉山协会之合作，提高全球华人创业及经营成功机会；等等。

最为突出的特点，就是鼓励产业与资本的对接和协助创业。玉山协会具有丰富的高端技术、资本和人才资源，成为企业提升自身竞争力，对接北美和中国台湾地区、拓展全球市场与合作的重要渠道和资源库。2012年，已有15个分会遍布北美、东南亚等地。

二十八、美中科技商务促进会

简称UCEA，总部设在圣迭哥，是一个非政府、非营利性的民间团体。以主办科技创业、市场分析以及税务理财的研讨会和专题讲座而闻名。现有公司及个人会员400多名，其中大多数会员拥有博士、硕士学位，并担任公司及大学研究院的业务骨干和企业负责人，成员为从事高科技的工程师和科学家，尤其以在通讯生物技术领域为多。[①]

服务领域包括：引导在美的科学家、工程师、商业人员进入中国市场；帮助企业家开展、开拓业务；促进中美贸易及交流；扶持高科技及生物技术产业。该组织派遣的专家对项目申请单位提供免费义务援助，不收取任何报酬。

---

① http://www.uceausa.com/.

二十九、瑞典工程师协会

简称 CF-LAES,前身是瑞典技术士协会,现有 1 万多名会员。该组织派遣的专家对项目申请单位进行免薪义务援助,不收取任何报酬。服务领域主要环保、食品、医疗专业。①

第三节　基金资助型

全球基金会的数量约占非营利组织的 10%,保守估计超过 50 万个,形式多样、五花八门。如世界自然基金会、红十字基金会(保罗·路透基金、莫里斯·德马德尔基金、昭宪皇后基金、弗洛伦斯·南丁格尔奖章),规模庞大、人数众多。《基金会名录(1999 年)》统计,美国最主要的 10445 家基金会资产总量达到 3040 亿美元,前 14 名的都在 20 亿美元以上。2003 年,比尔和梅琳达·盖茨基金会以资产达 260 亿美元,居美国基金会榜首。1980 年,美国约 2 万家基金,到 2003 年,已经有 7.1 万家基金会,当年捐资 407 亿美元。

基于搜寻、甄别和吸纳高层次人才的角度,选取瑞典诺贝尔基金会、以色列沃尔夫基金会、美国古根海姆纪念基金会、美国福特基金会、德国洪堡基金会、美国考夫曼基金会为代表。

一、瑞典诺贝尔基金会

瑞典化学家、工程师、发明家、军工装备制造商和炸药的发明者诺贝尔(Alfred Bernhard Nobel,1833—1896),生前立下遗嘱,将 920 万美元遗产作为基金,用利息奖励那些为人类的幸福和进步做出卓越贡献的科学家和学者。1900 年 6 月 29 日,诺贝尔基金会正式成立,交由董事会管理。②

诺贝尔奖的评奖范围包括物理学、化学、医学或生理学、文学、和平事业、经济学。每年评选前,已获得诺贝尔奖者和各学科、行业权威人士,都可以按照程序推荐候选人,经过初步遴选后,正式推荐给评审会,再经过长时间的调查与秘密会议,最终决定获奖者。诺贝尔奖包括金质奖章、证书和奖金。

---

① http://www.cf-laes.org/.

② http://www.nobelprize.org/.

1968年，瑞典国家银行在成立三百周年之际，捐出大额资金给诺贝尔基金，增设"瑞典国家银行纪念诺贝尔经济科学奖"。1969年首次颁发，即所谓的"诺贝尔经济学奖"。

1901年12月，诺贝尔奖奖金第一次颁发时，奖金为15万瑞典克朗。1991年，达到600万瑞典克朗。2001年，达到1000万克朗。2012年，中国作家莫言获得诺贝尔文学奖，奖金800万克朗（约合人民币750万元）。

100多年来，诺贝尔奖奖金的立场、失误和评判标准备受争议。但是，它在推动科学研究和造福人类领域，堪称贡献巨大。

事实上，诺贝尔奖基金会并不具备系统而完全的猎头服务功能。但是，获奖者的领导力、影响力和辐射力，特别是杰出科学家所从事的研究领域，以及随之而来的产业化、市场化，已经成为现代猎头捕捉世界一流的高端人才最重要的风向标。[1]

由于诺贝尔奖奖金的数额较高，且在较为中立的瑞典颁发，在客观上促成了特殊情况下的高端人才自由选择和流动。如在1938年，与年迈的瑞典国王握手之后，意大利人恩里科·费米（Enrico Fermi，1901—1954）从国王手里接过盒子。盒子里装着三样东西：诺贝尔奖奖章、奖状和装有奖金的信封。当时面临指控、身陷困境的费米利用这笔奖金，直接逃亡到美国，并主持建造了世界上第一座原子反应堆，为制造原子弹迈出决定性的一步。后来，费米告诉女儿，"我相信那个信封，是三件东西中最重要的"。正是这件"最重要"的东西，成就了这个逃亡者辉煌的余生。[2]

二、以色列沃尔夫基金会

1975年，R.沃尔夫以"为了人类的利益促进科学和艺术"为宗旨，捐献1000万美元发起成立沃尔夫基金会（Wolf Foundation）。主要奖励对推动人类科学与艺术文明做出杰出贡献的人士，每年评选一次，设数学、物理、化学、医学和农业五个奖（1981年又增设艺术奖）。1978年开始颁发，每个奖的奖金为10万美元，可以多人共分。沃尔夫数学奖和加拿大菲尔兹奖被共同誉为数学界的"诺贝尔奖"。[3]

1978年，美籍华人吴健雄荣获首次颁发的物理学奖。1984年，美籍华人陈省身获数学奖。1991年，美籍华人杨祥发获农业奖。2004年，"杂

---

[1] 段志光、卢祖洵、王彤：《诺贝尔生理学或医学奖获得者学术影响力研究》，《科学学研究》，2007年第2期。
[2] 王波：《从领奖台上逃亡》，《中国青年报》，2010年3月17日。
[3] http://www.wolffund.org.il/.

交水稻之父"袁隆平获农业奖，美籍华人钱永健获医学奖。2010年，美籍华人丘成桐获数学奖。2011年，美籍华人邓青云获化学奖。2015年，屠呦呦获生理医学奖。

三、美国约翰·西蒙·古根海姆纪念基金会

即 The John Simon Guggenheim Memorial Foundation，美国工业家兼慈善家约翰·西蒙·古根海姆夫妇于1925年设立。它是艺术领域规模历史悠久、规模最大的著名奖项。基金会每年为世界各地的杰出学者、艺术工作者、艺术家提供奖金以支持他们继续在各自的领域的发展和探索，涵盖自然科学、人文科学、社会科学和创造性艺术领域，不受年龄、国籍、肤色和种族的限制。一些诺贝尔奖、普利策奖的获得者曾经得到资助。①

2012年4月，第88届古根海姆奖学金公布获奖名单，涵盖艺术、摄影、电影及录像艺术、舞蹈、表演艺术、艺术研究、诗歌、写作等多个门类。来自54个不同的学科、77所不同的学术机构的1811中杰出学者、艺术家和科学家获奖，包括美国诗人、评论家艾琳·迈尔斯（Eileen Myles）、艺术家纳兰德·布雷克（Nayland Blake）、著名作曲家叶小纲等。

四、美国福特基金会

即 The Ford Foundation。1936年，美国"汽车大王"亨利·福特（Henry Ford，1863—1947）创建，总部设在纽约。它与安德鲁·卡耐基、洛克菲勒基金会并称20世纪的美国"三大基金会"。2000年，总资产96亿美元。

基金会以研究美国国内外重大问题，如教育、艺术、科技、人权、国际安全等方面课题为宗旨，通过出资创办研究机构、颁发奖学金、向国外派遣专家、捐款、捐赠图书仪器等方式，向国内外有关组织、研究单位提供资助，以影响美国社会生活、文化教育事业和政府的内外政策。基金会的宗旨，就是"加强民主价值观，减轻贫困和不公正，促进国际合作，推动人类成就"。②（如图4-20所示）

---

① http://www.guggenheim.org/.
② http://www.fordfound.org/.

图 4-20

福特基金会董事会成员被称作美国政府的"影子内阁"。例如,鲍尔·霍夫曼曾经是"欧洲复兴计划"的欧洲执行长。长期负责福特基金会海外工作的约翰·霍华德,曾经主持实施《租借法案》,参加"欧洲复兴计划"和"欧洲共同防御援助计划"工作。菲利普·库姆斯曾经出任肯尼迪·约翰逊政府的教育文化事务助理国务卿。

2001年,福特基金会设立国际奖学金在全球的总投资约为3亿美元,是福特基金会最大的项目。它的申报资格和条件都有明确的指向性和约束性,并有着明显的区别对待原则。如在俄罗斯,福特基金会向大学生和研究生提供500~1500美元的个人奖学金。同时,承诺向俄罗斯提供3.3亿美元"培养新一代领导人",覆盖人类学、东方学、哲学等冷门专业。

2003年,福特基金会宣布将设立一项面向非洲、中东、亚洲、拉美和俄罗斯籍研究生的国际奖学金计划,以资助他们完成学业。在未来10年,将出资33000万美元,实施有史以来数额最大的世界研究生奖学金计划,其中,28000万美元用于资助3500名学生完成3年的硕士或博士阶段学习。

五、德国洪堡基金会

1860年,亚历山大·冯·洪堡基金会(Alexander von Humboldt Stiftung)成立。1953年,再次重建。主管或参与管理沃尔夫冈·保罗奖、索菲亚·克瓦雷夫斯卡亚奖和亚历山大·洪堡教席奖等分支奖项。到2012年,已经资助了130多个国家、约25000名年轻博士后和有着一定声望的专家学者学者前往德国进行研究。其中,40多位诺贝尔奖获得者曾获得该基金会的资助(如图4-21所示)。[1][2]

---

[1] http://www.humboldt-foundation.de/.
[2] 刘颖勃、柯资能:《在科学与文化之间:德国洪堡基金会简史》,《科技管理研究》,2007第5期。

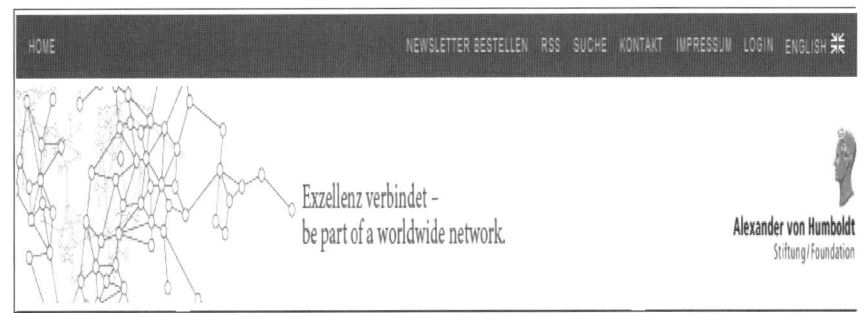

图 4-21

洪堡基金会年预算约为 6000 万欧元，97% 来自国家拨款，外交部占 56%，联邦经济合作与发展部（BMZ）占 6%，联邦教育研究部占 38%。申请人应自选科研题目和科研机构并独立制订研究计划。洪堡基金会每年向博士后及知名学者提供约 600 个科研名额，资助额度为 2250 欧元/月。基金会每年还向来自美国、俄罗斯和中国的、具有领导才能的未来领袖人才颁发 10 份德国总理奖学金。申请人可自选德国院校，完成各自制订的研究计划。该资助的目的是让这些有领导潜力的人才，在事业开始阶段就有机会在德国开展长期的学习。

最有特色的是，洪堡基金会并不局限于一段时期的资助，而是对洪堡研究奖学金学者给予资助之后，再结合其专业及本人愿望与他们保持终生的联系。统计表明，85% 的前洪堡学者又重新得到了资助，邀请他们再次来德国从事短期研究工作，赠送科学书籍和科学仪器，提供参加学术会议和印刷补助以及在德国和外国举行各种学术会议。通过"终生联络、重复资助"的方式，德国在全球网罗了长期，甚至终生的外国尖端人才。

比较知名的还有：艾登·瑙尔基金会（Konrad Adenauer Stiftung）、斐迪斯·瑙曼基金会（Friedrich Naumann Stiftung）、海涅希·波尔基金会（Heinrich Bll Stiftung）、葛丽柏·戴恩勒与卡尔·便士基金会（Gottlieb Daimler und Karl Benz Stiftung）、弗里德里希·艾伯特奖学金、汉斯·别克勒奖学金、彩虹奖学金、卡尔-杜伊斯贝格奖学金、斐迪斯·艾柏基金会、德国基督教奖学金等。

六、美国埃温·玛瑞恩·考夫曼基金会

即 Ewing Marion Kauffman Foundation。20 世纪 60 年代，企业家兼慈善家埃温·玛瑞恩·考夫曼创办，总部设在密苏里州堪萨斯城。它是世界上

最大的、专门致力于创业领域的机构,每年投入大量资金用于研究创业、创新与经济增长的关系,并推动美国教育改革进程。2011 年,是美国第二十六大基金会,资产约 20 亿美金。[1]

基金会致力于推动创业环境的发展,为促进就业、创新创业、经济腾飞做出贡献。工作内容包括:研究创业的经济影响力,培训新一代创业领袖,推广旨在提升创业能力和技术的活动,促进创业环境的完善。2011 年 10 月,基金会宣布"全球行动计划",包括:加速器,孵化器及其他提供指导、教育和概念验证的项目,为在合作伙伴国家工作的国外与当地企业家提供支持的项目,允许企业家在网络内流动的项目。国家合作伙伴将通过一个申请流程根据他们满足计划标准的能力选出,他们可以是公营或私营部门的机构或者个人,包括政府实体、加速器、慈善家和/或基金会、企业家支持组织、营利性企业等。

第四节 协会联谊型

它通过信息发布、数据交换、人造推荐、专业指导等,能够提供猎头服务。基于人脉关系的往来、收费很少甚至免单的背景,猎头行动的随意性较强。

一、美国百人会

即 Committee of 100,是美国的华人精英组织,全部由在美国社会中有影响力与知名度的华裔组成(如图 4-22 所示)。[2]

图 4-22

---

[1] http://www.kauffman.org.
[2] http://www.committeeof100.org/.

1990年，由著名美籍华裔贝聿铭、马友友等人发起，总部设在纽约。百人会的宗旨包括帮助旅美华人能在美国立足生根并做出贡献、增进中美邦交、改善两岸关系三大主题。百人会是一个非政治团体，对促进美国与中国以及两岸之间的政治、经济交流起到特殊的促进作用。

百人会的入会资格十分严格，必须由会员推荐，经其他所有会员审核过关之后才会接纳。2012年10月，现有成员148名。著名会员包括：贝聿铭、马友友、杨振宁、吴健雄、杨致远、李开复、李昌钰、何大一、朱棣文、骆家辉、陈香梅、吴宇森、谭盾、钱勇杰、傅履仁、曾宪章、张亚勤等。

1991年以来，百人会每年定期举办年会，探讨中美关系和美国华裔的问题，平均吸引700多位贵宾和90多家美国赞助企业。2005年，百人会在香港召开了第一届大中华地区会议。2005年，百人会发表了全国性的民意调查《美国人对中国的态度》。

二、美国创新经济促进会

总部位于加州硅谷。宗旨是将美国创新经济涉及的所有领域中的成功经验与最佳实践、相关技术、专家与世界各国进行全面交流与合作，达到资源互补，共同发展的目标。①

促进会是在美国加州合法注册的非营利组织，会员分为机构会员与个人会员。机构会员包括美国各行业的创新高科技公司、风险投资公司、私募基金、世界一流的著名大学、研究院，科技服务机构、法律服务机构；个人会员包括高科技公司与服务中介公司的企业高管、研发及管理领域的资深专家、风险投资家、天使投资家、知识产权法与投融资、并购与上市等法律服务专家等。涉及生命科学、可再生能源、互联网、新材料生物技术、通信等。技术研发的专家主要集中在软件、硬件生物技术、通信等领域。

三、美国华盛顿华人专业团体联合会

1998年成立，简称华专联（UCAPO），是在美国登记注册的非营利机构。由华盛顿地区28个华人专业团体组成，也是一个横跨多个专业领域的华人专业人士所组成的综合性团体。现有20000多名会员，其中，博士的比例超过65%。

---

① http：//www.theinnovation.org/.

成立以来，华专联及其成员团体组织了100多个代表团回到中国访问考察，参加高科技交流会和各种专业论坛。到2012年，超过300名的华专联成员已经把事业的重心放回国内，有一部分已创业成功。华专联还协调和动员北美各专业领域华人专家学者的人才资源，为美中两国企业界、社会团体、研究和教育组织以及公共机构提供高质量的研究和咨询服务。

四、北美洲中国学人国际交流中心

总部位于华盛顿。现有全职人员30多名，在中国上海设有办事处。交流中心是为北美洲包括美国与加拿大近30万来自中国的留学人员、专家、学者、企业家提供信息与服务的机构，是架在北美洲与中国之间的一座桥梁。[1]

交流中心的主要宗旨是在开展北美洲与中国之间在经贸、科技、教育、文化、金融、人才等各方面的合作与交流，主要服务有：定期举办人才交流、经贸洽谈等国际会议；定期组织北美洲中国学人、专家、学者、企业家代表赴中国考察交流，并提供在中国创业与发展的信息与服务；定期在美国、中国举办各类专题研讨班、短训班；建立会员制，在北美洲和中国发展中心的会员；为渴望在北美洲与中国之间进行交流的中国政府、企事业单位提供特别的便利等。

五、旅英中国工程师协会

简称ACE，成立于1997年，是留英中国内地学子中唯一的、由全职业科技人员构成的非营利性组织（如图4-23所示）。[2]

图4-23

---

[1] http://www.nacenter.us/.
[2] http://www.ace-uk.org.uk/.

现有会员近 1000 人,是在留英中国内地学子创办的各协(学)会中最大的组织。协会会员主要任职于信息技术、电力及电子、自动化、材料、金融等高科技领域相关的公司和研究机构。ACE 以"为国服务、回国服务"为宗旨,建立国际化的交流渠道,扩大和增进相互了解,推广技术交流和合作,为更多的留英人员归国服务创造契机。

服务领域包括信息技术、电力及电子、自动化、材料、金融等高科技领域,并针对多学科开展咨询、培训、项目介绍及人才交流服务。该组织派遣的专家对项目申请单位进行免薪义务援助,不收取任何报酬。

六、韩国(株)中商国际人才交流中心

2003 年成立,总部位于韩国首都首尔,是在中国驻韩国大使馆的指导下建立起来的高水平人才派遣和培训机构,得到韩国产业劳动部的大力支持并与其保持长期紧密的合作关系。

现有专家数据库 1 万多人,可以向中国企业派遣纺织机械、造船、印染、塑胶合成材料、化工医药、机械电子等领域的高级技术专家和高级技工。中心还是中国国家外国专家局正式认定的境外培训渠道,重点从事公务员培训、企业家培训和高级技能工培训,以及中国企业赴韩国进行商务活动和韩国企业在中国开展业务合作等活动。[1]

七、南非国际交流服务中心

简称 Gold Yard,隶属豪登省经济发展署。服务中心以推动国际交流、促进经济发展为宗旨,从事国际交流项目的策划、组织和实施。为国际的人员互访、专业培训、国际会议、专业展览提供全方位的服务,特别在矿业、农业、电力、公路、水利、安全保健、自然资源保护等领域。[2]

中心设有负责中国地区事务的部门,并在北京设有代表处。Gold Yard 在中国与中矿联、中国黄金协会、黄金总公司、中国煤炭协会等机构紧密合作,成功地安排了黄金协会、黄金总公司、煤炭协会、国家安全监督局和国家外专局的代表团访问南非,与南非矿业界接触并建立了联系。

第五节 学术交流型

进入新的世纪以来,在激烈的国际人才竞争领域,成本低、效益高的

---

[1] http://zsgj.chinajob.com/.
[2] http://www.gongchang.com/.

"借脑""科学旅游""学术度假""智慧交流"成为新的时尚。

一些非营利猎头组织通过定向投资、人员交流、教育培训和项目合作实现资源共享,并从中受益。这种极端隐蔽而巧妙的智力共享、成果共享现象,也就是猎头行业一度流行的"买不如租、租不如借"。

一、德意志学术交流中心

简称DAAD,是世界最大的促进国际文化、学术、科技交流的机构之一。经费由德国政府提供,是德国文化和高等教育政策的对外执行机构(如图4-24所示)。①②

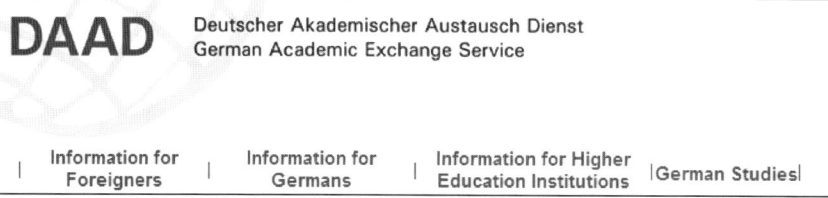

图4-24

DAAD作为一个文化性、科学性的非营利组织,旨在促进科学领域、文化领域、经济领域和政治领域的人才培养和交流合作。但是,它也体现了德国的国家利益,即不遗余力地通过资助学术交流的方式,搜寻、培养、吸纳国外人才,给予这些"未来世界的领导者"以经验的、实际的、经济上、政治上的支持。

自1925年成立以来,DAAD已资助超过150万的专家学者。2010年,对外国申请者的资助总金额为8700万欧元,同发展中国家的教育合作金额也高达7200万欧元。2011年,DAAD在全球的项目就有250多个,资助人数达7万之多。这些资助项目范围很广,从青年学生攻读博士学位到实习客座讲师,从实况调查访问到国外高校的建设。"德国高校日"系列活动的市场营销、出版物发行、现场交流和培训课程等,也由DAAD赞助。

1998年年底,中心作为最大的德国高校和教育社团联盟,拥有成员231所高校、129个大学生团体和14个全球办事处。2011年年底,大约

---

① http://www.daad.de/en/.
② http://www.daad.de/portrait/wer-wir-sind/kurzportrait/08940.de.html.

68000名大学生和科学家接受过DAAD的资助，近500名大学教授被派往世界各地授课。

2001年年初，DAAD在德国教育与科研部（BMBF）"着眼未来的高校"的总体框架内，推出暂定为3年的新计划，即"国际质量网"（IIQN）。德国各高等院校都可以把本校与国外教育与科研机构的双边，尤其是多边合作的项目纳入"国际质量网"，向DAAD报批。如果得到批准，项目可得到20万～60万马克的资助款。这笔款项可用于支付外国硕士或博士留学生在德国学习的奖学金，外国博士后和教授在讲学或科研酬金，以及与"国际质量网"项目有关的费用。2001—2003年，"国际质量网"的第一期开始实施，DAAD提供3600万马克的项目基金，目标是资助30～40个国际合作项目。

DAAD规定了"国际质量网"的实施范围。包括：给外国的硕士生提供各类短期奖学金，期限为6～24个月，资助他们在德国的学习，鼓励获取学位；给外国的博士生提供最长为3年的奖学金，资助主客双方联合培养的博士生；资助在德国获得博士学位的博士后在德国工作，建立和领导科研小组；邀请客座讲师，扶持国际学位课程及双学位课程；资助有博士头衔的科研人员赴德进行科研合作或编写新课程教学大纲；资助与"国际质量网"项目有关的各类活动，如语言培训、专业考察、出版、参加国外举行的信息交流会等。①

二、加拿大北南研究所

即The North-South Institute，1976年成立。宗旨与活动：独立的非营利组织，关注国际发展。研究加拿大与发展中国家的关系和对外政策，目的是提高有效的共同合作，确保可持续性发展，改善全球治理，促进种族平等。主要面向非洲、亚洲和美洲提供资助。②

三、以色列魏兹曼研究院

前身是Sieff研究所，成立于1934年。2011年，魏兹曼研究院被评选为世界排名第一的科研院所。现有2500多名研究人员，外籍学者占25%。③

---

① 方建国：《德国聚集国际人才的新策略——"国际质量网"》，《德国研究》，2001年第4期。
② http：//www.nsi-ins.ca/.
③ http：//www.weizmann.ac.il/.

1959年，魏兹曼研究院成立耶达技术转移公司，专门负责研究院研究成果的应用开发和技术转移，通过转让科研成果来获取转让费，从而支持继续办学、研究和运作。耶达在国内外申请的专利，也通过它寻找工业伙伴。公司还与魏兹曼工业园紧密合作，完成创新成果的从实验室到市场的产业化步骤。2011年，耶达的专利数量居以色列之首，创建超过50家的企业，促成10多家成功上市，总收入高达100亿美元。

耶达公司的激励机制包括：一是直接投资。公司内部资金直接对魏兹曼的科学研究进行资助，确保科学研究的正常进行，建立知识产权保护。二是政府拨款。企业和魏兹曼研究院联合起来申请政府项目，政府的赞助额度66%～90%不等，但是，专利属于研发机构，使用权交由公司负责。三是联合投资。耶达公司和一些大公司联合资助新项目。四是设立的奖励基金。如果研究人员发布了前沿性的研究成果，耶达就会及时进行奖励。

耶达公司和投资者共同分享成果。公司规定，技术转移收入的40%归研究者个人所有，而不是给实验室。这让许多科学家们还在实验室默默工作时，就被告知已经成了富豪。

四、日本学术振兴会

简称JSPS，创建于1932年，2003年改为独立行政法人（如图4-25所示）。[①]

图4-25

JSPS极其活跃。主要宗旨与活动：资助自然科学、医学、人文社会科学各学科的学术研究以及研究人才的培养和国际学术交流活动，是日本最

---

① http://www.jsps.go.jp/.

重要的学术研究资助机构。例如：1933 年，资助企业与大学的合作项目和研究项目；1959 年，资助青年研究人员项目；1960 年，资助外国研究人员赴日研究项目；1963 年，资助日美科学合作项目，颁发佚父宫纪念学术奖；1967—1976 年，实施同英国、德国和法国、亚洲学者的交流项目；1978 年，接受国有专利申请、实施博士学位资助计划；1983 年，实施海外特别研究员派遣计划；1984 年，开设开罗研究联络中心；1985 年，推行特别研究员事业计划，创立国际生物学奖，开始实施日中医学研究人员交流项目；1995 年，实施重点研究国际合作计划，开设伦敦研究联络中心，并设置研究人员国际交流中心；1996 年，实施开拓未来学术研究推进计划；1999 年，接管文部科学省的部分科学研究费补助金；2000 年，实施外国著名学者招聘计划；2002 年，实施 21 世纪先进科研基地计划；2004 年，创立日本学术振兴会奖；2006 年，增设青年学者资助项目；2007 年，实施研究生院教育改革资助计划，开设北京研究联络中心；等等。

五、日本三菱财团

即 The Mitsubishi Foundation，1969 年成立。宗旨与活动：以提高日本学术水平、教育水平和文化水平为目的，对有关学术研究、社会福利等活动实施资助。资助范围包括自然科学研究、人文科学研究、社会福利事业等。①

六、日本松前国际友好财团

简称 MIF，1979 年成立。旨在促进世界和平与人类社会的进步，开展不分国别、民族、性别、宗教、思想、国家体制的研究活动，努力加深世界各国对日本文化的理解。对希望到日本开展学术活动，尤其是年轻研究人员给予鼓励和资助，对留学日本人员提供奖学金。②

七、韩国学术振兴财团

1981 年 4 月 6 日，根据《学术振兴法》成立。1984 年，同韩国国际教育交流学会合并，改为韩国学术振兴财团（Korea Re-search Fonda-

---

① http：//www.mitsubishi-zaidan.jp/.
② http：//www.mars.dti.ne.jp/.

tion)。① 财团的宗旨是资助学术活动，促进国际学术交流与合作，全面提高学术研究水平，为学术研究创造条件。财团接受韩国教育部领导，是对谋求学术振兴的研究工作给予资金支持的中枢机构。

学术振兴财团的工作主要分为两种：

1. 教育部委托的工作

包括：为各种自由定题、地方大学设定、年轻教授以及大学附设研究所设立的课题等研究课题给予经费资助；为国内举办的学术会议提供经费资助，也为个人参加国际会议提供经费资助；对包括向海外派遣教授、国际的共同研究、学者交流等国际学术交流事业给予资金支持。此外，财团每年还拨出大笔基金资助海外韩国学研究以及中日韩青少年及教师的交流。

2. 财团本身的业务工作

包括：出版论文集；资助各种学会和学术团体出版学术刊物，支付外国学术论文的转载稿酬，支持外国学术论文的翻译工作，出版订购外文书刊的图书目录快讯；同德国洪堡基金会、德国研究联合会及德意志学术交流中心开展国际双边学术交流；搜集学术信息、电脑管理以及实现教育电脑联网；等等。到2012年，与美国、巴西、英国、德国、荷兰、俄罗斯、捷克、中国、印度、泰国、日本、澳大利亚等33个国家和地区的大学及韩国学研究机构保持着合作和交流关系，尤以美国和日本居多。

八、韩国高等教育财团

简称KFAS，1974年11月成立。这是在韩国教育部登记注册的公益性教育组织，旨在通过国际学者交流奖学金项目，每年从亚洲国家邀请约50名学者，资助他们与韩国学者进行合作研究。财团建立了亚洲研究中心，支持各种相关学术活动，如研究课题、学术会议以及亚洲学者的文献出版等（如图4-26所示）。②

财团设有海外博士生奖学金项目、大学生奖学金项目、汉学研究奖学金项目、博士后研究援助项目（主要通过提供研究经费和条件，使学者在获得博士学位后仍能继续专心于研究事业）和国际学术交流支持项目。这些项目主要向亚洲学者提供期限为一年的赴韩研究机会，邀请对象为人文

---

① http://www.kef.or.kr/.
② http://www.kfas.or.kr/.

图 4-26

社会科学、法学、管理学、石油化学、电子工程、计算机科学等领域的杰出青年学者，促进国际学术交流与合作研究。此外，财团还开展海外旨在促进海外大学的韩国学研究的资助项目韩国，对与韩国学会合办的学术研讨会及进修班等提供资助。

九、韩国国际交流财团

即 Korea Fondation。1991 年，根据《韩国国际交流财团法》成立。①宗旨与活动：旨在通过韩国与世界各国的交流，谋求国际社会对韩国的正确认识和理解，增进国际的友好与合作。其任务是通过向学者以及大学、研究机构和图书馆提供财政资助，加强海外的韩国研究及增进海外对韩国的理解。资助领域为人文、社会科学及文化艺术领域。

主要活动包括：对已具有一定韩国学基础并具有发展潜力的海外大学设立韩国学及韩国语教授职位进行资助；为支持海外研究韩国和介绍韩国的活动，向海外的大学、图书馆、公共图书馆、主要政策研究机构和文化艺术机构提供在国内外出版的韩国语及其他外语出版物和视听、多媒体资料等。项目分为定期资助和不定期资助，定期资助主要根据定期资助图书目录进行，不定期资助则根据具体要求的资料目录进行。

韩国国际交流财团为了在海外普及韩国语，资助海外的大学设立语言研究所，以使海外研究韩国的学者、研究生和韩国问题专家能够系统地学习韩国语；与美国、日本、中国、俄罗斯等同韩国关系密切的国家举办双

---

① http://www.kf.or.kr/.

边论坛，资助国际会议；邀请海外的知名人士、学者、专家访韩，增进他们对韩国的了解，增进相互友谊；资助或主办各种表演和展览，旨在海外宣传韩国文化，树立韩国形象；为海外知名大学出版社和主要学术出版社出版与韩国相关的资料提供资助。

十、阿根廷国家农牧科技研究所

简称INTA，成立于1956年，负责全国农业、林业、畜牧、渔业、食品等领域的科研及推广。其董事会成员包括来自农牧渔业和食品国务秘书处的政府官员以及有关大学、各种农业协会的成员。在全国设有12个研究中心、42个试验站和200个推广站，共有4000名工作人员。[①]

研究所注重应用研究，优先考虑如下领域：粮食的持续增长，重点是灌溉、深加工技术；肉、奶的持续增长，重点是产品质量、草场管理、幼畜喂养、育肥技术；改进蔬菜、水果品质，增加其附加值，提高产品竞争力；植树造林技术；干旱、半干旱地区可持续发展研究；资源和生物多样性的保护研究。

阿根廷地处南美，具有独特的作物种质资源。如INTA自己培育出54个小麦新品种，包括抗叶锈斑病等病菌、抗旱等抗逆品种，以及分别用于面包、面食、饲料加工的专用品种。阿根廷独有的黄玉米，出油率5%～7%（一般玉米出油率4%～5%），品质坚硬，运输不易受损。原种用于与国外品种杂交以培育新的品种。2000年，与中国国家外国专家局建立合作关系，优势专业是畜牧以及南美特有的玉米、小麦等种质资源。

十一、印度半干旱热带作物研究所

简称ICRISAT，成立于1972年，总部设在印度海德拉巴，是国际粮农组织的八大机构之一，主要研究高粱、珍珠粟、爪状粟三种禾谷类及鹰嘴豆、木豆、花生三种豆类作物。主要任务是改良作物并保护种子，建立先进的耕作制度，进行病虫害防治，同时，广泛参与各国政府组织及科学家的合作项目。[②]

ICRISAT现有科学家和管理人员1000多人，研究水平和培训管理水准属于世界一流，研究设备和培训设施先进。已对来自91个国家的3000多人进行过学位培训、在职培训、合作研究培训等。2001年起，开始接

---

① http://www.inta.es/.
② http://www.icrisat.org/.

受来自中国的专家培训,并向中国用人单位推荐印度及其他国家高水平的农业专家。

十二、美洲中国工程师协会

简称 CIE-USA,1917 年成立。这是一个非营利性的专业组织。早期会员包括:詹天佑、颜德庆、徐文泂、吴健、凌鸿勋、陈体诚、张贻志、吴承洛、侯德榜、周琦等。①

2012 年年初,CIE-USA 已有 7 个分会,包括达拉斯、纽约、新墨西哥、海外中国环境工程师和科学家协会等。涉及技术和科学研讨,职业发展讲座,领导力研讨,美国亚裔青年科学、工程和技术奖学金评选、美国亚裔青年数学竞赛和科学趣味活动等。其中,以一年一度的美国亚裔工程奖(AAEOY)最为有名。

十三、全澳华人专家学者联合会

2004 年成立。它是第一个由居住和生活在澳大利亚的华人学者及专业人士组成的全澳联谊会。成员由所有的州和北领地 13 个专业学会组成。目前有 1300 多会员,大多数会员具有高级学术职位或永久职位。会员的研究范围非常广泛,涉及科学、工程和技术的几乎所有学科。为了促进科学技术和会员自身的发展,全澳华人专家学者联合会多次组织了全澳和国际学术会议、短训班、讲座和夏令营。联合会每两年举办一次中澳科学技术教育学术会议。②

---

① http://www.cie-usa.org/.
② http://www.focsa.org.au/.

第五章 猎头行业

行业是指从事国民经济中同性质的生产或其他经济社会的经营单位或者个体的组织结构体系的详细划分。单个的公司，其实就是一个行业最基本的"原子核"。

在欧美发达国家，以猎头公司和非营利猎头组织为主体，兼有行业协会、学术科研机构等，共同构成了国际化的猎头行业。当前，猎头公司仍然是这个行业的主力。因此，考察一个典型的猎头公司发展历程，有利于全面理解和把握公司群体、同行扎堆、行业聚合、产业集聚等演进形式。

假若说，美国猎头的发展史，就是世界猎头发展史；那么，美国主管招募顾问协会的标准，也就是国际猎头协会的标准。但是，国际猎头协会在发展中国家、不发达国家甚至是发达国家的推行，并没有及时有效地沟通、促进和保护所在国家的民族猎头行业利益，从而受到不同层面、不同程度的抵制和对抗。

第一节 国际猎头协会

国际猎头协会（AESC）发布的《猎头五十年：预付型猎头服务的诞生、现状与发展（1959—2009）》，详细介绍了始于美国的国际猎头协会，如何起源、发展和演变，通过不断的创新和变革，成为影响广泛的世界性行业协会（如图5-1所示）。[1]

---

[1] Executive Search at 50: A History of Retained Executive Search Consulting Presented by the Association of Executive Search Consultants In Celebration of Its 50th Anniversary, AESC, 2009.

图 5-1

一、AESC 在美国成立

猎头顾问进入行业时，都希望能受益于一个协会组织，对猎头服务行为进行规范，并不断促进行业的道德水准和专业标准的提升，扩大公众对猎头服务的正确理解。

1959 年，7 名来自猎头行业的资深人士，倡导并成立了美国主管招募顾问协会（AERC）。来自 Canny Bowen 公司的 Francis Canny 被推举为第一任主席。早期的发起人还有 Leon Farley、Fred Wackerle、Clarence McFeeley、Paul R. Ray 和 Richard Cronin 等，他们分别代表规模不一的猎头公司。

20 世纪六七十年代，AERC 的主要精力放在建设猎头论坛和会员服务上，并确认成员资格。罗杰·肯尼（Roger Kenny）回忆说，一天晚上，我们邀请麦肯锡的主席马文·鲍尔（Marvin Bower）探讨猎头行业的发展。他站起身来说："不要说你自己是猎头顾问，因为你不是顾问。猎头简直是乱七八糟！"这时，沃德·豪威尔，一个虎背熊腰的男人，也站了起来说："马文先生，恕我不敢苟同。我们不仅是顾问，而且，我们是与我们的行动结果生死与共的猎头顾问。"话毕，顿时赢得全场热烈的掌声。

1982 年，AERC 更名为国际猎头顾问协会（AESC）。希望能够更好地反映工作内容。这些要素主要包括：与客户分析猎头的重要地位，界定职位的要求和候选人的任职资格，约定可能发生的赔偿条款，商定候选人的职业规划和发展道路，探索企业文化和入职匹配，建构科学合理的人才搜索体系等。

国际猎头协会始终把吸纳优秀成员单位，特别是知名的猎头行业新闻人物，作为权威和方向的基础标志。Russell Reynolds 回忆说："1967 年，William Clark 建议我和斯图尔特、沃德·豪威尔、海德思哲和加德纳担任

AERC 的长远规划委员会的委员。当时，我才真正意识到什么是猎头行业的顶级组合。"

20 世纪 80 年代末，许多国际猎头公司开始醒悟，决意紧紧跟随 AESC。特别是珍妮特·琼斯、帕克和比尔·古尔德担任执行主席时，巩固并扩大了思想根基，包括主动为 AESC 遍布全球的分支协会推荐和物色杰出的领导人。

50 年来，AESC 的历任主席，赫然包括：光辉国际的汤姆·霍尔、奥杰斯（Ray & Berndtson）的 Paul R. Ray、罗盛咨询的 Jr. Eric Vautour、海德思哲的罗杰·斯托伊、奥杰斯的 Judith von Seldeneck、罗盛咨询的 Jean Vanden Eynde、光辉国际的查尔斯·沃德尔、Transearch 的文森特·斯威夫特、Penrhyn 的安德斯·博格和奥杰斯的卡尔·洛瓦斯等等。他们通过前仆后继的持续努力，始终致力于增强 AESC 的活力和发展，以及应对扑面而来的全球化趋势。

二、全球化与"非美化"运动

1959—1996 年，AESC 成员主要是企业总部设在美国与加拿大的猎头公司。早期的国际成员单位，还包括加拿大的 The Caldwell Partners，英国的 Christopher Mill & Partners、TASA，比利时的 Hansar 和新西兰的 John Peebles Associates。到 1990 年，AESC 吸引了更多的欧洲成员单位，其中一些是名气很大的国际猎头公司，如英国的 Saxton Bampfylde、法国的 Beigbeder Caude & Partners、Berndtson 和 Leaders Trust 等。

AESC 成立不久，美国和加拿大所在的北美洲成员单位数量不断增加，使得 AESC 本质上成为美国式的运行机构。1997 年，AESC 主席 Sheila McLean 决意将 AESC 的美国成员单位，与欧洲著名的猎头公司——德国的 Jürgen Mulder & Associates 和法国的 Eric Salmonand Partners 整合起来，成立一个由 12 名成员单位组成的欧洲理事会。Jürgen Mulder 被推举为第一任主席，运营费用由 Alfons Westgeest 的一家子公司提供支持。2004 年，AESC 在比利时的布鲁塞尔开设了联络处，一个全职的欧洲理事 Brigitte Arhold 担任主任。2013 年，AESC 总部设在美国纽约，现任主席是彼得·菲利克斯（Peter Felix）。

在欧洲理事会的主席遴选方面，AESC 日益突出了国际化布局。Jürgen Mulder 之后，历任 AESC 欧洲理事会的主席，包括安立国际的 Anthony Saxton、光辉国际的 Didier Vuchot、罗盛咨询的 Jean Vanden Eynde 和 Anders Borg 等。长期担任理事会成员的，包括宝鼎国际的 Marc Lamy、

Transearch 的 Ulrich Ackermann、Leaders Trust 的 Jean-Philippe Caude、奥杰斯的 Xavier Alix、史宾沙的 Lucca Pacces 和诺伊曼（Neumann）的 Serge Lamielle。他们促成在整个欧洲地区兴办将近 50 个董事会，成员覆盖欧盟国家、俄罗斯、土耳其、东欧和中欧诸国，并正在强劲增长。

2004 年，在 AESC 主席彼得·菲利克斯和来自史宾公司的沙亚洲/泛太平洋地区主席肯·埃克哈特的领导下，AESC 通过建立亚洲/泛太平洋理事会，从而创建了一个真正意义上的、全球性的猎头行业统领组织。①

为了更全面地反映全球影响力和号召力，AESC 采用了新的治理结构：即三个区域理事会分别选出 5 名代表，参加由 15 人新组成的国际委员会董事会。董事会主席负责日常运作，制定发展战略；区域理事会作为代表，掌管所在地区运行、监督和公共论坛。董事会主席、副主席和财务总监，每年轮流在 3 个区域理事会选举诞生。经此，2004 年的 AESC 全球董事会的核心三人小组成员分别是：罗盛咨询的布鲁塞尔公司总裁 Jean Vanden Eynde，成为第一个非美国公民身份的董事会主席；另外两人，分别是总部设在香港的 Transearch 的 Vincent Swift 以及总部设在布鲁塞尔的 Penrhyn 的 Anders Borg。

事实上，在世界猎头行业淡化美国本土概念，反而使得 AESC 成为真正的全球性行业协会，并提供了一个更切合于实际的框架结构。也正是由于这些变化，AESC 的品牌、方案、成员及整体利益，都出现了大幅增长。

到 2009 年，AESC 在 70 多个国家设有办事处。它们通过互联网和电话会议沟通和运作，在世界各地频繁举办各种会议和活动，并向所有成员单位提供全球化的解决方案和规范化服务。

三、在风暴中顽强成长

AESC 的主要职能之一，就是促进猎头业务、社会公众和新闻媒体建立更加紧密的联系。近年来，协会努力扩大成员公司以外的团体，包括聘用组织（客户）和候选人。AESC 的门户网站 Corporate Connect 提供一些网络服务，包括收集猎头业务信息和为客户提供理想的猎头公司，出台了《客户的权利》和《服务规范》等重要指导文件，极力保证客户以最佳方式获得更多有价值的猎头服务。

---

① 美国的国际人力资源管理协会（IPMA-HR，公共人事管理协会和人事管理专业协会于 1973 年合并组建）、人力资源管理协会（SHRM）、人力资源认证学会（HRCI）等，也都不同程度地影响着美国乃至国际猎头的思维、布局和战略。

AESC 基于互联网的蓝色之步（Blue Steps）事业部，建立了一个庞大的全球候选人数据库——面对所有 AESC 成员免费而完整地开放。2010 年，约 50000 份来自世界各地的简历，已经在蓝色之步登记，成为国际猎头公司的"公共图书馆"。除此以外，AESC 还提供：在线培训和认证计划，AESC 分部提供的通过外部搜索平台服务，一系列以猎头和人力资源管理主题的研讨会等。AESC 从一个小行业协会开始，迅速成长为一个全面而专业的国际组织。2009 年，协会的总收入超过 25500 万美元。这些收入的来源较多，包括所有成员单位的年费、猎头软件系统的升级费用、协会提供的增值服务、企业资助和社会捐赠等。

然而，尽管有一个强劲的市场，猎头顾问们仍然看到了未来的挑战，主要来自三个领域：

技术变革。正如马克·吐温所说，猎头即将死亡的报告，经由互联网被夸大了。诚然，候选人的数据已经被商品化；但是，几乎意味着猎头将跟风。事实上，作为一个咨询行业的基本原则，猎头不可能完全商品化，如职位要求和候选人的资格，更不用说采购、筛选、面试、选择、艺术等。正如著名的 AESC 前主席 Janet Jones-Parker 说："迅猛发展的高科技，显然还不能对现代猎头构成威胁。"

客户需求。并非所有的潜在客户，都能把握猎头价值和主张，并放心采用猎头服务。唯一的方法是增强对客户的教育，再加上持续优秀的客户服务。应急猎头，只能削弱猎头行业的形象，并造成市场萎缩。与此同时，一些职业介绍机构通过互联网招聘，可能会在不久的将来，包装成为新型的猎头公司。

猎头行业的服务。虽然预付型猎头公司硕果累累，但是几十年来，猎头的核心服务被认为是顾问们专业知识和技能的延续。今后，猎头可以提供更多先进的评估工具，甚至是预测分析，借以参与高管的全程招聘。其他潜在的改进，还包括继任规划，尽职调查，甚至直接充当"代理人"或高管的职业经理人。也就是说，猎头行业"坚持自己的路线"是保持继续增长的最佳途径。

正如彼得·菲利克斯所说的那样："AESC 已经成为一个现代化、多功能的服务机构。对于客户、候选人和广大公众来说，它可以有效地代表猎头这样重要的、专业的和高层次服务的形象。在我们面前，仍然有许多令人振奋的机会。"

经历了无数次的经济衰退和恢复，不管是在 20 世纪 60 年代从行业聚集到产业战略的重大转变，还是 80 年代风起云涌的杠杆收购，以及 21 世纪初的人力资源外包浪潮;甚至于互联网和社交网络提供的猎头社区服务,世界猎头依然蓬勃发展。①

第二节 行为规范、道德公约与执业指南

AESC 国际猎头协会服务指引的主要内容,包括《AESC 职业道德公约》《AESC 规范化作业程序》《AESC 候选人测评及背景调查程序》和《AESC 候选人权益及客户的全程监控和最终选择权益》四份重要文件。这是国际猎头行业目前最有影响力的、被广泛认可的行业准则。以下内容摘自 AESC 公开发表的中文原版,略有文字修改。

一、行为规范

1959 年,7 名来自美国猎头行业的资深人士,倡导并成立了美国主管招募顾问协会(AERC)。1977 年,AERC 制定《美国猎头协会行为规范》。包括以下几个要点:

(一)敬业精神

善始善终,树立专业人士的良好形象。

(二)诚实笃信

保持诚实的态度,避免欺骗或误导他人的行为。

(三)称职胜任

不断学习,审慎行事而又能反应迅速,胜任工作。

(四)客观评价

平等应聘、公平竞争,客观地评估候选人的一切资质。

(五)社会利益

在开展猎头业务的过程中,要尊重社会利益。

(六)实事求是

客观而全面地考虑问题,避免一切主观判断。

(七)准确无误

准确无误地进行沟通,交流一切相关的真实信息。

---

① 杠杆收购(leveraged buy-out,LBO)是指公司或个体利用自己的资产作为债务抵押,收购另一家公司的策略。在整个交易过程中,收购方的现金压力很小。

（八）消除冲突

通过主动申明和弃权，来消除利益冲突的发生。

（九）忠于客户

要忠于并保护所服务的客户利益。

二、职业道德公约

AESC 会员机构必须遵循以下的道德准则，这些准则反映了持久适用高管人才寻访职业的基本价值观念。AESC 有责任教导它的会员机构有效地在执业过程运用这些准则：

（一）专业性

引导会员机构的行为充分体现其职业和专业特性。

（二）正直性

引导会员机构以正直、诚实的精神从事其商业活动，以避免出现欺骗或误导。

（三）胜任性

对所承担的人才寻访业务拥有胜任能力，具备适宜的专业知识，彻底性和应变力。

（四）客观性

对每项寻访顾问作业都要运用客观的、不带任何偏见的判断，对业务涉及的各个相关方面都要事先给予充分考虑。

（五）准确性

在与客户以及候选人的沟通过程中力求准确无误，并引导他们尽可能相互交换相关有价值的、准确信息。

（六）利害冲突

通过公开揭示或放弃的方式来避免或解决利害冲突。

（七）保密

尊重并保证客户及候选人的隐私。

（八）忠实性

在对客户的服务的过程中，保护并忠实于客户的利益。

（九）机会平等

在聘用和评估合格候选人过程中遵循机会平等的原则。

(十) 公众利益

引导会员机构的活动充分尊重社会公众的利益。

三、国际与区域性惯例

现代猎头在长期业务活动过程中，已经形成了一些通用的习惯和规则，被行业内人所共知。但是，它不具有强制性，甚至只是约定俗成。这就是常说的"猎头语言"。

(一) 国际化的行业惯例

在道德规范和行为准则的基础上，欧美猎头行业确立了基本的游戏规则，指导合作、调解纠纷、避免与其他行业发生冲突。这就是"七大原则"。[①]

1. 保密原则

这是最重要的原则。猎头公司必须严格保守委托方的猎取计划和其他相关商业秘密。核心的秘密主要包括：委托方的搜猎计划、候选人资料和猎头协议。搜寻计划涉及的委托方产品名称、公司名称、职位要求、经营状况、人员配置、薪酬福利等其他秘密资料。除非得到委托方许可，否则，一律不得擅自透露。

猎头公司通过保密制度、设计保密程序来避免信息泄密。人才信息库要设定加密程序，并由专人把握和控制。这也推动了猎头公司的"代号"做法。神秘的猎头"代号"，大都由公司核心领导层制定，随机编排、内部掌握，几乎没有什么规律可言，很难被外界理解和破译。如 IBM 和海德思哲共同物色新 CEO 时，将合同命名为"头号交易"，候选人郭士纳的代号是"钢琴师"。

2. 协议原则

猎头业务必须建立在与委托方协商一致，并签订有关正式合同或协议书的基础上。主要包括：委托合同、保密协议、竞业禁止、服务免责条款及其他协议。

在猎头服务中，委托方对人才的资质、素质和能力要求、猎头服务的标准和条件、猎聘期限和佣金的支付、双方的保密义务等，都应当形成书面文字。猎头公司还有"不见法人，不签协议"一说。这体现了猎头行业

---

① 宋斌：《猎头行业"七原则"》，《国际人才交流》，2012 年第 1 期。

寻求法律支持、法律保护的真实意图，也是猎头行业严格推崇的"铁律"之一。

3. 专卖原则

即"保护原则"。猎头公司在向其委托方提供候选人资料时，只能向一个委托方推荐，也就是确保人才资料专送；而不能把一个候选人的资料同时向多家委托方推荐，以体现猎头公司对委托方的尊重与负责。

4. 包换原则

即"满意"或"保证原则"。即猎头公司为维护自己的声誉，必须提供让委托方满意的猎头服务。

5. 底价原则

即"价格底线原则"。凡是低于市场价格的，猎头公司通常考虑到行业形象和名声，只能选择放弃。

6. 取舍原则

猎头公司接受委托方委托、收取订金后，在4~6周内会给出一个初选名单。在对候选人进行综合测评后，猎头公司将提供2名或者3名的合格候选人给委托方，后者决定候选人的最终取舍。但是，一旦确认最终的候选人，猎头公司就得负责协调候选人的解约、辞职等事宜。

7. 合法原则

猎头公司必须遵纪守法，严禁踩雷。如对于承担国家、省、市重点工程或科研项目的人员，不经原单位同意不得猎取；对于涉及国家安全或机密工作的人员也不得猎取等。

（二）特色化的行业惯例

1. 美国、英国的"不得再猎"惯例

20世纪90年代初，美国猎头行业曾经出现一个奇怪的现象。几个著名公司的总裁在任期没有结束时，就不恤冒着毁约的代价，突然离职到另外一家公司上任。这被媒体和公众认为是他们与猎头公司勾结的结果——因为，猎头公司早已赚到钱。为此，美国猎头行业约定，为了保护雇主的利益，候选人在任期未满或者至少24个月以内，任何猎头公司均"不得再猎"；违反约定的猎头公司，将被打入"黑名单"，并向媒体公布。这也刺激了猎头公司偏爱使用"股票期权"方式，保证候选人和委托方的各自利益，增强透明度、维护行业形象。

2. 日本的"禁猎右腕"惯例

"右腕"源自中国的"左膀右臂"，特指企业经营者最可信赖和最为

得力的部下，通常包括掌握企业高度机密的人力资源总监、财务总监和技术总监。①

惯例源于法律。日本《反不正当竞争法》第一章第二条规定，15 种不正当竞争行为属于违法。其中，同行业竞争者图谋对手的"右腕"人物，就是侵害、盗取企业秘密的违法行为。任何猎头公司均不得猎取这样的人。第二章第十条还规定了保守企业秘密的条款。②

依据法律条款，日本猎头公司共同遵守并形成"禁猎右腕"惯例。当候选人到新的单位担任特殊职务时，从业者对属于企业高度秘密的技术等，有"保守秘密的义务"；企业方也要支付其"保守秘密的特别津贴"。三菱电器的就业规则之一，就是不能泄露企业秘密。有的企业还规定，员工退职后一段时间内，不得在同行业的其他企业任职；与此同时，原来工作过的企业将支付员工一笔特别报酬，类似"封口费"性质。2005 年 4 月，在日本经济产业省发布的调查中，有六成以上的企业会在员工离职时，共同签订保密协议。③

3. 澳大利亚、印度的"封杀"惯例

这也是很多国家的业内做法。如果一个候选人跳槽过于频繁，或者曾经和猎头公司交恶，或者经常发表不利于猎头行业形象的言论，顾问们就会及时在圈内相互通报，将其列为"不受欢迎的人"，予以全面"封杀"。同样，如果有猎头公司仍然愿意与之打交道，消息也会在圈内散布；后者将被同行所不耻。

4. 中国香港、台湾地区的"英文昵称"惯例

所有的猎头顾问都有一个固定的英文名，如 Karl、Simon。在日常交流、工作汇报、对外联系中，通常是直呼其名，而不是头衔和职位。

四、规范化执业指南

（一）导言

作为一个全球适用性高管人才寻访机构世界性的专业协会组织，AESC 力求不断提高其会员机构的职业化水准，因而，AESC 研究制定了

---

① 张哲：《跳槽有佳期，挖人有规矩，日本猎头不许挖秘密》，《环球时报》，2001 年 11 月 9 日。
② 《不正竞争防止法》，昭和九年法律第十四号，最终改正：平成二四年三月三一日法律第一二号。
③ 社員の営業秘密の漏洩に厳しい罰則規定，5 年以下の懲役や500 万円以下の罰金も. http://jinjibu.jp/keyword/detl/74/.

《规范化执业指南》来指导其会员机构在世界范围内处理与客户、人才以及社会公众的商务关系。同时，随着职业化水平的提升，为适应人才寻访业务的不断发展、技术和法律的进步，AESC 会对其进行逐渐修改完善。

(二) AESC 会员及其客户的关系

在从事顾问服务过程中，AESC 会员机构与其客户之间是合作关系，其目标是为客户组织选拔出能够持久推动其发展的卓越领导人。这种合伙关系的成功有赖于彼此之间对寻访任务的恪守承诺和相互信任，以及在候选人寻访进程中彼此的坦诚和积极有效的回应。为了避免将来可能产生的误解，AESC 建议其会员机构应该与其客户就寻访业务的履行细节及其他重要事项，需好良好沟通并达成书面协议。

1. 承接客户委托事项

出色的高管人才寻访服务应该始于对客户企业的组织机构（该机构的）业务要求，和所需职位的全面理解。作为 AESC 的会员机构应该：

a. 仅接受本会员机构的业务知识水平及能力所能够胜任，并达到客户的实际需求的特定人才寻访任务。

b. 以专业的经验和眼光尽可能及时揭示出在业务过程中可能形成的利害冲突，会员机构仅接受那些能让利益相关各方确实同意免除任何利益冲突的寻访项目。

c. 与客户之间要不断增进理解并缔结共识，使其能更深入了解与之相关的事宜，所委托业务的收费以及相关的保证与承诺；同时要清楚与完成任务相关的客户组织机构特征、发展的趋势，接受并遵守客户所关注的限制性要求或其他对不正当竞争（譬如挖角行为）的监管政策，以便将来以合法的寻访方式和适当时机再从特定的客户组织中选拔人才。

d. 在寻访人才过程中，应该就客户职位信息向相关候选人的公开程度、来源渠道以及职位信息的发布时机和发布形式等带有敏感性的细节问题与客户达成充分一致，并尊重客户意愿。

e. 当法律有要求或出于策略性的考虑，需要（提示及指导）客户对社会公开其特定的人员招募信息，AESC 的会员机构应该以接受特别委托项目的方式向客户提出有关的建议。

2. 在寻访业务过程中（表现）

AESC 的会员机构在为客户组织服务的过程中应本着诚实、客观的原则，以各种方式尽可能实事求是地给予寻访业务涉及的相关方面全面的考虑。AESC 的会员机构尤其应该做到：

a. 会员单位在服务过程中本着诚信和目标明确之原则，竭力对于咨询业务中的相关事实了解并公平对待。

b. 尤其是搜寻到的、可能胜任的候选人要与客户的总体战略原则保持一致。

c. 调动客户积极参与寻访工作，并对每项工作职位描述进行核准，在代表客户对候选人进行面试前做好一切相应的准备工作。

d. 在将候选人推荐给客户之前，对候选人进行全面细致的评估，其中（一般）包括：深程度地面谈，或者电话会议沟通，适当的背景调查，对候选人的优势及弱点的评估，针对该职位对候选人的特性的要求进行评判。在特定的情况下要求客户给予一定的指导。

e. 在经过客户同意的基础上，对候选人进行背景调查；并了解所需调查了解的内容；深入细致程度，具体由谁来进行操作（可参阅 AESC 背景调查细则）。

f. 提供给客户的候选人信息应做到准确、真实，尊重事实。并针对候选人与该职位做出具体的说明。

g. 在没有候选人提供或寻访时间需要延长的情况下，及时通知客户，并制订相应的备选方案。

h. 在意识到客户所提供的信息存在虚假成分或试图误导候选人，且并无意调整修改时，会员单位应立即停止并退出该寻访项目。

i. 在未建立（不存在）正式的客户关系（的情况下）之前，避免继续向客户推荐候选人（提供个人简历）。

3. 对客户信息的保密原则

AESC 会员单位应尽一切努力去保护客户的隐私权，尤其是：

a. 只有在寻访工作需要的情况下，利用客户提供的保密性信息。

b. 仅对内部人员开放客户的保密性信息/或只对需要了解相关信息的人员透露信息。

c. 严格禁止将客户保密性信息用于（为获得）个人（利益的）目的，或因个人（利益的获得）目的向其他方提供（内部信息）。

4. 避免产生（利益）矛盾

AESC 会员单位应具有合乎职业道德的责任和义务去避免同客户之间（利益）矛盾的产生，例如：

a. 拒绝或退出相关领域无法胜任或尚属研究学习阶段的寻访任务，除非在得到受影响各方对包括已经产生的事实或潜在的因素的同意和授权的情况下方可进行。

b. 对所有客户保持忠实、公平对待之原则，在最后同候选人进行深入沟通和商议过程中履行好一个协调者和职业咨询师职责。只有在特殊情况并在所有受影响各方授权的前提下将一名候选人同时推荐给不同客户。

c. 当候选人可能或能够对客户的商业运作或个人关系产生影响时，及时或提前通知客户并进行有效的良好沟通。

d. 不接受来自候选人的用于雇佣保证的任何付费。

（三）AESC 会员同候选人关系

尽管会员单位先前与客户建立了业务关系，但是同候选人建立起职业化关系也同等重要。这种关系应该建立在诚实性、目标性、准确性和尊重隐私的基础之上，要想建立起这样的关系，会员单位应做到：

对过程中各方之间（就咨询寻访）的关系，其相应的权利与义务做出明确的解释。

为候选人提供有关应聘单位的准确的信息。

鼓励候选人对于其个人资质提供更准确地介绍。当发现候选人就其个人情况误导或提供虚假信息时，应及时拒绝候选人，除非客户，候选人及招聘方同意寻荐工作继续进行，并开发更多事实。

对客户提供关于候选人的准确并与职位有关的信息，否则应对候选人其他信息进行保密或加以保留。

只有在得到候选人同意的情况下，方可将其个人简历及其他方面相关的保密性信息提供给用人单位，并附加到现有客户关系的文件当中。

建议候选人或其委托人定期更新个人情况及应聘状况。

针对一位候选人同时推荐给不同客户的情况予以适当的解释说明，并要保证各方的同意及授权。

对候选人进行相应的指导，令候选人了解自己仍旧受雇于本机构的客户企业，那么本机构将无权并不会在将其以候选人身份推荐给其他企业，除非得到该客户的同意。

（四）AESC 会员及合同方关系

AESC 会员在服务过程中有时要可以依赖于合同方或转包合同方的帮助，但是 AESC 会员单位要承担合同的责任，因此：

AESC 会员单位要通知合同方及转包合同方，必须严格遵照执行 AESC 颁布制定的职业标准和道德规范。

避免与合同方及转包合同方在业务开展过程中出现与 AESC 的职业标准产生矛盾的行为及事件的产生。

（五）AESC 会员及大众的关系

AESC 会员单位应深知来自大众的信任之重要性，并在他们的职业运作过程中保持诚信，竭力使其行为与大众倾向（公众利益）保持一致，并服务于同大众倾向（公众利益）相一致的客户，对不同国家的法律制度应加以区分，因此：

AESC 会员因实施在聘用过程中的人权平等制度，避免产生对合格候选人的违法行为。

积极（专业）地、准确地、广泛地宣传职业道德行为规范（成员公司涉及的服务）。

同媒体建立良好的关系，以便对客户，AESC 及寻访机构产生正面有利影响。

五、候选人测评及背景调查程序

人才测评与背景调查在候选人寻访过程中起着非常关键的作用。为了避免将来产生误会和问题，AESC 认为寻访顾问有责任明确到底是由谁来进行此项业务操作，并保证所有参与的各方如咨询顾问、客户方及特别牵扯到的第三方等明白各自在整个过程中所担当的角色和义务。以下指导细则旨在帮助 AESC 会员单位，其客户方和候选人更好地理解关于寻访录用过程中在此阶段各项方法手段的定义和操作要领。尽管如此，由于寻访公司有时需要在不同的国家开展业务操作，因此，理应熟知细则的操作，应在不同当地的政策法规相抵触的条件下进行。

（一）定义

1. 评价调查

评论、口头或字面上的，由现在或从前的雇主或同事对候选人所发表的与应聘职位相关联的优势和弱点的意见和看法。

2. 工作经历调查

对候选人过去所从事职业的具体日期、工作职能、责任及义务进行了解证实。

3. 教育及专业资质证明文件调查

对候选人在校就读期间的出勤率，所获得的学位证明及职业证书进行核实。

4. 犯罪记录调查

对候选人在特定国家/地区的犯罪记录进行调查；（民事）档案记录调查：对候选人的姓名等根据其（民事）档案进行核实。

5. 背景调查

通常是指除了针对候选人评价调查之外的所有调查工作。

6. 媒体调查

必要时通常会采用互联网等手段去调查了解候选人是否曾经（在过去几年）被报纸或其他媒体报道过。

（二）评价调查

评价调查是通过过去和候选人一起工作过的同事的观点及看法来进一步帮助寻访顾问及其客户企业去更好地了解候选人的各项技能和经验，其目的在于帮助他们在初步评定基础之上对候选人做出一个更加完整更加具有针对性的结论。

寻访公司所开展的评价调查工作通常由最初级的寻访开始，按部就班直至最后阶段，即部分个别候选人被选定。在调查后期，客户企业通常会参与到调查中来。那么就此阶段而言，相关的判断力和隐私性问题将变得格外需要小心，AESC建议此项需要多方参与的任务应由寻访顾问谨慎地布置完成。

AESC不会对具体应开展评价调查的人员数量和评价调查所应进行的深度做出具体的建议。准确地讲，评价调查如何展开，寻访顾问应根据具体情况与客户企业进行协商并达成一致意见之后进行。

（三）背景调查

通过背景调查可以确信候选人关于工作经历和教育水平等客观数据的准确性，同时，确认候选人过去不曾有过任何可能会影响将来在新的岗位上成功地履行职责和义务的违法犯罪记录。所有高级管理职位的候选人的背景情况必须经过许多例行公事的调查，如健康状况和药物测试。有些通过内部直接完成，有些则通过专业的代理机构完成。

AESC建议寻访顾问应该明确地与客户达成一致，是由客户自己还是由寻访顾问来承担背景调查。不管由谁来进行，寻访顾问都必须确保就特定职位候选人背景调查的范围和所切入的深度等细节问题，同客户达成一致的协议。

六、候选人权益及客户的全程监控和最终选择权益

（一）候选人之权利

1. 您期望从专业的高管寻访公司得到的服务机遇

通常是在当您不寄予过多期望时发生。您会莫名其妙地接到来自于高

管寻访公司的电话，和您探讨是否对该公司为其客户正在进行招聘的职位感兴趣。

机会看起来是有前途的，但是您并不确信您的期望值有多大。详细的过程包括哪些，需要多长时间，寻访公司对您的期望值是多大，最关键的是您在整个过程中的权利和义务是什么，作为一个潜在的候选人，您有权提出这些问题并从寻访顾问那里得到答案。

在长期适用式高管寻访工作中，每一个顾问都极力为需要招聘高层职位的公司提供具有高素质的候选人，尽管法定的责任与义务仅发生于客户和寻访公司之间，但是寻访顾问仍必须同候选人建立起具有职业道德水准的关系，这种关系有时需要保持数年之久。AESC 作为世界范围内的长期适用式高管寻访机构为会员的专业化组织，明确地规定寻访机构与候选人之间的关系应充分体现诚实、客观公正、准确、尊重并保守机密的原则。所有会员单位都必须严格遵照其规定开展业务，并且必须遵守各个国家的法律规章制度。

此外，AESC 会员单位还相信几乎所有的成功的高管寻访工作都必须是三方合作努力的结果，不管是候选人、寻访公司、还是其客户单位都必须在整个过程中完全了解其权利和义务。因此，我们认为所有的候选人都将拥有如下所述权利。

2. 候选人的权利

（1）机密性

当您成为高管寻访之候选人时，您也就顺理成章地将自己放置于现任职单位的一定的风险之中。因此，您完全有资格要求寻访公司和其客户企业对您的个人信息加以绝对保密。为保证您的隐私权利，寻访顾问应做到：

作为寻访顾问首先要与您讨论您的候选条件和职位信息，并得到您的授权后才将您的姓名及相关信息报告提供给客户企业。

根据您的要求，直接同您而不是同您的助理或现在公司的其他人进行联络；不会不经过您的允许联系您的证明人。

不同寻访公司之外的任何人讨论您的候选资格，并保证寻访公司所有顾问遵照相同的原则做事。

告知其客户同样保护您的隐私。

需要重点记住的是，只有在寻访顾问已经对您与所寻访职位的匹配度做出最初评估，而且，您也表示对该职位感兴趣之后，您才可能成为候选人。如果您缺少了上述两个条件中的任意一个，您将不会被判定为候选人。不过当寻访顾问所推荐职位在当时来讲对您并不合适，您仍旧可以就您的技能和经验同寻访顾问通过交谈等方式进行信息的更新。您不适合某个职位的需要，但可能会适合其他客户或其他职位。

（2）完全公开性

为了做出正确的选择，您需要尽可能地多了解有关为您服务的寻访公司、职位，以及客户企业。所有关于如下方面最基本的开放性信息：

职位的基本职能和要求。

薪酬待遇。

是否需要异地安家费用。

同客户（机构）相关的信息。

需要注意的是，当您还是作为该职位的潜在候选人在同寻访顾问第一次进行沟通时，寻访顾问没有义务将该职位及其客户企业任何保密性信息透漏给您。只有在正式的确定您为候选人之后，您才会得到更多的基本信息。即便如此，客户方面的有些保密性信息仍将在一定时间内不会公开直到寻访工作接近尾声。

此外，寻访顾问还必须明确他/她目前是否已经作为所负责项目的预订候选人。长期适用式高管寻访顾问同客户签订专署合同后才开展工作，因此，如果寻访顾问没有通知您关于此项重要事实，请不要犹豫，就去主动询问。

（3）适时的沟通

完成一个长期适用式高管寻访工作通常需要几个月的时间，其中从初次接触一直到最后的候选人被聘用经过很多个步骤。当您已经作为一名纳入考虑范围的候选人后，寻访顾问应定期地就每一步进行情况及时与您沟通。也就是说积极地与您交流有关职位的最新信息并对您提出的要求做出答复。

（4）反馈

在对寻访职位及客户需求了解的基础上，寻访顾问应本着诚实的原则告诉您那些地方您适合该职位，哪些地方不适合该职位。关于职位匹配度的准则，当客户在任何时候提出中止您的候选人资格，寻访顾问应就客户为何做出此项决定有责任义务向您做出合理的解释。

（5）专业化对待

寻访顾问应在正常的招聘过程中严格遵照相关雇佣法律条文之规定。并且对每一位候选人均体现出专业化水准。寻访顾问的专业化水准体现在：

清楚了解职位及客户的期望。

所进行的面试是经过合理安排及慎重考虑的。

所有的面谈均准时进行，并做好充分的准备。

对客户及所在行业市场进行深入的了解。

以诚实坦率的态度回答您所提出的问题。

（6）对过程的详细了解

作为寻访的候选人，您有权对过程有所了解。例如：第一轮的面试时间安排是怎样的？如果您通过了第一轮的面试，接下来的步骤是什么？几乎所有的寻访顾问都会对此进行相应的介绍，如果他们没有告诉您，您可以向其询问。不管在哪一阶段您都需要具体地询问如下问题：

需要多长时间？

在决定之前我需要见谁？

客户要求的到岗时间安排？

下一步是什么？

（7）尊重您的时间和目前的职务

寻访顾问清楚地知道，作为一名高级管理人员您目前的职务要求您必须投入全部的时间和精力。在做面试和见面安排时，寻访顾问及其客户应充分考虑和尊重您的时间及对当前雇主的责任和现任职务上的工作安排。

（8）寻访顾问与其客户保持一致性

寻访顾问及其客户应对在为您提供的信息上尽可能地保持一致。不过请您记住，寻访顾问虽代表客户企业，但并不意味着他可以完全控制客户同您沟通的全部过程。一旦寻访顾问提供给您的信息出现任何变化并导致相互抵触，您应该要求其进行进一步澄清。

（9）无压力

人才寻访项目要想顺利完成，最好是建立在候选人经过了充分权衡和慎重考虑的基础之上。鉴于此，寻访顾问绝不应该试图对您的决定加以催促，并对您即将做出的是否接受聘用施加任何压力。但是，寻访顾问应该告知您客户所要求的该职位的最后期限并提示您不要超过最后期限再做出决定。

（10）建立互信关系

如果寻访顾问按照以上程序步骤对您加以指导，您就自然而然地建立起一个自由开放并相互信任的关系。相反，如果由于某些原因您觉得不能信任寻访顾问及其客户企业，您将会被委婉地退出选拔。请您记住：一个好的寻访顾问绝不仅仅是为客户企业的职位找到最终合适的候选人，他们同时也是帮助您、您的家庭和您的事业做出更好的抉择。

3. 结束寻访

您将会进入到最为关键的重要时刻：雇佣条件谈判。在这个过程中往往会牵扯到很多敏感的问题，寻访顾问这时将作为一个至关重要的协调者来保证客户与候选人之间进行坦诚有效的沟通。通过这个可靠的渠道，您可以用诚实坦率的方式来表达就雇佣条件上您所关心的问题和一些特别合理的要求。

当寻访工作结束后，您的签约雇佣程序也画上了一个句号。

寻访顾问还应该在以后的3～6个月的时间里同您保持联络，以保证您在新岗位上的顺利过渡。请不必有任何顾虑，您可以随时向寻访顾问谈到工作中产生的任何问题。他们会尽可能圆满地帮助您解决困难，寻访顾问通常可以采用一些更为妥当的方式与客户企业真诚交流协调，而不会因此引起客户的不满。但是，寻访顾问不是职业教练，他们的作用毕竟是有限的。

如果您的条件不适合当前寻访的职位，大多数寻访顾问会将您纳入他们的人才库以便以后有其他机会推荐。他们可能会经常与您保持联系、了解您的近况，以判断是否有后续的职位适合您。对于一些不太适合您的职位，他们也许会请您帮助他们做职位的分析，或候选人的鉴别等事宜。如果您想主动与寻访顾问建立良好的互惠关系，那么，您当然完全可以按照自己的想法和步骤去发展这种友好关系。

不论寻访的结果如何，寻访顾问均不得在未经您允许的情况下，将您的名字或寻访鉴定结果用于其他用途。

4. 稳扎稳打，变机会为收获

人才寻访工作不是一个由寻访顾问或用人单位单方面推进的事，尽管您有权期望得到他们诚恳、专业的对待，但您还是可以做出一些姿态或其他方面的努力来推动整个过程，朝您所期望的愿景发展的。

诚实的态度。在任何情况下您都不可以夸大您的履历，甚至编写虚假的工作经历或在某些方面留有余地。同样如实地表示您对职位有兴趣，或缺乏兴趣。因为，通过候选人自身获得完整准确的经历和个人特质，是人才寻访过程的核心要素。

a. 不要过于死板、固执。您在与寻访顾问或用人单位接触过程中，一旦约定或见面的情况有所变化，您应该在日常安排中尽量调整并履约。

b. 注意自我修养。在与寻访顾问和用人单位配合的过程中，尽量展示出您应有的工作，做出您应有的努力，并充分理解长期适用式人才寻访咨询活动的独特价值。

c. 保持现实的期望值。您明白整个寻访过程是需要经历一段时间的，而且您只是多位合格候选人之一。

d. 要用充分的诚意去面对协商或谈判。如果您在职位选择上另有机会也不要让寻访顾问感觉到您仅仅是和他们在进行纯商业性的谈判（或讨价还价）。

综上所述，不要认为您与寻访顾问建立了密切的互信关系就万事大吉了，要记住：寻访顾问的职责只是向用人单位推荐符合条件的候选人，真正做最终聘用决定的是用人单位自己。

5. 主动创造联系机会

您如何能够进入世界上顶级人才寻访机构的搜索圈呢？一个最佳的途径就是需要在 Blue Steps.com 注册，这是 AESC 的主要服务内容之一。如果这样做，可以有效、经济和保密的方式在诸多 AESC 的人才寻访机构会员中提高您被发现的机会或受关注的程度。同时，也能够确保任何一家通过 Blue Steps.com 人才数据库与您联系的猎头机构能够遵守 AESC 颁布的职业道德和服务标准。

一旦您被人才寻访机构纳入候选人的范围，您对人才寻访过程了解得越多，就越容易为您自己获得更好的定位。其中，您要记住：最成功的高级人才寻访案例都是建立在候选人、寻访顾问和用人单位全面了解彼此在寻访过程中的权利和义务的基础上的，并且是在遵循 AESC 最高职业标准和职业道德的情况下完成的。

（二）客户的全程监控和最终选择权益

1. 您期望由寻访公司得到的服务

高管人员的寻访工作是一个极其复杂的过程，他需要长期投入大量的时间和资源。当您选择雇佣一家高级人才寻访机构为您服务时，您理所应当得到高质量的服务。但是，什么才是真正的高质量的、专业的服务？他同低水平的服务区别又在哪里？什么是客户的权利和责任？根据如上所述，怎样进行衡量是否得到高水准的专业化服务了呢？客户对与人才寻访机构的合作细节了解得越多，就越有更多的机会成功获得理想的候选人和整个寻访服务过程为客户带来的全部价值（即客户在接受人才寻访机构服务的过程中，绝不仅仅只是得到了候选人，更能使客户对相关人才市场供求状况加深了解以及对自身的发展战略、人力资源政策等方面得到一定的检验或反馈）。

总体上讲，一个理性成熟的客户往往会最终与为之服务的人才寻访顾问形成良好的客户/咨询顾问关系，就此，国际猎头提供了如下客户权利之细则。

(1) 寻访公司应提供给您准确的候选人信息及完成该寻访任务所应当具备的条件和能力

并不是所有的寻访公司都能够提供完全相同的服务，但是他们所有的业务操作都应该是具有高质量的职业标准。除了规模以及顾问素质等明显的差别之外，寻访公司还在专业领域、各行业的知识及业内关系、咨询顾问的经验及水平等方面具有多样性。在正式签订寻访合同前，寻访公司应该：

检验（确认）其现有（该公司拥有）资源、时间、行业知识及专业水平来决定是否受理您的寻访项目。

揭示所有可能会发生的关于客户关系或现阶段状况的现实的/潜在的利益冲突信息。

揭示在寻访过程中可能会遇到的因现有客户关系所产生的影响及限制。

对贵公司何部门为真正的"客户"进行定位（例如分支机构、区域及部门等），并保证在一定期限内不会从客户企业挖猎候选人。

明确服务范围、形式（性质）以及由此产生的费用和提供这项服务应收取的服务费。

这需要您提供贵公司关于业务发展需要、企业文化背景、所需寻访的职位，以及理想候选人所应当具备的条件等方面完整准确的描述。如果寻访公司不能受理您的寻访请求，那么他应该提供给您合适的理由并推荐可以胜任并能更好地满足您需求的人才寻访机构。

(2) 人才寻访机构应该告诉您由谁来进行该寻访任务

除负责建立业务关系的顾问之外，您的寻访任务通常可能会是由一个专业团队来完成。您理所应当地拥有权利，去询问关于人才寻访顾问是否具有成功完成项目的能力，以及就您的项目而言用于支持顾问及其团队工作的资源。

(3) 寻访公司应尽可能与客户建立起密切的顾问咨询关系

"长期适用式高管寻访咨询"被定义为一种专业性特别强的管理咨询活动，所从事的是为特定客户量身定制的寻访服务，在锁定候选人之前往往要做大量的专项调研和评估工作，甚至指导客户完善引进人才所需的各种条件，并以预先收取一定费用为工作前提（而不是不加区别地将各种相关候选人的简历通通交给客户，让客户自己来筛选）。目的在于帮助客户企业合理界定高管职位的职责和权力，鉴别那些充分符合任职条件又具有强烈任职意愿的候选人范围，经过广泛的筛选最后选拔在各方面均最为适合的候选人。

除寻访并锁定高匹配度候选人外，寻访公司还应该提供相关的信息和反馈，不仅可以帮助指导您关于高管的寻访还可以有助于贵公司的商业运作。相关信息及反馈应包括：所需寻访行业（专业知识）其中包括：可提供的候选人范围，候选人之间的能力和优势比较，薪酬水平。

关于贵公司在同行业市场中所处的地位，目前竞争对手所进行的业务，以及在此期间应该采取/避免运用的招聘策略手段等方面的大致的市场调查。

您预先支付的服务费用并不是想得到一本厚厚的市场研究报告，更重要的是，寻访公司应该提供给您一个相关的市场条件和贵公司在候选人心目中所处（人才）市场地位的整体印象和认知。

（4）寻访公司应对您的信息采取绝对保密原则

很自然的一个理由是，寻访工作需要一些贵公司的非常敏感的信息。寻访顾问必须对所有信息给予绝对保密。同时，为了更有效地开展寻访工作，咨询顾问又不得不对可能的候选人提供必要的信息。为更好地保护您的权益，寻访顾问应保证他/她必须做到如下几点：

仅将客户保密性信息用于开展寻访工作中。

仅在寻访公司内部范围内（具体的项目人员）或需要了解相关信息的可能的候选人提供客户信息。

绝不将客户保密性信息用于个人目的或因个人目的提供给第三方。

（5）寻访公司应证实其对所需寻访职位及贵公司寻访的目的具有充分的了解

为了成功地完成寻访任务，寻访顾问必须对所需寻访的职位、工作相关要求以及客户企业的文化背景做到充分的了解。因此，您应该要求寻访顾问关于其对该职位理解的详细报告，其中包括：

您所期望的水平及具备何种经验。

成功地完成招聘项目所需的背景、教育及专业技能，该职位的责任。

所需要的理想的人际关系处理能力。

优秀的寻访公司不只是就贵公司提供的工作描述去开展工作。他们更应该积极地帮助您对职位进行分析、修改和细化。为了能够让这个需要反复论证的过程更有效，您应该提供给寻访顾问全面参与选拔过程的便利并且鼓励他们挖掘出有关职位的更全面的信息。职位描述是一个寻访工作能否最终寻访成功的前提，因此您也就理所应当地负有责任和义务将任何时间所发生的任何情况的变化通知给寻访顾问（内部和外部），并随时关注由于寻访主要过程发生的一些变化而导致的服务费用方面的变化。

(6) 寻访公司应在寻访过程中按期地向您提供详细的数据报告

候选人的可选范围及其他各方面综合因素取决于您所需寻访职位的特点，一个成功的寻访任务可以在几个星期到几个月的时间来完成。为保持您掌握最新的动态信息，寻访公司应提供进程报告，内容包括：

寻访顾问试图锁定目标候选人所服务的企业。

市场方面回应。

确定及吸引候选人所存在的障碍。

目前已经开发的候选人范围。

寻访公司应通过电话、传真、电子邮件或四种途径结合的方式来保证您定期收到最新的情况信息。您也要让您的顾问了解您的看法及意见。

(7) 寻访顾问应该推荐有资格适合贵公司文化及职位需求的候选人

寻访顾问应推荐他们已经彻底了解并经过面试的范围内候选人。顾问与候选人具体需要沟通的问题如下：

关于职位所需经验水平及与所需职位相关的突出业绩。

教育和背景。

智力、人际关系和动机。

同职位相关的个性优势及缺点文化匹配程度。

对该职位的兴趣度薪酬及福利要求。

在接受被推荐的候选人时，不管是单个人还是经过最后挑选后留下的候选人，您应该就面试安排及可能会对面试过程产生影响的其他问题进行磋商。在您面试候选人后，您的寻访顾问应得到您对候选人的看法和反馈并帮助您对候选人进行比较和分析。他们应该安排下一步的背景调查程序。如果寻访工作需要延长一定的时间或者没有可选用的候选人，寻访顾问应尽快地通知您并做出备选方案。

(8) 寻访顾问应协助您同最终的候选人进行协商，巧妙地、公正地、具有职业性地代表双方利益

一旦您确定了最终的候选人，顾问的角色将由寻访中介转变为一个协调者和沟通者。在此，顾问的基本职能是帮助您确认候选人长期并成功地服务于贵公司，其中包括：

在贵公司与候选人就福利待遇及其他聘用条件方面进行协商时作为协调人。

反馈给您候选人在接受该职位时可能需要的时间期限和所关注的问题。

帮助候选人对职位机会进行评估。

站在双方的立场上创造"双赢"所需的各种条件。

尽管寻访顾问最初仅是代表您的利益,但他也必须对候选人的需求和所关注的问题保持高度的敏感,否则将会大大降低成功聘用的概率。并且,代表双方采取公正的、专业的态度保证双方的共同利益:

让候选人感觉受到公正的对待。

通过寻访可以提高贵公司在市场中的声誉。

请记住:为您物色的候选人在业务上都很繁忙,他们往往是占用了宝贵的时间来和您面谈的;此外,他们并不是在向您乞求得到这个职位,而是您向他们提供了一个职位供他们考虑。

(9) 寻访顾问应让您清晰地理解人才挖猎规定和其他在进行和完成寻访时可能发生的例外情况

寻访公司不可以或者不能期望对寻访的职位做出保证一定能有合适的候选人,寻访顾问也不应该保证,一旦雇佣,候选人将一定会服务于贵公司。在此条件下,寻访顾问应该向您书面说明寻访机构对可能发生情况的解释:

在一定期限内所雇佣的候选人离开贵公司的情况下,寻访公司有职责和义务为您公司重新寻访合适候选人。

您有义务将寻访机构最终为您推荐并经您认定的候选人任命于事先约定的职位,当您将寻访公司所推荐的候选人聘用于另外一个职位时,您的权利与义务。

寻访公司必要时退出寻访工作或考虑重新开始的条件。

(10) 寻访公司应在为您成功聘用候选人后适当地进行跟踪服务

在过渡期间,任何聘用都可能功亏一篑。因此,顾问的责任并不因候选人接受聘用而结束。相反,顾问应尽可能长时期地与新聘用的候选人保持联系,以保证其平稳过渡并适应新岗位。也就是说,寻访顾问应保证在寻访成功和结束项目两个方面同时得到客户认可。

2. 保护您的权利

就寻找高素质候选人的重要性而言,贵公司有理由得到所期望的高水准服务。请铭记:当您的公司决定雇佣长期适用式高管寻访公司时,您与其关系已经步入咨询伙伴关系;积极主动地采取必要的措施去巩固管理各个方面关系;保证每一项关于理想候选人和职位信息的准确性;明确贵公司与寻访公司合作的期望值；保证可沟通信息的底线，保证及时定期地同寻访顾问联系沟通并确保各方面的满意。

如果寻访顾问对所寻访的职位看似不太了解，无法提供进程报告和信息反馈，不能提供按照候选人或公司期望的去做，您要及时表达您的意见和要求。在您了解到您的权利之后，是否能够得到寻访公司高质量的服务，这完全取决于您自己。

第三节　历史逻辑和未来趋势

未来的世界猎头行业将如何发展，难以准确预料。从市场经济的价值规律、供求规律和竞争规律而言，猎头的行业属性仍然是制约和推动自身发展的关键因素。这可能是主要而不是唯一的内因，甚至会成为外因附属品。尽管如此，现代猎头在层出不穷的政策调控、错综复杂的市场环境，以及备受争议的秘密行动中，继续生存、发展和前行。

一、历史运行的轨迹与逻辑

现代猎头的理论文献沉淀不足。然而，不管是生动形象的故事、标题醒目的新闻报道，还是结构完整、逻辑严密的实证分析，都从不同角度揭示了猎头的生存事实、发展轨迹和演进脉络。

（一）20世纪30年代的猎头[1]

20世纪30年代初，美国迪克·迪兰、霍华德·布莱奇斯出版的《零售行业的猎头顾问：搜寻与培训》，乃是目前可见较早研究猎头的专著。它主要描述了早期猎头在零售行业的活动。

全美纺织品零售联合会主席曾这样说过："从外部雇佣高级经理，有利于企业的良性发展。它强调这样一个事实：你期待你内部的员工保持警觉，要求他们比外来人员更能胜任当前的工作；当然，它也同时强调，晋升并不是顺理成章地发生的，它只取决于员工对企业的贡献；如果员工队伍中间没有合适的候选人，以及具备突出的工作业绩，能够获得广泛认可并因此提升到一个较高的职位，零售店的股东们只能从外部寻找愿意，并且能够胜任职位的人。"

一般而言，企业引入一些已经在其他企业获得成功的人士，似乎对于

---

[1] Thorndike Deland, Edward A. Raisbeck (jr). The retail executive, his preparation and training. Harper & brothers, 1930.

自身的发展更加有利。新入职者将会带来新的想法和方法，带领企业快速发展。但是，这也需要相当的谨慎态度。只有在企业内部实在找不到具有足够经验或能力的候选人，胜任新的和更高级职位的情况下，才能考虑从外部引进。从一些正在蓬勃发展的、较小规模的企业搜寻高级经理的做法，效果往往适得其反。如果搜寻到的候选经理来自小企业，且接受过正确的基础培训，而其本人已经做好了进入较大企业的准备，那将会是比较完美的选择。但是，如果从规模较大的零售企业选择名气很大的高级经理，进入小型企业的决策层甚至担任总经理，通常是不适当的。因为，这首先让竞争对手感到不公平，而且也会导致外来的高级经理在小企业盲目夸大自己的重要性，进而难以发挥正常的经营管理水平。

如果一个高级经理的实际工作能力已经超越当前的职位要求，希望选择一个更大的企业，并找到一个更广阔的领域以保持他的兴趣、满足他的野心；那么，新雇主一定也会对他抱着美好的前景预期。假如零售店主雇用了这样的高级经理，却一时还没有办法为他提供更大的舞台；那么，他通常也乐意看到高级经理得到发展空间更大、薪酬更优厚的发展机会而选择离开。这样一来，渴望得到发展机会、渴望证明自己实力的高级经理，一定会在新的职位上竭尽全力。

一些美国零售店老板们喜欢"偷猎"同行的高级经理。这往往给高级经理本人的名誉和他所任职的零售店的生意都造成伤害。个别居心叵测的零售店主，承诺以高薪招聘高级经理，目的不过只是为了诱使高级经理离职，从而达到削弱竞争对手实力的目的。20世纪30年代起，这种做法开始为零售商们所不齿。这也使得从外部聘任高级经理进入了良性发展的新局面。

一些零售店主只要发现自己手下的高级经理想另谋高就，就会立马将其开除。这使得高级经理们不得不秘密地寻找机会，并且还要给大家留下他是"被猎"，而不是主动离职的印象。一个著名的零售店主曾经说："我们鼓励外面的高级经理来我们这里寻找机会，并把他的名片留下。我们会向他们承诺，这不会给他们现任的职位招致任何危险。反之，如果我们自己的高级经理们，能够找到比我们能够提供的更好机会，我们也很乐意他们前去。尽管这在一定时间内让我们的工作陷入困境。但是，最终还是值得的。因为，这让我们能够更加深入地了解情况，使我们有机会解决困扰高级经理的主要问题，重新认识到他们的应有价值——这很可能是我们此前并没有意识到的。"

那么，如何挑选素质较高的高级经理呢？通过对美国范围内的百货商店以及专营店员工的细致调查，认为可以从 12 个特征判断一个人是否适合高级经理职位。这些特征分别包括：与时俱进的知识、卓越的采购才能、盈利能力、销售才能、组织能力、充沛的精力、团队合作意识、诚实正直的品格、健康的体魄、和谐的家庭生活（这更有利于高级经理投入更多的工作精力）、礼貌优雅以及注重外表（假如不修边幅，可能反映出他对目前工作的兴趣不大）等。

（二）20 世纪 70 年代的猎头[①]

20 世纪 70 年代，成熟的高管人员日益紧缺；在企业外部招聘高管的市场做法，被逐渐认同；猎头行业开始固化标准的搜寻流程。美国资深猎头顾问 Roger M. Kenny 的《当今的猎头》对此进行了总结和概括。

世界经济大萧条（1929—1933 年）导致生育水平低下，使得 60 年代后期成熟的高管人员短缺变得日益突出。高管人员的高流动性，使得成熟的高管人员市场化竞争变得激烈；而激烈的高管争夺，又反过来加剧了高管人员的高流动性。在 1968—1978 年间，猎头顾问的数量增长率远远高于一般管理人员顾问的增长率，这表明商业社会对猎头公司的需求日益增加。

一些著名公司持有这样的保守观念：从外部寻找高层次人才，是公司人力资源管理部门失败的表现。然而，最近的局势似乎正在向相反的方向发展。许多行业的大型公司因为发展过快，已经来不及培养所需的、关键的继任高管人员。随着高管人才的短缺，越来越多的大型公司意识到战略计划与人力资源计划的紧密关系，即一个优秀的高管人员可以大大提高战略计划的成功率。当然，公司提供给这类高管的薪酬和绩效奖金，自然也得随之提高。

事实上，从外部聘任高管人员，对于公司的发展是十分有利的。国际纸业公司的主席及行政总裁 J.S. 史密斯在一个"发展关键专业员工的十个原则"主题演讲上曾经说过："利用猎头聘用高管人员，可以有效地刺激高水准的业绩，也是权衡业绩与酬劳是否匹配、企业是否具备竞争力的最有力的方式。每个公司都应该在全球范围内提高从外部聘任高管人员的透明度和竞争力。猎头顾问在搜寻流程中，除了节约高管们宝贵的时间，还要保证代表雇主的公司利益，使客户能够从擅长评估高管素质、精于第三方面试的专业猎头顾问的推荐结果中受益。"

20 世纪 80 年代，猎头公司已经被认为是客户内部人力资源部门的有

[①] Roger M. Kenny. Executive Search Today. California Management Review, Summer. 1978.

机延伸，能够与客户携手实现特定的人力资源招聘目标。一般来说，传统的猎头经典搜寻方式，可归纳总结为以下六个步骤（所谓经典搜寻模式仅仅是一种参考，具体情况会因客户经营问题、组织架构不同、时间紧迫等原因而异）：

1. 搜寻前的调查

职位描述关乎能否制定正确的搜寻策略。猎头行动也应当将对职位的特定需求与公司的发展计划相联系。搜寻工作开始前，应当定义目标职位的性质，明确职位与公司的各种内在关系。猎头顾问作为客户的代表，应当更好地理解客户的环境、人员以及公司成功的要素。

2. 搜寻

对猎头公司而言，最重要的资源就是业内专家或信息来源。猎头就是要以职位描述为指导，通过在搜寻过程中的不断研究，向客户及时反馈发现的更多信息。随着猎头顾问逐渐深入研究某个行业，了解该行业领先的高管人员，掌握业内其他公司的经营模式及其对高管的酬劳等，他们通常会以书面进度报告的形式，将这些有用的资讯与客户一起分享。

3. 评估与筛选

许多有价值的信息来源和渠道，逐渐使得研究数据更加准确，以帮助猎头顾问初步筛出潜在的候选人。猎头搜集整理与职位相关的信息，按预先设计好的面试方式，在候选人方便的时间和地点，对候选人的背景进行了解与评估。面试结束后，通常还需进行第三方的认证。不合适的候选人，将在面试后迅速淘汰出局。

4. 深度参考与评价

猎头顾问能够与高管以前的雇主进行面对面的讨论，无疑增加了对候选人的客观描述。如果能够这样对一个候选人进行深度参考与评价，的确给猎头顾问的专业水准提出了更高的要求。它要求猎头在与前雇主讨论中提出的问题，不仅要与候选人直接相关，而且应当富有技巧性。在此阶段，猎头顾问仍需要客观谨慎。因为，任何一个小小的瑕疵，都可能产生极其严重的不利影响。

5. 吸引与协商

猎头的终极目标，就是促使最合适的候选人与客户签约。至于给候选人什么样的条件，则是与客户讨论的主要话题。通常情况下，客户都会邀请猎头顾问介入到与候选人协商薪酬的过程当中。因为，猎头顾问作为中间人，可以更加理智地建议客户应当和怎样支付候选人薪酬，才能避免客户与候选人之间不愉快的碰撞。

6. 适应与同化

候选人接受了新的职位，并不代表搜寻工作的结束。最主要的原因在于，一个高管人员离开原来的公司进入可能与以前完全不同的环境履新，还缺少可以追溯和借鉴的成功合作方式。所以，帮助候选人尽快适应新的职位，接受新公司的文化氛围，也是搜寻工作的重要组成部分。

（三）20世纪80年代的猎头[①]

20世纪80年代中后期，频繁的商业猎头行为逐渐演变成一种新兴的职业。美国Robert Clive的《填补职位的职业》，研究了广告形象对猎头的影响，以及客户雇佣猎头的出发点等领域。

《每日电讯报》和《星期日泰晤士报》认为，研究就业市场，其实就跟研究股市一样。对于一个雄心勃勃的人来说，人生的事业成功与否，完全取决于对市场是否足够警觉。事实上，伴随1982—1992年铺天盖地的招聘广告，高管人才的市场化自由流动更是史无前例。猎头顾问公司虽不能为此负全责，却也是促进高管人才自由市场发展的始作俑者。特别是MSL网络公司，更是成为引领新方向、鼓吹建立高管自由市场的舆论先驱。[②] 在20世纪60年代中期，它（对高管神话般的宣传，以及连篇累牍地跟踪报道所谓的新一代商业领袖的做法）颇受争议，却是那个时代的创新。因为，大多数公司的管理思想仍然停留在期望员工将一生的事业心都托付给公司，而作为对这种效忠的奖励，几乎没有一个员工会被轻易裁员——除非品行不端。

一些著名的猎头顾问公司迅速觉醒，紧跟MSL网络公司，共同改变了高层次人才招聘的市场局面。他们的服务以掩耳不及迅雷之势扩展，从最初的为特定行业选择合适的高管，覆盖到人力资源规划、管理发展、薪酬调查、改进企业人力资源部门等相关领域，甚至开始染指广告业。事实上，广告向来被英国猎头行业作为传统招聘的主力方式。

广告最大的优点在于其广泛性和客观性。但是，它并非是填补职位空白的唯一方式，或者说是最好的。猎头的参与者们，更倾向于将自己定义为一个冷静地寻找尖端人才的侦探；而对于传统的人事顾问，他们认为只不过是机械地回复通过广告来竞聘的人。言外之意，专业猎头并不是用普通的招聘方式营生，而是通过他们特有的不为旁人所知的、对一种行业及

[①] Robert Clive. The job of filling jobs. Management Decision, 1993.
[②] MSL是世界一流的公关网络和形象设计公司，现在全球83个国家和地区设有办事处。控股股东是Publicis Groupe（阳狮集团）。www.mslgroup.com.

该行业中的高端人才的接触和了解,来填补职位的空白。

调查的结果证明,美国公司雇佣猎头的最主要原因,是因为"猎头公司可以比我们自己进行更为广泛的搜索"。第二个原因,则是节省时间,因为猎头公司更为专业和有效率。第三个原因是保密,一般公司不愿意直接介入竞争对手尤其是客户的人才争夺。此外,公司可以从猎头专业面试的评估结果中受益,避免了与未来的公司高管候选人当面接触的尴尬。但是,"专业、节省时间、保密"始终是雇主公司决定是否雇佣猎头的主要动机。

(四) 20世纪90年代的猎头[①]

美国Christine Britton等的《高层次人才搜索和选择:不断变化的国际视野》,研究了现代猎头面对新的发展机遇和形势,以及猎头如何主动适应并最终在人力资源市场脱颖而出。

20世纪90年代,猎头行业受到经济不景气、资产重组以及业务的日益欧洲化这三个因素的严重影响。从表面上来看,一方面,美国国内的猎头业务量开始下降,迫切需要从其他领域开展顾问业务;另一方面,随着国际化的迅速发展,需要猎头顾问跨境工作的订单也越来越多。大型猎头顾问公司依仗数量较多、分布广泛的办事处(子公司),明显处于强势地位。中小规模的猎头公司则处境危险,必须重新考虑未来的发展战略,尽可能地向客户提供国际化搜寻和选择服务,适合日益迫切的多元化经营要求——当然,这使得他们能够在猎头国际化的盛宴中分到一杯羹。

对单个的猎头公司来讲,想要迎合客户的国际化服务要求,可谓问题重重。在国外市场寻找当地的高管,需要对当地市场环境有详尽的了解,何况当地的市场环境可能与美国国内截然不同。最明显的差异就是语言工具的不同,这要求猎头公司不得不掌握多种语言。除此之外,还需要熟悉国内外产业结构、法律制度及文化环境等方面的差异。事实上,猎头顾问的一个重要卖点,就是他们对一个行业的了解——可是,这种优势在国际化的服务中却很难实现。许多猎头顾问接触较少甚至从未曾接触过其他国家的某一特定行业,更谈不上拥有该行业的候选人数据库;而且,平时非常熟悉的评估体系,可能并不适用于与美国教育传统不同甚至决然相反的外国候选人。简言之,单个企业根本不可能做到在所有行业,以及所有国

[①] L. Christine Britton, Christine M. Doherty, Derrick F. Ball. The Changing International Scope of Executive Search and Selection. Journal of Small Business and Enterprise Development, Vol. 4 Iss: 3 pp. 137 – 145. 1993.

家开展国际化的专业服务。

基于此,如果单个的猎头公司确实需要对外扩张,首选方法就是要与国外的其他猎头公司搭成经营联盟。联盟不仅能够避免增长壁垒,与合并或者收购相比,还具有速度更快、成本更低的优点。这种合作通常只存在于某一特定项目,而不是所有的猎头活动。因此,可以让公司更加集中于某一特定业务。与此同时,联盟的双方并不特别约定互相提供资源的形式,通过交换双方对语言、市场、文化、公司及候选人的了解,为对方打开了一个构建自身无形资产的窗口,从而共担风险、共享利润。

20世纪90年代,作为联盟的一种基本形式,联网猎头备受关注。对于大公司而言,联网猎头不失为扩大、夺取市场份额以及接手一些对单个公司而言项目太大却又不甘心放弃的好方式。对于中小型公司而言,联网猎头可以抵消规模优势。单个猎头公司之间联网主要有以下两种方式:

一种是几个单个公司组建成联营公司。联营公司有自己的公司名,与其会员区分开来。组织成员在本国以自己的名义运作,在国际项目上则以联营公司的名义合作运作。例如,国际搜索联营公司(International Search Group)就是由来自法国、英国、澳大利亚、德国、意大利的五家公司组建而成。

另一种形式的联网也是由独立的成员公司组成,但是,各公司仍旧独立运作,并不以组织的名义经营,组织也没有自己的公司名或身份。在欧洲至少有十个这样的组织,对公司成员的数量要求不高,一些小的团体甚至只有两个国家的公司组成。

这两种联网模式在经营方式上各有千秋。第一种模式更为正式,第二种模式较灵活。这两种模式均是中小规模公司对日益增长的国际市场与大型国际猎头公司抗衡的应对方式。

(五)21世纪初期的猎头[1][2]

进入新的世纪以来,猎头进入全球化时代。一方面,欧美发达的触角延伸到世界的每一个地方;另一方面,发展中国家和不发达国家也开始探索出路。

---

[1] William Finlay, James E. Coverdill, Headhunters: Matchmaking the Labor Market, New York, Cornell University Press, 2002.

[2] Daniel Muzio, Damian Hodgson, James Faulconbridge, Jonathan Beaverstock, Sarah Hall. The case of project management, management consultancy and executive search. Final Draft – Published in Current Sociology 59 (4) 443–464, 2011.

1. 猎头：职场的匹配者

2002年，美国威廉·芬利和詹姆斯·E. 考瓦第尔合著的《猎头：职场的红娘》，通过大量的实证案例，占有丰富的参考文献，全面而系统地研究了猎头的基本特征、运营逻辑和市场属性。它也被视为猎头研究的经典文献。

猎头的工作受高管选择的理论指导。它受到三个方面的影响：职位说明、热门特征、性格特点。

（1）职位说明

即便是再不清晰的职位，也应当至少具备基本的职位说明。职位说明通常包括对职位的描述、对候选人教育及工作经验的要求以及预期的薪酬。例如，针对搜寻一个工程师的职位说明可以是：3~5年在大型机械环境工作的机械设计经验、管理经验，机械工程学位，起薪55000美元。

职位说明可以帮助猎头确定基本的候选人范围。但是，当出现多个有资格的候选人时，客户提供的信息仍旧不足以帮助猎头迅速做出选择。因此，促使雇主抛出橄榄枝的，还是取决于另外两个无法明确说明的因素：热门特征和性格特点。这才是猎头的关键所在。

（2）热门特征（hot button）

热门特征是候选人具备的令雇主满意的特定技能和经验。与职位说明不同，热门特征不是对现有的候选人技能和经验的基本要求，而是让雇主有足够的热情向候选人抛出橄榄枝的才能或技能。热门特征在招聘决策中至关重要。猎头顾问根据学历和经验锁定初步的候选人。而候选人必须使猎头顾问相信，他们已经具备新的职位所需的、最起码的特定的任职资格和工作经验，才能使他们脱颖而出。这些特质标志着候选人可以胜任新的工作，而不仅仅是填补职位的空白。

（3）性格特点

性格特点是雇主对与候选人交流过程中，对于交谈质量和舒适度的主观评价。许多猎头声称，性格特点与交往的和谐程度有关——也就是说，这是一个人可以毫不费力地理解另一个人的感觉。这种感觉就像Jackall所形容的，是一种令人舒适的亲和力，是一种认为世界本该如此运行的共同认识。猎头顾问经常用"客户聘用他们喜欢的人"来形容性格特点这一要素。性格特点不仅基于候选人与雇主组织文化、规范、战略的相容性，还取决于候选人与客户雇佣委托人之间的相容性。

候选人通常面临这样一个问题，在有限的时间内无法完全表现出自己具有的、能够触动雇主做出积极反应的热门特征和性格特点，尽管他原本就具备适应该职位的特点。抽样结果显示，一些真正优秀的候选人在雇主眼中却不是特别理想的候选人。即便是最诚实的候选人，在不同的场合也会传达出其自我介绍的不同方面，包括他的背景、工作经历、工作技能等。有时候，这对特定雇主和特定职位比较有效；而有时候，雇主并不是很感兴趣，甚至直觉判断候选人并不适合当前的职位。问题恰恰是，大多数候选人其实并不清楚自己应该如何表现自己的哪些优点、技能，才能让雇主满意。

作为职场的匹配者，猎头通过"印象管理"解决这一难题。猎头顾问作为第三方，积极搜集、共享信息，观察雇主对职位的偏好，并把对雇主这种偏好的了解与候选人的实际情况进行分析，从而增加了候选人在合适的场合，能够充分表现自己，借以提高雇主的兴趣。此外，通过与雇主分享有关候选人的信息，也可以让雇主预先对候选人有积极的印象。印象管理并不是试图让不合适的候选人伪装出能胜任某一职位的那一面，而是猎头顾问担心一名真正优秀的候选人，因为不能有效地表现出雇主所想要看到的印象而与合适的职位擦肩而过——印象管理可以帮助候选人表现出恰好是雇主所需要的技能和工作经验。这种方式并非改变一个人，而更类似于一种营销策略、一种包装，令优秀的候选人表现出他们本来就具备的、能够让雇主满意的一面。简言之，猎头顾问参与双方的印象管理中，努力达到双方都满意的结果，即适合的职位能够挑选适合的候选人。

对于猎头公司而言，印象管理表现出了猎头操作和业务掌控中最不确定，也是最不可预测的时刻——雇主与候选人面对面时，顾问所做的努力是否值得。他们在面试前后所做的努力是否有成果，只取决于面试是否成功——所以，人们就能够理解：为什么猎头顾问们如此竭尽全力地通过印象管理，使雇主与候选人双方互相感兴趣。当然，安排双方见面并让双方对彼此满意并不意味着猎头工作的终结。当面试进行得很顺利，雇主给出了录用通知书，猎头还要保证该录用通知书是可以被候选人乐意接受的。只有这样，才算是完成了猎头作为红娘的最后阶段。

2. 项目管理、管理咨询和猎头的案例研究

2011年，英国的Daniel Muzio、Damian Hodgson等的《项目管理、管理咨询和猎头的案例研究》认为，猎头行业的准入门槛较以前有所提高，但是，它的不可或缺性也获得了市场的更多认可。

AESC的注册研究员/助理研究员项目，旨在设定一个客观标准。它基于系统正规的知识体系，能够确保所有达到该标准的研究员和助理研究员，可以在未来工作中满足最低水平的专业胜任能力。然而，该项目并未

设置封闭的环境，将那些没有资格认证的人排除在行业外。与法律行业要求实习生必须具备法律学位或同等学力不同的是，该项目并不将是否获得该项目的认证资格作为从事这一行业的先决条件。实际上，它是可以选择的——大多数具备认证资格的人并没有参与过培训项目，对猎头顾问也并没有任职资格要求。猎头顾问这个角色的"行业经验"，即专注并精于某一个特定行业，被认为是最重要的资质，但是，这种资质却很难进行系统正规的量化评估。这就造成了一个自相矛盾的情况，即初级执业者可以进行测试并注册成为执业者，高级执业者却不能。但是，并不能由此否认 AESC 在这方面所做出的努力，比如行业准入门槛较以前有所提高。

猎头的专业化发展趋势开始聚焦于企业层面的管理规则的制定。与项目管理、管理咨询不同，它们的策略是初步尝试吸收个人作为组织会员，之后才是企业会员；而 AESC 则是从一开始就是由企业组建而成的联盟组织。公司成为 AESC 会员必须接受协会的《职业道德规范》和《规范化作业指南》。规范和指南定义了猎头执业人员的基本知识基础。所有被猎头公司雇佣的执业者，都被期望"能以适用的知识，完整、高效地胜任所有承接的猎头顾问工作"，以确保准确性，避免利益冲突，并确保客户利益最大化。AESC 制定《职业道德规范》和《规范化作业指南》对企业或组织会员的行为进行约束和指导，进而通过企业或组织对其雇佣员工的管理，达到制约和指导执业会员的目的。

执业人员所具备的适用的知识的重要性，也在《职业道德规范》和《规范化作业指南》中得到明确阐述，即客户和候选人预期能够获得的服务标准。执业人员为了达到客户和候选人所预期的服务标准，必须通过约束自己的行为、确保适用的知识储备与行业经验，来保证所提供服务的质量。所以，表面上是 AESC 制定的企业层面的会员准则约束执业人员的行为准则，但是，实际上却是在用人单位，即客户的培训、监督、奖惩执业人员中扮演了重要角色。

猎头行业的专业性，还表现在能够通过自身的专业服务为客户带来商业利益。2003 年年初，英国政府发布的史密斯报告（Smith Report）和希格斯报告（Higgs Report），对于非执行董事以及审计委员会提出指导意见。公告宣称，为了保证投资者的利益，所有的非执行董事都应当由猎头公司搜寻完成。这份报告从法律意义上肯定了猎头行业的不可或缺性。从另一个侧面也可以反映出专有技术、方法和知识基础作为竞争优势的重要性，并使得专业性具有一定的法律意义。对猎头而言，人才数据库、搜寻方法就是其专有技术和方法。AESC 通过《职业道德公约》《规范化作业程序》阐明了客户和候选人的权益,强调了猎头公司可以为终端使用者提供并确保怎样的服务质量。大多数公司战略的实现依赖于高管在职位上发挥的效能,为客户寻找优秀合适的高管,为候选人选择能充分发挥其才能的职位,而正是这种高质量的服务,能够为客户及候选人双方都带来难以估量的商业利益。

二、未来展望:制约、干扰及影响因素

究竟是哪些因素影响现代猎头的未来发展?这可能包括许多因素。根据现有文献资料,可以概括成五个主要方面。

(一) 市场角色[①]

2002年,美国Rakesh Khurana的《三方交易:猎头公司案例和首席执行官搜寻》,细致研究了猎头的中间人角色。

在高管人才市场中,如果将客户定位为买者,将高管定义为卖者,那么,日益复杂的市场环境拉开了买卖双方之间的距离。这显然为猎头公司作为中间人的介入,提供了更为成熟的条件。在针对高管人才市场的研究中,至少可以归结于三个因素:买卖者的数量增多,买卖双方的风险增加,以及买卖双方在市场上的固有观念、交易原则的分歧加剧,这都为猎头公司的介入提供了市场基础。

一般地说,在数据库以及搜寻高管渠道方面,猎头公司比普通的招聘公司更具有规模经济优势。但是,这种说法对猎头公司在高管搜寻中所扮演的角色是不完整的,甚至还有潜在的误解。事实上,猎头公司对搜寻过程最重要的贡献,恰恰在于它们能够扮演客户与潜在候选人之间的中间人角色。这种角色包括三个基本要素:

1. 协调

在高管搜寻过程中,猎头公司发挥了重要的协调作用。顾问们协调客户的董事会部署,快速确定职位说明,初步识别候选人范围。这种协调通常是客户公司出于交易成本的考虑,而把招聘任务外包给第三方——猎头公司,后者作为第三方在客户公司的董事成员之间进行协调。顾问将董事会成员们聚集在一起,聆听不同立场和派别的意见,并最终将不同的意见协调一致。这主要依赖猎头顾问的协调能力。特别是在客户公司面临模糊不清又极其复杂的市场行情,无法抉择聘用什么样的高管时,基于实现特

---

① Rakesh Khurana. Three – party exchanges: The case of executive search firms and the CEO search, working paper, Harvard Business School, 2001.

定战略目标的协调,就变得尤为重要了。

2. 沟通

猎头顾问在传达客户与候选人的各自信息后,逐渐掌控了彼此的承诺。即使是在交易最终未能实现的情况下,也能够有效避免客户与候选人过分暴露的风险。

综观猎头公司、客户与候选人之间的交易历史,地位显赫的高管通常不会公开参与外部高管招聘活动;因为,这对他现任职位将非常不利。然而,猎头公司作为缓冲区,在高管人才市场的流动过程中发挥了积极作用。具体说来,就是通过心理博弈与巧妙的安排,令买卖双方在逐渐同步的承诺过程中获得彼此的信任——当然,这种信任也建立在双方必须承担的,也正在逐渐增加承诺的风险之上。在交易过程中,猎头公司竭尽全力避免双方中的任何一方过早暴露,尤其是当交易未能最终达成时,往往容易使得过早暴露的一方的风险加大。几乎每一个猎头顾问都强调说,对于从事猎头交易双方而言,最重要、最核心、最关键的问题就是保持各自的脸面。猎头公司作为中间人传达交易双方的意见,识别双方的关注点,扫清交流的障碍,保证双方在交流过程中都是愉快的。而伴随搜寻过程的不断深入,双方承诺的不断升级,猎头公司对任何一方可能所面临的风险,都必须保持高度的警惕。

3. 利益最大化

整个搜寻过程都是在合法状态下进行的。猎头服务以专业性的信号传达到交易的双方,并始终确保所有参与者的利益最大化。猎头公司公平、公正地对待客户与候选人双方的利益,并不会因为任何一方的主观意愿而有失偏颇。这是因为,每一方对搜寻过程的成功都是至关重要的,猎头公司的利益也在于此。正是这种公平公正的服务,保证了猎头公司服务的质量和专业,以及在整个搜寻过程的合法化。

(二) 信誉①

1998年,美国Jeffrey M. Laderman 的《角逐华尔街:股票分析师的潜规则》研究了信誉在现代猎头中的双向作用力。

高管薪酬机制不仅仅关系到高管自身的利益,更影响公司发展的驱动因素及高管行为动机。信誉、期权和新闻媒体都对高管的年薪产生了影响。

---

① Jeffrey M. Laderman. Wall street's spin game: stock analysts often have a hidden agenda. Business Week, 5 October 1998.

一些行业分析师的薪酬远远高于交易商，这其实并不奇怪。Zimmerman 估计，在 20 世纪 90 年代，用于证券市场的研究总成本却翻了两番。尽管伴随华尔街股市的长期低迷，1998 年证券分析师的工资水平可能会低于上一年，但是，在一些主要的投资银行和金融机构投资机构第一梯队的顶尖分析师的工资、奖金、股票和期权，仍然可以达到 200 万～500 万美元不等。特别是在电信、科技、媒体以及医疗保健等行业，证券分析师的收入更高。即使是第二梯队的普通分析师，也可以拿到 75 万～100 万美元的薪酬。据所罗门调查机构的数据，仍在实习阶段的初级分析师可以拿到 50 万～75 万美元，级别稍低的助理分析师则是 25 万～40 万美元。最近，资深电信分析师 Jack Grubman 成为该行业的 NBA 明星，一家美国银行同意以每年 2500 万美元的待遇聘用他。

事实上，不仅仅只有分析师们，在华尔街呼风唤雨。根据纳尔逊的调查，1987 年 10 月的股灾之后，全职分析师人数猛烈下降。到 1992 年，数量一度低至 2313 人。但是，受牛市及交易热的刺激，分析师的人数又膨胀到 1998 年的 3724 人——这还不包括将高级分析师的背后支持人员，如进行复杂的数字运算师，专门负责登门拜访公司和客户的联络员，以及开展股票和投资银行业务交易的大量辅助人员。

最近，华尔街公司正在通过猎头公司招聘能够吸引投资银行客户的分析师。一般来说，机构客户的独立分析师认为，证券公司是第一选择，其次才是证券研究。不过，猎头顾问们并不这样认为。他们认为这两个是整体的、相互配套的业务。毫无疑问，一个顶尖分析师可以成为风云人物。G. Z. Stephens 公司的猎头顾问 Joan Zimmerman 这样说过："承接上市业务，顶尖分析师是必不可少的。"事实上，在大多数证券承包商向潜在客户推销他们的服务的竞争中，分析师的质量往往是决定竞赛胜负的关键。

（三）股票期权[1]

2005 年，美国 Benjamin Dunford、John Boudreau 等的《金钱之外：股票期权如何影响高管年薪》研究了未来支付的股票期权，如何同时影响候选人和猎头公司的理智选择。

在过去的 20 年，作为高管激励的一种方式，股票期权的方式越来越受欢迎。Hall 和 Murphy 研究发现，在 1999 年，94% 的标准普尔 500 强公司都在向他们的高管授予股票期权，而这一数据在 1992 年是 82%。根据

---

[1] Benjamin Dunford, John Boudreau, Wendy Boswell. Out-of-The-Money: The Impact of Underwater Stock Options on Executive Job Search. Personnel Psychology, 2005.

对标准普尔 500 强公司的研究，与 1992 年相比，股票期权在高管的薪酬构成中所占的比例上升了 22%。除了股票期权和基本工资，高官们的薪酬构成通常还包括与公司业绩挂钩的年终奖、福利，以及其他长期激励措施，比如授予限制性股票①。

然而，最近的报告却表明，股票期权在高管们的薪酬构成中占比例是最高的。这主要是由于下列原因造成的：首先，在这个独特的方式下，公司并不需要立即承兑股票期权，就不会增加目前的人工成本；其次，股票期权已被广泛用于调整高管和股东们的利益分歧；最后，它成为一种吸引和留住顶尖人才的主力手段。

用于高管激励的股票期权，是上市公司授予激励对象以预先确定的价格，购买本公司一定数量的非流通股份，在满足一定期限的前提下，按照当天的股票市场价格兑现。当市场价低于购买价格时，股票期权就成了虚值期权；相反，当市场价高于购买价时，就成了实值期权。对于持有人而言，虚值期权的内在价值为零，甚至是负数——即便是在将来，仍然有可能随着股价的上扬而存在一定的价值。

作为长期激励的一种方式，股票期权通常不能立即兑现。通常情况下，至少在未来一定年限（通常是授予后的 3～5 年）方能变成现金，有的股票期权可能长达 10 年。事实上，大多数高管每年被授予不同品种的股票期权，甚至一年中多次获得股票期权。因此，在一个特定的时间内，高管们的投资组合可能同时包括一些虚值期权和实值期权。

（四）新闻媒体②

2008 年，美国 John E. Core、Wayne Guay 等的《媒体的力量和高管的年薪》，探讨了新闻媒体如何监管、跟踪和追究居高不下的高管年薪问题。

近年来，有关高管薪酬的报道屡见报端。过快增长的高管薪酬，开始备受争议。美国国际集团（AIG）刚刚受益于不良资产救助计划（TARP），还没有完全走出金融的阴影，就迫不及待地制定了巨额的高管奖励计划。这个"奖金门"一经新闻媒体曝光，立即激起了民愤，甚至惹怒了总统，招致国家立法和检察机关纷纷干预。最终，迫使 AIG 高管们不得不声明放弃高额奖金。其实，人们并不一定关心什么"天价"高管薪

---

① 限制性股票指上市公司按照预先确定的条件授予激励对象一定数量的本公司股票，激励对象只有在工作年限或业绩目标符合股权激励计划规定条件的，才可出售限制性股票并从中获益。

② John E. Core, Wayne Guay, David F. Larcker. The power of the pen and executive compensation. Journal of Financial Economics, 88, 2008.

酬；而是那些刚刚接受政府资助的银行业，在业绩还没有恢复起来时，高管的薪酬就出现了大幅增长。这种涉嫌"趁火打劫"的做法，给高管们的形象带来了负面影响。

Dyck 和 Zingales 认为，媒体已经在公司治理结构中扮演了重要角色，在三个方面影响着公司及其高管的信誉：

第一，媒体关注治理不佳的公司，可以推动政治家们和监管机构进行立法改革，或者更加严格地执行现有法律。假若他们漠然置之，就将激起公众的强烈抗议，最终断送他们的政治生涯前途。最近，媒体对股票期权回溯的报道，似乎就引起了监管机构的极大兴趣。

第二，连续对高管们年薪的负面新闻报道，使得社会公众开始质疑董事和职业经理人是否真的能够保证股东及低级雇员的利益，以及他们是否有能力成为最佳的决策者。人们考察这些人力资本的价值，往往取决于后者的业绩表现。如果媒体的负面报道损害了董事和职业经理人的信誉——那么，他们在高端人才市场的身价就会降低。

第三，Dyck 和 Zingales 继续指出，负面的媒体报道不仅损害董事和经理人的商圈信誉，也会降低他们及其家人的实际收入。一种显而易见的事实是：为了避免损害董事和经理人信誉的负面媒体报道，公司就会采取得力措施制止事态进一步扩大。例如，一家媒体以市场监管的角色对高管薪酬进行监督，它向投资者和广大公众不停地提供高管们与自身业绩反差巨大的年薪信息，那么，公司将会做出反应——降低高管过高的薪酬标准，甚至采取更加严厉的措施——终止与高管的合约，以避免未来可能发生的、更大面积的、更大力度的负面报道。

（五）国际化①

2009 年，美国 Sarah Hal、Jonathan V. Beaverstock 等的《探索国际化的文化经济：猎头全球化的"标志"和"品牌"》提出了猎头全球化过程中的新变化、新方向和新应对。

1."标志性的个人"：为全球化服务提供统一标尺

作为一个提供专业搜寻服务的新兴行业，猎头的迅猛发展备受瞩目。这也使得我们有机会去冷静思考一个问题：第一批猎头公司的创办人，如何在随之而来的猎头行业全球化进程中发挥作用？我们姑且把这些创始人

---

① Sarah Hall, Jonathan V. Beaverstock. Exploring cultural economies of internationalization: the role of "iconic individuals" and "brand leaders" in the globalization of headhunting. Global Networks, Volume 9, Issue 3, pages 399–419, July 2009.

骨干称为"标志性的个人"。毋庸置疑的是,他们这个群体对猎头行业的发展产生了重大的影响。大多数重量级的"标志性的个人",几乎都是在海德思哲、史宾沙、罗盛咨询、光辉国际这四大著名的猎头公司做猎头顾问时,开始了自己的职业生涯。当然,有些本身就是创始人之一。他们因为彼此之间是同行或者工作伙伴的关系,有着紧密的联系和彼此心照不宣的竞争,从而建起精英猎头的交际网络。在猎头行业的发展中,他们都是举足轻重的大人物。因为,他们曾在最顶尖的猎头公司工作过,或者创立新的猎头公司,进一步促进猎头行业的发展。不仅如此,他们还以更微妙的方式影响着猎头行业全球化的发展。这种影响力已经超越了自己公司的界限——因为他们的崇拜者,正在模仿他们的行为举止,提升猎头服务的质量,扩大猎头行业的规模,加速全球化的进程。

海德思哲、亿康先达……这些早期全球化的猎头公司所获得的成功,特别是这些企业领袖们作为"标志性的个人",在行业中享有盛誉。他们所引入的招聘及教育实践方法,已经成为业界最佳做法的标尺。这无形中就设立了行业的准入门槛。例如,必要的教育背景成为顾问们的门槛条件,就保证了猎头服务的质量,树立了猎头行业合法、公正的形象,并最终开拓新的、尚不发达的猎头市场。这与 AESC 的做法不谋而合。AESC 也是通过注册研究员/助理研究员项目,来提供整个行业的服务水平,通过设立客观的服务标准,保证了猎头顾问技能、道德以及职业操守的质量。

"标志性的个人"为猎头行业所做的实际贡献,远远不限于此。比如,他们非常注重与客户保持持久的关系——这往往是基于他们先前所提供的猎头服务质量。在猎头过程中,他们强调所提供服务的专业性和标准性,这也为与客户保持相互信任的持久关系奠定了基础。同时,这也克服了猎头全球化进程中,因为服务性质缺少明确定义和标准而带来的发展障碍。随着猎头行业的全球化进程,这种通过树立"标志性的个人"形象来推广猎头公司的做法,开始在业界的影响力越来越大,后继者争相学习、模仿,并不断创新。一些猎头公司在国外开拓新兴市场时,他们的服务性质并不容易被新的客户所理解——而在这时候,"标志性的个人"的影响力就是对猎头专业服务最好的诠释,更易被新兴市场所接受。

2. "品牌领袖":为客户创造需求

与其他的服务行业一样,猎头行业对各个公司也有一个清晰的考核评级标准,包括年度总收入、办事处的数量、顾问数等。这些排名通常是由权威的业内出版物发布,比如著名的《猎头消息》(*Executive Grapevine*)。

少数公司频频出现在行业排名的前列。这些领先的猎头公司以他们的名字所有权为品牌,作为全球化策略的一部分。在行业中久负盛名,就更容易获得新兴市场的欢迎和信任。举例来说,海德思哲在进军全球市场时,便可以这样介绍自己:"我们是一家已经成立了53年的猎头公司,我们在行业中排名第一。"正是这样的品牌领袖效应,为他们开拓了广阔的全球市场。

猎头行业同其他服务行业一样,提供的产品是无形服务。因此,很难描述和评估它的真实效果。这也就意味着一家猎头公司声称具有与竞争对手一样的水平并不是可信的。当然,也有理论认为,当市场中出现竞争性的产品或品牌时,市场的稳定性和一贯性就会被破坏,并最终蚕食市场的正常交易。

这一理论在猎头行业并不适用,尤其是在全球化进程中,猎头公司不一定非要"标新立异"。他们可以利用行业领袖的品牌效应来打开新兴市场,为公司的全球化进程扫清障碍。事实证明,正是这种全球化策略,加速了世界猎头行业的快速成长。

第六章　全球猎头产业

20世纪20年代，现代猎头起步。50年代起，猎头公司业务分化成管理咨询公司、人才派遣公司和专业猎头公司（含兼营）三类。70年代，大中型猎头集团公司开始出现，并逐渐国际化。80年代末，在国际猎头协会的引领下，预付型猎头公司剥离出来，成为受到行业标准制约的专业公司。90年代中后期，日益国际化的预付型猎头公司纷纷上市，公司治理结构得以完善，信息披露更加规范。21世纪以来，国际猎头协会在全球范围内推行会员扩张计划。合资公司在中国内地大量出现，集预付型猎头、人才派遣、劳务输出、网络招聘、管理咨询于一体，演变成混合型的国际猎头公司。

预付型国际猎头公司是最有代表性、最为典型的，也是最能够展示现代猎头行业实力的标志。它们已经形成了比较规范、稳定而成熟的运营模式，以及貌似不同、其实一致的逐利理念。

第一节　发展现状

在欧美发达国家，猎头被划为人力资源服务行业。在1950—2008年，迅猛发展的人力资源行业对于国际猎头行业的形成、完善和最终脱颖而出，提供了必要的时代背景。

2012年2月，Gale商业及公司资源中心发布《职业经理人招聘》，从多个角度对全球的，特别是美国的猎头行业进行了概括、总结和分析。[1][2]

---

[1] Business & Company Resource Center (Industry Overview Display Page). Professional Executive Recruiting. Feb 22, 2012.

[2] Mark Boyle, Allan Findlay, Eva LeLievre and Ronan Paddison. World Cities and the Limits to Global Control: A Case Study of Executive Search Firms in Europe's Leading Cities, Joint Editors and Blackwell Publishers Ltd 1996, 498–517.

一、全球猎头市场

1982年，弗里德曼和沃尔夫首先提出"世界城市"概念。按照马克思主义的观念，塑造当代城市财富的主要动力，仍然是资本的国际化。资本的国际化不仅仅是指制造业要搬迁到低附加值、低工资的地区，还应当包括所有形式的国际扩张，如生产能力、服务功能和金融资本和投资组合。在这个过程中，不同城市在不同时期、不同的区域，担任着不同的功能。最明显的影响之一，从控制中心流出的国际资本，推动和促进了世界城市的形成。基于国际分工的角度，大型企业的全球指挥力得以充分体现。这样的判断似乎能够解释，为什么世界主要城市周围聚集了大量的跨国公司总部？而在其中的猎头服务，并不是偶然的现象。

（一）市场概况

人们不禁要问：首先，要什么在欧洲城市存在全球高管招聘市场？其次，如果，根本不存在这样的市场，猎头公司如何能够跨地域招募不同的高层次人才？最后，一些欧洲的大城市，是否具有提供猎头公司总部所需要的、从事全球招聘的基础条件？

1926年，世界上第一家猎头公司在美国成立。但是，这个新兴行业并没有在该国出现显著的增长。直到20世纪50年代，欧洲城市所发挥的作用仍然没有被取代。也就是说，英国和法国的猎头公司在起步的时候，还没有看见美国人。1961年时，美国史宾沙猎头公司，在伦敦设立办公室之后，情况发生了很大的变化。20世纪六七十年代，欧洲猎头产业迅速增长，并在80年代开始加速。即使是在20世纪90年代初经济衰退的背景下，猎头公司似乎已经提前恢复，营业额始终保持着15%左右的年增长率。

最为明显的是，那些美国猎头公司欧洲办事处的早期员工，正在想办法离开；猎头经理和管理顾问们纷纷成立自己的猎头公司，反过来与以前的老板们展开竞争。这反映了资本国际化与资源本土化相结合的势头。1990年，17个全球领先的国际猎头公司之间进行的、最激烈的市场竞争，只占所有业务的10%～15%。如在英国，200家最大的猎头公司，每年约完成6500个猎头订单。在法国，约100个猎头公司拿到4000个订单。而在瑞典，50个大型猎头公司就可以包揽大约6000个猎头项目。西班牙和瑞士处于下风，分别只有25个和30个猎头公司，总共完成约1000个高管搜寻任务。

在欧洲，可能根本就不存在所谓的猎头市场，高技能人才的国际化招聘,似乎并不是城市功能。然而,市场上确实存在猎头服务。原因之一,就是猎头服务不需要起码的基础设施,而是能够直接抛弃开发阶段,就可以实现国际化。这是多种原因造成的,并不是猎头的贡献。首先,熟练的技能人才成为移民的主流,迅速增加。其次,高层次专业技术和管理水平工作人员的临时雇佣数量猛增,他们通常只有3～5年的工作合同,根本不能阻止他们的频繁流动。最后,跨国猎头公司已经将原来属于一个国家的内部劳动力市场,变成了国际化的运营渠道,成为国际投资的重要组成部分。欧洲企业在进行全球扩张时,肯定要产生技能人才的需求,特别是监督子公司和办事处的日常经营。这些高管通常是从母公司内部诞生。一旦到位,专业技术人员和管理人员就要奔向需要监控的生产和服务网点。同时,在公司内部选派高管到外国工作时,本土人士将优先考虑。不仅仅是因为他们能够促进分支机构和总部之间的有效沟通,能够更加有效地执行总部的各项政策,而是有着一个极其重要的考虑,那就是他们在外国的分支公司工作时,能够确保总部的商业秘密。

国际投资管理需要的是熟练的外籍人士,因为他们更加懂得所在国的国情,如法律制度、人文观念和风俗习惯等。这使得猎头公司几乎派不上什么用场。如在1994年,85%的日本公司在加拿大安大略省投资建设工厂时,至少按照1:3的比例,配备日本雇员和当地员工。同期,142家法国公司在英国投资时,约30%的公司是选择配备当地高管,其他70%的高管都是法国人,而不是当地人。因此,猎头公司在跨国公司需要聘请外国高管时才能发挥作用。特别是在目的地城市,正在当地经营的猎头公司通常被认为是首要选择。一个微妙的但是显而易见的原因,就是跨国公司不愿意直接挑战当地公司,转而寻求更加隐蔽而安全的高管雇佣方式。

国际投资聘请本地精英的能力,是至关重要的成功要素。一些规模化的猎头公司来承担任务时,通常是资本流动地城市,而不是目的地城市进行搜寻,猎头公司的能力就会变得有限。反之,就需要猎头公司在目的地城市设有分公司或者办事处。这种市场需求,迫使猎头公司依托大型公司的扩张,不得不进行更加猛烈的扩张。而在狭窄的城市人力资源环境下,猎头公司的竞争更加紧张。"禁区"概念应运而生。1995年,30个伦敦和巴黎猎头公司达成在候选人履职后2年以内,彼此不侵犯、不对挖的"禁区"协议。在这个意义上,欧洲而不是美国,存在着一个极其庞大的猎头市场,并能够建立起规范的行业游戏规则(这也解释了美国作为移民国家,猎头公司担当了技能移民的市场角色;而在英国、法国这样的欧洲国家,是跨国公司的迅猛发展,迫使本土猎头公司加速实现国际化。甚至还可以解释，为什么美国猎头公司登陆欧洲时，并没有消灭当地的猎头公司，而是刺激了后者的高速发展。最重要的原因就是欧洲公司扩张时，多采用本土高管到外国工作，国际猎头公司的作用无法发挥出来；而在当地特色精英人才时，欧洲的猎头公司显然比美国本土公司更加具有优势，因为他们更加了解企业需求，并能够避免行业内部的激烈竞争）。

年薪超过25万美元的企业高管，是不会通过铺天盖地的分类求职广告寻找新工作的。与此相反，专门从事职业经理人招聘，也称作猎头，可能正在协助他们寻找下一个职位——即使这些高管实际上仍然在册在岗位，并没有想法重新寻找新工作。早在20世纪80年代，曾经通过对75%的猎头业务进行过统计，正常的高管被猎的次数通常低于3次。但是，20世纪的最后10年，基于美国的商业惯例和市场经济的总体变化，人们对于顶级高管们有了新的认识——这些人的职业变化速度正在加快。现在，53%的高管在退休前跳槽的比例，是过去的6倍以上。除了所有大型高管猎头公司以外，依靠风险投资生存的互联网创业公司，就像20世纪90年代中后期的蒲公英一样遍地播种，创建了一个庞大的资深高管需求市场，激发了后者重新带头致富的欲望。

然而，仅一两年，猎头行业就面临一个翻盘。互联网革命很快变成了一场大萧条，2001年9月11日的恐怖袭击，沉重打击了本身已经疲弱不堪的美国经济，如同一幅美丽的图画被无情地涂鸦。在2001年，这是猎头行业非常惨淡的一年，伴随客户订单暴跌31%，一些公司发布了单位数的收入增长，却不得不面对两位数的亏损；而在大规模裁员的同时，也失去了大量的客户。市场分析师估计，该行业在两年内的损失高达300亿美元。在10年中期（2004—2008年），高失业率的行业开始缓慢回升，在直到2008年年底才恢复到10年前的水平。在猎头行业，金融服务业继续保持最大的市场比重，其次是工业、消费类产品、信息技术生命科学和医疗保健、非营利性以及专业服务行业。非营利部门的猎头需求，也开始增长。

（二）组织和架构

高管招聘，通常被称为猎头。它为各种国内和国际的行业寻找职位候选人，并予以妥善安置。猎头通过全球网络快速搜寻候选人的范围，远远超出了公司内部人力资源管理部门。猎头公司的主要精力是放在那些能够让高级管理人员每年至少赚5万美元的大企业客户群体。当然，一些长期与猎头打交道、采取定额形式的企业，可能会限制自己每年用于支付猎头服务的费用不超过10万美元。

公司的多元化经营策略，迫使公司行业中的排序差异正在趋于消失。但是，一旦行业和企业开始制定扩张、国际化的经营方向，对猎头服务的需求量就会剧增。在经济衰退时，企业本能地选择缩减高管编制、很少雇用新的人手，那么，猎头进入该行业的利润就会随之下降。因此，猎头公司不得不扩大专业服务范围，包括商业智能服务、职业中介、咨询服务、金融业务辅导、雇员素质测试以及临时的应急服务等。这些貌似额外的服务，事实上却与日益扩张的全球化市场紧密地结合起来，也为猎头公司提供了新的发展机会。

（三）猎头公司的类型

行业分为通用型和专门型两种猎头公司。一些猎头公司，如菲利斯·所罗门猎头公司，总部设在新泽西州恩格尔伍德市，集中针对特定行业，如医疗保健领域的中高层管理人员。类似这样规模较小的公司，往往寻求在行业内的相对本地化的高壁垒，阻止新进公司的出现。像光辉国际这样的大型猎头公司往往在广泛的行业区域寻求更广泛的客户，提供更加多样化和服务。当然，所有的猎头公司都在努力寻找新客户。例如，A.T. 科尔尼猎头公司，经营了超过50年的传统业务后，却在1997年宣布，它已在加利福尼亚州的圣莫尼卡开设新办公室，开始向娱乐业提供猎头服务。

成功的猎头公司，并不是总在建立行业壁垒，而是在针对商业世界的变化做出迅速反应。猎头正在成为越来越专业化的行业。猎头顾问使用最先进的技术，如计算机软件和基于笔试的测试，全面分析候选人的技能和个性特征，然后与职位进行匹配。猎头顾问招聘人员可以不凭借主观、运气，乃至职业直觉来选择候选人。而客户通常向猎头公司支付候选人的第一年工资的三分之一作为佣金，这意味着任何一方都可以买得起匹配合适的候选人，并安排到具体工作的职位。最引人注目的猎头公司，甚至可以做到75万美元/单。事实证明，这并不是所谓的"一锤子买卖"。

（四）低成本运营

猎头公司有着固定的办公室，或者说称作收费站。特殊情况下，委托人可以直接向整个公司其实只有一个猎头经理的个人账户支付现金。通常，如果数量多、价格公道，那么猎头也从事初级或中级管理人员的招聘工作。猎头公司提供的应急服务，佣金可以超过候选人职位年薪的一半。而在预付型猎头公司，客户通常必须预先支付费用的三分之一，在猎头公司提供三名候选人的面试结束后支付另外的三分之一，三名候选人进入总决赛、客户最终确定一名候选人以后，再支付佣金的三分之一（俗称：尾款）。有时，总的佣金可高达候选人职位第一年年薪的33%。

猎头收费结构和标准的变化，与客户的需求是同步的。某些情况下，美国的客户需求是非常急切和紧迫的。在其他的欧美国家，客户能够承受长期的交付时间，以取代即将离任的人员或新设置的职位。业内专家说，猎头公司的一个分支机构或者办事处，用于每年的业务开支3万～100万美元不等。这主要是由猎头办公地点决定的，例如，纽约和迈阿密办事处的维持费用就不能同日而语。

（五）连接和灵活性

美元，不过只是一张纸而已。猎头顾问还需要搜寻具有不同背景和技能的候选人。越来越多的美国公司，纷纷在全世界组建了合资企业。这就要求一个合格的经理人不仅要会讲外语，而且还要了解当地的民族风俗和传统文化。也就是说，谁都可以做一名优秀的猎头顾问。通常情况下，招聘企业强烈要求猎头公司临时指定顾问参与搜寻活动。今天，许多猎头公司的项目运作模式，能够根据需求，迅速指定的一个专家顾问团队来完成特定的任务。一旦任务完成后，项目组的成员重新分配任务或直接解散。而对于客户，可能只是需要顾问在短期内出击；而在其他时间，没有任务的顾问们只能按部就班地工作。

但是，这些新实践打开了猎头公司招聘公司的大门，特别是在临时的基础上组建团队，直接影响了猎头公司高管们的思维方式。它要求这些高管们能够在较短的时间里，确定基本思路、制定工作框架，并指定富有战斗力的临时顾问团队，迅速搜寻最有希望的候选人，推荐给焦急万分的客户。

（六）伦理担忧

20世纪90年代末，猎头行业最重要的问题就是顾问们的职业道德。1997年7月，猎头运作的约翰·R.沃尔特作为AT&T公司总裁只短短工作了7个月，就辞职了。虽然，这样的下岗全责在于AT&T董事会，一些专家仍然表示关注整个猎头行业。《纽约时报》评论指出，类似这样的招聘涉及但是可能没有注意到，猎头是有缺陷的。尽管猎头顾问认为，只有从根本上改变的猎头佣金的支付方式，才能确保此类情况未来不再发生。当时，拥有160个成员单位、700多家全球办事处、3000多名顾问的国际猎头协会（AESC）——预付型猎头公司的"保姆"直接答复道：任何公司都必须遵守行业规则，并维护每一个猎头公司应有的利益和尊严。但是，批评者攻击说，所谓的道德准则，往往站在强者（猎头公司）一边。

著名新闻出版商肯尼迪信息公司声称,在客户满意之前,必须预订一个便于猎头公司的更换候选人的政策,才是明智之举。猎头公司开始增加了新的规则:应急型猎头公司必须保证候选人60天的"新鲜期",而预付型猎头公司则为一年或一年以上。在候选人"新鲜期"以内,猎头公司应当减少或免费搜寻新的候选人。

另一个案例专门型猎头公司——FPL咨询集团,总部设在伊利诺伊州芝加哥市。专注于提供企业管理咨询服务,如人力资源、管理咨询、薪资体系、金融服务、房地产和金融服务公司以及集团业务等。在美国经济从2000年开始衰退的第一个10年的晚期,预付型猎头行业蓬勃发展。该行业增长的重要原因就是经济持续扩张,需求一些数量有限的高素质人才。FPL咨询集团说,猎头行业至少还有约13亿美元的新增市场容量。2007年,就有4000多个猎头公司在北美开设了1600多家办事处。总体而言,猎头公司的净收入在2007年第三季度与去年同期相比增加20%。2007年11月,国际猎头协会(AESC)主席彼得·菲利克斯说,应当对未来的行业前景表示乐观,"目前,全球经济的基本趋势仍然十分有利于猎头,其中包括中国、印度、俄罗斯市场。伴随世界人口结构的变化,婴儿潮一代的退休,西方经济将日益面临高层次人才的严重短缺"。

2008年,数量有限的资深顾问是猎头行业发展的主要因素。根据AESC的研究,84%接受调查的猎头公司说,他们的主要问题是缺乏资深顾问。大多数被调查者承认,这种短缺将至少持续到2013年。影响该行业的另一个因素,是汹涌而来的互联网猎头。据尼尔森网络评价数据中心统计,美国的职业生涯网站一个月就可以收到超过17万份简历。虽然大多数公司仍然采取传统的猎头服务,但是,在未来市场,网络招聘服务的份额将不断增加。还有另一个趋势有望继续,那就是伴随猎头公司之间的兼并和收购行动,导致顾问的需求数量呈上升态势。

(七)劳动力

猎头行业不会雇佣大量的劳动力。但是,快速增长的猎头意味着将提供大量的就业机会。在猎头行业,绝大多数是小企业和独资企业。例如,柯蒂斯猎头集团只有12名工人,每年带来约150万元的收入。公司主要招聘数据处理和测试专家以及辅助支持的人,比如行政助理。另一个例子是密歇根州伯明翰的北斗集团,员工只有22人,其中5名是全职顾问。但是,这些顾问都是福特汽车公司的退休人员。主要从事美国新闻前50企业的中高层招聘,业务收入可达200万美元/年。大多数顾问都是受过良好教育的人,拥有先进的观念和视野。其中,很多顾问具有MBA学位,这使得猎头公司容易了解客户的需求。

猎头顾问成功的要素之一就是具有专门领域的深入知识，另外一个就是资历优势。美国猎头250强公司的顾问平均年龄为55岁，这意味着，每个顾问至少有23年以上的行业经验。妇女和少数民族的比例很小，但是，开始出现上涨趋势。目前的250强猎头企业中，只有28名妇女和极少数的少数族裔。

（八）研究和技术

电脑彻底改变了全球招聘行业。猎头公司通过编译和调用大型数据库，建立起猎头公司专有的计算机信息系统，并聘请计算机行家来设计、维护和升级。例如，光辉国际拥有超过440万标准化的顶级候选人简历的数据库。21世纪初，猎头专家用软件来帮助客户识别人格特质，模拟运营模式，商定正确的面谈内容以及一系列旨在促进候选人迅速进入工作角色的其他任务。优秀的猎头公司总是把最先进的硬件和软件技术优先投入到人职匹配研究领域。

互联网对猎头行业的挑战和机遇。例如，光辉国际推出的未来之步项目，就是专门为招聘中级管理人员而设立的互联网服务。潜在候选人登录到系统，回答各种提问和应对网络评估，从而代替传统的简历过程。经过数据库系统筛选后，邀请与当前的客户需求相匹配的候选人举行电视、电话会议或者视频面试。当然，有意参选的候选人必须提交一个标准的简历备查。巨兽公司始终站在互联网招聘服务的最前沿。一些猎头顾问也提出了网络简历的思路，要求互联网开发商与猎头公司结盟。

2008年，AESC宣布将使用Visual CV公司开发的新技术，完善协会和成员单位共同拥有的高层次候选人资料。按照Visual CV的工作计划，候选人只需出示自己的证件（身份证之类），就可以通过互联网，使用视频、图表、图形和其他创新的媒介，自愿参与猎头行动。在2008年，Visual CV项目启动的新闻发布会上，AESC主席彼得·菲利克斯认为，"Visual CV公司终于找到了一种方法：通过互联网技术允许个人在出示证件后，能够以现代化的多媒体格式，全方位地充分展示自身魅力"。

二、发展现状

（一）行业现状

2008年2月25日，在德国公开人力资源网站（openPR）上发布了杜塞尔多夫"咨询之星（Consulting Star）"的《2007年德国猎头报告》。其中的专栏文章《领先的德国猎头两位数增长》指出，德国猎头保持着快速增长的势头。猎头在 2008 年将依然保持 2007 年的可喜业绩。根据最新调查，2007 年，德国猎头前 20 强的营业额就高达 3 亿 2400 万欧元，比 2006 年上升 16%。总部在瑞士的亿康先达毫无争议地排名榜首，它的德国分公司总收入高达 5800 万欧元——比 2006 年增长了 16.5%，创下了猎头王国的历史新纪录。营业额排名紧接其后的是罗盛咨询（3220 万欧元）、海德思哲国际咨询公司（2800 万欧元）。其中，Heads 的慕尼黑公司营业增长率高达 55%。该公司总裁克里斯多夫·蔡司说，我们不仅仅完成了销售任务，而且使营业额的增长超过了以往任何时候。Transearch 的斯图加特公司创下了营业额增长 47% 的佳绩。该公司的德国首席执行官乌瑞希·艾克曼表示，这一显著的增长主要归功于全体顾问们的努力。公司所有的分部、所有的客户行业，都处于业绩增长期。

专栏文章继续说，德国猎头的增长不仅仅受惠于经济景气，而且源于全球化和日趋激烈的国际竞争。与这一大背景相辉映的是高质量人才的流动。2007 年，银行和保险公司算得上是最好的客户。根据咨询之星的统计，财务咨询服务的营业额占市场咨询总营业额的 15%～20%。一些超过平均水平的订单，来自 IT、电子等专业服务领域，紧随其后的是会计咨询，以及日趋活跃的律师咨询行。①

猎头行业似乎正在以一种令人匪夷所思的方式蔓延。这包括欧洲、北美和亚洲地区的发达国家的众多名校。2009 年的秋天，牛津大学迎来一张新面孔——安德鲁·汉密尔顿，55 岁的耶鲁大学教务长，担任副校长，主管捐赠资金和涉外活动。在此之前，哈佛拉德克利夫高级研究学院院长路易斯·理查森，刚刚被任命为圣安德鲁斯大学（苏格兰最古老的大学、威廉王子的母校）校长。同样的事情也发生在美国，科罗拉多大学董事会为三个校区及 52000 名学生物色了一名新校长，69 岁的商人布鲁斯·本森。他并没有足够的教育经历和资历胜任这一职务。但是，董事会同意的理由却十分简单，这名新的校长具有一项特殊的才能：筹款。创立于 1881 年的宾夕法尼亚大学沃顿商学院的新院长，已经交由光辉国际猎头公司负责。后者提出，最佳人选是来自欧洲和东亚地区的学者。因为，这些地区已经成为沃顿商学院的主要财源——新的院长人选将给前来求学的欧洲、亚洲留学生亲切感。因为美国、英国大学的政府拨款比例正在下降。即使

---

① Personal beratung: Führende deutsche Headhunter legen zweistellig beim Umsatz zu. ConsultingStar. http://www.openpr.de/. Feb 25, 2008.

是顶级的世界名校，也不得不尊重一个残酷的市场规律，那就是争取更多的捐赠和收入。而这些工作，似乎超出了董事会的权限，只能交给势力强劲的猎头公司，如光辉国际、海德思哲公司去完成。①

AESC 认为，预付型猎头行业 2009 年的全球营业收入 7.43 亿美元，相比于最高水平的 2008 年的 110 亿美元暴跌 32.5%。然而，2009 年到 2010 年第四季度的订单数量显著增加，延缓了收入下降的速度。这些新增的高档订单主要产生在亚洲/太平洋地区、中/南美洲和欧洲，而不是在北美地区。2009 年，金融服务业取代工业部门为成为猎头订单的龙头，占据 25% 的市场份额。

到 2010 年，金融、工业和技术领域，全部都在显示订单在增加。经历 2009 年的金融行业自由落体式的跳水后，金融行业陷入谷底。股市暴跌跌和银行信誉危机，造成 2008 年、2009 年金融部门剧烈的人事变动，尤其是对独立经纪交易商。经销商为了规避风险、不愿意承担资金交易，许多资金只能直接选择股票投资。

一个具有讽刺意味的例子是，因为大牌银行和保险巨头，当然，也是大规模的政府救助对象——美国国际集团（AIG）和 ING 集团挣扎求生，AIG 和 ING 经纪交易商受到市场质疑，进而遭受了重大损失。例如，AIG 的财务代理经销商 Sage Point，眼睁睁地看到收入下降了 38.5%，出现 33.6 亿美元的净亏损；另一个 AIG 的证券公司总收入下降了 29.2%。

这恰恰解释了，一个企业的内部升压造成经纪人争先恐后的恐慌局面，反而让猎头公司受益。负责 Raymond James 金融业务的高级副总裁兼全国总监威廉·C. 法罗尔三世，在一篇分析文章中说，"在 2009 年招聘领域，这是一场完美风暴！这对我们很有利"②。2009 财年，他的公司果断出手招进 539 名经纪人。联邦金融网络的主管约翰·鲁尼说，他的公司从 AIG 的皇家联盟联营公司和 ING 的金融网络投资集团成功招募到一个完整的业务团队。他说："一个金融企业当失去自己的经纪人时，会感觉很疼。而在去年，疼痛剧烈。"当然，他爽快地承认 2009 年是猎头，也是自己公司"丰收的一年"。剑桥投资研究公司的首席执行官埃里克·施瓦茨，同意这一观点，并强调说，剑桥公司 2009 年的猎头成果也是创纪录的。

---

① A Global Headhunt: Universities are starting to look beyond their borders when it comes time to hire a new boss. http://wenku.baidu.com/view/db6de1ea551810a6f5248661.html 2010/12/4.

② 2000 年 6 月，沃尔夫冈·彼得森导演的美国电影《完美风暴》上映。它讲述了一艘捕鱼船在海上遭遇百年罕见的风暴，船员们在船长 Billy Tyne 的带领下，顽强地与风暴搏斗的故事，影片情节曲折动人、场面壮观。

(二) 领跑者

自 1969 年以来，总部设在加利福尼亚州洛杉矶的光辉国际，一直是世界上最大的猎头公司。2005 年，公司的 80 多个全球办事处，在 35 个国家和地区，为世界各地的客户提供超过 10 万次猎头服务。500 名具有广泛行业背景和较高专业知识的猎头顾问，业务范围包括投资银行、药品、零售、科技信息、能源和娱乐行业等，服务范围涉及董事会成员和首席执行官的猎头、中层管理人员的招聘、战略管理评估、薪资体系的指导和发展等。2008 年，光辉国际全球收入达 6.76 亿美元，而在 2009 年仍有 6 亿美元，收入仅下跌 11.3%。2009 年，公司拥有 400 多万高层次候选人的数据库，为 4238 个客户提供了检索和匹配服务。

自 1953 年以来，国际猎头的重量级成员、总部设在伊利诺伊州芝加哥市的海德思哲国际公司，一直从事猎头业务生意。2005 年，该公司在世界各地设有 57 个分支机构、约 1300 名员工。海德思哲主要从事全球性的商业、消费、教育/非营利组织、金融、医疗保健和工业领域的高档猎头服务。2010 年，海德思哲总收入在 4.4 亿～4.8 亿美元。

名声响亮的 A.T. 科尔尼猎头公司在 30 个国家设有办事处，它成立于 1946 年，是世界上历史最悠久的猎头公司之一。2006 年 1 月，传闻一家投资集团将收购以爱德华·凯利为首席执行官的 A.T. 科尔尼国际，并将改名。事实并非如此。后来在 2009 年，该公司在谈判中考虑与著名的管理咨询公司博斯（Booz）合并；但是，在 2010 年 7 月后者退出。A.T. 科尔尼继续保持原名至今。2009 年，2700 多名员工和 240 个合伙人员为公司赢得 7.8 亿美元的总收入。该公司的业务领域，主要是消费品和零售、政府和不以营利为目的的教育/组织、金融服务、工业市场、信息技术生命科学和卫生保健等。

(三) 美国和世界

2009 年第四季度，猎头行业第一次看到了来自亚洲/太平洋/中/南美和欧洲的新增收益。2006—2007 年，亚洲/太平洋地区在全球猎头行业中最具成长性（12%），其次是欧洲（9.5%）和北美（8%）。而在中美洲和南美洲地区，跌幅达 9%。预付型猎头公司占据了北美市场的 42%、欧洲地区的 25%、亚洲/太平洋地区的 16%。几乎所有美国高管猎头公司都拥有海外办事处。例如，A.T. 科尔尼的跨国网络建立在 30 个国家的 60 多个办事处的基础之上。总部设在佛罗里达州博卡拉顿的、规模很小的柯蒂斯猎头集团，却在荷兰、巴西和东京设有办事处。

这一趋势将继续扩大全球市场和促进跨国公司继续增长。当他们这样做时,美国的猎头公司将面临巨大的竞争压力。事实上,一些美国本土以外的企业,如瑞士的亿康先达,似乎正在积极捕捉一个更大的非美国市场,如中东、南美洲、东南亚等。

第二节　猎头在中国

中国拥有五千年文明、三千年历史。现代猎头所表述的意思,可追溯到远古时代"禅让"现象。传说从黄帝开始,王位基本上不传于嫡系长子。黄帝姬姓,禅位于嬴姓少昊;少昊禅位于姬姓养子颛顼;颛顼先传位于嫡长子,后由颛顼族子喾继承;帝喾传位于帝挚;帝挚禅位于伊祁姓的尧。尧年老的时候,举行部落联盟议事会,各部落领袖都推举姚姓的舜为继承人。尧便对舜进行多年考核,并命令他摄政。舜的政绩得到各方肯定。于是,尧举行禅让仪式,在祖庙里的祖宗牌位前大力推荐舜来做自己的继承人。尧死后,舜继任,并用同样的方式选拔继承人。经过治水考验,各方意见认同姒姓的禹的表现。于是,舜举行了禅让仪式。禹继位后,先后指定了皋陶、伯益作候补继承人①。

历代帝王将相搜寻和网罗高层次人才的故事,举不胜举。如周公"一沐三握发,一饭三吐哺"、秦穆公"羊皮换将"、萧何"月下追韩信"、刘备"三顾茅庐"、曹操"唯才是举"等等。这都包含了现代猎头的原始意思。近代至今,藏传佛教转世灵童寻访现象,被视为人类历史上保留最完整、仪轨最规范、程序最严格的早期猎头范式。至于引进海外高层次人才,秦汉以降,北宋、盛唐、康乾、明末乃至民国时期,就从来没有停止过,甚至达到国际一流水平。

早在中华人民共和国成立之前,一些以共产国际派出的外籍专家和军事顾问就进入中央领导层,且一度主政。而大批干部和烈士的子女远赴苏联留学,造就了一代领导集体。即使是在观念陈旧、思想僵化的计划经济时期,中国政府仍然十分重视海外引智工作,这如同苏联在 1956 年赫鲁晓夫统治时期,仍然高瞻远瞩地兴建新西伯利亚科学城一样。大国毕竟是大国,自有风范。

中华人民共和国成立后,现代猎头可以划分为三个时期。每个时期都以典型案例为线索,进行概括和总结。

---

① http://baike.baidu.com/view/19089.htm.

一、计划经济时期

(一) 苏联专家援华①②

在新中国筹建和成立初期,大量的苏联专家进驻,有力地推动和催生了新中国的综合国力。苏联派往中国的专家,不仅是中国要求的,而且往往是临时和紧急之需。如在中华人民共和国成立之初,张家口以北地区发生鼠疫,威胁平津,毛泽东请求苏联空运疫苗和血清,并派遣防疫专家来北京。第二天,斯大林便回电答应了这一要求。1949年年底,中国人民大学开学时确定使用50名苏联教师讲课,两天后,苏联部长会议便答复立即先行派遣9名教员到人大任教。同时,还满足了另一个临时请求:向中国派遣一组海军专家,携带必要的器材,帮助打捞沉没于长江的"重庆号"战舰。1950年1月6日,苏联外长维辛斯基通知毛泽东,为排除吉林水电站的故障,已决定按中方要求在5天内派出4名苏联专家到中国。1950年2月,毛泽东和周恩来访苏时,聘请了第一批16个苏联设计组。朝鲜战争爆发后,为了建设东北部地区工业基地,中国政府又聘请了第二批3个苏联设计组。第三批随之到位。到1951年夏,苏联一共派出42个设计专家小组,其中30个安排在东北地区。又如1953年7月,中共中央党校(马列学院)扩大招生,需要增聘4位苏联教授来校讲课,苏联方面立即满足了这一要求等等。

1956年年底,在华工作的苏联专家人数达到最高峰,为3113人,其中技术专家2213人,经济顾问123人,科学和文化领域的顾问和专家403人,军事顾问和专家374人,遍布250多个政府部门和国有企业,涉及经济、国防、文化教育和科学研究领域。1946—1950年,苏联军人、苏联专家在中国履行国际主义义务期间,共有936人牺牲或因伤病而死。1960年,所有专家受命全部撤离。

(二) 邓小平"七·八谈话"③④

1983年7月8日,邓小平同志约见当时的国务院副总理万里、姚依林,国家科委主任方毅和国家计委主任宋平,作了一次题为《利用外国智

---

① http://history.chinaiiss.com/html/20081/11/ada41.html.
② 《20世纪战争中的俄罗斯/苏联阵亡军人》之《中国国内战争(1946—1950)》, Военные потери России и СССР в войнах XX века. 俄罗斯"士兵"网站。
③ 《党和国家领导人关心引进国外智力工作——纪念邓小平"七·八"谈话25周年》,《国际人才交流》, 2008年7期。
④ http://www.ciic.com.cn/.

力和扩大对外开放》的谈话。这就是中国重新开启海外引智大门的"七·八谈话"。

他指出,"要利用外国智力,请一些外国人来参加我们的重点建设以及各方面的建设。对这个问题,我们认识不足,决心不大。搞现代化建设,我们既缺少经验,又缺少知识。不要怕请外国人多花了几个钱。他们长期来也好,短期来也好,专门为一个题目来也好。请来之后,应该很好地发挥他们的作用。过去我们是宴会多,客气多,向人家请教少,让他们帮助工作少,他们是愿意帮助我们工作的。要扩大对外开放,现在开放得不够。要抓住西欧国家经济困难的时机,同他们搞技术合作,使我们的技术改造能够快一些搞上去。同东欧国家合作,也有文章可做,他们有一些技术比我们好,我们的一些东西他们也需要。中国是一个大的市场,许多国家都想同我们搞点合作,做点买卖,我们要很好利用。这是一个战略问题"。

1983年8月24日和9月3日,中共中央、国务院根据邓小平的谈话精神,相继发出《关于引进国外智力以利四化建设的决定》和《关于加强利用外资工作的指示》的通知。9月7日,中共中央决定成立中央引进国外智力领导小组,姚依林任组长。同年9月,南开大学提出了该校聘请美籍华人著名数学家、美国科学院院士陈省身的申请,成为国内第一个向中共中央引进国外智力领导小组申报的引进人才项目。1984年,陈省身正式受聘担任南开大学数学研究所所长。陈省身任职南开大学后,以自己的身份和威望,邀请世界一流学者来南开定期召开国际会议,邀请海外优秀学者来开展合作研究。当时,诺贝尔奖得主杨振宁也应邀在南开数学所开设了理论研究室,在国内外产生了广泛的影响。

1987年,国家科委和外经贸部随后批准成立了中国国际技术智力合作公司(CIIC),并在香港设置联络处,主要任务是有计划、有步骤地引进大批国外高级人才。

二、改革开放以后

1989年开始,中国政府连续3年进行治理整顿,针对通货膨胀、分配不合理等问题,全面整顿了国民经济秩序,经济体制改革初见成效。

1992年10月,党的十四大明确提出,经济体制改革的目标是建立社会主义市场经济。同年,国务院颁布《全国人才市场管理条例》,是发展和规范中国人才市场的第一部国家行政法规。

1992年6月18日,新加坡一家集团公司投资,在新中国工业"长子"、东北地区的沈阳,成立了第一家以猎头命名的"维用猎头服务部",其最初的业务是负责外资企业在当地招募公司职员。然而,它被视为中国猎头行业的萌芽。

1993年3月,北京泰来猎头咨询事务所成立,所长纪云。它是最早具备独立法人资格的猎头服务机构,也是第一家公司化的大陆猎头企业。同年8月1日,赛思管理咨询公司(现为赛思卓越企业管理顾问公司)成立,是北京市的第二家猎头公司。同年,号称"华南第一家"的天马猎头公司,也在广州挂牌。由于猎头在国内完全是开拓性的行业,且没有什么经验可以借鉴,泰来、赛思、天马公司的早期骨干,后来陆续成为许多猎头公司的创办人和中坚力量。

1994年、1995年两年,受国家整顿人才市场、人才中介行业的宏观政策影响,多数猎头公司因"乱收费"和"不退订金"而被列入重点打击范围,生意冷落、损失惨重,整个的行业发展更是一度徘徊不前。

1993—1997年,为了应对日益突出的人才流动问题,中国政府在天津、上海、沈阳、郑州、武汉、广州、西安建成七个国家级的人才市场。

1997年,亚洲金融危机爆发,并迅速波及和蔓延到全球。许多大中型跨国公司纷纷收缩业务、开始裁员。与此同时,中国政府加大治理整顿人才中介机构力度。这时,发生了英国雷文公司失手,随之撤出北京。

1999年的冬天,风靡一时的网络热在爆炒了上海和深圳股票交易所的、所有与网络沾边的上市公司股票时,也再度唤醒了低迷不前的猎头行业。200多家上海、广州的猎头公司,都不约而同地选择在2000年的第一天开业。

三、新世纪以来[1][2]

2000年以来,浩竹猎头、深圳西部猎头、武汉光辉、尤里卡猎头、展动力猎头、上海申才网、猎聘网、猎头中国、大瀚猎头、智通猎头、人行道猎头、斯科、泽恩、锐仕方达、举贤网等知名的专业公司,以及改制中的上海厂长经理人、南方人才、深圳人才、武汉人才等兼营猎头公司,如同雨后春笋,迅猛发展。猎头网、职酷网等先后获得风险投资的青睐。2005年,《人民日报》市场信息中心评出"中国十大知名猎头机构",包括德卡、锐旗。

---

[1] http://www.blrsj.gov.cn/.
[2] 丘慧慧:《"猎头"出没,请注意!》,《21世纪经济报道》,2009年8月3日。

外资收购浪潮汹涌、寒气袭人。本土猎头公司在迅猛发展的同时，旋即遭遇收购战。短短的 5 年间（2002—2006 年），从北京到上海、从上海到广州、再从广州到成都，跨国猎头公司画出一幅优雅而闪亮的"弯刀"图案。

2002 年 5 月，亚太地区最大的招聘网站——JOBSDB，在广州宣布购入中国人才热线 40% 的股权。

2002 年 10 月 8 日，号称年营业额达 6 亿美元、全球第一大猎头公司的 MRI，收购以中国为主要市场的睿特管理顾问（北京）有限公司。

2002 年 10 月初，海德思哲公司与北京恒先人力资源咨询有限责任公司成功联姻，设立了合资的北京海德思哲国际咨询有限公司，把 IT 领域、金融领域和国有制造业作为公司发展的重点。

2002 年 10 月 31 日，美国光辉国际公司与中国国际经济咨询公司（CIEC）成立合营公司——光辉国际咨询（北京）有限公司。

2002 年 12 月，欧洲猎头公司 MPS 与上海伟业人力资源开发有限公司签订了合作协议，共同开展中国的"猎头"业务。

2004 年 12 月，欧美顶级猎头公司 MPO 与成都英联管理顾问公司签订合作协议，开始进军中国西部猎头市场。

2005 年，美国最大的网络猎头公司巨兽（Monster）斥资收购中国著名招聘网站中华英才网 40% 的股份。根据当时双方达成的协议，MONSTER 将在 3 年后持有超过 51% 的股份，成为实际上的控股股东。

到 2005 年年底，日本、英国、荷兰、澳大利亚猎头公司先后收购中国人才热线 40%、51job 公司 15%、上海人才 47%、智联招聘公司 25% 的股权。

2006 年，中国本土猎头公司约 3000 家。到 2010 年，在华的专营猎头公司超过 7000 家（一说 9000 家），其中中外合资和外资公司约 300 家。

2001 年 12 月 1 日起，《中外合资中外合作职业介绍机构设立管理暂行规定》正式实施，意味着中国内地人力资源市场谨慎开放。2002—2006 年，中国人才热线、睿特管理顾问、中华英才网、前程无忧（51job）、上海人才、智联招聘相继被外资收购。2008 年，排名世界猎头前十强的光辉国际、海德思哲、史宾沙、亿康先达等成功落户中国内地，办事处近 20 个。向来雷厉风行、做事彻底的光辉国际，索性把亚太总部从香港迁到上海。

中国猎头市场较量日益激烈。2012 年年初，中外猎头公司进入市场竞争的胶着状态，呈现"两类三层"局面。即在公司类别上，划分本土和外资两类；在市场运营上，开始区分高端、中端和低端三个层面。外资公司牢牢控制高端市场，特别是世界500强企业和跨国公司的中高层外部招聘。2011年3月，中国国际人才交流协会对北京、上海、广州的知名猎头机构进行调研，竟然发现没有一个本土公司完成海外订单。2012年年底，几家著名的国际猎头公司指示上海、广州的分公司，一单的猎头佣金可以下降到8%，而不是先前固守的20%。这标志着国际猎头开始围剿本土猎头行业，争夺中端人力资源市场；而此之前，网络招聘、人才派遣市场，几乎都被外资渗透。

本土猎头行业面临突破。2007年以来，一些规模较大的本土公司开始在中低端市场扎根，积极开拓专业化的高端市场，努力吸引风险投资，并开始谋求上市之路。最突出的问题仍然集中于产业政策模糊、协会管理不力和缺乏国际竞争力三个领域。其中，本土公司国际化仍然十分突出而迫切，这是必须通过市场解决的。2004年，国际猎头协会（AESC）成立亚洲/泛太平洋理事会，几无建树。这也说明本土的猎头行业协会、研究机构等非营利猎头组织力量单薄，还没有起到国内认可、国际对接的作用。

伴随人力资源市场的日益国际化，国际猎头开始倾向于独资开办新网点。这意味着"洋猎头"仍然存在水土不服问题。尽管国际猎头占据了中国内地市场的绝大多数份额，本土化、网络化、人际关系化和垂直化的中小型猎头公司，仍然忙得不亦乐乎。也就是说，本土公司仍然有广阔的运营空间。

从产业政策来说，应将预付型猎头公司从人才中介脱离出来，减免税收、刺激发展。同时，适当刺激规模经济和集团形式。如按猎头公司和企业数量1∶200的国际惯例，中国猎头公司市场容量至少5万家，而2015年最多只有7000家专业猎头公司。即便如此，总体上以刺激鼓励政策为主，结构上仍然要确保优质高效方向。

在行业管理上，可以试点区域性的行业协会、产业协会，组建相对宽松的全国性猎头联盟。主要目的是融合资源平台、形成本土企业的市场竞争力和渗透国际猎头市场。与此同时，应当预防可能出现的非自然垄断，并有效控制整个行业的市场成本和消费价格。

在公司治理上，中国猎头的第一代创始人应当从经营决策角色果断退入二线，安心去当股东。本土猎头迫切需要出现并形成一个更有冲击力、素质更高的猎头公司职业经营管理层群体。

在经营策略上，本土猎头公司上市乃大势所趋。借助地方政府、行业协会和风险投资,积极推动大中型猎头公司进一步的联营、联合和资产重组,是市场经济规律的必然体现。利用现有的多元化证券市场,进行资产重组乃至收购壳资源也并非天方夜谭。

在人员素质方面,语言取代技能而成为突出问题。21世纪以来,全球猎头行业的技术水平差距并不大。印度之所以能够迅速对接国际猎头,一个重要的前提就是彼此没有语言阻碍。当前的一些专业猎头公司大量采取"低学历、低素质、低工资"对策,无疑把本来高端的猎头变成了"猎腰"和"猎脚"。

创新是唯一出路。欧美发达国家80多年的成功表明,有效的战术创新往往能够促进行业的内部变革和自我驱动。与中国猎头在20世纪90年代初几乎起步的一些发展中国家的猎头行业,却渐成气候,且具有相当的市场规模和国际影响力。重要原因之一,就是他们能够审时度势、因地制宜地提供猎头服务的新产品,如印度对澳大利亚电信的"一锅端"、巴西在体育领域的"足球明星经纪"等。

紧紧贴近客户需求,以管理咨询的思维搜寻外部人才、培训内部潜力,帮助客户建立攻防兼备的猎头和反猎头机制,似乎更会受到欢迎。而通过联营、联盟和联手,积极利用和消化国际猎头惯例,形成利国利民、产业特色鲜明的新道路,应当是未来健康发展的不二法门。[①]

第三节 发达国家的产业规制

世界各国对猎头产业都有不同程度的规制。主要目标就是促进市场机制的发育,消除产业的发展瓶颈,引导产业结构的合理化与高度化,提升产业营利能力和核心竞争力,实现社会资源的有效配置,确保国家人才战略安全。根据产业规制的框架和路径,划分成三种基本类型:市场经济主导型、市场和政府主导型、政府主导型。

一、市场主导型:以美国、英国为例

在实行市场经济的欧美发达国家,市场主导型的产业规制较为普遍。以美国、英国最为典型。

(一) 美国

美国实行市场经济。但是,这并不意味着放任自流。政府通过多种途

---

① 宋斌:《中国猎头何去何从》,《国际人才交流》,2012年第11期。

径制导和规制着猎头产业的发展、壮大和扩张，使得美国成为独一无二的全天候"人才收割机"。

1. 长期的移民政策，提供了猎头发展的政策基础

中华人民共和国成立以来，美国一直高度重视人才战略，将人才引进工作列为联邦政府的重要职能。"二战"以后，美国通过立法，实施向智能型移民倾斜的移民政策。1965年通过的移民法修正案，专门留出29000个名额给予来自任何国家的高级专业人才。法律同时规定，凡是著名学者、高层次人才和具有某种专长的科技人员，不考虑国籍、资历和年龄，一律优先入境。在该方案实施的第一年，就有12500多名外国科学家和工程师移民美国。

1990年11月，新移民法规定："在职业移民的对象中，第一优先者为具有特优、特殊或特异技能的外国人、著名教授或杰出研究人员、跨国企业的经理或管理级人员；第二优先者为具有高学位、特殊专长且其专长能为美国带来实质利益的专业人士，或在科技、艺术、商业等方面有出众的特殊能力的人；第三优先者为具有两年以上职业训练或两年工作经验的技术劳工、初级专业人员、非技术劳工。"这让美国降低普通移民的比例，进一步向智能型移民倾斜，使得那些受过良好教育的智能型移民的比例有较大幅度上升，由过去每年接纳5.4万人增至14万人，增加了8.6万人。其中，教授、研究员和跨国公司经理4万人，高学位专业人员和有特殊技能者4万人。

针对世界著名的运动员、艺术家和科学家，美国特设了有效期很长的O签证和P签证。2001—2003年，为了应对日益增长的短期人才短缺，临时性职业工作签证（H-1B）的发放数量从11万张提高到20万张；2005—2008年，又从407418张提高到461730张。2011年11月，为了保证对高科技人才的需求，美国众议院通过吸引高学历移民的法案，旨在2015年完全取消职业移民的国家配额上限，希望大量吸纳来自中国和印度的高技术人才。①

2. 人力政策法案持续更新，提供了猎头发展的市场温室

从20世纪60年代起，历届的肯尼迪、约翰逊、尼克松和卡特政府，都十分重视本国的人力资源培训。70年代中期，美国经济出现滞胀，联邦政府加速推进就业培训计划，先后颁布4个影响深远的政策法案：

a. 1962年3月，肯尼迪总统签署国会通过的《人力发展和训练法

---

① Howard Muson, Clearing Paths for Critical Foreign Talent to Work in the United States, 2009.

案》，授权劳工部、卫生部、教育和福利部在财政上支持并促进职业培训计划，提高失业人员和就业不足劳动力的技术培训。1963年8月，国会通过HR4955号法令。10月，参议院还通过职业教育和工作培训计划，在1964—1968财政年度拨款8.06亿美元，其后的每年则为2.25亿美元，目的就是扩展职业教育；1965—1968年，增加1.5亿美元对于紧缺行业的职业教育拨款。

b. 1964年8月，约翰逊总统签署《经济机会法》。1964—1965年，在青年职业培训和再培训计划实施过程中，国会建议建立18个妇女职业队，交由著名的私人企业负责管理。第一年计划有4万人参加，第二年增加到10万人，受训人员按50美元/月的标准进行补贴。1967年，受训人数达到3.1万人。职业队实施营地管理，每个营地100～250人，培训时间通常为9个月。其后，又根据国会的修正案建立18个妇女营地。参加者除了接受基础教育训练外，还进行有关家庭经济和良好妇女形象的教育。通用电力、国际商用机器、威斯汀豪斯、美国无线电等著名企业获得承包经营权。企业界还参与制订了多个工作机会计划，帮助不满22岁或超过45岁的失业及半失业者获得新的就业机会，政府按照2900美元/人的标准进行补贴私人企业。为此，联邦政府在1963—1973年耗资7.6亿美元，却让36.5万人解决了长期失业问题。

c. 1973年，尼克松总统签署《就业和人力培训综合法》。其中，综合法案包括：一是合并以前的分类拨款为整笔提供。规定每一个拥有10万人口的城市或县政府要按失业率、贫困率等标准提出由联邦指导的计划，经劳工部批准，资金用于生活最困难的失业者和贫困者。二是向印第安人、农业季节工人、犯罪者、退伍军人以及英语会话能力有限者等特殊困难群体，优先提供公共服务拨款。1974年，针对高居不下的失业问题，综合就业与培训法案中增加了第6条款，专门拨款25亿美元扩大公共服务工作。

1976年，福特总统和国会扩大了公共服务就业计划的内容，大量增加工作机会，规定替代和帮助低收入者工作的限制性条款，要求参加的受益人只能是失业时间超过15周以上的低收入者。

d. 1978年，卡特总统向国会提交了扩大和修改综合就业与培训法案的建议法案，该法案以应对少数族裔，尤其是年轻的黑人结构性失业为重点。第95届国会通过《扩大工作培训和公共服务就业计划》，帮助福利受益者掌握技术，尽早摆脱领取公共救济金的状况。[①]

[①] 黄安年：《本世纪中叶美国政府就业培训法案内容及相关政策》，《九江师专学报》，1998年第3期。

美国的人力政策抓住了劳动力在动态经济中配置的两个重要环节：一是青年劳动力由受教育到做工作的转变，二是在劳动力从事旧职业到新工作的转变过程中，提高劳动者的就业能力。这两种转变弥补了就业政策的结构性缺陷，减轻了劳动力市场上的失业压力，缓解了劳动力资源配置的失调和利用不足。

在人力政策法案实施的过程中，联邦政府充分利用市场力量，大量补贴私营企业，保证了人力资源在工资雇佣、安全培训以及正常流动中的合法利益。但是，许多企业无法完成繁重的培训任务，转而寻求人力资源外包服务。这在客观就加速了猎头行业的高速增长。许多猎头公司从单一招聘转型为能够提供人力资源外包、全程承包和整体人力资源解决方案的管理咨询公司。如麦肯锡公司，适时提出"管理工程师"概念而名声大振，最终成为全球性的管理咨询集团。

3. 人才流动率高，服务机构齐全，孕育猎头的发展基础

美国是人才资源最为丰富，也是人才流动性最大的国家。人才的高流动性既满足了经济社会持续、快速和健康的发展客观需要，又适应了人才成长与发展的内在规律。1997年，经济合作与发展组织织（OECD）研究指出，在美、英、德、日等发达资本主义国家中，日本的工作任期最长，平均值达到11.3年；美国的工作任期最短，平均值只有7.4年。人事契约制度、社会保障制度、社会安全号和人才产权制度，全面保证了高层人才流动的自由性和合法化。

政府兴办的人才服务机构负责储存各种人才信息，汇集需求方的情况资料，形成人才供需的信息网络，提供就业培训服务，使得求职者能够适应新的岗位要求。营利型机构安排专人，记录各种人才特长、成果、著作、发明、求职的希望和要求，需求单位的条件及待遇等，积极与需求部位进行匹配，并从中获利。2000年，美国的人才机构接受1500万人次的人才流动申请，成功匹配近4万个工作岗位。2001年，政府针对大量闲置的高层次人才，仿效日本兴办人才租赁（派遣）行业，促成70多万人次的临时雇佣，年度营业额超过100亿美元。

4. 优先发展预付型猎头，鼓励跨国猎头

美国将人才中介机构划分为兼营和预付型猎头公司两类。前者大都是提供非营利性组织服务的社会公益性单位，如科研机构、大学、基金会等；后者则是专业的营利性公司，主要帮助各类企业招聘引进较高层次人才。其中，预付型猎头公司的税赋很低（通常为4%），一些地方州直接将跨国猎头公司列为免税的高新技术企业。20世纪70年代初期，美国政

府规定，管理咨询费用（猎头费用）计入企业成本，从而推动了企业广泛使用猎头的新局面，加速了人才资源的市场化进程。

为了应对全球激烈的人才争夺战，美国企业提出"人才本土化战略"，即在他国设立研发机构，就地招聘他国人才。杜邦、摩托罗拉、朗讯等跨国公司纷纷将研发机构迁移劳动力成本低廉的发展中国家，以多出几倍的高薪或者诱人的股票期权与本土企业争夺优质人才。这也为猎头公司国际化提供了先天条件。

5. 充分发挥行业协会和智库的功效

政府通过多个协会管理猎头产业。美国主管招募顾问协会（AERC）、国际人力资源管理协会（IPMA-HR）、人力资源管理协会（SHRM）和人力资源认证学会（HRCI），共同指导猎头行业的健康发展。而对于具有国防智库、海外猎头功能、党派俱乐部色彩的兰德公司（RND）、布鲁金斯学会（BI）、企业研究所（AEI）、美国国家经济研究局（NBER）、福特基金会、洛克菲勒基金会等，放松管制、任其自由发展。[①]

综上所述，以美国为代表的市场运营型政府规制模式，有着非常扎实的"基础"，包括：持续而明确的移民政策、完备齐全的法律制度、广泛健全的政府服务体系、充分的人才自由与流动、相对自由的市场竞争、良好的失业保护与再培训机制、数量众多的非营利组织等。这等于政府免费提供了一个管理规范生机盎然的超大型猎头市场。本来就有起步优势的美国猎头行业，得以自由发展、迅猛成长，遥遥领先于其他国家。

（二）英国

英国与美国类似。猎头产业遵从市场规律，自由发展。1993年，全英只有706家登记在册的猎头公司；2012年，全国将近有70000家猎头公司，仅在伦敦及其周边城市，就已经超过15000家。

1. 产业起步早，发展快

20世纪30年代，英国就出现一批本土的猎头公司。60年代中期，伴随美国猎头登陆英国，猎头行业成长迅速。1990年，政府公布公共医疗和社区关怀法，就明确规定，中央政府拨付的特殊款项的85%必须以竞争招标的方式，向私营或非政府组织购买。这刺激了人力资源市场的发展。1993年，全国已有706家登记在册的猎头公司。1997年，雷文猎头公司捷足先登，抢先进入北京设立政策边缘的办事处，在挖取一家国有企业的高管失手后退出。尽管如此，英国猎头转移到香港地区，静等中国内地开

---

① http://www.nber.org/.

放,遂如其愿。2009 财年,瀚纳仕公司总收入名列"招聘/猎头类"世界第一。2010 年,5 家英国猎头公司进入全球猎头公司 50 强。

2. 政府引导行业治理

英国猎头创新"私人顾问",对候选人进行贴身服务,提供岗位培训、职业规划和心理辅导等。但是,这也让高层次人才对猎头公司产生依赖,成为顾问和雇主讨价还价的筹码。2002 年 9 月,Campaign 广告杂志指出,英国猎头公司存在收费过高、匹配职位数量不足等严重问题。为此,政府倡议所有的猎头公司参与"近期行动计划"。英国 Stolkin & Partners 猎头公司响应号召,带头取消通常为年薪 20% 的首期佣金,不再"一份简历、多家投送",提供更加忠实而公正的市场服务。

政府随即出台诚意代码制度。这是仿效美国大型猎头公司的做法,目的是避免猎头所推荐的候选人在入职后的 6 个月以内离开。因为,英国猎头公司在候选人到位后的 3 个月左右,就拿到了全部的佣金。新制度规定,如果猎头公司推荐的候选人在委托方那工作满半年,将得到一个诚意代码;如果满了一年,该猎头公司在得到两个诚意代码,并被政府判定为合格企业。这就是著名的"12 个月规则"。所有的猎头公司被要求签署声明,接受诚意代码管理规则。一些公司开始抵制。然而,"近期行动计划"总干事麦普林格尔严厉指出,"我们这样做,是因为(英国的)高层次人才市场已经被猎头公司控制了。对于那些已经接收规则的猎头公司,委托方完全可以放心地花费大笔的猎头费。这是值得鼓励和欢迎的。"不久,许多公司都参与了"近期行动计划";一些小型公司依然我行我素,却已经无碍大局。①

3. 倡导泛欧洲的"禁猎区"

英国猎头协会提议,欧洲的猎头公司不能随便挖取同行们推荐给委托方的、工作未满两年的候选人,改良猎头公司之间的合作关系,不要对其他行业造成损害,共建猎头行业的"禁猎区"。但是,这样将迫使所有的欧洲猎头公司只能把候选人更多地锁定在其他大洲,无疑大大地增加了运营成本。提议由于触动了既得利益,只能无疾而终。

综上所述,向来跟随美国,崇尚绅士风度、性情沉默寡言的英国猎头并非不思进取。他们借鉴日本、德国的经验,立足国情、深刻反思,大胆创新并采取后起竞争策略,在单项指标上超越了美国和瑞士。在发达国家

---

① Campaign, IPA considers fresh regulation to govern headhunting abuse. Campaign, 27 September 2002. http://www.campaignlive.co.uk/news/159170/.

群体中，英国、德国、日本的高层次人才，特别是金领阶层的流动率相当低，被称之为"三国内向"现象。20世纪80年代，日本创新"人才派遣"制度，实行了政府主导的高层次人才的自由流动。德国随之仿效，大力引进国际猎头参与。英国猎头行业利用先天独厚的"美国的欧洲桥头堡"条件，采用高端人才派遣方式，一举变成了高层次人才的集散地和输出国，给欧洲猎头市场带来新的生机和活力。

二、市场和政府主导型：以法国、德国为例

法国和德国也实行市场经济。法国偏重于借助国际猎头协会的影响，通过提升行业管理水平，规范猎头市场。德国的市场体制比较完备，且高层次人才流动率低，政府更加重视国际猎头和本土的非营利组织的作用。

（一）法国

与美国、英国相比，法国猎头相对开放而自由。一方面，政府通过法律法规进行制约，以企业化标准约束猎头公司的经营行为和方式，促使猎头公司合法经营、合法营利；另一方面，行业协会负责指导和协调，规范和支配市场行为，杜绝恶性竞争，促进猎头市场健康发展。

1. 从性质看，猎头公司都是私企，且市场准入的门槛比较低

猎头公司都是私营的企业，申办的手续和程序比较简单。根据法国公司法向商业法庭递交申请，商业法庭批准一个公司的工商登记号，经过公示后，就可以开张营业。对组成人员没有执业资格要求，也没有另外的行业特殊要求。即使是外国人到法国成立猎头公司，和本国人一样对待。只要符合公司法，一视同仁，不附加任何条件。

2. 从政府与猎头公司的关系看，政府不直接管理猎头公司

法国政府充分考虑到，如果大型猎头公司的市场垄断度过高，中小企业将无法通过商业网络平台接收委托方订单。因此，只有建设非营利机构网络平台，冲减垄断，增加中小型猎头公司的业务量，从而解决行业运作成本过高的问题。猎头协会采取协同和分级经营的方式，促成大型公司将部分业务转交给小型公司完成，借以分享行业利润，拉平行业收入差距，提高平均利润率。

法国劳动部、劳动就业署和猎头公司之间没有领导与被领导关系。政府行政部门和人才中介机构之间的工作界限清晰、分工明确。政府和人事部门对猎头公司不领导、不指导、不管理。双方从不同的角度为企业和人才招聘、就业服务。猎头公司主要是面向企业，根据企业需求引进人才，

为企业和人才之间牵线搭桥。但是,政府行政部门对其运作过程和结果既不管理,也不监督。

3. 从行业协会与猎头公司关系看,行业协会对猎头公司约束有限

主要是在业务上进行指导;当猎头公司有纠纷和矛盾时,就进行协调;当猎头公司的合法权益受到侵犯时出面维护。猎头公司成立非常容易,但要加入行业协会却很难。要加入国际猎头协会必须是成立两年以上的猎头公司,同时要具备必要的办公场所、雇员数量、年收入等入会的标准,并经考核合格。2009年,700多家总部设在法国巴黎的猎头公司,加入协会的仅160家。AESC是无形资产,更是品牌效应。非AESC协会成员单位和用人单位发生纠纷时,也会参照AESC标准予以解决。

4. 从猎头公司的运行情况看,主要是依靠法律法规进行监管和规范

法律法规而不是政府行政部门对猎头公司进行监管。猎头公司的成立依据是法国公司法;协会成立的依据是协会法;协会内部的自律由协会章程规范;工作绩效有专门的评估中介机构鉴定;财务情况由审计法院审计;发生争议先由行业协会协调解决,协调不果的,上交商业法庭或行政法庭仲裁。政府如果接到举报或者在例行检查中,发现猎头公司有不良行为或者弄虚作假,将依据法律法规予以处理,同时记录在案,不再给予优惠政策。

1980—1991年,法国的猎头顾问们平均每年完成7万张订单,包揽了所有的顶级猎头项目,80%的高层次人才流动是依靠猎头完成;同期的英国,则是70%。1990年10月,欧洲猎头协会(CEESA)邀请德国、意大利、瑞典和英国的理事共同参与决策。猎头公司收费标准是候选人入职的第一年年薪的25%~35%。收费方式按照预收订金、中期付款和候选人入职后"三个三分之一"收取。猎头顾问收入比英国同行们多出40%,相当于其他类似行业的两倍多。2010年的AESC调查表明,45%的高层次人才愿意通过猎头寻找新工作,同期的英国还不足31%。这基本证明法国猎头已经深入人心。①②③

---

① L. Christine Britton, Derrick F. Ball. Executive Search and Selection Consultancies in France. European Business Review, Vol. 94 Iss: 1, pp. 24 – 29, 1994.

② Le chasseur de têtes: un véritable professionnel, Par Jean-Marc Léveillé, CRIA, Président, Dotemtex, Recherche de cadres inc. http: //www. portailrh. org/effectif/fichedemo. aspx? p =241759.

③ Boyden analyse le marché de la chasse de tête des cadres dirigeants, juillet 9, 2010 par stephan1104. http: //www. indicerh. net/? q = content/boyden – analyse – le – march% C3% A9 – de – la – chasse – de – t% C3% AAte – des – cadres – dirigeants.

综上所述，法国政府一点也不笨，并不盲从美国。在沿用美国、英国的通行猎头管理体例时，更加注重自身的特色，并与之顺利接轨，实现国际化、协会化和行业的融合自治。其实，法国政府采取"优秀者优先、低劣者淘汰"的原则，抓住了猎头公司的命脉，还有声誉的话语权。也就是说，政府最终决定政府订单采购权的取向。猎头公司如果想得到政府的赏识，就得按政府的规矩办事；否则只能安于现状。号称拥有世界最开放、最透明、最直接的法国记者们，让政府减少了事必躬亲的许多麻烦。

（二）德国

德国政府在完备和完善就业市场、保障体系、配套措施的前提下，放手让猎头公司、非营利猎头组织自由发展，有效激活高层次人才市场。

1. 政府非常重视就业

2003—2005年期间，执政党和在野党都提出了就业改革方案，目的是整治居高不下的失业率。2002年2月，政府成立"劳动力市场现代化服务"委员会制定政策，即"哈茨方案"（The Hartz Concept）。

2002年11月，《哈茨1》于联邦内阁和联邦参议院讨论通过后，于次年元旦生效。其核心思想有两点：①创造良好的外部环境，以提供更加快速有效的劳动中介服务，让所有的雇主和雇工得到更好的信息服务；为此要改进劳动中介人员的工作水平和工作质量，将劳动力市场上的需求和供给尽可能快地连接起来，通过高效的中介服务将能够大大减轻社会福利的负担。②为就业建立更多的渠道并开辟新的就业领域，为那些长期失业者创造更多的临时工的机会，并为那些自谋职业者创造更好的外部环境；同时严厉打击黑工，并创造家政服务方面的就业机会。为贯彻《哈茨1》的核心思想，政府采取了以下具体步骤：①健全职业中心制度。②提高中介速度。③完善继续教育服务。④继续为老年人就业创造良好的条件。⑤建立人事服务代办处（PSA）。⑥鼓励个人创业。

2004年1月，《哈茨3》在通过联邦参议院的讨论后生效，其中心是改革和改组联邦劳动部门，为就业者创造运转良好高效的行政机构，主要措施包括：①联邦劳工署（Bundesanstalt für Arbeit）改造成高效的、顾客至上的服务性机构；②简化失业保险操作程序；③减少劳动力市场政策工具上的投入；④继续发展劳动力市场政策中的积极因素；⑤继续完善老年人的就业保障并为年轻人创造就业机会。2005年1月，《哈茨4》颁布实施。它对就业政策进行了比较大的改革和调整，主要包括：将国家投入和个人创造性重新结合；将用于社会福利的款项用于更需要救助的人，同时争取达到更好的效果；促使人们都自食其力。政府强调，重点要素分别为：自身努力、改善服务、国家促进和资金资助。其中规定：国家促进指对于那些受限于自身能力、技术水平等问题而找不到工作的人国家将提供必要的教育、培训及其他措施，以使其能够胜任工作；除此之外，联邦劳工署的工作人员还提供有关咨询服务和帮助；将过去的失业救济金和社会救济金合并在一起，成为调整救济金（Re-gelleistung），并且按照东部和西部不同的生活水平确定金额和底线；等等。①

2. 德国政府公共服务齐全

政府在人才中介市场投入巨额资金，提供免费的简历登记、招聘信息查询和对接服务平台，还提供上门的就业指导，大大方便了各种毕业生和失业者就业。如在1998年，德国联邦人才调配中心就有来自15个国家的45名外籍雇员，每人都至少精通3种语言，目的是消除与世界主要国家的高层次人才的语言交流障碍。中心还将退休或者过剩的工程技术人员、医生向邻国输送，缓解国内的就业压力，也提升了本国技术的国际化。2011年6月，领取失业福利的制造行业的员工比例，从上一年的11%猛然下降到2%，领取临时就业补贴的比例达到7%，远远高于其他行业的平均水平，却比上一年大幅下降了24%。②

3. 政府对猎头行业实行放松规制

德国政府认为，猎头行业并不是所有的企业都可以消费的；只要双方达成协议，猎头公司就可以合法地收取高额佣金。如在1998年6月，对于市场需求旺盛的中国厨师，政府甚至向猎头公司发放补贴，目的是让顾问们尽快完成堆积如山的猎头订单。2004年，政府又敦促德国管理咨询公司联邦协会（BDU），希望猎头公司关注年龄在35～44岁的求职者，给予可能而必要的帮助。对于一些不适合实际国情的行业惯例和做法，政府则毫不手软。如在2002年，政府对新出现的"简历买卖"行为进行法规层面的干预，要求猎头公司对于候选人的资料必须严格保密；如果发现猎头公司买卖简历或者故意泄密，将予以重罚。③

总部设在瑞士苏黎世的亿康先达咨询公司德国分公司，是德国最大的猎头公司。2011年，总部年销售额超过58500万欧元，德国分公司约为7430万欧元。英特杰（Odgers Berndtson）是本土猎头公司，销售额位于全德第二。

---

① 宋斌、张君艳：《出手不凡的德国政府猎头》，《国际人才交流》，2012年第12期。
② Bundesagentur für Arbeit. Der Arbeitsmarkt in Deutschland，Januar 2012.
③ http://www.huntingheads.de/.

SAP 公司成立于 1972 年，总部设在巴登－符腾堡州的沃尔多夫，是全球最大的企业管理和协同化商务解决方案供应商、全球第三大独立软件供应商。2012 年，120 多个国家的超过 75000 家的企业用户运行 SAP 软件。80% 以上的财富 500 强从 SAP 的管理方案中获益。SAP 在全球 50 多个国家拥有分支机构，并在法兰克福和纽约证券交易所上市。20 世纪 80 年代，SAP 进入中国，并取得了成功经验。[1][2][3]

《2007 年德国猎头报告》指出，前 20 强猎头公司的营业额就高达 3.24 亿万欧元，比 2006 年上升 16%。亿康先达的德国分公司总收入高达 5800 万欧元，比上年增长了 16.5%，创下了猎头王国的历史新纪录。营业额排名紧接其后的是美国的罗盛咨询德国分公司（3220 万欧元）、美国的海德思哲德国分公司（2800 万欧元）。Heads 的慕尼黑公司营业增长率，也高达 55%。Transearch 的斯图加特公司的营业额增长 47%。这是因为猎头和委托方行业都处于业绩增长期。[4]

在高质量人才频繁流动的背景下，德国猎头行业的增长既受惠于经济景气，又源于世界化和日趋激烈的国际竞争。2007 年，银行和保险公司是最佳委托方。根据《咨询之星》的统计，财务咨询服务领域的营业额占市场总额的 15%～20%。一些超过平均佣金水平的猎头订单，来自 IT、电子等专业服务领域，紧随其后的是投资咨询，以及日趋活跃的法律咨询行业。[5]

4. 政府高度重视非营利组织的特殊作用

在欧洲，德国的非营利组织大约有 50 万个。分为互益性和公益性两大类。公益性组织的主体是社会福利服务，主要类型是社会服务、卫生保健和教育事业。这源于政府对社会福利服务采取直接补贴和社会保险的社会公共政策。德国的社会福利服务是高度专业化的组织，从资金来源上看，呈现出"准政府"性质，类似于中国内地的事业单位或民办非企业单位。

非营利组织登记手续比较简单。只要达到基本条件，即可获得法律登

---

[1] http://www.egonzehnder.com/.
[2] http://www.odgersberndtson.de/.
[3] http://www.sap.com/.
[4] Bundesagentur für Arbeit. Sozialversicherungspflichtige Beschäftigung und Erwerbstätigkeit Entwicklung und Struktur 2000 bis 2007.
[5] Personalberatung: Führende deutsche Headhunter legen zweistellig beim Umsatz zu. Consulting Star. Feb 25, 2008. http://www.openpr.de/.

记。政府在审查时,特别强调公益性组织解散后的财产去向,要求在章程中明确规定收缴政府,或者转移给同类非营利组织。

各级政府每年都有许多资金用于社会福利项目。但是,这些项目不是政府亲自去做,而是采取招标的方式,让非营利组织去实施。如黑森州朗根市政府每年财政有4700万~4800万欧元,其中,用于社会福利服务的资金大约有200万欧元,约占财政总资金的4.3%,基本上都安排给非营利组织。后者要想获得政府的项目资金,就得递交详细的项目申请书和实施计划。政府在审查时,主要评审非营利组织的目的、能力以及项目设计实施的合理性,最后由市议会来决定。同时,非营利组织可享受比较广泛的税收优惠,可以接受社会捐款。公司和个人向公益性机构捐款,可以从所得税中扣除。

综上所述,德国人认真、自律,且趋于保守。政府以前也是抵制猎头的,甚至一度宣布猎头这样的行业,是不受欢迎的。况且,高级职业经理人也以和猎头打交道,担心被人夜语。但是,高端人才的持续流失,使得政府开始从保守的移民政策,逐渐进行战略调整的严谨姿态,对于新兴的猎头产业采取中性的观察立场。猎头行业自由发展、管理宽松,国际化程度也很高。大量的非营利组织提供免费和低价猎头服务。在牢牢地掌握人才市场主动权的前提下,德国政府后劲十足、游刃有余。

三、政府主导型:以日本、韩国为例

在发展中国家,政府主导型产业规制最为常见。日本、韩国的猎头产业在对欧美发达国家的政策和措施进行翻新时,也体现了因地制宜的国情思维和国际化的自身特色。

(一) 日本

在亚洲各国,日本政府是最早认知现代猎头,并积极干预的国家。当时的政府认为,如果要发展民族猎头,和美国猎头抗衡,获胜的概率是很小的。但是,美国也有弱点。这就是政府的政策不能及时到达市场经济条件下的猎头市场,也就是所谓的"失灵"。在这种情形下,日本必须利用政府的力量,而不能指望新生的猎头行业。政府首先选择了大型企业,却惨遭失败;尔后,政府实施保护性的产业政策,并利用独特的优势,最终赢得了胜利。这种做法也被许多亚洲国家所仿效和提升。

日本政府打的是组合拳。简单说,主要从5个层面进行规制,其中包括:

1. 规范人才介绍业

日本政府认为，这是猎头行业生存的根本所在，也是刺激猎头公司的要点所在。

从类型来看，日本人才介绍行业可分为三个类型：①以年轻者、骨干层为核心，基于用人单位和求职者各自的委托来介绍的一般登录注册型；②以上级管理职务和上级专门、技术职务为中心，基于用人单位的委托，以求职者为对象进行最合适的人才搜索型；③向企业介绍高级经营管理人员，并收取佣金，中高年人为中心，对人员削减、雇用调整的对象者，支援再就业的职业介绍型。再就业支援型，对个人简历的制作，面试技巧，用人企业的挑选等，以再就业支援事业的方式来进行。因为就业活动是个人自主的行为，所以，政府规定不适用于人才介绍行业。[①]

从业界的内容来看，登录注册型占 67.1%，猎头公司占 21.3%，还有劳动者派遣、业务外包、人事咨询等兼营机构。日本劳动研究机构（JIL）"人才介绍事业"和中高年白领调查表明，1996 年的人才介绍业事务所数量为 300 个左右，1997 年的劳动省修改令生效后，数量迅速上升到 1999 年的 947 个，2000 年 12 月介绍预订派遣领域解禁，人才派遣公司数量激增到 2001 年的 2741 个。

从资本系列来看，可分为独立系和系列系。其中，系列系的母公司业种有制造业、商社、服务业等。5 人以下的事务所占业界总数的 80%。90% 的事务所按照入职者年收入的一定比例收取，其中，辅助指导公司是 16.6%，人才介绍机构是 23.8%，猎头公司高达 29.4%。

2. 兴建人才银行

20 世纪 60 年代，一批退休专业技术人员发起成立了老年人技术协会，自发组成某一行业的研究组织并推广研究成果。这些人先前在行政单位、高科技行业就职，视野宽阔、经验丰富，熟悉业务秘密和市场需求，具有一定的专业技能，收费也不高。因此，他们备受企业欢迎。

一些财团见此良机，遂发动成立"人才银行"，把各种具有专长的人才的资料，包括个人履历、专长、志愿等信息登记起来。委托方需要用人的时候，银行便为其介绍候选人；如录用，则付给银行少量的介绍费。这么一来，也使许多退休的高层次人才再度发挥威力。几经发展，人才银行也吸引了很多愿意兼职工作的在职在岗人员的参加，影响很大。这种民间自发成立的人才银行，很快得到政府的政策支持，得以迅速扩张。

---

① 神林龙. なぜ職業紹介は国が行うのか. 日本労働研究雑誌.

1977—2000 年，日本人才银行从 20 所起步，累计增加到 1000 家。平成 19 年度、20 年度（2007 年、2008 年）的人才银行统计来看，在就业率、满足率、固定就业率、使用者的满意度、对人才银行服务的整体满意度等指标，国家性质的人才银行都超过了民营企业。2012 年，厚生劳动省人才银行成立已经设立东京、名古屋、京都、大阪等 6 个分支机构（如图 6-1 所示）①②。

图 6-1

3. 大力发展人才派遣业

日本猎头公司多以人才派遣公司的名义存在，而且数量非常大。主要从事两种业务：一是面向个人提供就业单位的信息；二是面向企业提供搜寻服务。前者类似于职业介绍所，后者就是常见的猎头公司。

1985 年，日本政府颁布《人才派遣法》，以明确的法律形式，规范了以商业方式对特殊项目进行专业技术人员配置的人才市场运营机制，保证人才派遣业商业运营的健康发展。还修订了《职业安定法》，增加了有关"人才派遣业"的条款，从而把新型的人才派遣行业的市场运营机制纳入了日本法律统一规定的、人才综合运营体系之中，并把其置于人才市场主管部门的指导、监督的管理之下。1986 年，《劳动者派遣法》施行，只有专业性高的 16 种业务解禁；1996 年，《改正劳动者派遣法》施行，扩大到 26 种业务，增加了规划、立案、旅游向导等业种；2000 年 12 月，介绍预订派遣领域解禁，人才派遣公司数量激增到 2001 年的 2741 个；2004 年，《改正劳动者派遣法》施行，26 种无期限业务涉及软件开发、机械设

---

① 厚生労働省人才银行网站：http://www.mhlw.go.jp/.
② 东京人才银行网站：http://www.tokyo-jingin.go.jp/.

计、秘书、财务处理、旅游向导、咨询、研究开发、广告设计、室内装潢设计等；其他的为 3 年。①

日本人才派遣公司包括三类：①拥有各种专业技术人才的人才派遣公司；②拥有高度的信息技术知识与经验的情报技术人员的"技术者供给企业"；③专门的劳动者派遣企业。对于经常性的特殊项目人才派遣项目，实行商业化的市场配置机制。一方面，满足了知识型企业对特殊项目工作者的需求，避免了因中途录用与挖人所带来的企业间的纠纷，同时也免除了因年轻人跳槽所导致的企业教育成本的流失而增加经营成本的弊端。另一方面，满足了女性专业技术人员从事自由就业的需求，满足了青年男性个性化的职业需求，更给中老年的男性专业技术人员提供了再就业机会。

4. 重视行业监管

日本政府主导人才派遣协会，强化行业管理。1984 年，日本事务处理服务协会成立，最初是劳动省批准的下属社团法人。1994 年，改为日本人才派遣协会，下设 6 个专门委员会。基本职能是：为人才派遣事业的有效运营与健康发展提供咨询、指导与援助；为派遣人员或者考虑成为派遣人员的人员提供教育训练的机会，促进能力的开发与提升；为增强派遣人员的雇佣稳定和福利开展各种活动；开展有关人才派遣的调研，举办专题报告会等；与相关的政府部门及团体加强联络沟通，通报行业发展情况，提出政策建议，编辑出版人才派遣白皮书，支持设在各地的区域性协会，互换信息等。

1984 年，拥有 5000 人以上规模的大企业中，有 79.4% 的企业使用了派遣人员。1992 年，从事一般劳动者派遣事业（自由登记型）的有 2065 所，从事特定劳动者派遣事业（派遣劳动者与劳动者派遣公司已经建立雇佣关系的常用型）的有 81964 家。1998 年，人才派遣市场的规模为 89.5 万人，到 2003 年时已达到 236.2 万人，5 年间扩大了 1.5 倍以上。1998 年，人才派遣市场的营业额为 1.33 兆日元，到 2003 年增加到 2.36 兆日元。2012 年年初，全日本人才派遣行业经营规模将近 100 亿美元。②

2010 年 5 月，日本工会总联合会以"春季生活斗争"旗帜，与日本人才派遣协会、日本生产技能劳务协会等机构先后经过 4 个多月的反复协商，最终签署了《共同宣言》。

《共同宣言》的主要措施包括：第一，由于震灾，劳务派遣公司无法

---

① より労働者派遣法改正法が施行されます：《厚生労働省》，平成 24 年 10 月 1 日。
② 一般社団法人日本人才紹介事業協会网站：http://www.jesra.or.jp/。

进行正常操作时,要迅速同劳务雇佣公司携手,为确保劳务派遣工的就业竭尽全力。当雇佣公司遇到实际雇佣困难时,劳务派遣公司要支付劳务派遣工停业补贴,并及时采取妥善的停业措施。第二,劳务派遣工的劳动合同在履行中途,不允许被解除。当雇佣公司遇到迫不得已的情况,必须同劳务派遣工解除劳动合同时,也要支付到合同期满为止的剩余合同时间的工资保证金。第三,由于震灾导致公共交通设施不能开通、延迟等状况,劳务派遣工不得已缺勤、迟到以及早退等,雇佣公司应该视之为正常出勤;等等。

5. 精心保护和扶持民族猎头产业

日本猎头行业的起步并不晚。1960年,瑞可利株式会社(Recruit)在东京都千代田区创立,成为第一代派遣企业(猎头公司)。1985年前后,全日本大约有3000家从事猎头服务的公司。但是,绝大多数公司的经营规模都很小。

"二战"后,日本经济持续高速增长,工厂任务饱满,员工热情高涨。1971年,美国颁布人才派遣法。那时,日本政府正在大力整顿人才介绍行业,闲散人员在兴办人才银行,企业家们在组建各种行业协会,员工们正沉迷于创造经济发展"日本奇迹"的"三种神器"。[①]

20世纪80年代中期,日本政府意识到企业人力资源发展的瓶颈问题,着手研究人才派遣。但是,政府并没有完全照搬美国模式。1986年,劳动者派遣法实施后,政府首先想到的是必须控制这个新兴市场。于是,政策制定者们鼓励日本大型企业进入,希望能够主导新兴的人力资源,特别是猎头市场。但是,由于涉嫌行业垄断,大型企业不得不全线撤退。

其时,日本政府面临一个发展中国家普遍遇到的难题:如何利用还在成长本土猎头,抵御风头正劲的国际猎头公司。在一系列组合式整治措施中,一个简单的规定发挥了巨大的作用,那就是"派遣必要场所营业"制度。

日本政府规定,派遣(猎头)公司的派遣员(顾问),每年最多只能承担一定数量的派遣工作;不管是1个公司有100个派遣员,还是100个公司合计有200个派遣员,都得同样地按照规范与派遣的业务量同步;如果业务增加了,就要按照比例增加派遣员。这招貌似简单,却非常管用。

---

① 1972年,经济合作与开发组织(OECD)指出,终身雇用制、年功序列制、企业内工会制度"三种神器"是日式经营的三大支柱,也是经济发展的关键。但是,这也导致企业高层次人才流动率低下。

第一，方便了企业需求的就地登记和及时派遣，保证了派遣工作的质量服务。第二，迫使习惯在高档写字楼办公的外资猎头，在规模稍有一点扩张的时候，经营成本却要上涨几倍。第三，巧妙地利用了日本的民族性格特点。除非不得已，日本企业和求职者通常首选本土而不是外资的猎头。如此，许多外资猎头少有订单，反而成了送上门的免费教材，加速了本土公司的专业化和国际化进程。

进入21世纪，伴随日本企业推广人才现地化战略，猎头行业跟随出击。日资企业偏爱使用本土猎头，使得后者收入来源比较稳定，订单很难外流。2002年以来，瑞可利、仕达富、沃德博三家猎头公司占据70%以上的本土份额。2009财年，三家公司的全球总收入超过9960亿日元（约107亿美元）。2012年年初，仕达富猎头拥有4000多名专业顾问，90多个海外分支机构和办事处，已然跻身国际一流。但是，日本猎头公司宣称自己是"政府手中的一条枪"，非常忠诚地为政府和国民服务，紧密团结、少有内讧。

综上所述，日本政府非常冷静，且愿意花时间进行筹划。在几经权衡之后，兼顾东西方文化特点，立足国情、因地制宜，在决定民族猎头产业命运的关键时刻，充分利用企业制度和国民性格，最终抓住了外资猎头的市场弱点，牢牢控制猎头市场主动权和制导权，横空而果断地截留了巨额的国内人力资源市场的真金白银，也迫使远道而来的外资猎头公司成了日本政府和企业的"打工仔"，非常辛苦却没有什么钱可赚。[1]

(二) 韩国

20世纪80年代末，以 cho & lee 为代表的第一代猎头公司在韩国出现。1997年亚洲金融危机时，出现大规模的辞职和裁员行动，传统的职业终身制被打破。这促进了韩国猎头行业的兴起。兼职猎手是韩国猎头顾问的主体组成部分。列英株式会社总部位于首尔，从事金融证券业。虽然只有6名全职人员，却拥有300多名分布在不同行业的自由职业者（freelance）聚集周围。韩国最大猎头公司 Career Care，负责给4000多家世界各国的大企业推荐 CEO 和中高层员工。

韩国财团是公司背景、内部结构、组织形式和运作渠道都很复杂的组织。既有政府的官方财团，如科学财团、学术振兴财团、高等教育财团等；又有大型的跨国财团，如三星集团、现代集团、现代汽车公司、LG

---

[1] 宋斌、裔锦声：《追赶与超越——资深猎头专家对话录》，《国际人才交流》，2012年第3期。

集团、鲜京集团和现代重工等家族财团，还有名目繁多的科研机构、学术机构等实际经营猎头业务，已经形成了"政府、财团、公司、科研机构"一体化运营模式。在政府鼓励大型公司通过猎头，礼聘海外高层次人才的宏观政策刺激下，金星公司仅在1988—1990年期间，就雇用了90名在国外获得博士学位的回国人员，研究范围涉及电子技术、新材料、通信系统、计算机、精细化工、半导体和超导体等。而三星电子公司则猎获了200多名在美国获得博士学位的韩裔研究人员。

猎头公司兴风作浪、做事硬朗。2001年年初，一度兴起与中国竞争的"电影猎头热"。导演朴熙俊执导的《天使梦》邀请著名演员黎明加盟以后，获得成功。由此，一线女演员张柏芝、章子怡也应邀和其他公司签约。报道称，韩国猎头先后与姜文、陈凯歌商谈合作事宜，连张艺谋也都被列入对象清单。①

2005年，韩国国迈猎头第一个登陆中国上海，以猎头、举荐中高级的管理及专业技术类人才为核心业务，"专注于行业研究，且在此基础上，提供高效率的猎聘服务"。2008年，成功开发运营的中韩人才招聘网站骄博网（job2 people）；次年，被政府指定为韩籍人才中国就业指定中介机构。2009年5月，列英株式会社入驻上海世贸商城，为IT业、集成电路和半导体业领域的韩资企业提供猎头服务。

韩国猎头对日本专家向来虎视眈眈。如在2011年3月12日，日本福岛县核电站发生核泄漏，损失惨重。可是，不到一年时间，300多名日本东电公司的技术专家，已经远走高飞到韩国履新。东电技术部负责人连续接到匿名的密告说，从2011年夏天开始，一直到2012年2月，核能部门的技术人员就不断地收到韩国猎头公司发出的各种各样理由的餐会邀请函。一旦进入正题，韩国猎头顾问面对赴会者提出的高薪金、高福利乃至移民要求，当即答应、毫不还价。专家随即指出，这些日本专家的用处到底有多大，还不能予以评估，甚至可能被"雪藏"。然而，日本众议院防务委员会发言人忧虑地指出："对有意发展核武器的国家而言，东电的核技术人员就是一堆活着的宝贝。如果把他们的技术用在军事用途上，那么，问题就大了。"②

韩国猎头之所以超常表现，取决于两个政策支点：政府急于网罗大量

---

① 古卓：《韩国电影瞄准中国明星、当红演员和导演均在猎头名单》，《长江日报》，2001年9月29日。

② 曹昆：《核技术人才被韩国挖角，东电成竞争对手"肥肉"》，中国新闻网，2012年2月17日。

的海外高层次人才,对猎头行业的海外进攻态势放任自流,甚至是默许对外"挖墙脚";大型韩国财团利用猎头,肆无忌惮地破坏和挤对竞争对手。特别是后者,对猎头行业影响巨大。

综上所述,韩国的市场经济还不成熟。在很多方面,政府往往受制于市场力量,特别是大型财团。因此,猎头产业规制在总体上的起色并不大,只能起到具有观赏性的保护伞作用。但是,本土猎头公司紧紧依靠财团,以企业的实际需求为出发点,紧密团结、协同作战,敢于实施欧美发达国家都很忌惮的硬性海外猎头。这无疑表明了韩国政府和企业,对于现代猎头的深层次理解和运用。

第七章　政府猎头

政府猎头系指以政府为主体，搜寻、甄别和吸纳高层次人才的理论实践。它是国家和政府参与人才竞争的主流路线，也是实施人才政策和策略的重要渠道，更是破除人才困局、形成有效突破的战略手段。

在广义上，包括政府主导和推动的重点人才政策，围绕重大战略、重大国策、重大工程的人才专项计划，依托科技园区和人才试验区招揽外国高层次人才，以及加强人才保护、遏制人才流失的策略措施等。

在狭义上，政府猎头包括三种基本形式：一是借鉴猎头思维的手法，在体制内增添猎头功能，采取市场化方式招募；二是与猎头公司合作，借助市场工具扩大搜寻范围，甄别和测评高层次人才，并予以录用；三是直接雇佣猎头公司，交由后者执行完成。

政府猎头概念，并不是欧美国家提出的。但是，它却代表了一种对现有世界的观念突破。尽管还有许多理论问题没有解决，却因为超前性、实用性和前瞻性而备受关注。

第一节　直接型猎头

在发达国家，政府直接动用猎头解决高级雇员短缺问题，乃至内阁成员、副总统的人选问题，是比较普遍的现象。比如美国，是通过立法手段，建立健全制度来实施的，具有高度的法律约束力。

在发展中国家却不是这样。例如，俄罗斯总统利用现有政策的优势，直接回应并点名特殊的外国富豪，并签发总统令特许移民的做法，却很有新意。这也至少证明了，穷人也有穷办法——哪怕是最简单明了的，也表明了一种开放而务实的姿态。

一、美国：首席人力资本官和总统猎头顾问

（一）联邦政府首席人力资本官

20世纪初，美国人力资本领域面临许多挑战，如经济繁荣的消退、

科学技术水平的高速发展、"爆炸的一代"即将大规模退休等。美国公共服务委员会曾经在一份报告中,明确指出了美国联邦政府在七个关键领域面临挑战:公众对于政府不满和不信任;组织混乱;管理模式单一;人才缺失严重;人事管理制度与市场现实脱离严重;人事管理制度不重视绩效;劳资冲突;等等。①

2001年"9·11"恐怖袭击案发生后,美国政府将本土反恐列为国家的头等大事,积极制定反恐政策和推行相应措施,以防止恐怖活动再度出现,确保美国本土和势力范围的实质安全。为此,美国国会和美国培训与发展协会就新形势下劳动力的发展与管理工作,渐次一致、紧密合作,期以形成并固化政府机构人力资本解决方案。不久,美国培训与发展协会提出建议,在所有的联邦政府机构内部,设置首席人力资本官(CHCOs),负责战略性人力资本管理的领导职位,借此强化政府雇员能力的提升。

2002年,美国国会通过《国土安全法》。根据法案,包括海岸警卫队、移民和归化局和海关总署在内的22个联邦机构,合并组建国土安全部,以协调和指挥反恐怖工作。在这场自1947年以来美国最大规模的政府改组过程中,政府人力资本解决方案随之而生。《国土安全法》以专门条款的级别,对联邦政府首席人力资本官的设置、职责和运行等领域予以表述。法案要求各联邦政府机构均须设立首席人力资本官职位(CHCOs),统一协调人力资本管理工作;各级职能部门每年都要向人事管理署和国会提交人力资本计划以及人力资本审计报告,汇报人力资本管理措施,及其考核年度内的最终执行情况。

2003年,至少24个政府部门设置了首席人力资本官的领导职务,如美国农业部、商务部、国防部、国际开发署、环境保护署、人事管理办公室等。至此,美国联邦政府首席人力资本官制度得以始建,此举开创了世界各国政府机构内部尝试实施人力资本管理的先河。

20世纪末,美国企业型首席人力资本官管理模式在企业界广泛推行,业已成熟、日臻完善。联邦政府别出心裁、不拘一格,以企业型人力资本官为蓝本,借鉴猎头机制和体制,结合政府部门的特殊性、辐射力和应变性,不断加以改进和扩充,形成了政府猎头型的首席人力资本官,并界定了对应的基本职责:构建本机构人力资本发展战略;评估员工的性格及未来需求;建立以组织使命、战略目标、绩效为核心的人力资本政策;发展和推动终身学习的文化氛围,吸引和留住优秀人才;辨识人力资本实

---

① http://www.chcoc.gov/about.aspx.

践，开展基础研究；有效测量和评估人力资本成本；等等。

首席人力资本官还被赋予了更多的权利和角色。如2003年5月，罗纳德·詹姆斯被布什总统任命为国土安全部门首席人力资本官时，旋即明确他的职责包括设置国土安全部门主要领导职位和权限；制定国土安全部人力资源政策；实施战略人力资本管理；基础性人力资本状况调查与测试分析；政府额定雇员的招募和整合；雇员薪酬管理、绩效管理、劳资关系及雇员解聘等。美国参议员乔治·V.沃伊诺维奇高度评价道，设置首席人力资本官是美国政府应对人力资本挑战方面所采取的几项重要措施之一。

美国政府在联邦机构内部实行首席人力资本官，是其长期实施文官制度的有机延续，也是应对人才霸权危机的必然举措，具有鲜明的历史沿革和时代特征，大致如下：

1. 改进文官制度的显著标识

1883年，美国国会通过《调整和改革美国文官制度的法律》，又称《彭德尔顿法》，标志着公务员制度的建立。此后，美国政府致力于公务员制度的改进和完善，如1923年的《职位分类法》、1950年的《绩效评估法》、1958年的《政府雇员培训法》、1962年的《工资改革法》、1978年的《公务员改革法》、1990年的《联邦政府员工薪资价值可比性法》等。

20世纪90年代，美国政府大规模精简公务员时，采取裁减现有雇员和冻结雇用计划的双重做法，使得政府公务员数量骤降。仅非邮政类公务员人数在1990—1999财年缩减21%，减至约190万人；新雇员年招募人数缩减32%，减至约7万人/年。在延续了近百年（1883—1978年）崇尚绩效管理的传统框架下，1993年《政府绩效与结果法》的出台，无疑是典型标志。

2004年，美国国会对《政府绩效与结果法》十年实施情况进行综合评估，认为该法案为以结果为导向的政府机构的建设提供了坚实基础，基本实现了预期效果；同时，也暴露了很多弊端，如各机构间协同并执行承诺不够；绩效考核拘泥于预算角度；长期战略缺乏持续监督；绩效与报酬系统脱钩；政府项目结果的外部影响因素辨识困难；等等。因此，新形势下的文官管理，特别是政府绩效管理，迫切需要寻找新的突破方向和直接切入口。

2. 人力资本理论的发展使然

20世纪60年代，美国经济学家舒尔茨和贝克尔首先创立了比较完整的人力资本理论。其理论核心是：在经济增长中，人力资本的作用大于物质资本的作用；人力资本的核心是提高人口质量，教育投资是人力投资的主要部分。这种新理论很快被欧美发达国家重视,并迅速物化为生产力。特别是作为"活资本"的人力资本,具有创新性、创造性,具有有效配置资源、调整企业发展战略等市场应变能力。而对人力资本进行投资,对GDP的增长具有更高的贡献率的观念,尤其得到了美国政府的特别关注。

在美国联邦政府内部确立首席人力资本官制度,是政府汲取企业实践经验,并迅速转化为自身体制内涵的明证。不仅如此,美国联邦政府人事管理署、管理和预算署以及国会下辖的审计署还共同制定了《人力资本评价与审计框架》,对各联邦政府机构的人力资本管理水平进行比较,帮助各联邦政府机构不断提高自己的人力资本管理水平,明确制定了评估指标以及评估标准。政府从战略一致性、领导力与知识管理、结果导向的绩效文化、人才管理、责任等维度出发,加以绩效原则、组织原则以及员工等层面要求,进一步细化评估指标和标准。

可以说,人力资本理论的发展,先是基础性的实证分析开始,首先被企业界接收并推行,最终以美国上层建筑的认同和接纳,完成了理论的形成、推行和上升周期。在这个意义上,它为首席人力资官制度提供了必要的理论基础、推广范围和实践支撑。

3. 应对国土安全的战略部署

20世纪初,美国人力资本领域面临许多挑战,如经济繁荣的消退、科学技术水平高速发展、"爆炸一代"即将大规模退休等等。美国公共服务委员会曾经在一份报告中,明确指出了美国联邦政府在七个关键领域面临挑战:公众对于政府不满和不信任;组织混乱;管理模式单一:人才缺失严重;人事管理制度与市场现实脱离严重;人事管理制度不重视绩效:劳资冲突。

"9·11"事件后,美国政府在反思政府的使命、责任和目标的过程中,敏锐地发现了政府内部效能和协同配合的机制缺陷,特别是应对突发性的群体事件意识和能力,存在不同程度上的薄弱和欠缺。如许多政府雇员缺乏必要的、经常性的培训;严重缺乏应对突发事件的处置能力;甚至连应急处理所必需的外语水平,也不能满足正常公务的基本需求。这些问题的广泛存在,大大降低了政府的行政效率。

长期存在的政府雇员老龄化趋势、优秀人才外流、新晋补充不足等体制性症结,重新引起社会各界的不满和指责。大规模的部门重组,也使得重新构建政府部门人力资源体制的设计和运作任务,不得不建立强势的政府机构和高效率的运营机制,以适应国土安全要务的政治要求和国家防御战略部署的更新。

因此，解决联邦政府内部多机构、多部门、多岗位的一致协同力、反应力和执行力的迫切程度，显然比研究人力资本理论如何在政府部门广泛并深入推行更加重要、更加突出。

4. 维护人才霸权的应急方略

美国是传统的移民国家，移民为其立国之本。19世纪末，美国超越英国成为世界头号经济强国后，采取经济领跑和势力遏制双重国策，意图维护其经济霸权地位。"二战"末期到"冷战"期间，通过俘虏、移民、留学等多种手段，大量攫取战败国和东欧国家的科技精英和工程技术人员，以巩固其全球化军事霸权地位。伴随信息时代的来临，美国政府布局高科技领域，并获得了垄断性的科技霸权，特别是在航天高科技和创意高科技领域，始终牢牢占据有利地位。

21世纪以来，人才霸权思想开始流行欧美发达国家，并逐渐为人们所接收。美国实现人才霸权战略的前提之一，就是必须要充分利用全球化的国际人才市场，争取、掠夺和吸纳全球范围的科技精英、学术专家和潜在人才，不断充实、更新和提高美国国内人力资源结构配置，期以保持一定比例的中高级人才存量，并提升人才使用效能和转化。

（二）布什总统的猎头顾问[1][2]

20世纪，布什家族是美国显赫的"十大家族"之一。不要说登门拜访者络绎不绝，就是攀枝者也不乏其人。但是，小布什总统似乎对此并不在意。原因之一，就是他相信市场的力量。

2005年1月，《洛杉矶时报》报道说，在小布什总统即将完成其第二任政府组阁工作时，白宫人事办公厅主任、31岁的埃及裔美国人迪娜·哈比卜·鲍威尔（Dina Habib Powell）功不可没。她是白宫有史以来最年轻的总统人事助理，是职位最高的"猎头"，默默地协助布什挑选精兵强将。

力邀卡洛斯·古铁雷斯出任商务部部长，就是她的杰作之一。1999年，古铁雷斯担任家乐氏首席执行官以后，年销售额达到90亿美元，被布什总统誉为"有远见的经营者和美国最受尊重的企业领导人之一"。2004年，51岁的古铁雷斯出任了美国第36任商务部部长。

关注政府人事安排的观察家们，都给迪娜的工作打了高分。因为她挑

---

[1] Elisabeth Bumiller. White House Letter: A Mideast Strategy That Includes a Mideast Card, The New York Times. March 21, 2005.

[2] http://en.wikipedia.org/wiki/Dina_Powell.

选工作人员的过程体现了职业特点，也充分体现了布什总统的用人原则。非党派、非营利的前政府官员组织"政府人才委员会"主席兼首席执行官帕特里西亚·麦克金尼斯表示，"她举荐人才的工作带有明显的商业动作特点，采用了最优秀的猎头公司所采用的方法。我对她的做法印象深刻"。

（三）奥巴马总统的猎头小组

贝拉克·侯赛因·奥巴马是美国第一个非洲裔总统。然而，在美国的机制和体制下，他的选择余地似乎并不多；可是，这并不妨碍他的创新。

2008年6月初，正在参加总统竞选的贝拉克·侯赛因·奥巴马宣布，任命前房利美公司首席执行官吉姆·约翰逊和前司法部副部长埃里克·霍尔德、前总统约翰·肯尼迪女儿卡罗琳·肯尼迪组成"猎头三人小组"，专门负责挑选优势互补的竞选搭档。其中，约翰逊曾经为民主党总统候选人克里和蒙代尔挑选过竞选搭档，"猎头"经验最为丰富。吉姆·约翰逊随后辞职。奥巴马发表声明说，"挑选竞选搭档工作进展顺利。我相信数星期后，会出现一批高度胜任副总统职责的竞选人供我选择"。[1] 8月23日，奥巴马宣布，选择乔·拜登为竞选伙伴。后者曾两度竞选总统，外交和国家安全经验十分丰富。

1942年，乔·拜登出生于美国一个中产阶级家庭。1972年当选美国参议员，是美国历史上排名第五的最年轻的参议员。也是特拉华州在任时间最长的参议员（1973—2009年）。他曾于1988年和2008年两度竞选美国总统，均告失败。拜登在参议院外交事务上的成就显赫。拜登作为中东问题专家，对里根总统就职期间所发生的"伊朗门"事件进行过严厉的批评。在卡特总统任职期间，他被派往苏联与柯西金（Kosygen）和勃列日涅夫（Breshnev）进行限制战略武器会谈。也曾援助波斯尼亚人反抗米洛舍维奇（Milosevic）的斗争。1975年以来，他一直是具有影响力的参议院对外关系委员会（Senate Foreign Relations Committee）成员，并连续多年担任主席。

拜登最突出的外交成就，是在20世纪90年代为解决巴尔干半岛冲突所做的努力。他被视为一位敦促克林顿政府对塞尔维亚领导人米洛舍维奇（Slobodan Milosevic）采取行动的、有影响力的人物。他同时敦促政府采取干预手段，制止对波斯尼亚穆斯林的种族清洗。他支持北约采取轰炸行动，迫使塞尔维亚军队撤出科索沃。这些成就在2004年大选中，引起了民主党候选人克里（John Kerry）的注意，预设自己成功当选后，给予国

---

[1] 吴铮：《奥巴马副手"猎头"辞职》，和讯新闻网，2008年6月12日。

务卿一职。除去外交成就，拜登著述丰富，且在美国国内还以维护女性权益著称。

一些民主党竞选战略分析师认为，奥巴马这一选择值得肯定，因为他需要更加传统、更加强硬的策略来应战麦凯恩。奥巴马称赞拜登的外交政策经验广泛，跨党派合作纪录令人印象深刻，且性格直截了当，"能够与他一起竞选让我非常激动，我们需要你们的支持完成这场变革运动"。美国有线电视新闻网评论说，奥巴马应当出"奇招"改变他和麦凯恩的对阵形势。而拜登，似乎只是一张非常普通的牌。从选拜登当副手来看，一向高举"变革"大旗的奥巴马在麦凯恩的不断攻击面前，似乎已决定改变"颠覆"风格，向传统的美国选举政治回归。

2009年1月，奥巴马正式就任美国第44任总统，乔·拜登成为副总统。华尔街随即传闻在他第一批任命的、41名内阁成员级别的高官中，27名是被猎头公司推荐的。吉姆·约翰逊和卡罗琳·肯尼迪以及身后的庞大家族平台，向来就与光辉国际、海德思哲、万宝盛华等著名猎头公司关系紧密。2012年11月，奥巴马在美国总统选举中击败共和党候选人罗姆尼，成功连任。作为副手的乔·拜登，自然也得继续。

正如外界预测的那样，猎手卡罗琳·肯尼迪也收获颇丰。2013年7月24日，奥巴马提名卡罗琳·肯尼迪出任美国驻日本大使。这与她"对奥巴马从未动摇的支持"有关。卡罗琳曾经在《纽约时报》发表题为《一位像我父亲的总统》署名文章说，自己从来没有看见一位"人们像谈论我父亲一样谈论的总统"，"现在，我发现了，这个人就是奥巴马"。众所周知，美国的驻外大使职位，向来是对于竞选干将们的"论功行赏"。这次的提名，无疑再次证明了这一点。①

二、澳大利亚：猎头招聘政府雇员

澳大利亚政府改革公共就业服务制度的提议酝酿多年。1997年，澳议会通过并颁布了同实施就业服务改革相关的《财政管理与责任法》、《联邦服务提供机构法》和《联邦服务提供机构（后续条款）法》。为实行新机制铺平道路，政府将隶属于原就业、教育、培训和青年事务部的400余家公共就业服务机构全部民营化，组建成了全国就业服务有限公司（LMT），9000余名公务员转入劳动力市场。政府专门为这项改革拨款30亿澳元。

---

① 刘军国、谌庄流：《日本喜迎肯尼迪之女大使》，《环球时报》，2013年7月15日。

2007年12月，陆克文（Kevin Michael Rudd）出任第26任澳大利亚总理。2009年7月，他宣布已经找了一个世界猎头公司，为数个部门，如总理办公室、内阁、财政部和金融部寻觅合适人选。此次是几大部门联合招聘，职位暂时未指明。发言人称，政府部门鼓励猎头公司和非营利人才中介组织参与雇员招聘，希望通过此次海外招聘物色到10～20个高层次人才。而在很早之前，就有媒体报道陆克文上台的第一封电报，就是要求澳大利亚驻外国的大使馆、领事馆推荐内阁成员候选人。

政府给出了此次海外招聘的几大理由。第一，政府部门员工到别处高就，工党政府人才出现高层次人才"饥渴"；第二，经济危机让雇主们（包括陆克文政府）觉得，现在正是招兵买马的好时候，因为许多有才能的员工都在别处丢掉了饭碗；第三，随着联邦政府扩大在卫生、交易计划和宽带计划方面的参与范围，政府需要一些专门人才。不久，EWK International 猎头公司发布广告说，这次政府招聘的最低职位年薪为23万澳元。

不仅如此。2010年6月，陆克文辞职。2011年8月，《澳洲日报》报道称，3年半前，前总理夫人泰丽丝·瑞恩（Therese Rein）为了助夫君陆克文全力角逐总理之位，停止了其在澳洲本土蓬勃发展的猎头业务。时过境迁，瑞恩打算重新打入澳洲市场，申请注册完全控股的新公司。[1]

三、俄罗斯：特许欧洲富豪移民

2010年7月，俄罗斯修订先前的移民法，增加新的规定：高资历专家（HQS）作为外国员工被雇佣，年薪不得低于200万卢布；拥有90天的首次移民签证注册，没有配额以及各种公司证件材料的要求，包括公司雇佣外国员工的许可证和同意书等；HQS工作许可证和签证发放一次性为三年，在材料齐全的情况下可以延长；高资历专家在俄罗斯提交的税率为13%；等等。2011年2月，还规定了聘用外国员工的雇主的义务。

2011年4月，俄罗斯国家杜马修订《外国人入境出境管理法》及《俄罗斯联邦境内外国人法律地位法》，消除吸引外国高水平人才来俄工作的障碍，简化程序、放宽许可。修订后的相关条款规定，受邀在科研机构及国家认可的高等教育机构工作或授课的外国公民，即使未获得工作许可仍可继续在俄罗斯工作；即使雇主未取得外籍人员雇佣许可，也可雇用此

---

[1] Georgia Wilkins. Women's perfection push must stop: Therese Rein. July 12, 2012. http://www.theage.com.au/.

类外国公民。2010—2012 年，联邦移民局发放 HQS 工作签证超过 14000 个。

在此背景下，俄罗斯不动声色地利用低税率政策，抓住一些欧洲资本主义国家"高工资、高税率和高福利"政策的弱点，开始对外国富豪实施"猎头"。总统甚至利用宪法特权直接签发总统令，向特殊人物赠送移民许可证。

第二节 桥梁型猎头

即平台型猎头。政府通过搭建一个功能型的交流合作平台，联结多方利益，推动高层次人才的引进与利用。

一、以色列：首席科学家办公室[1][2][3]

20 世纪 70 年代，建国不到 30 年的以色列决定发展高科技产业，开始"与神角力"。这个推行西方自由主义经济的中东小国，一没有石油，二没有矿产，水资源缺乏，加之地区局势紧张，资金和市场也比较有限。政府认为，优秀的人才，以及具有的强劲创新力，是唯一的竞争优势。

1984 年，以色列颁布《工业研究和开发鼓励法》。核心内容就是以立法的形式明确政府是推动科技创新的主导者和着力点，通过无偿或有偿支持企业的研发投入，培养高素质科技人才，推动创新型创业的快速成长，增强国民经济竞争力。为此，政府在 13 个部门设置"首席科学家办公室"（The Office of the Chief Scientist，OCS），总部设在工贸部，作为法律实施的"幕后推手"，旨在"撬动"以色列的高新技术产业。

这是一种有目标、有计划、有步骤的政府猎头。目的就是要破除困局，实现有效突破。主要做法包括：

（一）"猎头"科学家

目的就是要建立专家治理机制。首席科学家办公室总部人数不到 100，却下设了很多专业委员会，均由各个领域的科学家组成。首席科学家任期 4 年，由工贸部部长亲自提名。但是，这些首席科学家没有一个是年轻人，而是创新领域、风险投资领域的领导人物，甚至还有不少富豪。他们

---

[1] 邹愚：《以色列科学家哈墨：教育是国家科技竞争力的保障》，《21 世纪经济报道》，2005 年 1 月 5 日。

[2] 王晓映、吴红梅：《走进以色列"首席科学家办公室"》，《新华日报》，2008 年 6 月 17 日。

[3] 洪宾：《以色列沙漠中崛起的"创新大国"》，《深圳商报》，2009 年 10 月 11 日。

必须全职工作，薪水并不高、责任重大。事实上，这不是让谙于政治的职业官僚，而是让卓有成就、性格成熟的高级专家们进行决策。

米娜·戈达克（Mina Goldiak）就是一个例子。米娜在海法的以色列理工大学获得空间技术学位之后，就在空军服役，一直做到高级军官。其间，获得第二个学位。2005 年，米娜退役。次年，她来到 OCS，担任工贸部副首席科学家。显而易见的是，OCS 的科学家们几乎都是和她一样重量级的人物。

（二）"猎头"创新项目

OCS 眼光独到、功利心很强。他们认为，以色列的国情决定"市场在外，大规模生产在外"，必须集中资金投入到研发的关键环节。大多数公司都是"卖方的卖方"角色，只能牢牢占据研发环节。因此，OCS 只与 IBM、微软、可口可乐、尼桑等著名公司进行高端合作，目的是迅速渗透到全球市场。

通常情况下，OCS 收到申请后，就会安排大约 80 名专业人士全面而严格地审核研发项目的财务状况和技术层次，评估商业化的可能性，然后决定是否资助。这种资助是"种子前公司"性质，主要是帮助创业者进入孵化器，帮助科研机构和产业界建立联系。如果成功，企业上缴 3%～5% 的利润给 OCS，用于继续资助其他企业；如果失败，无须偿还一分钱。被资助公司要出售企业，也必须得到首席科学家办公室的同意，并且需要达到两个条件：一是在以色列制造；二是如果卖给别的国家，需要付更高的转让费。OCS 每年收到 2000 多份申请，从申请到做出资助与否的决定，一般在 3 个月左右。

首席科学家办公室掌握的资金并不多，每年只有 4 亿美元左右。在 2005 年，2000 个申请项目经过专业委员会审核，只有 700 家获得资助。但是，这些企业很快成为以色列科研技术进军国际市场的引擎。

2006 年 11 月，政府发言人指出，以色列的经济构成正在改变，高科技出口在 1994 年是 26%，现在已到了 34%。在纳斯达克，以色列拥有 75 家上市公司，总数量仅在美国之后，位居亚军。由于拥有好的创意和新的技术，超过 30 家以色列高科技公司在法国、英国、比利时、荷兰等上市，包括世界级的企业 Teva、Check Point 和 Elbit 等。

（三）"猎头"创业精英

目的就是大力培植年轻才杰、制造财富奇迹。1992 年，移民到以色列的美国犹太人戴维·麦德维和另外两个合伙人共同创建了耶路撒冷光学连接技术公司（JOLT）。不久，他得到 OCS 的扶持资金，入驻耶路撒冷北部的高新技术孵化器。2000 年，公司被世界著名的 MRV 公司收购。到 2006 年，新公司开始有销售利润，按照协议向政府提供财务报表，并启动还款程序。

1996 年夏天，维斯格、瓦迪和高德芬格服完兵役后，相约一起创业。他们发现，电子信箱往往被垃圾信息充塞，重要信息却没有得到及时的反馈。于是，他们决定发明一种更为快速和直接传递信息的软件 ICQ，支持网上聊天、发送消息、传递文件等功能。此项目被政府资助。1998 年，用户数超过 1000 万，还没有盈利的 ICQ 就被美国在线以 4.07 亿美元收购。

（四）"猎头"新兴市场

2005 年以后，OCS 明显加快了行动步伐，抢占新兴的国际市场。主要是兵分两路。一路向西，主攻法国市场。由于以色列是唯一可以和欧盟进行框架性合作的非欧盟国家，巴黎证券交易所很快成了以色列的"纳斯达克第二"。一路向东，进军中国市场。多次在北京、上海、江苏、浙江、广东等经济发达地区举办联谊活动和产品推介会，不断加大宣传力度，已经促成多个项目的共同开发与合作。

二、中国：多元化的特色道路

中国的事业是向世界开放学习的事业。关起门来搞建设不可能成功。我们要坚持对外开放的基本国策不动摇，不封闭、不僵化，打开大门搞建设、办事业。中国仍是一个发展中国家，仍然面临一系列严峻挑战，还有许多需要面对和解决的问题。我们既不妄自菲薄，也不妄自尊大，更加注重学习吸收世界各国人民创造的优秀文明成果，同世界各国相互借鉴、取长补短。我们欢迎外国专家和优秀人才以各种方式参与中国现代化建设，一如既往支持大家来中国创业和发展。①

新世纪以来，中央和地方各级政府主导和推动的引才引智计划，此起彼伏、如火如荼。这既是各级政府海外引智工作的新探索，也是对现代猎头的灵活运用，取得了比较明显的效果。这些做法大致分成：

（一）计划型猎头

即通过制订专项计划，有目的、有步骤、有方向地引进各类，特别是

---

① 吴绮敏：《习近平同外国专家代表座谈时强调，中国是合作共赢倡导者践行者》，《人民日报》，2012 年 12 月 6 日。

海外高层次人才。主要特点：推动力度大、持续累进、成效明显。但是，申报过程较长，不易审核和认定，跟踪管理的难度比较大。

1994年，中国科学院启动"百人计划"，旨在高目标、高标准和高强度地支持人才引进与培养。朱日祥、曹健林、卢柯等14人成为首批支持对象。该项目原计划在20世纪的最后几年中，以每人200万元的资助力度从国外吸引并培养百余名优秀青年学术带头人。到2012年年初，"百人计划"为中国科学凝聚了大批优秀人才，其中从海外引进的杰出青年人才超过1000名。

2008年12月，中共中央办公厅转发《中央人才工作协调小组关于实施海外高层次人才引进计划的意见》。海外高层次人才引进计划（简称"千人计划"）围绕国家发展战略目标，从2008年开始，用5～10年，在国家重点创新项目、重点学科和重点实验室、中央企业和国有商业金融机构、以高新技术产业开发区为主的各类园区等，引进并有重点地支持一批能够突破关键技术、发展高新产业、带动新兴学科的战略科学家和领军人才回国（来华）创新创业。

同时，各省（区、市）也结合本地区经济社会发展和产业结构调整的需要，有针对性地引进一批海外高层次人才，即地方"百人计划"。2012年7月，"千人计划"业已引进各领域高端人才2263名。对于海外高端人才向往的"中国梦"，正在成真。①

（二）渠道型猎头

即利用猎头公司、非营利猎头组织的专业渠道，向政府部门、高校、科技园区等单位推荐高层次人才。主要特点：拓展了招聘面，增加了选拔范围。但是，由于涉及面大、工作量大，加之猎头公司获利很少，效果并不明显。

2003年9月，中央组织部、国务院国有资产监督管理委员会宣布，首次公开在全球范围招聘7名中国联通、中国铝业等监管企业的高级经营管理者。到2008年，82家中央监管企业完成了103个高管职位的公开招聘，先后录用了91人。许多中外猎头公司参与其中、积极争取订单。这开启了规模化的海外引智行动，积累了宝贵的初创经验。

2004年3月，人事部成立了全国高层次人才寻访中心，为国内优秀企业提供高速优质的猎头服务，其所猎人才的领域涉及IT、制造、医药、快速消费品等。全国高层次人才寻访中心拥有了自己的专业网站（中国国家

---

① 千人计划网站：http://www.1000plan.org/。

人才网）和超过 40000 名用户的中高层次人才库，目标是全力打造猎头服务的强势品牌，提供国家级的猎头服务。①

2006 年 10 月，山东济宁市市中区政府为推行电子政务，面向社会公开招聘信息技术类专业设计人员，招聘人员将被纳入事业编制，并将招聘事宜交由猎头机构全权负责。

2009 年 9 月 10 日，原中国科技大学校长、中国科学院院士朱清时，从 200 多名候选人中最终胜出，成为南方科技大学第一任校长，聘期 5 年。这是中国内地第一位通过国际猎头公司全球选聘的大学校长。与先前由组织人事部门直接任命的方式不同，深圳市采取聘请猎头公司搜猎、校长遴选委员会遴选、市委组织部审定、组织人事部门任命的方式，首开内地高校猎头的先河。②

（三）参与型猎头

即猎头公司、非营利猎头组织参与政府部门、国有企业和科技园区的高层次人才招聘工作，如公开报名、体检、综合测试、心理测试等环节，却不具有取舍权和最终的决定权。主要特点：针对性强、较好地利用了猎头的专业优势、减少了传统招聘的费用。但是，这种"外部猎头+内部考核"的方法，需要双方的紧密配合和协同，且应当建立良好的互动机制。

2004 年 9 月，深圳市政府明确提出，在坚持党管干部的前提下，要把 30% 以上的国有企业的高级经理职位通过委托猎头公司进行物色。凡选择激励机制试点改革的企业，必须首先实现干部选聘市场化。对于市政府监管的三大资产经营公司和 4 家授权经营公司管理的干部，除了一、二把手备案外，其他经理人才的选拔也都要走市场化的路子。③

2007 年 5 月，苏州市政府向 18 家猎头公司颁发了人才合作聘书，着力启动"姑苏创新领军人才和重点创业团队人才"计划，加大引进创新创业领军人才的力度。

2008 年 7 月，重庆市政府宣布，为了打造国际软件城，鼓励猎头公司在全球招揽软件类高层次人才。

2012 年 11 月，苏州市委组织部宣布，已经通过苏州工业园区人力资源开发有限公司选拔了 7 名市管领导干部，接着又在苏州市所属的常熟、

---

① 葛素表：《人事部成立高层次人才寻访中心，提供国家级猎头服务》，新华网，2004 年 3 月 22 日。
② 刘荣：《历时一年全球海选，朱清时获任南方科大校长》，《南方都市报》，2009 年 9 月 14 日。
③ 罗昌平：《深圳国企领军人物交给"猎头"选拔》，《中国商报》，2003 年 10 月 14 日。

张家港、吴江等地陆续采取这种方式选拔了 21 名干部，分布在城建、规划、财政、金融等各个部门，最高的职位为副书记。[①]

（四）承包型猎头

即以结果为导向的猎头。政府部门在委托任务完成后，以奖金的形式支付猎头佣金。主要特点：合作方式简便、奖金数额大、猎头公司和非营利组织的积极性高、见效快。但是，政府部门的甄别任务重、资金支出多，且可能刺激了区域间的攀比竞争。

2012 年 7 月，宁波市北仑区人民政府出台的《北仑区关于引进海外高层次人才的实施意见》《北仑区关于鼓励企业柔性引进人才的实施办法》和《北仑区关于加快高端人力资源服务机构引进培育的实施意见》明确规定，人力资源服务机构引进国家"千人计划"人才的，给予每名 60 万元的奖励；引进省"千人计划"人才的，每名给予 30 万元的奖励，引进市"3315 计划"人才的，给予每名 10 万元的奖励。区政府还规定，人力资源服务机构引进符合北仑区引才要求的紧缺高层次人才，经审核认定后，可获得每名 1 万～2 万元的引才奖励。[②]

（五）补贴型猎头

即科技园区先支付一部分资金，鼓励园区企业的猎头行动；通过猎头行动，给企业带来新增的经济效益和社会效益之后，再予以资金回填或继续滚动。这是一种接近于市场化的政府猎头新方式。主要特点：市场化程度高、操作简便、能够很好地解决企业的实际需求。但是，需要辅以比较完备健全的资金收支、运行管理和全程监督等机制体制。

2003 年 12 月，上海市劳动保障局宣布，将提供首批总额 20 万元的"求职中介补贴"，以 500 元/人的标准补贴猎头公司。

2011 年 5 月，《苏州工业园区新兴产业企业猎头服务补贴暂行办法》规定，对园区企业猎头进行补贴。

1. 补贴对象

园区"35"产业规划中的园区五大新兴产业中的骨干企业，即千人计划人才、省双创人才和姑苏创新创业领军人才创办企业、金鸡湖双百人才创办企业、苏州地区总部及以上层级金融机构和经认定的股权投资管理机构、园区双百科技企业、独立研发企业和预上市企业。补贴岗位指通过猎

---

① 车丽、唐小龙：《苏州试点通过猎头公司选拔干部引争议》，《江苏经济报》，2012 年 11 月 28 日第 1 版。
② 宁波市北仑区人民政府网站：http://www.bl.gov.cn/。

头招聘的规定时间后签订劳动合同的补贴企业内中层以上的技术和管理岗位，年收入在20万元以上。猎头服务的供应商一般为注册在中国内地的取得人力资源服务许可的专业人力资源公司，或为境外知名的专业人力资源公司。

2. 补贴标准

猎头服务费用按照补贴企业与猎头服务的供应商签订的合同为准，补贴金额为猎头服务费用的50%，上限为6万元/职位。每个企业每年获补贴上限为20万元。

3. 补贴申请方式

在规定的申报时间内，由园区人力资源管理服务中心在苏州工业园区人力资源一站式服务中心、中小企业人才服务窗口各设立一个补贴申请窗口，公开受理企业申请。猎头服务完成招聘人员到位后，由补贴企业直接向人力资源管理服务中心提出猎头服务补贴申请，并附上猎头服务合同、猎头费用支付凭证、补贴企业营业执照、录用人员劳动合同、录用人员公积金缴交凭证、纳税凭证、猎头服务供应商营业执照等材料原件（复印件）。人力资源管理服务中心对材料进行初审后报组织人事局审核批准，由人才经费一次性拨付给受补贴企业。①②

第三节　依托型猎头

"二战"以后，世界各国致力于工业区（industrial estate）的开发建设。20世纪70年代，传统工业逐渐被淘汰，高科技工业迅速发展并最终取代工业区开发，成为吸引高科技工业、促进经济发展的重要手段。

科技园区可以分为两种基本类型：一是以开展基础科学研究为主的科学城。比如苏联新西伯利亚科学城、日本筑波科学城、德国海德堡基因研究中心等。二是以发展高技术及其产业为主的科学城。比如，美国的斯坦福研究园以及128号公路高技术园区、北卡三角研究园，英国的剑桥科学园、苏格兰硅谷，法国的法兰西岛科学城、索菲亚·安蒂波利斯科学城，新加坡的裕廊科学园区等。

全世界具有相当规模、产业特点突出、效益明显，且被人们公认的科

---

① 舒祖、夏琪：《苏州加大力度引进创新创业"领头羊"》，《国际金融报》，2007年5月24日第2版。
② 《关于印发〈苏州工业园区新兴产业企业猎头服务补贴暂行办法〉的通知》，苏州工业园区组织人事局，2011年5月16日。

技工业园就有1000多家，分布在五大洲一些国家和地区的高校、科研机构集中、产业基础雄厚、人才密集的大都会和城镇。其中，成为国际科学工业园协会（IASP）成员的1994年为490家、1995年为580家。其中，科技工业园超过100家的IASP成员有德国（162）、美国（131）；超过20家的有英国（45）、法国（33）；超过10家的有加拿大（18）、俄罗斯（11）、澳大利亚（18）、印度（15）、意大利（12）、瑞典（12）、西班牙（10）、芬兰（11）；超过5家的有奥地利（5）、比利时（5）、挪威（9）、葡萄牙（5）、希腊（6），其余26个国家和地区为1～4家。其中，中国台湾省1家，日本4家。

现代猎头认为，成功的高科技园区既是政府意志、公共服务、配套措施、高校资源、风险投资、非营利组织、地理环境等多种要素的合力，也是最直接、最能够体现猎头优势和特点的领域。

这主要表现于三个方面：通过特殊的人才政策，迅速集聚一批高层次人才；通过搜获领军人物，迅速形成聚合效应；通过树立标杆型企业，迅速实现产业集群。三者之间相互渗透、相互联系，进而在园区的整体建设中取得突破性的进展。

一、美国硅谷[1][2][3][4][5]

硅谷（Silicon Valley）是美国加利福尼亚州临太平洋的一块80多千米长、面积约1500平方千米的条状形平坦谷地。

标志性人物：费雷德里克·特曼、戴维·帕卡德、比尔·休利特、威廉·肖克利、罗伯特·诺伊斯、高登·摩尔、安迪·格罗夫、约翰·多尔、拉里·埃里森、吉姆·克拉克、斯蒂夫·乔布斯、杨致远、马克·扎克伯格。

灯塔型企业：HP、肖克利半导体实验室、仙童、英特尔、Cisco、3Com、Sun、Netscape、Oracle、SGI、苹果、Adobe、Yahoo、Facebook。

---

[1] 王志章：《硅谷人才成长的文化环境和政策机制》，《今日湖北》，2004年第7期。
[2] 高慧：《美国硅谷创新人才的集聚与扩散机制》，《人力资源研究》，2005年第2期。
[3] David A. Kaplan. The Silicon Boys: And Their Valley of Dreams. http://www.amazon.com/The-Silicon-Boys-Valley-Dreams/dp/0688179061#reader_0688179061.
[4] Anna Lee Saxenian. From Brain Drain to Brain Circulation: Transnational Communities and Regional Upgrading in India and China. Forthcoming in Studies in Comparative International Development, Fall 2005.
[5] 悦潼：《硅谷公司惜人才请求放宽移民政策，奥巴马否决》，腾讯科技网，2012年11月30日。

1951年，在斯坦福大学副校长费雷德里克·特曼的推动下，学校把约579英亩、靠近帕洛阿托的部分校园地皮，划出来成立斯坦福工业园区，兴建研究所、实验室、办公写字楼等。此前的1938年，特曼曾经借款538美元，支持戴维·帕卡德和比尔·休利特创办了HP公司，并担任董事会成员达40年之久。他被誉为"硅谷之父"电子产业的基础。

1955年，威廉·肖克利在硅谷的圣克拉拉谷创建"肖克利半导体实验室"。次年，肖克利获得了诺贝尔物理奖。为了扩充实力，他立即赶到美国东海岸，开始物色高层次人才。赫尔尼、格里尼克、罗伯特·诺伊斯等年轻精英们被网罗。不久，新锐们集体出走，创建了当时世界上最大、最富创新精神和最令人振奋的半导体生产企业——仙童公司。史蒂夫·乔布斯曾经说过："那时，仙童半导体公司就像个成熟了的蒲公英；只要你一吹它，带着创业精神的种子就随风四处飘扬了。"仙童公司催生了国民半导体公司（NSC）、高级微型仪器公司（AMD）和英特尔（Intel）等，号称"硅谷人才摇篮"。

硅谷是一个现代神话，是全世界科技园区的"母版"。从20世纪60年代的半导体工业、70年代的处理器，到80年代的软件和90年代的互联网，再到21世纪，硅谷一直都走在世界高科技的前列，代表着全球科技发展的潮流，成为高科技的代名词。

硅谷之所以能产生大量的优秀人才，之所以能吸引世界各国的优秀人才，最主要的原因是：在整个硅谷发展的过程，除了硅谷特有的文化外，政府、企业和学校同心协力，十分注重对于高素质、复合型、高学历人才的吸引、培养和使用，为各路人才的成长在文化、工作、政策、法律等方面创造了良好的综合环境，从而形成了世界领先，也似乎是令人忧虑的人才集聚机制。这主要包括：

（一）硅谷文化

1. 鼓励冒险，允许失败

传统价值观念只承认成功，不允许失败。在欧洲，破产往往会被看成羞耻；一些国家还不允许破产者开办公司。硅谷鼓励冒险、宽容失败的价值观念，崇尚"It is OK to fail"的理念。有过多次失败经验的创业者，反而被各企业争相雇佣。

2. 鼓励人才创新，提倡个人奋斗

创新是硅谷生命。创新环境和机会对每个人都是平等的。硅谷是一个创新的国际性场所，以每天十几项推动科技发展的技术成果而确定领先地位，不断地吸引着来自世界各地的淘金者。

3. 人才流动频繁，容许跳槽

高科技公司的经理进入风险资本投资公司、投资银行、咨询公司或加盟初创企业或者直接创办自己的公司，也可能是以相反的方向流动。工程技术人员的跳槽率很高，在同一个地方工作时间一般不超过3年。而且，加州法律环境较为宽松，使跳槽变得容易。

正是这些硅谷特有的文化，极大地激发了人才的创新精神、创业精神、奋斗精神以及勇于追求自身价值的精神，也为硅谷注入强大的活力和创造力。

（二）政府大力支持

政府除了加强硅谷的基础设施外，主要是通过制定恰当、有效的政策和法律来为硅谷人才营造良好的工作和生活环境。

1. 制定和修改"移民法"

从1950年开始，美国政府随时根据硅谷产业发展和科学研究的需要，不断修改移民法案，为吸引外国优秀人才奠定了坚实的法律基础。1965年颁布"新移民法"，法律规定，来自世界各地的人，只要学术、专业上有突出成就，不考虑国籍、资历、年龄和信仰，一律允许优先进入美国，并且每年留出2.9万个移民名额专门用于引进外国的高科技人才；1992年，美国移民法修正案通过了对"杰出人士"移民的法律，为"杰出人士"提供了快速向美国移民的一条捷径；2001年，出台《加强21世纪美国竞争力法》，其核心就是要吸纳世界各国的优秀科技人才，计划3年期间内，每年从国外吸收19.5万名技术人员；等等。尽管"9.11"事件后，美国颁布了相对严格的"移民法"，但是，对于外国优秀人才仍然是欢迎的。

2. 实施H-IB签证计划

1990年美国开始实施专门为吸纳国外人才的H-IB签证（用于招聘科技人员的签证）计划，每年签发6.5万个，有效期为6年。硅谷地区虽然每年约占H-IB总配额的43%，但仍然难以满足需求。硅谷的高科技公司时常不断向国会施加压力，要求扩大H-IB签证的数额。1998年，美国国会通过一项法案，将1999年和2000年H-IB名额从6.5万个增加到11.5万个。为了进一步满足美国经济发展对科技人才的需要，总统克林顿2000年5月向国会提出，美国在2001—2003年对高科技人才引进的名额增加至20万个，并建议撤销有关外国技术人员在美国工作所必需的签证方面的限制。

2003年，美国务院又公布一份备忘录，指出H-IB类签证持有者可在美停留至其签证最后期限，被解雇员工在离美之前已有一定的宽限期。这使真正有本领、对美有用的科技人员能留在美国。

实施 H-IB 签证计划为美国引进了大量专业热门、年龄轻、学历高的优秀人才。美国移民局统计报告，从 1999 年 10 月至 2000 年 9 月，共有 25.76 万人 H-IB 签证。按分类统计的最高比例，计算机相关专业占 58.1%，25～29 岁年龄群人数占 42.2%，拥有学士学位者占 56.9%。

3. 实施外国留学生政策

1946 年，美国实施"富布赖特计划"，每年提供奖学金接受各国学生及学者赴美学习。1999 年，75% 攻读博士学位的外国留学生以"研究助理"身份，获得大学全额奖学金。政府和相关组织还通过跨国联合办学或是在外国设立美国大学，物色苗子，网罗人才，为美国的未来作储备。2002 年，在美国大学深造的外国留学生 49.1 万人，占全球 150 万留学生的 1/3。美国国家科学基金会的统计报告称，25% 的外国留学生最后选择定居美国；美国境内获工程博士学位者，50% 以上是在国外出生的。

4. 颁布多部就业和劳动法规

20 世纪 30 年代以来，美国颁布了 20 多部有关就业和劳动保护方面的法规，以减少和避免就业领域存在的种族、身份、宗教歧视等行为，为来自不同国家和地区的人才提供了充分的权利保障。

5. 执行比较宽松的商业秘密保护法

在美国许多州，商业秘密保护法的执行非常严格。加州地区的商业秘密保护法比较宽松，使得人才流动频繁。

6. 为了保持 R&D 投入，软件企业争取到了"永久性研发税优惠"

美国国内税收法第 41 部分中有"研究与试验税优惠"的规定，这一政策使美国公司获得了年实际研究支出的 20% 的税收减免。

7. 建立知识产权保护和专利制度

美国是世界上实行知识产权制度最早的国家之一，已基本建立起一套完整的知识产权法律体系。美国联邦政府机构对知识产权的介入很深，管理上比较缜密和严格。特别是对政府拨款产生的专利权的管理，宏观上有政策指导，具体项目上也有专门机构操作、经营。这为硅谷人才拥有技术创新的知识产权和专利权提供良好的法律支持。另外，政府还制定法律，允许大学、科研机构、非营利机构和企业拥有利用联邦资助的知识产权，以推进产学研的合作。

（三）企业积极推动

1. 利用猎头公司招聘人才

硅谷许多一些高科技公司充分利用遍布全世界的"猎头公司"为其网罗高科技人才。

2. 采取积极有效的股份认购权激励措施

硅谷企业为了留住关键员工，主要股票期权方式。对于一个优秀的人才，硅谷公司往往会给予较多的股份认购权，不要员工自己掏腰包就可以享有，是员工能力和价值的一种体现，这也是硅谷尊重人才的一个体现。一个成功的公司往往能够制造100多个百万富翁。这是硅谷的一种很有效的激励模式。

3. 创造平等竞争的工作环境

硅谷企业信奉能者在上的理念，才华与能力主宰一切，而种族、年龄、资历与经验并不能决定机会和职位。在工资支付方面，主要是根据员工的业绩，确定工资的高低和福利的多少。优秀员工与落后员工之间的工资福利差别相当大，管理层与普通员工的工资待遇可以相差几十倍，不同工种之间的工资差别也不小。

（四）贫困的繁荣

树大招风。硅谷，在许多科技园区竞相模仿和追赶的过程中，不仅是榜样，也是传说。伴随一轮又一轮财富神话，一批又一批的连锁倒闭，硅谷似乎永远在挑战人们的神经。如今看来，美国人似乎正在开始学习以色列、日本、中国这些国家，寻求政府的支持和帮助，企图弥补市场自身的缺陷，避免被印度这样的国家"掏空"，却是前所未有的新鲜事。

毫无疑问，美国学术界对硅谷的研究从来没有停止过。这也是美国硅谷精神的要义所在之一：居安思危、未雨绸缪。研究者指出，一些学者们从来没有预料到这种变化（即政府在主导科技园区的角色转换，并由此带来的深远影响）。在内容不断开放、覆盖范围不断扩大的世界市场，他们忽视了跨国公司和国家政策，对全球化的深刻影响，以及越来越自由自在的工程师们在远离美国这样的世界中心的情况下，也能够通过资金运作和专业技能，在长途跋涉的科技创业活动中蓬勃发展。

进入21世纪，硅谷后面临"贫困的繁荣"。这就是新一轮的人才危机。在世界稀缺资源持续紧缺的环境下，具有挑战性的高新技术产业在产品、市场、技术等领域，不断地重新定义，生命周期缩短到9个月或以下。在硅谷，中国和印度工程师的第一代移民，以熟练的母语、文化和技术技能，完全能够居高临下地占据国内市场。他们创造最小的生产定位和最佳互惠互利的结构，使得能够长距离运作遥远的资金、技术和市场。新近出现的多元国际化，并不能改变它们的地位，却把从核心到边缘的传统模式，引进到一个更为复杂和分散的、技术和资本的双向流动的新概念，以及成为一个能够被简易替换的区域经济体。

作为硅谷的复制，印度的班加罗尔和中国台湾新竹、上海，机构和专业服务提供商们正在扩大到可能是，也应当本来是属于硅谷经济的辐射区域。它们在重点发展领域的能力上，远远超过了美国。与美国生产公司在20世纪大规模的垂直整合不同的是，印度、中国企业的层次结构正在取代横向网络组织，获取更加灵活生产的专业化和互补的能力，并能够距离硅谷遥远地完成重要资源重组。这表明，远离美国的区域经济（印度、中国、俄罗斯等），正以独特的能力和资源运作，是国家和政府，而不是公司，正在主导世界的未来。

这样的结论是有背景支持的。2012年11月30日，美国白宫宣称，总统奥巴马已经否决了一项由硅谷诸多公司支持的改革移民政策的提议，该提议可以让在美国接受教育的电脑程序设计师和工程师仍留在美国。支持这一提议的公司包括苹果、微软和Adobe等。

白宫方面突然宣布这一结果，正值美国众议院即将就共和党议员提出的"外国科技类留学生工作法案（STEM Jobs Act）"进行表决。这一法案将使得最多达5.5万份就业签证，可能会发放到那些在美国大学的某些科技领域获得硕士学位和博士学位的外国人手中。这些签证只有在移民当局证实美国某些岗位的确需要外国人补充进来时才会产生作用。

白宫发表声明称，"美国政府反对众议院的6429号决议（即外国科技类留学生工作法案）"。白宫的这一宣判将肯定会让诸多公司和商业机构感到失望，这些公司和机构就包括思科、IBM、惠普、甲骨文、高通、美国商会、IEEE-USA等，这些公司和机构此前已经在2012年9月联名致信部分众议员，恳求他们批准这一法案。尽管奥巴马政府的警告并不包括明确的否决威胁，但是，决议即使能在众议院获得通过，最终也可能在民主党控制的参议院被扼杀。

多家科技公司曾希望美国两党能够在"外国科技类留学生工作法案"达成少有的一致，特别是在竞争激烈的大选之年。AOL联合创始人、风投资本家史蒂夫·凯瑟（Steve Case）本月曾向媒体宣称："我的意见是，如果各方能够通过某种方式快速地在更广泛的移民改革政策上达成一致，那么这将会很好。但是，如果这一愿景不会产生，那么我们就不应当耽误这一问题,因为每年都有学生毕业,每年的 5 月或 6 月,都会有 4 万～5 万的人毕业于博士或硕士学位,而其中约一半的毕业生最终将被迫离开,其中一些被迫返回他们自己的国家进行创业,而他们可能会最终打造出类似于谷歌(微博)或 Facebook 这样的公司。"

白宫宣称,美国政府并不一定反对该法案所提出的理念,但是,"外国科技类留学生工作法案"是一个"不太合适的提议"。这一提议并不"符合总统有关全面移民改革的长期目标"。

硅谷公司一直没有那么幸运,他们很难说服华盛顿方面摆脱官僚作风从而在移民改革提议上做出让步。媒体报道称,另一部相关的法案,即《Startup Act 2.0(创业法案 2.0)》自提出以来,已经在美国众议院和参议院相关委员会搁置半年之久而至今无人问津。《创业法案 2.0》也是呼吁美国政府发放 7.5 万份"创业人员签证"。

合法移民已经在美国创建了多家科技公司,其中就包括谷歌、雅虎、英特尔、eBay 和 Sun 公司等。著名的硅谷创业家兼大学教授维维克·瓦德瓦(Vivek Wadhwa)调查发现,硅谷约 52% 的企业是由"移民创建"。

二、美国 128 公路地区[1][2][3]

"二战"前,麻省理工学院(MIT)的一些研究实验室,分化出一些新技术公司,逐步落户在 128 公路附近。MIT 和美国联邦政府通过建立风险资金公司或拨款资助,使 128 公路地区很快成长为高技术区。

标志性人物:肯尼斯·奥尔森、王安。

灯塔型企业:美国无线电公司、阿杰克公司、波纳罗伊德公司、DEC、WANG、Date General、马州总医院、布里格姆妇女医院、Dana-Farber 癌症研究所。

建设初期,128 公路地区对高层次人才颇有吸引力。首先,马萨诸塞州开始仿效加州的减税法案,通过了自己的减税法案。其次,"二战"后的 1950—1960 年,该地区仅从美国国防部就得到了 60 亿美元的订货合同,这几乎是同期硅谷所获支持的 10 倍。联邦政府采购了这里超过 50% 的产品。这使得 128 公路不仅是创业者的天堂,还是就业者的天堂。园区企业家们从来不发愁招不到高层次人才。最后,当地著名的哈佛大学和

---

[1] http://en.wikipedia.org/wiki/Massachusetts_Route_128.
[2] http://www.route128history.org/.
[3] J. R. Mitchell Lessons from Silicon Valley: how Illinois can become a center for innovation and growth. http://www.zeromillion.com/, 2012-03-11.

MIT，还有波士顿大学、东北大学、麻省理工等高校，不仅形成了强大的智力后援，还提供了数量庞大的实习生、毕业生等人力资源后盾。而且，MIT鼓励做工程和技术的教工与本地区的私人公司合作，或者直接开办新公司。林肯实验室分离出来成立的数字设备公司（DEC），先后分化20多个新公司。到1965年，128公路地区已有近600家科技型企业，远道而来的外资企业的比例却不到13%。

"冷战"后，军方订单减少，128公路发展速度放缓。特别是经历了市场转向小型个人电脑的巨大冲击后，开始落后于硅谷，逐步走向衰落。20世纪90年代，128公路只有13家新成立的公司，收入1亿多美元，而同期硅谷则有47家新成立的公司。其中，有着深刻的几个原因：

（一）高度依赖性

128公路地区的支柱行业是军工和电脑两个领域。军工企业的前期投入大、组织结构也庞大，且不容易转型；一旦失去订单，就得关门。

（二）市场变革意识薄弱

128公路恰好经历了电脑领域日益市场化的历史时期。如在1977年，"小型机之父"肯尼斯·奥尔森，将成立20周年的DEC公司送上世界之巅，全球市场占有率高达41%。20世纪90年代，DEC在军方订单减少和个人电脑兴起的双重压力下，未能意识到个人PC和企业工作站的价值，也无法接受从专利技术到开放系统的市场变革。首次遭遇季度亏损。8年后，DEC被收购。20世纪80年代中期，王安公司成为全球最大的信息产品生产商，业务遍布100多个国家，员工总数超过3万人，年度营业额高达235亿美元。面对个人电脑的迅速崛起的严峻挑战，王安却固守打字机领域、静待风云变幻，最终由盛变衰。

（三）创新动力减缓

2004年，马克·扎克伯格为了扩大Facebook的规模，前往波士顿寻求融资，却被拒绝了。扎克伯格被迫将Facebook从哈佛大学搬到了加州，一家同样从波士顿撤退到加州的风险投资公司主导了融资。2012年5月，Facebook在纳斯达克成功上市，市值约1047亿美元，超过了惠普和戴尔两家公司的总和，也超过了亚马逊。分析家却一针见血地指出，波士顿风险投资商的平均年龄是55岁，而在硅谷却是43岁。这使得二者的思维和判断差距很大。一个55岁的资深风险投资家，永远无法理解那些30多岁的年轻人不好好学习却热衷于交友，而且这个商业市场又是那样的庞大。

然而，认定128公路地区彻底衰落的说法，为时过早。世界著名的医疗机构如马萨诸塞州总医院、布里格姆妇女医院、Dana-Farber 癌症研究所和波士顿儿童医院等，开始集中在 128 公路地区。大量的风险资本，越来越多的生物技术公司和包括医院在内的公共研究机构的组合，使得波士顿地区成为美国生物技术产业组织上最多样化的区域集群。

三、英国剑桥科学园[1][2][3]

位于剑桥郡，风景秀丽、交通便利。这里是世界上公认的最重要的技术中心之一，有着不可比拟的研发和创新纪录。它创造了"剑桥现象"，被誉为"硅沼"的名声，成为英国的新经济中枢。

标志性人物：Hermann Hauser、Chris Curry、沃伦·伊斯特。

灯塔型企业：CAD、CIS、ARC、阿肯（Acorn）、Sinclair、CamScan、ARM、Virata。

1970 年，剑桥大学三一学院和卡文迪许实验室，划出一块面积为 53 公顷的土地建立了剑桥科学园（Cambridge Science Park），初始条件与硅谷几近相同。建设初期，政府对中小企业以政策倾斜，给进入园区的高科技公司提供资金、税收、法律等方面的优惠政策。外资与英资公司享受同等投资优惠，享受国民待遇，获得同样的项目资金援助。英国政府设立著名的"挑战"基金，本身就是大学孵化器的产物，它成功以后，反过来又为大学研究提供了大量的商业机会，把一个个有潜力的研究项目变成公司，包装上市。

英国的公司税率在欧盟国家中是最低的，这无疑增强了该地区企业的竞争力。政府没有指导或限制外商投资的专门法律，外商或外资控股公司从法律意义上讲与英资公司享受同等待遇，能够从事多种形式的经济活动。另外，剑桥有舒适的居住环境，可上下班往返伦敦。

英国政府没有刻意出台特殊的人才政策，刺激剑桥科技园区企业引进国内外高层次人才。这与诸多因素有关。剑桥大学是世界一流研究性大学，物理、计算机和电子领域的领先技术举世闻名，还是一些著名风险投资公司的根据地，有着丰富的资金供高科技公司融资。在国际企业 R&D 基地和科技咨询、专业技术服务领域的声名远播，能够凭借美好的前景，具有诱惑力的挑战和高薪，吸引欧洲的大量一流人才。况且，英国人口虽

---

[1] Rodney Dale. From Ram Yard to Milton Hilton: A History of Cambridge Consultants. Cambridge Consultants Limited, 1983: 4.

[2] Joia Shillingford. From the BBC Micro, Little Acorns Grew. Guardian, March 8, 2001.

[3] http://www.techcn.com.cn/index.php?edition-view-149800-0.

不足世界总人口的1%，但却担负着全球5.5%的研发工作。每年都有大量的剑桥大学毕业生就职于园区内的企业，成为比较稳定的人才来源。

剑桥科技园区人力资源丰富，拥有大量最优秀的科学家和熟练的技术人员，为园区内科技企业的成功提供了至关重要的创业科学家和管理人才。况且，剑桥园区内的雇员多半较少跳槽，极具凝聚力的企业文化给予员工强烈的归属感，人才的稳定和充足使得园区企业得以长期保持一支比较强大的队伍，并因为这种连续性而获益。

20世纪70年代和80年代早期在硅谷模式的影响下，剑桥科学园曾经是欧洲集中了最多的高新技术创新企业且实力突出的科技园。80年代后期，剑桥高新技术发展速度显著放慢。80%以上的小型企业几乎没有扩张，法人几乎始终没有变化。Acorn、Sinclair等具有良好技术前景的公司被收购。

英国政府放任而不积极干预剑桥科学园的自由发展，是导致它远远落后于硅谷的最主要原因。一方面，在剑桥科学园的发展过程中，政府的作用相当有限，几乎不主导任何活动或投资，甚至在基础设施建设方面也不介入；另一方面，拥有76个诺贝尔奖项的剑桥大学"重学术、轻企业"的环境，崇尚儒雅、鲜于商业运作的性格，使得年轻的创业们在发现机遇方面和硅谷相比有着一定的差距，企业成长速度缓慢。

但是，英国政府已经意识到所谓的"绅士风度"，并不能完全解决市场问题。政府的力量开始逐渐体现。从1993年开始，剑桥工业园开始出现增长的态势。2000年年底，剑桥地区约有1200家高技术公司，就业数为35000人，年贸易额达40亿英镑。

四、法国索菲亚·安蒂波利斯科技园区[1][2][3]

索菲亚·安蒂波利斯号称"蓝色海岸明珠"，位于法国南部戛纳市和尼斯市之间，濒临地中海，背靠阿尔卑斯山，是一座风景优美、气候宜人的海滨城市。

标志性人物：波埃尔·拉菲特。

灯塔型企业：德州仪器、数字设备公司、汤普森平德拉公司、法国电信、法国航空公司国际订票服务中心、法国长途电信公司。

---

[1] http：//www.sophia-antipolis.org/.
[2] http：//city.sina.com.cn/city/2007-11-22/93509.html.
[3] http：//house.people.com.cn/chengshi/article_03_12_23_0405.html.

1969年，巴黎矿业学校校长波埃尔·拉菲特教授建议，并成立了由私人公司"索菲亚·安蒂波利斯科学城协会"，负责科学城的统建工作。1974年，法国政府批准扩大建设区域，建设面积达2400公顷（绿荫地带占一半以上），相当于半个巴黎。1984年，成立了基金会，同时开发三个子园区。

安蒂波利斯科学城以开发高技术产品为主，同时又是科研和教育的综合基地园区。园区起步时，几乎是一片空白。这却使得园区在吸引高层次人才领域，采取了与其他世界园区略有不同的竞争策略。

（一）选址考究

科学城选择在地中海沿岸交通方便，环境优美，紧靠著名的旅游城市——尼斯。原有的科技、工业技术基础几乎是空白，只有一所大学。这既避开了游人如织的海滨喧闹市区，有着一定的科研生产生活的基本条件。

（二）严格行政立法和园区规划

法国政府通过行政立法，保证科学城的土地使用和建设方向。又通过规划，园区总投资达6亿法郎，其中，1.8亿法郎由领土整治部和地方财政资助，其余4.2亿法郎由私人公司通过出售地盘收回投资。园区要求进驻企业必须维护自然环境和租用物品，企业建筑不应有围墙，建筑高度的不超过三层，不能有大量生产及污染物的产生。但是，允许银行及商业活动及中学、大学的设立。

（三）敢于大量贷款，又能有效偿还

园区兴建初期，当地的地皮价格比较便宜，均为巴黎地价的60%。大量的贷款迅速解决了基础设施和交通问题。园区能够为外来的研发人员提供便宜的长期住所，并在购买住房时予以一定的优惠政策，使得他们能够安居乐业。各种基金会、接待中心、新兴企业培植中心、国际智密区俱乐部和国际科学委员会的软性建设得以强化。

（四）大力引进国际知名企业

1969年，IBM就在园区开设实验室，德州仪器研发中心随之落户。如美国的国际商业机器公司、洛克维尔国际公司、得克萨斯仪器公司、道·科宁公司、英国的威尔克姆实验室、德国的亨克尔公司、瑞士的雀巢公司、日本的丰田汽车公司和法国航空公司等。这些入驻的大型企业不仅带来了可观的经济效益，也为研发机构提供了必要的实验场所，方便了大学生的社会实践活动。

历经 30 多年的持续建设，科学城附近的尼斯大学已经成为法国第二大的综合性大学。而在 1986 年，园区科技产值就超过 100 亿法郎，使原来以旅游、建筑为主的地区，转变为信息、通信和保健业为主导产业的科技城，主攻电脑、医药、软件工程与能源研究。2008 年年底，该园区入驻单位达到 1414 家，创造就业岗位 30044 个，70 多个国家的 3 万多名科技人员在这里工作，高科技创造收入达 60 亿欧元。

五、芬兰奥卢科学园①②③

芬兰地处北欧，全国人口只有 520 万，1/3 的土地在北极圈内，是不折不扣的寒冷地带。首都赫尔辛基以北 600 千米的波的尼亚湾东岸奥卢河河口处，坐落着欧洲最北部最大的城市——奥卢。

标志性人物：Lauri Lajunen、史蒂芬·埃洛普。

灯塔型企业：诺基亚（Nokia Corporation）、UPM、奥托昆普（Outokmpu）。

1982 年，奥卢市依托大学建立了奥卢科技园，这也是北欧第一个科技园区。它的成功经验有：

（一）政府控股经营公司

奥卢地方政府控股的 Technopolis Group 集团负责经营科技园区的公司。主要依靠建设房屋、吸引企业入住赚取租金，同时提供配套服务。奥卢科学园孵化器是奥卢科学园的子公司，不以营利为目标，提供多项发展服务，包括建筑设计、预算、设施管理、企业发展服务等。它每年能得到政府上亿欧元的投入，是北欧领先的企业孵化器，还经常得到欧盟和芬兰科学园协会的奖励。奥卢科学园的一个鲜明特色就是实行专家管理，分别由来自大学的教授、大公司背景的具有企业家素质的人员、高级技术人员及少数秘书人员组成。他们每个人负责一些具体的项目组织，或者负责一些普遍的咨询工作，繁杂的、具体的维修、后勤服务等工作则交由服务公司完成。

（二）调整移民融入和就业政策

芬兰原则上是一个非移民国家，即政府不鼓励外国人口的大规模迁入。但是，却非常鼓励外国人在芬兰投资办厂，建立公司企业。1999 年，

---

① http：//www.technopolis.fi/.
② http：//www.nokia.com/.
③ 赵长春：《芬兰采取多种措施进行移民管理》，新华网，2012 年 5 月 18 日。

政府就制定了《移民融入法》。2011年9月，新《移民融入法》开始生效。根据这部法律，在外来移民刚到芬兰时，尽可能多地为他们提供以其母语发布的各种信息。为此，芬兰内政部、教育部和社会保障机构共同出资，专门为外国移民建立了信息库——Info Bank，为住在芬兰或打算移居芬兰的外国人提供信息服务。信息库网络服务以芬兰语、瑞典语、英语、俄语、法语、阿拉伯语等15种语言，发布关于芬兰社会的就业、住房、教育、医疗和社会保障服务等综合信息，帮助广大移民安家落户。

外国移民后三年以内，可享受政府提供的"融入社会计划"。即在职业介绍所的就业顾问帮助下，或者社会保障机构的社会工作者帮助下做一份适应当地社会的计划书。根据《移民融入法》以及芬兰的宪法，在芬兰居住超过两年的移民拥有参与地方选举的权利。

为了落实外来移民的安顿工作，消除对他们的歧视现象并解决就业问题，芬兰政府和有关部门做了大量工作。除了《移民融入法》外，芬兰政府于2001年3月通过了一项反对种族歧视的行动计划，重点是进一步消除对外来人口的各种歧视行为，保证外来移民在工作中享受平等待遇。

(三) 减免外国高技能人才税率

芬兰是"高福利、高税收、高物价"国家，加之芬兰语的特殊性，以及高纬度地域寒冷等原因，除爱沙尼亚、瑞典外，其他欧盟国家以及发达国家的技术人才并不热衷于进入，芬兰雇主很难聘请欧盟和技术发达国家的劳动力。2004年，政府出台了一项新政策，降低外国高科技人才的税率，最低降到当地纳税人的58%；外国高技能人才可以连续10年减免30%的个人所得税。2006年12月，芬兰率先解除了劳动力市场对欧盟新成员国的限制，全面向欧盟国家开放。政府认为，向新的欧盟成员国开放劳动力市场，可以缓解芬兰国内当时存在的技术劳动力短缺的压力，有助于本国经济可持续发展。

到2012年，奥卢科学园通过持续的技术创新、灵活的政策创新、务实的教育创新，拥有了世界一流的信息与通信技术，实现了产学研用的良性循环，已发展成具有拥有100多家雄厚经济实力和尖端出口产品的高新技术企业联合体，产品包括计算机软件、移动电话、信息传输系统、光学电子仪器、激光技术、电子智能止、工业测量仪器等，并荣获"世界十佳科技园区"称号。

六、瑞典斯德哥尔摩西斯塔科技城[①②③]

西斯塔科技城位于斯德哥尔摩中心区以北 15 公里，交通方便，欧洲 4 号高速公路将它与斯德哥尔摩市紧紧相连，距斯德哥尔摩阿兰达机场仅 30 千米。

标志性人物：Hans Vestberg、Mats Holsson。

灯塔型企业：爱立信、ESAB、绅宝、ABB、SKF、沃尔沃。

科技城自 1970 年开始规划。1976 年，科技城筹建时，斯德哥尔摩市政府就把当时著名的跨国公司爱立信和 IBM 吸引到科技城设立分支机构，借此吸引全球信息和通讯领域公司到此集聚。爱立信全球总部设在园区中心，爱立信微电子、索尼爱立信公司，以及移动互联网、WCDMA 等数个技术展示中心和爱立信欧洲教育培训基地均设在科技城，建有 70 余幢办公楼。20 世纪 80 年代，西斯塔科技城围绕电子工业发展起三大领域，即生产制造、电子批发贸易和知识密集型服务。当时，为满足电子制造厂商对工程技术人员的需求，瑞典皇家理工学院在科技城设立了信息学院。20 世纪 90 年代以来，西斯塔发展成为以无线通信为主导的全球信息通讯产业集群区。

在吸引和使用高层次人才领域，西斯塔科技城已经形成"三足鼎立"良好的发展态势，这主要体现于：

（一）政府大力扶持

瑞典力图建成世界领先的知识型经济强国，使得园区有着坚实的国家政策支持。2006 年，瑞典政府提供 1 亿克朗支持中小企业研发，拨款 2000 万克朗支持发展地区工业研究中心。从 2007 年起，对中小企业的研发项目减税 2 亿克朗。政府研发投入约占 GDP 的 4%，处于世界领先地位，重点支持国际领先并对公共和私营行业有重大贡献的领域，如医学、环境与可持续发展、信息技术、电讯和邮政服务等。为使科技成果商业化，瑞典政府在 2005—2008 年间增加 1.2 亿克朗的资金扶持。每年的诺贝尔科学奖项都在首都斯德哥尔摩颁发，更增添了该国崇尚科学技术、重视人才培养的无限光彩。

---

① http://www.kista.com/.
② http://www.nordicchinese.se/nordicchinese/? p = 1586.
③ 《瑞典西斯塔科技城的特点与启示》，中华人民共和国驻瑞典使馆经商参处，2012 年 4 月 21 日。http://se.mofcom.gov.cn/aarticle/ztdy/201206/20120608191898.html.

政府专门开通斯德哥尔摩市区至科技城的城市轻轨专线。在办公设施附近专门规划的餐饮店、咖啡店等服务设施，不仅提供了饮食服务，还成为科技人员交流信息的重要场所。主要目的就是要把西斯塔打造成为名副其实的宜居、宜商的"科技城"，而不仅仅是"科技园"。尽管没有任何税收和土地优惠，但是，良性循环的产学研环境和宜居环境为科技城留住了人才，为其可持续健康发展提供了条件。

（二）借力爱立信集团

爱立信在全球通信领域技术领先、人才辈出、活力非凡，发挥着巨大的"人才磁石"作用。受其影响，诺基亚、IBM、SUN、甲骨文、英特尔、康柏、摩托罗拉、微软等全球知名跨国公司，先后在科技城设立了研发中心或生产基地。这在一定程度上造就了产业集聚效应，形成了比较完整的上下游产业链。

许多国际财团创办的风险投资公司和孵化器公司以投资入股的方式，向初设企业提供资金和办公场所，扶持科研成果产业化，保证了有市场前景的技术不会因资金问题而停留在实验室。为加强对中小企业的扶持，各顾问委员会和科技城公司共同制定了鼓励政策，并形成了一套有效的创新激励机制，即著名的KIG。主要内容包括：向园区的研究人员及在读大学生免费提供研发基础设施的孵化器；建立为小企业及创业者提供服务的商业服务中心，有偿提供办公场所和启动资金；建立了各类专业顾问队伍，为新设企业提供详尽的咨询服务；为准备创业人员提供专家支持的"公司创造器"，由职业经理人协助科研人员创业；经常组织经验丰富的商界人士向创业人员提供详尽的应用培训；等等。

（三）加大企业和高校的合作力度

20世纪90年代，瑞典皇家理工学院和斯德哥尔摩大学，共同投资1亿瑞典克朗在科技城成立了信息通讯学院，为科技城培养了大量实用性人才队伍。信息学院针对产业需求，重点开设了电信、通信技术、无线宽带等方面的课程，培养出来的人才很有实用性，形成了一套有效的产业人才培养及供给机制。除专业对口外，通讯学院还与科技城之间建立了紧密的产学研合作关系。大学的研究人员、博士生到企业任职，共同参与技术的研发，企业技术人员经常到学校授课。几乎每家公司都向学生提供暑假实习的机会，学生在读期间便与园区企业共同进行技术开发、共同参与业务计划，毕业后可以直接进入公司工作。仅2010年，就有6000余名皇家理工学院的学生在园区工作。

瑞典西斯塔科技城被誉为世界的"移动谷",发展方向定位为以无线通信技术为主导的"TIME"产业,即电信(Telecom)、信息技术(IT)、媒体技术(Media)和娱乐(Entertainment)等多种新技术的结合,目的是扩大吸引高新技术企业的范围,并增强各高科技产业间协同发展。2012年,科技城共有4600多家公司、65500名科研和技术人员。其中,信息通讯产业有1100多家公司、22000名员工、1100名研发人员。

七、德国慕尼黑科技园区

在西欧,德国的高科技工业园区发展速度是最快的,从1983年开始起步,到1990年就发展到90多个,以"孵化中心""技术园区""研究园区"最为多见。慕尼黑高科技工业园区,始创于1984年,是德国最为突出的鼓励高科技创业发展的科技园区。

灯塔型机构:西门子、日立、摩托罗拉、宝马、欧罗西尔、慕尼黑大学、慕尼黑工业大学、慕尼黑理工大学、辐射与环境研究会、航空航天研究所。

(一)政府和商会共同管理

由慕尼黑市政府和慕尼黑商会共投资成立。园区面积当时为2000平方米,由于符合支助高科技企业的发展形势,受到企业界普遍欢迎。到1990年,园区面积扩展2倍。1992年,投资高新技术企业孵化大楼建设。为使企业在较小的空间创建大的科技公司,并尽可能地帮助投资者降低科技孵化成本,创业大楼每个单元都安装了100兆的电信网络,微机、电视机、传真机、电话机等都集中在一个盒子里面。科技人员在这里完全可以了解整个慕尼黑市的产业领域和科技研究动态。

园区建设主要集中于工业产业、激光技术、纳米技术生物技术等。作为全国高科技产业的孵化中心,在这里能以最快的速度反映当前的信息技术。在德国,一个新的企业、新的领域开始时,首先是在这里进行试验,成功后,移植到其他地区,再创一个工业园区。如慕尼黑生态科技园(1.4平方千米)、绿色食品科技园(1.4平方千米)、信息产业科技园以及宝马汽车公司、西门子电器产业等,都与慕尼黑高科技工业园区有密切关系。

(二)提升和扶持传统产业

慕尼黑高科技工业园区十分重视提升传统产业和扶持传统产业的发展。政策导向主要放在市区规划建设领域。由于地价不断上涨、城市建设不断扩展，一些传统工业为保其生存不得不搬出市区。政府意识到这个问题，在举办科技工业园区的同时，采取降低地价扶持传统产业发展。并由政府出资，对提升传统产业搬迁提供服务和人员技术培训，把传统产业在调整过程中的风险降到最低限度。同时，在园区内专门配备传统产业的标准厂房可供租用。

（三）优先发展民用电子机械产业

德国是"二战"的战败国，一些军工领域被严格限制。为此，德国政府认为，发展民用电子机械产业比发展原子弹更重要，重点发展计算机、半导体和集成电路等产业。但是，德国政府在高技术开发方面主要是放手让企业开发，也就是以民间和社会力量及其投入开发为中心。这种开发方式虽然比政府单一的开发模式更有活力，但是，民间企业害怕承担科技开发的风险，也有过于慎重和开发步伐较缓慢的不足之处。对此，德国政府于20世纪末期在34个工业部门设立了96个联合研究会，将研究成果在整个行业推广使用。1999年政府投资4.5亿马克，促进中小企业的科技发展。德国政府还明文规定，政府投资的大学必须同企业进行合作，从而加快了科技开发速度。

（四）加强机构建设

慕尼黑市为促进高新技术工业园区发展，专门成立了慕尼黑高科技工业园区管理招商中心，隶属慕尼黑市政府和慕尼黑商会，代表政府对进区企业提供全程服务。整个招商中心仅有主任、副主任等5个管理人员，其余员工根据园区发展需要实行聘用。管理中心按现代企业制度实行企业化管理，每年保证有10个新的公司进区，并保证科技孵化楼的入住率在80%以上。该中心运作状况每两年向监管会作一次汇报。所有重大战略、支出、发展等都由临管会决定。

（五）采取优惠政策吸引高科技公司进驻园区

如通过降低房屋租金和科技孵化中心的条件鼓励高科技企业进区开发，凡交得起半年租金者均可进区注册成立公司。中心规定，凡是进入孵化大楼的企业，在科技成果得到有效转化之后，必须搬出孵化大楼创办新的科技工业园。

八、俄罗斯新西伯利亚科学城①②③

1956年2月,苏共二十大通过决议,要大力发展全国的生产力和必需品。1957年,苏联科学院拉夫连季耶夫、赫里斯季安诺维奇和别列捷夫三位院士联名,在《真理报》发表了题为"组织科学的紧迫任务"一文,并表示愿意带领自己的学生离开莫斯科到遥远的西伯利亚去开辟新的科研事业,创建一个新的科研基地。当年5月,尼基塔·谢尔盖耶维奇·赫鲁晓夫(1894—1971)领导的苏联部长会议正式通过决议,创建苏联科学院西伯利亚分院,兴建新西伯利亚科学城。

标志性人物:拉夫连季耶夫、坎托罗维奇、杜比宁、谢尔盖·索鲍列夫、尼·列·多布列佐夫、亚历山大·加利奇、弗拉基米尔·维索茨基。

灯塔型机构:俄罗斯科学院西伯利亚分院(新西伯利亚科学中心)、俄罗斯医学科学院西伯利亚分院、俄罗斯农业科学院西伯利亚分院、布德克核物理研究所、新西伯利亚大学。

(一)政策倾力扶持

建设初期,苏联政府积极出台各项人才政策予以支持。西伯利亚分院获准在1958—1960年间,可从全国高校优先选拔毕业生。1958年,国立莫斯科大学各系毕业生,纷纷加入西伯利亚分院的科研队伍,他们的这一举动被弗·舒姆内依院士形象地称为"浪漫者的空降"。莫斯科物理技术学院、列宁格勒矿业学院、喀山大学、伊尔库茨克大学、托木斯克大学、托木斯克工学院及国内其他一些大学,也为西伯利亚分院输送了大批优秀人才。

苏共中央政治局还通过一项专门决议,要求对莫斯科、列宁格勒等城市科研机构,愿意到西伯利亚分院工作的专业人员,原单位不得设置障碍,必须无条件放行。该举措为西伯利亚分院广纳人才开辟了绿色通道。

赫鲁晓夫时期,科学在社会上享有崇高威信,广大知识分子满怀献身科学的巨大热情。因此,创建新西伯利亚科学城的倡议,引起大批学者的强烈共鸣。1958年,西伯利亚分院组委会收到各地青年递交的近600份申请,表示愿意到西伯利亚分院工作,其中有11名博士和93名副博士。

---

① http://www.xj71.com/2012/0423/613591.shtml.
② http://www.stdaily.com/oldweb/gb/stdaily/2007-12/01/content_748302.htm.
③ 王晓菊:《俄罗斯科学院西伯利亚分院的创建与发展》,《俄罗斯学刊》,2011年第4期。

(二) 人才优惠措施

苏联科学院在院士和通讯院士选举中,专门为西伯利亚分院留出空额,候选人必须是准备调到东部地区工作,或已经在该地区科研机构工作的学者。在1958年3月27—28日举行的首次"西伯利亚"院士选举中,8名学者当选为院士,坎托罗维奇等27人当选为通讯院士。

分院成立初期,这里的院士和通讯院士,要比在苏联中部地区各研究所工作的同事们年轻7～10岁。这些重量级学者率队来到新西伯利亚,并成为分院各研究所的领导核心和骨干力量。此外,西伯利亚分院的科研人员还享有一系列优惠政策。比如中青年学者可以不经过遴选而破格晋升高级职称,调到西伯利亚工作的学者可保留以前所在城市的住宅等。

为了解决学者们的后顾之忧,可谓煞费苦心。米·阿·拉夫连季耶夫回忆说,"西伯利亚分院成立之初,许多人没有来得及跟随丈夫一起从莫斯科来西伯利亚。比如,我们的一位同事很快就在当地找个女友,跟原来的妻子离了婚。我尽量让此事在莫斯科广为人知。现在看来,这样做是对的。妻子们开始大批地迁到新西伯利亚……"事实上,在接到了拉夫连季耶夫院长和办公室秘书的"威胁"电话后,多数"留守夫人"欣然前来。

(三) 吸收"解冻"人物

苏共二十大以后的10多年,"解冻"成为苏联社会的主旋律。新西伯利亚科学中心通过举办音乐会,邀请30多名履历"有瑕疵的"著名知识分子、曾遭受镇压的学者、"失宠的"遗传学家们参观和考察。亚历山大·加利奇、弗拉基米尔·维索茨基,这样一批在莫斯科被"半封杀"的文化名人,先后都移居到代表着知识分子"自由精神"的新西伯利亚科学城。

科学城属于多学科综合性研究中心,基本任务是全面发展技术科学、自然科学、经济科学的理论研究和实验研究,以解决重大的科学问题和促进地区生产力的发展为主要任务。在计划经济体制下,建设费几乎完全来自政府拨款,且预算单列。此举促进了科学城的迅猛发展。1958—1962年,科学中心就提交150多项科研成果。1987年,科学中心面积已达1300公顷,科研人员2.4多万人。鼎盛时期,拥有科研机构60多个、高等院校14所、科研人员2.5万人(其中:院士122人、博士1500多人、副博士5000多人)。

(四) 寻找新的春天

新西伯利亚科学城一度与美国硅谷、日本筑波合称世界"三大科技园"。西伯利亚分院还是苏联决策层的思想库和智囊团，在俄罗斯东部开发过程中起着举足轻重的作用。

20世纪70年代末，在政局频繁变化、人员大量流失、科研成果转化缓慢、研究过于封闭、经费严重不足、与当地政府关系紧张、气候极其恶劣等多种因素影响下，新西伯利亚科学城开始衰落。到苏联解体时，几乎被人们遗忘。

2005年1月，普京总统视察时表示，政府正在制定在西伯利亚分院建立国家信息技术中心及合资软件公司的方案，力求增加新的税源，并为年轻人创造工作岗位，扩大中等收入人群的比例。次年3月，根据普京总统关于"将专业领域的高技术转化成推动经济发展的动力"的指示，政府批准了《在俄罗斯联邦组建高技术科技园计划》。新西伯利亚被列入国家出资、政府参与管理的第一批7个国家级科技园之一，总造价为170亿卢布，其中，联邦和州预算拨付20亿卢布，专门发展基础设施、道路网和通讯基础设施，其余资金交由私人投资。微软、IBM、斯伦贝谢、英特尔等著名企业的相继入驻，带来了新的生机和活力。

九、日本筑波科技园区[1][2]

1963年，日本政府出于振兴科学技术，充实高等教育，实现"技术立国"，以及缓解东京都市圈生态和社会发展压力的考虑，决定在距离东京市中心约60千米处的筑波建设一个国家级科学城（如图7-1所示）。

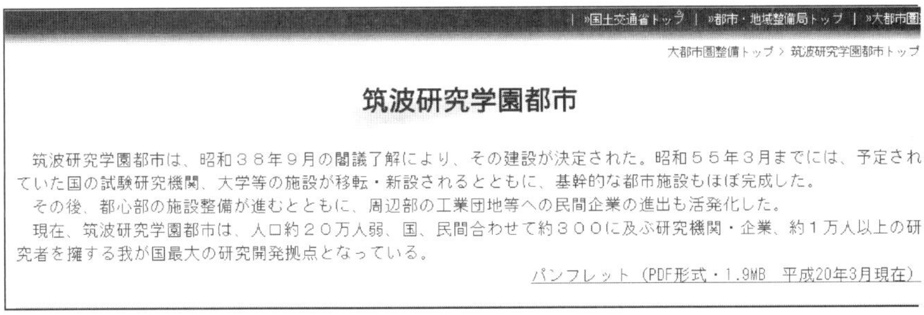

图7-1

---

① http://www.mlit.go.jp/crd/daisei/tsukuba/index.html.
② 王挺：《日本吸引海外人才的政策与措施》，《全球科技经济瞭望》第24卷第5期，2009年5月。

标志性人物：江崎玲于奈、福田信之、宫岛龙兴、山田信博、岩崎洋一。

灯塔型机构：日本农业研究所、高能物理研究所、产业技术综合研究所、纳米技术研究部。

筑波科学城以研究机构为主体，主要从事基础知识和技术的创新研究，经费来自政府财政预算。从属于技术研究与开发机构的各种企业，也因为可以获得大量的企业研究经费支持，产出激励明显不足。以1998年为例，筑波的产值是50亿美元，硅谷却高达2340亿美元。筑波科学城的战略定位就是相对封闭的，只是国家创新系统的建设者。而且，建立初期的研究人员几乎是清一色的日本人，缺乏与外来思想、文化的交流与碰撞。这些问题都一度困扰着日本政府。为此，政府的人才政策主要从三个方面入手：

（一）积极吸引海外高端人才

为了促进筑波的迅猛发展，日本政府相继颁布了一系列新政吸引海外高端人才。1975年，日本政府在通产省设立了"风险投资公司"，目的是促使银行向高科技企业贷款，规定银行贷款的80%由该公司给予担保。同年，又成立了"研究开发型企业育成中心"，对持有高技术但因资金不足难于商品化的风险企业，承诺无担保的财务保证。日本科学技术厅下设"新技术开发事业团"，对于开发风险较大的新技术企业提供5年内无息贷款，成功者返还，失败者可不偿还。

2007年，日本政府实施的《雇佣政策法》，明确将促进留学生等高层次海外人才在日本就业提升到国家级雇佣对策的高度，使海外人才获得受聘机会。日本还修订居留资格的各项规定，让拥有各领域技能的外国人在日本居留更长时间。

（二）实施"外籍研究员"制度

日本政府基于外国研究人员严重不足的现状，通过日本学术振兴会（JSPS）的桥梁作用，进行了改革。主要内容包括：

1. 外籍特别研究员

1988年正式开始推行此项目，邀请35岁以下、已经取得博士学位的外籍研究人员赴日，在日本大学、研究机构的日方专家指导下，进行1～2年的共同研究。该项目最初吸引对象为美、英、法、德4国的年轻研究人员。1994年起，招收对象国扩大到凡是与日本建交的国家。日本提供往返国际旅费生活费（38.2万日元/月）、赴日临时费用（20万日元）和在日研究旅费（5.85万日元/年）。2000年以后，JSPS通过该制度每年投入约65亿日元，从海外聘请约1700名优秀人才来日进行研究。

2. 外籍招聘研究员

该项目是经批准的日本大学、科研机构的日本学者邀请外籍研究人员，来日本从事共同研究以及相关的学术交流活动。人员要求具有卓越研究业绩，获得博士学位或具有教授、副教授以及助教职称的大学教师。设有短期和长期招聘项目。短期项目每年名额300人，在日本研究2周～2个月，日方资助国际旅费生活费（1.8万日元/天）和15万日元在日本研究旅费。长期项目每年名额80人，在日本研究2～10个月，资助国际旅费生活费（36.9万日元/月）、10万日元在日研究旅费和4万日元研究经费。

3. 外籍著名研究员

已取得开创性卓越成就的研究人员可以应邀在1年内多次访问日本，向日方研究机构提出研究建议，指导研究活动。截至2010年，一共聘请了包括23名诺贝尔奖获奖者在内的37名研究员来到日本。对于上述各类研究人员，日本除了提供优厚的研究经费和生活津贴，还提供海外旅行伤害保险等，并且其在日研究期限可以进行调整。

（三）提供人性化服务

针对外籍人员学术科研、工作环境和生活便利的实际需要，筑波科学园不断完善各种生活、娱乐和商业设施。职员公寓、外国专家宿舍、医疗福利设施、美术馆和图书馆等一应俱全。学校和幼儿园也根据城市的建设规模和人口状况进行配套建设。各个研究机构都设有专门照顾研究人员生活的部门。科学技术国际交流中心也提供外籍科研人员的家属访日、孩子就学、开设银行账户、女性研究人员生育孩子等协助服务，让科研人员在生活方面没有后顾之忧。

经过50多年的建设，筑波科学园已有31家国家级研究和教育机构，约占日本的40%；加上周边的民间研究所，研究机构总数约有300家，每年使用40%以上的政府财政预算研究经费。科技园还经常举行国际人才交流协会、学术会议、巡回讲座等，加大国际化的开放交流力度。外国研究人员的比例从1992年的0.65%，提高到2009年的1.4%，总数达到约1.1万名。在2001年，来自世界138个国家的3352名外国研究员平均停留2周以上，其中，中国学者达943人。2010年1月，筑波有约2.1万名研究人员，相当于每10人中就有一名研究人员。

十、以色列特拉维夫高技术新城[1][2][3]

特拉维夫市及其卫星城位于以色列西部的地中海东岸，面积 102 平方千米，人口 150 多万，近占全国总人口的 30%；集中了以色列 50% 强的工业；占全国职工总数的 35%；计算机软件生物技术、医疗设备、医药和通信设备等高新技术占全国工业的 50% 以上；全国唯一的证券交易所，全国工农业组织、商业机构和银行、金融保险机构及各大报纸、期刊和出版社等，大多把总部设在这里。著名的以色列化学公司也坐落于此。

标志性人物：Nochi Dankner、伊丹·奥菲尔（Idan Ofer)）、孟德·罗维克、艾维·哈森。

灯塔型企业：以色列控股集团公司（Israel Corporation Ltd）、IDB 集团、英飞尼迪集团、Clal、Lannet、ESC、RAD。

（一）鼓励海外犹太人回国定居

《独立宣言》明确指出："以色列国将向散居世界各国的犹太人敞开移民的大门。"1950 年颁布的《回归法》又规定："所有犹太人均有权移居以色列，不必履行任何手续。"1952 年颁布的《国籍法》还规定，"犹太人只要踏上以色列的国土便具有该国公民的身份。"新移民还可得到相当数量的安家费，头 6 个月可享受免费医疗和职业培训等。在法律和优惠政策的鼓励下，世界犹太人掀起了 5 次移居以色列的浪潮。欧美发达国家、苏联等国家的许多一流人才回国效力。他们带来了自己的知识、技术、专长，为以色列的发展和人才的培养打下了坚实的基础。

1948—1989 年，拥有博士、博士后学衔和教授、副教授职称的移民人数高达 10 万以上。1990 年，从苏联移居以色列的 20 万人中，70% 的成年人是大学本科毕业，硕士、博士超过 50%。其中，工程师占 24%，科研人员占 21%，技术人员占 14%，医务人员占 11%。大规模的移民潮，使得以色列免费吸纳了大量的优质人才，从而推动了以色列经济的迅猛发展。

（二）重视培养本国科技人才和科技企业家

1993 年，政府开始实行培养科技企业家的计划，成立科技企业家培

---

[1] http://zh.wikipedia.org/wiki/特拉维夫。
[2] 川西刚：《技术大国以色列的秘密》，《海外文摘》，2001 年第 8 期。
[3] 田学科：《教师不作为人才分等级，以色列人才政策问题多多》，《科技日报》，2004 年 2 月 8 日。

训中心。利用大约两年的培训时间,把想法变成明确的、得到科技和市场可行性论证的产品概念,并制造出实用的模型或样品,然后提出经营计划。培训中心提供的服务包括:进行科技与销售的可行性论证,辅助拟定研究与开发计划;帮助招募和组织与之适合的研究与开发小组;提供咨询、指导以及在专业和行政方面的监督;提供行政、文秘和管理方面的帮助,维修、采购等方面的服务,法律咨询并帮助筹集资金和销售;等等。

在培训期间,还帮助企业家寻找投资者,以便能够迅速开业。中心和以色列工程技术学院、希伯来大学、魏茨曼研究院等著名大学和科研机构联系紧密,使得创业项目资源十分丰富。

(三) 积极制止人才外流、鼓励人才回流

2002—2004年,以色列人才外流速度加快,年均增长率高达6%。2002年有0.9%的教授离开以色列,2004年该比例升至1.7%;2002年1.3%的博士移居海外,2004年该比例升至2.1%。低教育程度移民比例却基本没有变化。研究人员称,人才外流的主要原因是收入和税收负担,因为以色列中产阶级的税负在发达工业国家中是最重的。2010年9月,以色列高等教育理事会计划和预算委员会出台了新的鼓励人才回流的奖励政策。杰出科技人员回国时,政府将给予最高额为200万谢克尔(约合53万美元)的科研奖励资金。一些特殊课题采购的相关设备,将另行给予一次性补贴。

(四) 利用军队孵化高层次人才

以色列的年轻人服兵役,不一定非得到战斗部队。数学才能优异的青年,被集中到拥有最先进计算机的情报部门,接受从基础到应用的所有教育,亲自参与高级系统开发,接触最尖端、最实用的技术环境。针对成绩特别优秀的中学生,军队精心准备了"特殊课程",在他们入伍的时候,保送到希伯来大学学习。他们必须用3年时间取得数学和物理学学位,并接受军人的严格训练。毕业后,不到2/3的人会到军队和相关企业从事最尖端的研究开发。

这些精英们在30岁前脱下军装时,智力、体力都得到艰苦的锻炼,掌握了独立研发项目的能力。军队的"特殊课程"培养了许多优秀的企业家,被称为是"最好的学校"。

(五) 重视培养年轻的风险企业家

1991年,出台"孵化器"制度。最初的想法是发挥苏联犹太移民的能量,促进他们与以色列社会的同化。该制度利用废旧校舍等建筑物作为创业基地，对进驻基地的企业给予资金、政策等各方面的扶持，尤其是市场开拓、消费策略和营销推广方面的支援。2010 年，以色列约有 30 个"孵化器"，被"孵化"的企业除了可以自由使用设施和设备外，两年内可得到最多 30 万美元的资金援助，如事业成功，每年按销售额的一定比例（前 3 年为 3%，后 3 年为 4%，以后是 5%）还给国家，失败则无须赔偿。对于有技术和能力、无门路和资金的年轻创业者来说，利用"孵化器"无疑是他们创办企业的最佳途径。正是因为有着种种创业机会，以色列年轻的技术人员往往能取得惊人的成就，例如最有名的测谎软件的开发者阿米尔·利伯曼，也不过是 20 多岁的小伙子。

但是，现行的以色列人才政策存在严重问题。最主要的就是区别对待来自世界各地的高技术人才。以色列把高技术人才划分为四个等级，给予不同的待遇：第一等是来自美国、英国和德国的高技术人才，年收入约为 15 万美元；第二等是来自以色列和加拿大等国的人才，年收入约为 10 万美元；第三等是来自韩国和马来西亚等国的人才，年收入约为 6 万美元；第四等是来自中国、印度和一些东欧国家的高技术人才，只能有 3 万美元的年收入。摩托罗拉以色列公司董事会主席亚莱指出："这是造成以色列高技术产业人才短缺的主要原因。目前，我们已经看到了人才危机的明显信号。"

十一、韩国大德科学城[1][2][3][4][5]

1973 年，韩国政府先后投资 30 兆韩元开始兴建大德科技园区。20 世纪 70 年代，韩国政府为了摆脱经济过分依赖加工性行业的状况，从根本上提高国家竞争力，投入 15 亿美元在大田市开发建设大德科学城。

标志性人物：任周焕、崔文基、李尚基、朴永勋、金承祚、李柱镇、宋容浩、李光镇。

灯塔型机构/企业：韩国科学技术院（KAIST）人造卫星研究中心、韩国电子通讯研究院、韩国原子力技术研究院、韩国生命工学研究院、韩国航空宇宙研究院、忠南大学、SPEC、RPM TEC、WIWORLD、FEELTECH KOREA、HIMS KOREA。

---

[1] 《关于大田广域市科学技术振兴计划及科学技术创新的研究》，韩国大田发展研究院，2005 年。
[2] 《大德研究开发特区统计调查及管理方案研究》，韩国科学技术企划评价院，2006 年。
[3] 吴莲姬：《韩国的 IT 人才培养政策》，《国外社会科学》，2004 年第 4 期。
[4] 张伟峰：《拷贝硅谷：韩国大德科学城的成功实践》，《科技管理研究》，2008 年 10 期。
[5] 沈泰原：《韩国人才为何回流》，《学习时报》，2010 年 8 月 2 日。

大德科学城一度低迷。1990年，经过整合兼并的韩国高等科学技术学院（KAIST），在政府的主导下，由首尔迁入大德科学城，才使大德科学城获得了强劲的发展动力。在大德科学城的建设过程中，韩国政府逐渐重视人才引进，特别是吸引留学人员回流。主要包括：

（一）政府主导人才回流

从20世纪90年代起，韩国政府对回归人员进行补偿。主要包括：搬家费，如回归人员及家属的飞机票、家具运费等；免费住房；海外旅行；孩子的教育补贴；当地交通补助（免费交通、免费或低价汽车维修）；等等。除此之外，每连续服务3年，可给1年带薪休假，并为回归人员提供多种海外培训项目。韩国还通过制定法律保障回归人员权益。1967年通过《科学技术进步法》，对促进科学技术进步给予明确支持。1972年制定《技术开发促进法》，1989年对此法又进行了修订。该法鼓励工业领域进行技术研发，保护公共领域技术研发，通过金融支持和税收刺激，鼓励当地工业界参与技术开发研究，引进和消化国外技术。

（二）多形式引进高技能人才

1980年起，人才回归工作由韩国科学技术部管理，改革为新成立的韩国科学工程基金会运作管理，实行长期回归、短期回归、国外学者邀请（引进）项目三种回归方式。通过资助国内的优秀人才到国外取得IT专业的硕士或博士学位，培养高级IT研究人才。选拔托福成绩为580分以上、大学平均成绩为80分以上的学生到国外优秀的大学学习，在其攻读IT硕士或博士学位期间，提供最长为4年的奖学金（包括学费及逗留费等）。派遣IT领域的大学生或研究生到美国、英国、加拿大等相关的优秀大学进修或者到国内外IT研究所或企业去实习，培养具有国际能力的IT专业人才。此外，对掌管IT产业政策及国家信息化业务的相关部门的负责人，提供访问发达国家的机会，帮助他们学习先进政策。

（三）加大重点方向、重点国家的引进力度

1990年，韩国与苏联建交后，就把引进苏联尖端技术和人才作为重要目标。1991年，韩苏签订科技协定，规定在今后3年内同苏联进行48项尖端技术的共同研究，邀请200～400名苏联高级科技人员参与韩国"G7"工程，邀请20名苏联科技人员到韩国大学和研究机构讲学。苏联解体后，俄罗斯联邦承诺将继续执行这一科技合作协定。韩国还制订了引进俄罗斯专家的中长期计划。仅1992年就有92名俄罗斯各类高级专家到韩国工作。

(四) 实行吸引国外 IT 人才

1. 设重奖网罗 IT 人才

为了提高大学的研究开发能力，韩国积极促进国内大学的国际化以及构建国际 IT 人才网络，并通过给外国留学生提供奖学金的方式吸引人才。2002 年 10 月，韩国政府向中国、印度派出访问团，宣传韩国最新推出的瞄准亚洲 IT 人才的奖学金计划。该计划主要针对 IT 相关专业，如计算机系统、软件和电信专业的硕士生和博士生，2003 年共招收 50 名外国留学生，其中硕士生每人每年的奖学金可达 1000 万韩元（约 8000 美元），博士生每人每年可以获得 1400 万韩元（约 11000 美元）。除了政府部门的奖学金外，各大学还另设奖学金积极吸引外国留学生，为韩国的 IT 产业长期占领国际市场奠定坚实的基础。此外，吸引中国等亚太国家的信息通信政策公务员以及专家来韩国读学位，帮助他们与韩国专家取得联系，形成对韩国友好的国际 IT 政策网络。

2. 实行 IT 卡制度，为国外优秀人才引进提供方便

随着 IT 产业的快速发展，IT 人才需求也日益增加，而韩国国内 IT 人才的供不应求及其劳动成本的增加，使韩国亟须外国人才。因此韩国打破传统习俗，给予国外 IT 人才以优厚待遇。2000 年 11 月起，韩国信息通信部与法务部合作实行 IT 卡制度，推荐国外优秀人才到韩国就职。具有 IT 卡的国外人才申请入境时，可享受简化签证手续，延长滞留期限等优惠条件，以此缓解本国企业 IT 人才的严重缺乏状况。2002 年，韩国信息通信部开设了 IT 卡网站，在网上直接办理对雇佣国外人才的审核业务，帮助国内企业及时利用国外优秀人才。

十二、新加坡裕廊科技园区[1][2]

裕廊位于新加坡岛西南部的海滨地带，距市区约 10 千米，面积为 60 平方千米。原为荒芜的沼泽和丘陵，地理位置比较优越。1961 年 10 月，新加坡政府为加快工业化过程、促进经济发展，创建了裕廊工业区。

灯塔型企业：壳牌、美孚、荷兰菲利浦公司、日本石川岛播磨、美国列明士顿公司。

1968 年，园区内的厂房、港口、码头、铁路、公路、电力、供水等各种基础设施建设基本完成。同年 6 月，新加坡政府成立裕廊镇管理局

---

[1] 《世界著名高科技园区发展成功在哪里》，《科技日报》，2004 年 3 月 26 日。
[2] 谭旭峰：《新加坡裕廊工业区的经验启示》，《园区透视》，2005 年 2 月，第 56–58 页。

(JTC)，专门负责经营管理裕廊工业区和全国其他各工业区。

(一) 环境条件和服务水平好

政府对入驻园区的企业并无特别的优惠，各种政策如税务优惠不因企业是否在园区有别，而是按规定的公司及其经营状况的条件决定，体现公平竞争原则；园区对一般公司的进入都是开放的，没有门槛条件，政府也不审查公司的项目，可行性报告等属于企业自己的事情，可以说政府对所有公司一视同仁，企业是因园区发展环境而不是特殊政策而进入园区。

虽然政府不把园区作为"政策特区"。但是，对高技术企业确有一些普遍适用的扶持、鼓励政策，一般在每年宣布财政预算案时公布，之后，按法律程序一一落实，使之得到法律保护。

(二) 规划主导产业发展

新加坡政府从一开始就将裕廊定为全面发展的综合型工业区，合理妥善地规划。在发展初期根据新加坡发展国际物流中心的需要，结合新加坡靠近中东产油区的区位优势，选择传统加工，但市场前景好，特别适合发挥自己区位优势的石油化工业作为主导产业，重点发展，以后逐步推进升级，发展电子、通讯等高科技产业。根据地理环境的不同，将靠近市区的东北部划为新兴工业和无污染工业区，重点发展电子、电器及技术密集型产业；沿海的西南部划为港口和重工业区；中部地区为轻工业和一般工业区。为吸引外资进入裕廊工业区，在裕廊码头内设立自由贸易区，使裕廊工业区既是工业生产基地，同时也是转口贸易的活动场所。

(三) 开发运营模式

新加坡工业园区的开发运营主要是由政府垄断开发。不论是在最初的管理机构——经济发展局，还是后来在从经济发展局独立而出的裕廊管理局的管理之下，新加坡工业园区的公共物品特性很强。

1. 政府主导的开发运营模式

在整个开发过程中，裕廊工业园区的资金筹集、土地运用、招商引资等均采用一级政府统一规划、专业化分工建设、管理和服务协调相配合的发展模式。园区的初期开发建设资金来自政府。后期资金的来源虽呈多样化趋向，但项目建设的初期投入资金仍然主要来源于政府。政府用法律制度来安排土地的开发利用，由JTC统一控制全国工业用地和各类园区的供给，园区由经济发展局遍布世界的专业招商队伍统一负责招商。

这种开发模式的优点是：保证项目快速启动并尽快达到规模经济；快速并以较低成本获取私人土地；有效吸引跨国公司的投资；园区的竞争对

象在国外而不在国内，园区之间没有恶性竞争。

2. 全球范围内的集中招商模式

裕廊工业园区采取公司总部统一招商策略，由经济发展局统一招商，在世界各地设立分支机构。这种策略的主要特点是：拥有高度的营销自主权；为跨国公司提供优质服务的基础，如新加坡首创的"一站式"服务；有效选择客户群。

经济发展局主要招商的客户群体有三类，分别是：战略性公司，重点吸引其财务、市场等重要部门至园区内；技术创新型公司，重点吸引其核心产品及技术研发的部门至园区内；公司的重要部门，重点吸引其最复杂的生产程序和最先进的生产技术部门到园区内。通过这三类公司的引进，裕廊工业园区不再仅仅是一个低成本的生产中心，而是公司进行战略运作的长期基地。

（四）基础设施先行

国际上工业区基础设施建设有两种模式：一种是先招商建厂，根据生产的需要和扩展情况逐步解决交通、供水等问题。此种模式的优点是针对实际需要建设，切合性强，投入成本和风险小；缺点是基础设施往往分散零乱，效率不高，阻碍生产的发展。另一种模式是从整个工业区发展全面出发，按照总体建设规划的要求，先投入主要力量建成一完整的基础设施，为工业区的发展打下坚实的基础。这种模式的优点是计划性较好、效率高，并可迅速改善投资环境，但投入成本和风险也较大。

裕廊工业区是采取后一种模式，从一开始就把基础设施建设作为发展的重点，投入大量资金，形成的基础设施系统。环境保护问题也同时兼顾，从一开始就有计划地保留10%的土地用作建设公园和风景区。现已建成10多个公园，使裕廊成为风光别致的工业区兼旅游区，被称为"花园工业镇"。在重视工业基础设施建设的同时，各种社会服务设施也同步发展，兴建了学校、科学馆、商场、体育馆等，使裕廊工业区成为生产和生活综合体。投资厂商不需要在当地兴建厂房、码头、油管、仓库或办公室，一切设施由当局提供出租。当局还规划"输送管道服务走廊"，承租商可以利用此一管道输送原料、成品及各类用品，不须卡车运送，因此降低运送成本，也大大提升了竞争力。

（五）积极引进跨国公司投资

新加坡原来长期依赖转口贸易，工业基础尚未建立，且国内市场狭小。针对这些不利条件，新加坡政府采取大力引进国外资本的策略，走产业链招商、产业集聚之路,并明显以跨国公司的投资为重点。裕廊工业区的迅速发展,就是能够抓住机遇、大力引进跨国公司的投资,自 60 年代起陆续引进跨国公司设厂,如壳牌、美孚等跨国石油公司;荷兰菲利浦公司;日本石川岛播磨重工业公司、美国列明士顿公司等世界著名大造船厂商;裕廊镇化工岛吸引了大批产业关联密切的化工巨头,成为世界石油化工的中枢。迄今新加坡已成为世界第三大石油化工中心、东南亚最大修造船中心及世界第二大海上石油平台生产圈,由此可见引进策略成功。

(六) 带动整体经济发展

20 世纪 60 年代初,新加坡设立和发展裕廊工业区的主要目的是为了带动和促进全国的工业化过程,而不仅仅是为了发展裕廊这一地区,以后也一直是根据这一目的来规划和管理裕廊工业区。裕廊工业区也一直发挥着带动和促进全国经济发展的作用,这一地位反过来又使它成为全国最佳的投资地区。因此,把握好角度和目的,实质上就是为整个工业园区的发展和管理奠定基础,这是裕廊工业区成功发展的重要原因。

(七) 提供一站式服务

裕廊工业区在统一的宏观经济环境下,强调发挥区位优势和营建产业集聚优势。政府认为,硬件建设只是办好工业园区的基础,软件建设则是保证工业园区正常运转和健康发展的关键。最主要的经验就是政府不作为工业区的开发主体,因而不直接参与具体管理。同时,行政管理与发展管理分开,开发管理机构采取经营化方式。

到 2003 年,裕廊工业区已成为新加坡最大的现代化工业基地,工业产值占全国的三分之二以上,其中裕廊镇化工岛目前已集聚了 38 个工业园区,7000 多公顷工业用地、400 万平方米厂房,其工业产值占新加坡国内总产值的 30%,工业设施占 83%,裕廊化工岛正在向世界化工中枢冲击。而且被认为是亚洲各发展中国家设立的工业区中的一个成功典型。

十三、中国台湾新竹科技园区[1][2][3][4][5]

中国台湾新竹科技园位于台北市西南。1980 年 12 月规划成立,是台

---

① http://jds.cass.cn/Item/37.aspx.
② http://zh.wikipedia.org/wiki/李国鼎.
③ http://baike.baidu.com/view/151381.htm.
④ http://baike.baidu.com/view/1246846.htm.
⑤ 伍湘陵:《几大因素叠加导致台湾人才流失》,中国台湾网,2012 年 10 月 18 日。

湾地区经济发展政策由出口导向向科技导向转化的重要策略，旨在建立高品质的研发生产工作生活休闲的人性化环境，吸引高科技人才引进高科技技术，建立高科技产业发展基地，促进产业升级。

标志性人物：李国鼎、曾宪章、何宜慈、童虎、刘英武。

灯塔型企业：全友、联电、台积、世界先进、力晶、旺宏、中德电子、慧智、美台、联合光纤、光罩。

"台湾之幸，在于拥有新竹；而新竹之幸，在于拥有李国鼎。"1976年，李国鼎担任台湾应用科技研究发展小组负责人，致力于推动高科技及其产业化发展。1978年1月，李国鼎建议召开全台第一次科技会议，强调台湾的产业要升级，一定要发展高科技。而要想推动台湾高科技发展，必须突出重点发展的领域，提出兴建新竹科学园区。1979年5月，"科学技术发展方案"公布实施，成为"台湾推动科技发展最高指导纲领"。7月，台湾当局颁布《科学工业园区设置管理条例》。1980年，成立园区管理局，确立"高科技化""学院化""社区化""国际化"的建设方针。

由于历史原因，台湾地区在20世纪五六十年代兴起出国留学潮。80年代，台湾正值"海归潮"。大批台籍海外留学人才已逐渐成熟，成为台湾发展科技最大的"人才库"。为了吸引在硅谷工作生活的"海归"回台，新竹科学园区管理局效仿硅谷的社区模式和建筑风格，成功复制了一片高档的生活区，以营造仿真的硅谷生活环境，以吸引高层次人才和他们的家属返台创业。新竹科学科技园的吸引政策包括以下六个方面：成立由海外著名科学家组成的科学顾问委员会，由专家而不是政府官员指导工作；颁布《科学工业园设置条例》；园区出资大力改善基础设施；公共财政投入支持企业研发；设立创新产品奖；出台"科技园区创新技术研究发展计划奖助"和"关键零配件研发资助计划"；等等。

建设初期，台湾当局还制定了两项特殊的政策和措施，作为突破人才困局、吸引海外专家的"秘密武器"。

（一）"允许失败"条款

园区管理局规定，经筛选合格的海归项目。可以申请管理局在注册资本的50%以内、最高限额为500万元新台币的投资。若项目成功，则管理局的股份退出；若失败，则不予追究。

仅此一条，就吸引了大批留学人员学成之后回到台湾创业。到1999年，海外回归人才创建的企业占到总数的40%。这对缩短台湾在高新技术方面与世界最新水平的巨大差距起了很大作用。许多台资企业就是这样起步，顺利打入国际市场，成为扬名立万的大型企业。

(二) 实施海外猎头

为了吸引海外精英回到台湾创业,"总统"蒋经国亲自选派 3 名部长,到美国做动员工作,甚至前往一些精英人物的家中探访,安排精英人物的家属出面,劝说在美国完成学业的留学生返台创业。

在李国鼎的号召和推动下,新竹科技园开始实施海外猎头行动:1979年,斯坦福大学博士何宜慈应邀回到台湾,担任台湾"科学委员会副主任委员",兼任台湾"资讯工业策进会执行长";1980 年,32 岁的美国加州大学计算机博士曾宪章应邀回到台湾,在新竹科学园区创立了全友计算机公司 (Microtek),并于 1988 年成功上市,是园区的第一家高科技上市企业。当时,公司在扫描仪市场占有率全世界第一,培育 100 多名高科技企业经营管理人才,成为台湾 IT 行业的"黄埔军校";1985 年,宏碁董事长施振荣发布"龙梦成真"广告,四处奔走、不惜巨资"空降"前瞻公司总经理的童虎、惠普科技公司副总经理吴传诚、国善电子总经理庄人川、IBM 公司副总裁刘英武博士等精英人物。

(三) "前孵化器"策略

新竹科学科技园是亚洲地区最早制定并实施"前孵化器"策略。它的主要目的就是解决高层次人才走向高科技企业的"一米"企业障碍。

管理局首先募集一笔资金,建立"前孵化器",最初的规模约为 1 亿元新台币。提出申请的园区企业经评审后,即可迅速获得现金资助(类似"创业"无息银行)。园区跟踪评估,却不介入实际的运营操作。在企业开始盈利后,就会依照一定的比例,回收"前孵化器"的本金。一些企业上市后,也加入进来,使得规模不断扩大、管理更加规范。

到 2000 年,园区资金完全退出"前孵化器",交由更加专业、更加强大的民营企业进行运作。此后,新兴的风险投资行业取代了管理局的市场功能,逐渐占据主导地位。

(四) 聘用外国退休专家

新竹科技园在早期建设过程中,通过美国百人会、玉山协会、北美台湾工程师协会、台湾无国界工程师协会、台湾教授协会、台湾电路板协会等渠道,与许多国际化的非营利组织和专家组织进行联系和沟通,大规模引进美国、加拿大、日本、德国等发达国家的离退休专家担任技术顾问。这样既发挥了外国老专家、老教授的余热,又迅速提升了自身员工的素质、技能,还节省了数额不菲的国际猎头费用。

科技园的配套服务也比较齐全。园区拥有大量的中介服务机构,包括同业公会、律师事务所、会计师事务所、管理顾问公司、银行金融机构等。它们不仅为园区内企业提供资金、技术、人才、信息等创新要素支持，在企业之间或企业与管理局之间的沟通协调方面，以及企业员工的公共福利等方面起着积极作用。如台湾电力电子制造商协会为园区的IC和半导体产业提供专业性服务，在加速企业学习和技术升级上发挥了核心作用；贸易协会和产品发展协会在开拓岛内外市场、提升企业竞争力上影响很大；国际半导体设备及材料协会台湾地区办事处，擅长在为企业扩大市场范围、提供商机；等等。

科技园形成集成电路、电脑及辅助设备、通讯、光电、精密机械生物技术等六大支柱产业，被誉为台湾高新技术产业的"摇篮"和"龙头"，是世界高新技术产业的重要基石之一。1996年，美国《商业周刊》称新竹为"台湾的硅谷"。2009年，入园营运企业440家，员工13万多人，年营业额8835亿元新台币（约268亿美元），美国《厂址选择》把它评为全球发展最快的十大科技园区中的第一名。

台湾地区正面临人才流失问题。2011年，"中研院"发表"人才宣言"指出，2002—2012年台湾合法居留的外侨约49万人，外籍劳工约40万人，白领阶层及技术人员仅约2万人，而每年自台湾流出的人口则2万~3万，其中，白领阶层占绝大多数。台湾俨然成为高层次人才的"净输出地区"，被新加坡政府作为反面教材。这主要包括以下几个原因：

第一，薪资结构不合理。台湾薪资近10年来"冻涨"，加之CPI指数一直飙高，从而导致薪资缩水。大陆白领阶层的薪资是台湾的1~1.5倍。在高薪资的吸引下，台湾人才纷纷外走。较低的薪资水平，加之高企的物价，很多台湾年轻人甚至感叹自己属于"青贫族"。

第二，创业环境恶化。当前，台湾创业环境却一直不尽如人意，首当其冲的是热炒的房产与地产。过高的房价与地租让大部分台湾创业型人才外走周边地区，寻找新的创业平台。

第三，教育结构与社会需求不一致。2000年以来，台湾地区高等教育急速扩张，却又缺乏特色，导致许多毕业学生找不到工作，而纷纷逃到新加坡、日本、澳大利亚等国家。负责技能人才培育的高职类学校，因缺乏同时具备教师资格和职业资格"双师型"教育而面临生源不足，人才输送的动力不断减弱。

第四，产业空洞化。20世纪80年代起来，伴随台湾岛内生产成本不断升高，台湾劳动力密集型产业就不断往大陆及东南亚其他地区外移，同时带走了许多传统技术工人以及部分创业型人才。

第五，揽才政策僵化。主要体现在对流入其地区内部的人才存在过多的限制，包括工作经验、工作薪资、工作时间、行业等。这些过多的限制，大大降低了台湾地区揽才、留才、育才政策的效果。

十四、印度班加罗尔软件园[①②③]

班加罗尔（Bangalore）是印度卡纳塔卡邦的首府，人口520万，面积380平方千米，是印度第五大城市，这里环境优美，既有"花园城市"之称，又是享誉世界的"印度硅谷"。

标志性人物：沙比勒·巴提亚、拉克西米·米塔尔、古鲁拉伊·德什潘德、维诺德·达姆、瓦妮·科拉、维诺德·科斯拉。

灯塔型机构/企业：塔塔集团、比尔拉集团、尼赫鲁科学研究中心、印度太空技术试验室、印度重型电气公司、斯坦机床公司。

1991年6月，纳拉辛哈·拉奥出任印度总理，实行经济自由化政策、放宽对外贸易交流的限制、银行私有化等经济体制改革。新兴的软件行业由于办公场所要求低，设备配置简单，比较容易拿到许可证。科技力量较强的班加罗尔抓住时机，被选定为第一个国家级软件科技园。2005年4月，《世界是平的》出版也使得班加罗尔声名大震。

班加罗尔软件园腾飞的历史并不长。1999年印度的软件收入为250亿美元，占全球软件消费总额的16.7%，成为仅次于美国的全球第二大软件出口国；班加罗尔的比例约占印度的30%。2001年，园区IT企业总数达928家，项目总值为16亿美元。2010年，拥有高科技企业5000多家（1000多家由外资参与经营）、软件企业1400多家，产值超过360亿美元，约占印度的50%，成为全球第五大信息科技中心。

在吸引、培养和输出软件人才领域，班加罗尔软件园有着相当成功的经验。这主要表现于：

（一）政府实行优惠政策，支持软件产业的发展

1. 税收优惠政策

印度政府制定《计算机软件出口、开发和培训政策》和《印度IT行动计划》，主要包括：对软件出口实行零关税、零流通税和零服务税；免

---

① 赵璐：《印度班加罗尔IT产业簇群效应分析》，《外国经济与管理》，2002年第5期。
② 陆履平、杨建梅：《硅谷、班加罗尔IT产业成功之启示》，《科技管理研究》，2005年第1期。
③ 王俊周：《印度班加罗尔信息技术产业迅速发展的奥秘探源》，《新西部》，2012年第6期。

除进出口软件的双重赋税,允许其保留出口收入的50%;对任何部门进口的资本货物都征以5%的关税;凡是软件产品全部出口的企业,免交所得税;对各种形式的软件出口收入免征所得税,免税期为5年;5年之后的每年的免税额以20%的比例递减;风险基金企业投资任何项目的所得,包括利息收入,均免征所得税;软件园区企业从国内保税区采购货物时,免征货物税;1999年开始,对软件服务企业免征劳务税;等等。

2. 鼓励进出口政策

1999年以来,政府规定企业进口各种计算机,无须任何许可证;2000年开始,对按处理价格进口10年以下的二手资本货物,不再要求有许可证;1997—2002年,对具备ISO 9000质量资格认证和CMM2以上水平的软件企业进行离岸产品开发、网上咨询服务给予特殊进口许可证;2000年开始,对过去有关企业资格审查1年一审改为4年一审;等等。

3. 外资投资政策

外资控股可达75%～100%,允许进口计算机技术的企业资产限额从2亿卢比降至100万卢比。

4. 产业扶持政策

从2000年3月2日开始,对计算机业和计算机相关外围产业只征收0.25%的税收,是印度有史以来最低的税收比率;免收硬件企业4%的每年续约劳动合同税;公民个人购买计算机和软件可部分减免个人所得税。

5. 强制性的政府采购政策

在同类产品条件下,政府部门和直属单位必须强制性地购置国产IT产品。

(二) 重视知识产权保护

1994年,印度修订了《版权法》,对版权所有者的权利、软件的出租备份,以及侵权的处罚都做了明确的规定。2000年10月,《印度信息技术法》正式生效,该法对《印度证券法》《印度储蓄银行法》《银行背书证据法》和《印度刑法》中的有关条文进行了修订,对非法入侵计算机网络和数据库、传播计算机病毒等违法行为规定了惩罚措施,为电子合同、电子文书和数字签名提供了法律依据。

(三) 将先天条件转化为创业优势

20世纪50年代,班加罗尔就是著名的国防工业城市。印度两个最大的私营财团塔塔集团和比尔拉集团也设立了科研机构和工厂。航空、铁路、公路的交通十分便捷,卫星通信设备齐全,对外联系方便。印度是英联邦成员国,英语是通用语言。当印度实行经济自由化以后,美国公司纷纷到班加罗尔寻找人才,惊呼发现了"巨大的精通英语的人才库",因为"印度的程序员几乎都是编写精确、完美代码的专家"。从此,印度人开始大量进入美国硅谷。立足本土的印度人常常在结束为美国硅谷的工作后,也会向少数印度公司出售软件和提供服务,从此走上了创业之路。

(四)教育、金融支持和风险投资体系完整

班加罗尔有7所大学,包括印度理学院研究生院、班加罗尔大学、印度管理学院、农业科技大学、拉吉夫·甘地医科大学等。还有292所高等专科学校和高等职业学校。印度国家和邦一级的28所科研机构也设立在这里,以及企业内部和其他政府认可的科研机构100多家。650所高中和2400所初级学校(小学、初中十年一贯制),形成了完善的基础教育体系。

园区聚集着各类金融机构,如班加罗尔证券交易所、印度工业发展银行、印度工业财务公司、卡纳塔克邦小型工业企业发展公司等。印度风险投资的资金多来自海外,却相对集中于班加罗尔,使得科技成果快速商业化、产业化,从而拉动整个族群的发展。

(五)推进国际化

印度软件公司凭借其高品质的软件产品,积极地开拓国际市场,已在国外建立了600多家分支机构,把触角伸到了主要发达国家,赢得了大批业务订单。同时,业务覆盖的领域和销售方式日益多样化,业务领域从银行、保险、制造业以及零售业扩展到了通讯、交通、石油和政府部门等,销售方式则从现场服务向通过互联网进行异地加工转化。

班加罗尔软件园的最大亮点,就是按照市场要求开发,经营非常灵活。公司还能将人员派往国外去工作,按国外公司的要求在国内编写、成立一个软件小组专为一家公司的项目开发软件、不断开发新软件等。班加罗尔的软件公司可以为美国的用户提供24小时的服务,其中包括系统维护保养、技术咨询等。这事实上也为印度培养了大量的软件人才。

许多软件公司还将用户要求、软件设计思路、所用编程技术、工作进度计划、最终产品检测结果、总体质量评估以及用户反馈意见等不厌其烦地详细记录下来,作为公司珍贵的档案资料,保证了产品的高质量和稳定性。

(六)加强与海外印度人的联系

2008年1月8日,依照《印度信托法》,成立海外印度人发展基金会

(IDF-OI)。该基金会将作为一个有公信力的机构,直接向海外的印度人施予慈善,并倾向于全人类发展的共同事业,最直接的受益者就是海外印度人。它的主要目标是:为海外印度人提供便利化服务,建立合作伙伴关系;建立和维持一个社会资本和慈善网络,并能够及时提供可信的单位名单、项目和方案;交换所有的慈善事业信息;建立基金管理问责制,推广诸如小额信贷、信托基金等。海外印度人和印度居民组成的评委会,负责接收和监督所有的外国捐款。[①]

印度政府针对在海外成长的印度人后代,符合条件者获得为期15年、可多次入境印度的印裔卡。"印度海外公民证"计划主要针对原籍或双亲、祖父母为印度公民的印度裔,若其所在国认可各种形式的长期居民权,则有资格申请海外印度公民卡。从2005年开始,印度已经发放了400万张海外公民卡和700万张海外印度人"裔卡",开启"双重国籍"。

---

① G. Gurucharan. The India Development Foundation of Overseas Indians, 2012.

第八章　国家猎头

国家猎头的含义有两种。狭义的，系指基于国家利益的重大规划、重大项目和重大工程中，通过商业化、市场化和专业化方式搜寻、甄别和吸纳海外（特别是外籍）高层次人才的行为过程。广义的，系指基于国家利益的高端人才引进，以及由此衍生的特殊路线。之所以如此定义，以便与国家猎头涉及的人才机制、人才政策和人才战略等领域，进行必要而有效的区别。

欧美发达国家，特别是在美国"小政府、大市场"的体制下，并不完全认可国家是猎头的主体之一。即使是网罗了大量外籍科学家艰辛实施的"阿波罗登月计划"，自称也只是全人类共同利益需要所致。而在市场经济并不发达的一些发达国家和广大的发展中国家"大政府、小市场"的形势下，搜寻海外高层次人才俨然已经上升为国家战略，如韩国的"大德科学城"计划、泰国的"海外泰国人返泰计划"等。

与此同时，还存在一些极其特殊的现象。如阿尔索斯（Alsos）突击队、国际雇佣军、游说集团之类，不仅掺和政府的意志、非营利组织的意愿，甚至还包括个人的爱国情结。这些都向世界提出了新的课题，逐渐引起人们的持续关注和思考。

第一节　军事化猎头

"冷战"结束后，世界各国迫于国际社会和新闻媒体的舆论压力，不再以暴力、策反、叛逃等强硬手段掠夺外籍高层次人才。伴随国际猎头市场的逐步形成，纷纷借助市场化渠道，行踪更加隐蔽，手段不断翻新。然而，历史事实却警示人们，只要还存在竞争、冲突和战争，暴力掠夺全球精英人才的现象就永远不会停止，甚至愈演愈烈。

一、美国：阿尔索斯突击队

美国是当今世界上最大、最著名的移民国家。前总统罗纳德·威尔逊·里根（1911—2004）直言不讳地说："我们是一个由外来移民组成的国家。我们的国力源于自己的移民传统和我们欢迎的异乡侨客。这一点，为其他任何一个国家所不及。"事实上，美国也是全球最大的国家猎头。①②③

1941年12月，美国制订利用核裂变反应来研制原子弹的计划，即"曼哈顿计划"（Manhattan Project）。富兰克林·德拉诺·罗斯福（1882—1945）赋予这项绝密计划以"高于一切行动的特别优先权"。"曼哈顿计划"集中了以犹太裔科学家罗伯特·奥本海默（1904—1967）为首，包括恩里克·费米、尼尔斯·波耳、冯·诺依曼、吴健雄等著名物理学家在内的外国科学家。其中，不乏诺贝尔奖得主。

1943年秋天，乔治·马歇尔将军召开工作会议时，发现两个重大问题：一个是科学家明显不足，进展缓慢；另外一个是根本不清楚德国的最新进展。为此，他提议成立特种部队，解决问题、加速推进。1943年年底，"阿尔索斯突击队"正式成立，任务就是三项：全面报告经德国为首的"轴心国"原子弹计划及科学家的最新进展，使尽可能多的物理学家和材料落到盟军的手中，阻止其余的人员和材料落入苏联。

最初的突击队成员由13名情报特工和科学家组成，队长是鲍里斯·T. 帕什中校。他们把搜寻、绑架和俘获德国著名原子物理科学家作为首要任务。行动的最高准则之一，就是要极力避免他们被苏联生俘。突击队查阅了几乎所有能够找到的欧洲物理学杂志，还征询了著名物理学家阿尔伯特·爱因斯坦和恩里克·费米的意见，列出了50多名科学家的名单。学术阅历丰富、人际关系广泛的犹太籍物理学家塞缪尔·高德斯密特博士作为突击队向导，轻车熟路、便于行动。阿尔索斯的任务分为意大利、法国和德国三个阶段进行，总部设在英国伦敦。为此，美国军方动用包括1个伞兵师、2个装甲师和第6集团军，将近12万人的特种作战部队，配备给突击队调遣。1943年12月，意大利小组在阿尔及尔登陆。

1944年6月6日，280多万盟军在法国诺曼底地区登陆，开辟了欧洲第二战场。苏军的"十次斯大林突击"成效显著，开始越境作战。1944年8月，法国小组闯入弗雷德里克·约里奥－居里的巴黎实验室。同年11月，远离战场、深居白宫的罗斯福总统，并没有沉浸于即将来临的胜利喜

---

① Vannevar Bush. Science: The Endless Frontier_A Report to the President, July 1945.
② The ALSOS Missions. The Manhattan Project Heritage Preservation Association, Inc. http://www.childrenofthemanhattanproject.org/.
③ http://baike.baidu.com/view/230134.htm.

悦之中，而是提笔给科学研究发展局局长万尼瓦尔·布什（1890—1974）写了一封信。①

"亲爱的布什博士：

……科学研究发展局在协调科学研究和应用现有的科学知识解决战争中最重要的技术问题的过程中，进行了独特的协同合作研究和实验。……无论怎样，在试验中积累的经验不能有效地应用到和平时期的理由，我认为是不存在的。……它应当被用来增进国民的健康，创办新企业和增加新的就业机会，提高国民的生活水平。

……我想就以下四个方面听取你的意见：

第一，在符合军事安全和军事当局的事先批准的前提下，尽快公布战争期间的科学成就，我们能做些什么？因为，这些成就将帮助我们刺激新企业，提供大量的就业岗位，进而改善国家的福祉。

第二，科学对疾病的长期战争，需要制订一个方案，以便继续我们战前的研究，我们又有什么可以做？现在组织在未来继续在医学和相关学科已完成的工作程序？……

第三，现在和将来，政府能够做些什么，以便支持官方及民间组织的研究活动？……

第四，我想我需要一个有效的方案，发现和开发美国青年科技人才，至少确保我们能够达到战前的水平。

……我们正面临需要聪明才智的新领域，如果我们以进行这场战争所用的同样的眼光、勇气和干劲，就能够创造更加丰富多彩的世界……我希望尽快得到你的成熟看法。你想好一个问题，就报告一个。不必等到你的研究全部结束。

F. D. 罗斯福，1944年11月17日，白宫"

布什局长在接到来信后，一边着手安排医学顾问委员会、科学与公共福利委员会、发现和培养科学人才委员会、科学情报出版委员会等机构积极准备，一边与著名科学家爱因斯坦、费米等人取得了紧急联系。这直接促使阿尔索斯突击队加快了推进速度。

1945年2月24日，德国小组冒险空降斯图加特市以南的小镇泰耳芬根，寻找并绑架了奥托·哈恩（1944年诺贝尔化学奖得主）和冯·劳厄

---

① Vannevar Bush. Science: The Endless Frontier_A Report to the President, July 1945.

（1914年诺贝尔物理学奖得主）。5月1日，他们在一个名叫乌尔费尔德的小镇，找到并控制了德国量子力学奠基人之一、"哥本哈根学派"代表性人物维尔纳·海森堡（1932年诺贝尔物理学奖得主）。第二天，一个紧急增援的步兵营迅速赶来，把他带走了。至此，美国人总算松了一口气。在他们看来，抓到这个海森堡比俘获10个溃退的德国装甲师重要得多。随后，几乎所有登记在册的德国科学家相继被抓获。

1945年4月12日，罗斯福总统去世。7月5日，万尼瓦尔·布什依然遵命向继任的H. S. 杜鲁门总统提交了书面报告《科学——没有止境的前沿》。5年后，美国国家科学基金会（NSF）顺利诞生。

1945年10月15日，时有114名成员的阿尔索斯突击队被解散。外界人士估计，至少2000多名德国、意大利的科技精英和高级专业技术人员，被掳掠到美国本土。

"二战"后，特别是"冷战"时期，美国军事、情报和间谍部门仍然沿用"猎头"的提法，项目负责人改由总统亲自任命，隶属于中央情报局。突击队是总统和国家安全委员会的高级情报顾问，也是内阁成员和情报机构的发言人。项目经费支出无须说明用途，工作人员数目不必报告；特殊情形下，如在策反以苏联为首的"华约"成员国的高级人才叛逃西方时，可以征用政府和军方的资源及享有一定的特权。

进入21世纪以来，美国已经形成了从"军事霸权"到"地理霸权"，再到"人才霸权"的转化。从某种程度上来说，美国国家地理学会编制的《国家地理》，与美国联邦调查局（FBI）一样恐怖。这不用说商业化的谷歌地图。只要美国人认为是对的（事实经常证明是错的），可以在全世界任何地方消除对美国有着潜在和明显威胁的团队及个人。所以，阿尔索斯突击队、海豹突击队、绿色贝雷帽这样的特种机构，是永远不会消亡的。唯一可知的是，他们的手段将更加隐蔽、更加残忍。

二、法国：外籍军团[1][2]

法国外籍兵团（Légion étrangère française），是正规部队编制。1831年，法国在阿尔及利亚的战争消耗过大，军人伤亡惨重。路易·菲利普（之后的法国国王）为了继续支持这场战争，于3月10日组建了外籍兵团（示意如图8-1所示）。

---

[1] http：//www.legion-recrute.com/.
[2] http：//zh.wikipedia.org/wiki/法国外籍兵团。

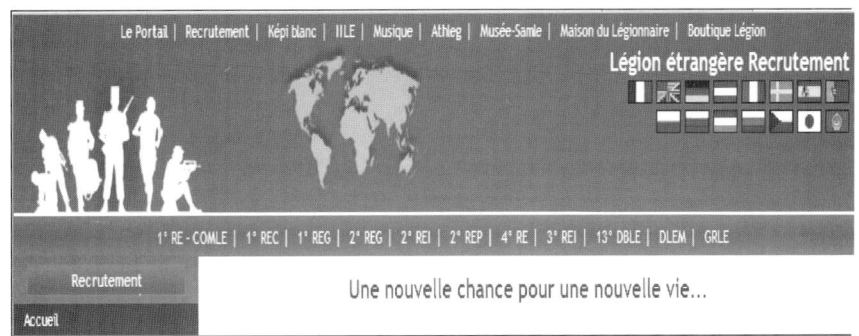

图 8-1

其时，外籍军团暂时解决了兵源不足的问题，满足了少数军人的欲望。至少，"得人钱财，与人消灾"的雇佣军，并不需要政府提供更多的资金。这如同一个普通家庭，在搬家的时候邀请亲朋好友过来帮忙，这些不怎么专业的人既不会包装，也不太懂得运输，还要在搬后大吃大喝一顿；而专业的搬家公司，来去迅速、动作熟练，给了钱就不用管了。这既有专业分工的问题，也有后勤保障的问题，更有达成效果的问题。

外籍军团很有意思。1861年，墨西哥卡美罗内村发生了一起很小的战斗。26岁的老兵丹茹，带领着65人去接应运输队，遭遇了准备去偷袭法军营地的1500名墨西哥士兵，并很快被团团包围。这时，墨西哥士兵在外面喊话，叫他们投降。丹茹回答："我们首先选择死亡！"于是，激烈的战斗开始了。丹茹很快战死了，它的后继任威纶中尉也战死了，再后继任毛德接过指挥权时，只剩下5个士兵。9个小时的战斗耗光了他们所有的弹药。6个人仍然向墨西哥军队发起了最后的白刃冲锋，其中几人被俘虏。战后，一个幸存者带回了丹茹的假臂。在早期的塞瓦斯波托尔战斗中，丹茹失去了左臂；后来，他安装了个假臂。此后，这个假臂就成了外籍军团的图腾，代表着"不屈不挠的战斗精神"。每年在新兵入伍时，都会把它拿出来，简单而隆重地纪念一番。

外籍军团效忠时，不是效忠于法兰西，而是高呼"军团，就是我的祖国！"因为，外籍军团是一支被本土变相"流放"的军团，因为他们是为了清除国内的"亡命之徒"（激进者、革命者和被强行退役的士兵）而组建的；苏尔忒元帅组建时就说，如果没有战争，"但是，他们仍然希望战斗，就让他们去北非殖民地流血或挖沙吧！"于是，外籍军团一度被发配国外。军团的格言：Legio Patria Nostra（军团就是我的祖国），Honneur et

Fidélité（荣誉与忠诚），Marcheoucrève（不前进，毋宁死）。

19世纪时，外籍军团主要的工作是保护法国的海外殖民地。它已经为法国的三个共和国、一个帝国服务过，参加两次世界大战与其他中小战争，见证了法国征兵制的兴衰以及殖民地帝国的建立与没落。不过，它甚至还参加过普法战争。时至今日，已经成为法国军队非常重要的一部分。军团成员以招募外籍人士为主，但是，法国公民仍可以凭借法定的外国人身份加入。外籍人士在服务满五年以后可以申请法国国籍，在确认受到足够同化后，便可取得国籍；不愿意放弃原有国籍者，在契约结束后，也可以得到法国居留权。2000年以来，军团开始提高加入资格，对申请者进行背景调查，禁止重刑犯加入。另外，外籍兵团士兵因作战重伤，被法国当局确认后，即可成为法国公民。这就是著名的《"为爱法国流血"法》(françaispar lesangversé) 条款。

外籍兵团穿着标准的法国陆军制服，但是，有某些特别的配件以显示它的特殊地位。最著名的配件就是白色高顶军帽。低阶士官和军官并不戴这种白色的军帽。检阅服就是卡其战斗服加上一些仪式上的配件。包括饰以红色流苏的绿色肩章、白色的条纹和绑腿、蓝色的腰带和白色长手套。他们也佩戴一种绿色领结，而军官甚至还穿上一件绿色背心。工兵排的成员则围白色围巾和携带典礼用的斧头；他们皆被准许留胡子。战斗服是法国标准迷彩服，通常配有一顶贝雷帽。作战时的兵团使用一种细长条状的布料，以表示属于某连。伞兵部队佩戴绿色贝雷帽。

法国外籍军团对全世界酷爱战争的人提供平台。在它公开的网站上，常年招收新人，从无休止。但是，军团挑选士兵的要求却非常严格，甚至在训练时都经常死人。尽管如此，每年都有上万名来自世界各地的年轻人、退伍军人和游民申请加入该军团。军团的淘汰率高达95%以上，只有少数人才能如愿戴上高贵而神圣的白色贝雷帽。

三、国际雇佣军[1][2]

在国际人力资源市场上，雇佣军是一个极其独特的现象。政府采取极端的军事化方式，物色几乎完全市场化的职业军人，对内对外采取强硬行动是否符合国家利益，却是无从得知的。尽管如此，它却是一些国家不可或缺的力量。

---

[1] http://baike.baidu.com/view/2583521.htm.
[2] 单惠民、耿海军、张寿安：《国际雇佣兵大揭秘》，《云南国防》，2002年第1期。

现代雇佣军是组成公司，按现代商业模式建立公司管理体制，承揽业务。各国对雇佣军情有独钟，可谓原因多多。为境外军队作战提供情报、工程和后勤支持。雇佣军可以为境外军队作战提供情报、工程和后勤支持。在美军的波斯尼亚行动中，雇佣军起到了"积极作用"，不仅帮助培训了当地士兵，而且为营一级甚至旅一级的部队提供了后勤支持。目前在伊拉克，美国在保安和后勤保障中大量使用了雇佣军，数量约占驻伊外国士兵总数的15%。对于美国来说，使用素质较高、战斗力较强的雇佣军，既可以克服兵员不足的问题，又能避免因正规军伤亡过多而招致广泛批评，还能轻松解决伤亡人员的善后问题，真可谓一举多得。

这些国际雇佣军对外宣称为私营武装公司或保安公司雇员，对内实行军事化管理，比较出名的大型公司有：

(一) 南非私营武装公司 (EO)

1989年建立，旗下曾拥有700多名成员，多数是南非军队退役军官和特种作战士兵。该公司曾参与安哥拉等非洲国家的内战。1994年，它派出一支小型快速部署的、有着良好的空中保护和装甲的雇佣部队，几天内就平息了卢旺达的危机，轻轻松松赚了几千万美元。塞拉利昂自1991年发生内乱以来，反政府武装攻势凌厉，政府军节节败退。无奈之下，政府于1995年和EO签订了一份为期两年的合同。EO派出300名雇佣军协助政府军作战。不出几个月，反政府武装即溃不成军，不得不与政府军签署了和平协议。EO公司当然报酬不菲，不仅每月有120万美元进账，还得到了钻石矿的开采权。不久，巴布亚新几内亚又找上门来，请求EO帮它围剿闹独立已达9年之久的反政府武装。随后发生了政变，合同中断。但是，EO仍然从中获得了3600万美元的高额利润。1998年6月，安哥拉政府迫使反政府武装同意谈判，EO公司协议获得6000万美元，而EO所付出的全部代价仅为20名雇佣兵的死亡。后来，由于南非严格管理，该公司于1999年解散，其成员或另组公司或加入海外雇佣军公司。

(二) SI公司

成立于20世纪90年代初，在巴哈马注册、在伦敦和华盛顿设有数个办事处，有英国政府及军方背景，雇员包括多名英国和美国高级军官。其主要业务是提供保安、咨询、军事训练、情报支持和后勤保障等。

(三) 军事职业资源公司 (MPRI)

总部位于美国弗吉尼亚州，是美国将军刘易斯于1987年创办的，吸纳了众多美军退役将军加盟，退役军人超过2000名。1995年8月4日晨，克罗地亚政府军发动了代号为"暴风"的军事行动,仅仅三天,自行独立的"塞尔维亚克拉伊纳共和国"便不复存在。此役,表面上和五角大楼毫无关系;实际上,这场军事行动速胜的秘诀,是美国的"军事职业资源公司"提供的 2000 名雇佣军。

(四) MPRI 公司

20 世纪 90 年代,在美国政府不便出面的情况下,MPRI 公司曾想把前阿族非法武装"科索沃解放军"训练成一支能抵御前南斯拉夫政府军的力量,但是结果不如人意。据前南斯拉夫政府的一份报告披露,在"科索沃解放军"里,有大约 1000 名来自阿尔巴尼亚、沙特阿拉伯和阿富汗等国家的雇佣兵。哥伦比亚政府与 MPRI 公司签订了一份金额为 13 亿美元的"哥伦比亚计划"。按照协议,MPRI 公司向哥伦比亚提供包括军事咨询、军事培训等在内的一揽子援助服务。

(五) 以色列雇佣兵

在国际雇佣军市场上,以色列军人训练严格,效率极高。表面的冷酷无情与内心的忠诚可靠,使他们在全球雇佣兵市场炙手可热。早在 20 世纪 80 年代初期,菲律宾上流社会就纷纷雇佣以色列人当私人保镖,一些富豪甚至拥有由以色列退役军人训练的私有军队。南美洲的军事集团也以聘用以色列顾问为时尚。此外,以色列雇佣兵的身影还出现在伊朗、印尼、斯里兰卡等许多国家,真可谓"哪里有战争,哪里就有以色列雇佣兵"。

雇佣军所带来的巨大经济诱惑,简直让人无法抗拒。作为战争经济的一部分,数目众多的雇佣军中介机构、中介公司每年从五角大楼拿到高达百亿美元的合同。2004 年,除了直接支付给战区雇佣军人的费用外,美国防部还向私营军事公司支付了 300 多亿美元,占其年度军费开支的 8%。雇佣军职业对世界各国退役军人的诱惑最大。

欧美发达国家、敏感地区及一些发展中国家的军人退役后,仍然精力充沛、身强力壮。在他们的收入不太如意的时候,纷纷加入私人军事公司,以赚到更多的钱。许多美国将军退役后,还召集一批旧部重新走上战场,成为令人瞩目的中坚力量。这些人经历丰富、经验充足,不容小觑。如在伊拉克、科威特,美国政府邀请的国际雇佣军公司的雇员,平均日工资为 1000 美元;而在非洲的塞拉利昂,每人每月的报酬是 1.5 万~1.8 万美元,另有一笔昂贵的人身保险费。

第二节 重大政策和专项计划

政府主导和制定重大的人才政策、专项人才计划等，具有针对性强、时效性强，且必须产生实际效果。这也和现代猎头的要义一致。

重大人才政策可分成短期和中长期两类。短期政策系指政府临时采取的特殊应急举措，如美国实施的"曼哈顿计划"；中长期政策主要是吸引高层次人才竞争性的稳定政策，如欧盟的"蓝卡"和"伊拉斯谟"计划。专项计划可分成围绕性和针对性两种。前者指围绕政府重大的规划、工程、项目而采取的特殊人才政策及策略，如马来西亚的"多媒体超级走廊"计划；后者指政府因地制宜、审时度势的特殊做法，如印度的"人才携金回国"策略。

一、美国：定向定点猎头策略

美国是现代猎头公司的发源地、军事化猎头的始作俑者，也是政府实施猎头策略和手段最创新、最丰富的国家。主要包括：

（一）围绕重大工程，实施军事猎头

在美国 20 世纪著名的"三大计划"的实施过程中，不在美国本土出生的、外籍外裔科学家的比例超过 70%。尽管目前没有精确的数字，却仍然可以说，海外高层次人才支撑了这些至今影响深远的世界级工程项目。

1. 曼哈顿计划

1941 年 12 月 6 日，美国正式制定了代号为"曼哈顿"的绝密计划。罗斯福总统赋予这一计划以"高于一切行动的特别优先权"。

"曼哈顿"计划规模惊人。据称，由于当时还不知道分裂铀 235 的三种方法哪种最好，只得用三种方法同时进行裂变工作。"曼哈顿"工程管理区内，集中了一大批来自世界各国的科学家，不乏在"二战"期间流亡和投奔美国的科学家，包括一些诺贝尔奖得主。顶峰时期，"曼哈顿"工程动用了 53.9 万人，总耗资高达 25 亿美元。

1945 年 7 月 15 日，世界上第一颗原子弹在新墨西哥州阿拉莫戈多的沙漠地带试验成功。8 月 6 日和 9 日，美国分别在日本的广岛和长崎投下了原子弹。随着苏联军队援兵中国东北，日本天皇于 14 日宣布无条件投降，"二战"随之结束。

庞大的曼哈顿计划不仅造出了原子弹，也留下 14 亿美元的财产。这包括一个具有 9000 人的洛斯阿拉莫斯核武器实验室；一个具有 36000 人、

价值9亿美元的橡树岭铀材料生产工厂和附带的一个实验室;一个具有17000人、价值3亿多美元的汉福特钚材料生产工厂,以及分布在伯克利和芝加哥等地的实验室等。

2. 北极星计划

也称"北极星导弹计划"。20世纪50年代后期,美国海军实施的研制导弹核潜艇的计划。

北极星(POLARIS)是美国第一代潜射弹道核导弹,采用两级固体发动机,代号VGM-27,1957年研制,1960年开始装备华盛顿级、伊桑艾伦级、拉菲特级核潜艇,现已退役。除美国军方以外,还提供少量给英国核潜艇使用。

在计划实施过程中,军方率先用网络技术创造了一种控制工程进度的新方法——计划协调技术(PERT),使得北极星导弹提前两年研制成功,也同时促进了系统工程学在管理领域的广泛应用。

3. 阿波罗登月计划

阿波罗计划(Apollo Project),又称阿波罗工程,是美国从1961年到1972年从事的一系列载人登月飞行任务。

工程开始于1961年5月,至1972年12月第6次登月成功结束,历时约11年,耗资255亿美元。高峰时期,参加工程的有2万家企业、200多所大学和80多个科研机构,总人数超过30万人。

1969年7月20日美国东部夏令时下午4时许,美国宇航员尼尔·奥尔登·阿姆斯特朗(1930—2012)缓缓走下阿波罗11号飞船,踏上月球表面的瞬间说:"这是我个人的一小步,却是人类的一大步!"

(二)针对敌对目标,暗中策划叛逃

"冷战"时期,美国针对苏联阵营进行策反活动。重大事件包括:1954年1月,苏联在亚洲的头号间谍拉斯特沃罗夫中校叛逃美国;1967年3月,约瑟夫·维萨里奥诺维奇·斯大林的女儿斯维特兰娜·阿利卢耶娃在印度叛逃美国;1976年9月,维克多·别连科驾驶米格25P型重型截击机叛逃日本;1985年8月,克格勃负责美国和加拿大事务的副处长维塔利·尤尔琴科上校在罗马叛逃美国;1989年5月,亚历山大·祖耶夫驾驶米格29型战斗机叛逃土耳其;等等。

美国对古巴也是如此。1961年,策动当时收留在美国的古巴部分"叛逃"人员,制造了入侵古巴的吉隆滩事件。2003年8月,在特工的协助下,3名参加多米尼加第14届泛美运动会的古巴运动员叛逃美国。时隔不久,在加利福尼亚州阿纳海姆举行的第37届世界体操锦标赛上,又有2名古巴运动员叛逃。

(三) 抓住时局变故，借机趁火打劫

美国重视利用特殊机遇。20 世纪 60 年代初，趁古巴革命期间大批科技人员外逃之机，美国收罗了古巴医生的 25%，达 1300 多人。苏联解体前后，美国政府和猎头公司就积极行动起来，加紧加大高层次人才引进力度，先后从苏联引进 10 万人才，仅高级核专家就有 2000 多人。

1997 年，亚洲爆发金融危机时，留学生的学习和生活受到影响，美国政府、学校和非营利机构纷纷采取措施。如华盛顿大学商学院拿出 25 万美元来垫付学费。有关部门不仅帮助他们解决学费问题，还帮助他们寻找工作，解决日常生活问题。

(四) 大肆搜罗人才，不惜以邻为壑

1987 年 6 月，苏联《真理报》曾以"偷窃天才的人"为题，专门算了一笔账：1949—1969 年，美国一共抢走发展中国家的 14.3 万高层次人才，使那些人才的母国白白损失 50 亿美元的教育费，而流失的人才在这 20 年里，至少为美国创造 632 亿美元的收入。

医生的培养周期长、成本高，且要求临床经验丰富。撒哈拉以南 47 个非洲国家平均每 10 万人口中仅有医生 13 人，美国却高达 280 人。尽管如此，美国仍然感到医生紧缺。为此，政府通过免签制度，提供大约 8000 个住院医师职位，吸引来自外国前来学习者和移民。2002 年，5334 名在非洲接受医学教育的学生毕业后，来到美国从事医疗工作，其中，尼日利亚 2158 名，南非 1943 名，加纳 478 名，93% 的非洲医生在纽约、加利福尼亚、德克萨斯的乡村工作。1999—2004 年，448 名加纳医生移民美国，占该国医生培养总数的 54%。而在加勒比海地区，牙买加 41% 的医生、海地 35% 的医生大都流入美国。

加拿大是美国的长期友邻，也是医生匮乏的国家之一。25% 的医生来自南非、印度、爱尔兰、埃及、巴基斯坦、牙买加、斯里兰卡等。但是，这些好不容易"被猎"的群体，居然也成为美国医院的新目标。仅在 2002 年，约 9000 名医生越境进入美国，其中，不乏接受加拿大高等医学教育的高层次人才。安大略省医学会主席费恩（Greg Flynn）说，从贡献医生给美国这件事来看，加拿大也只能算是一个发展中国家。

(五) 借助交流平台，实现曲线猎头

美国一直视俄罗斯为竞争对手。1967 年，国际俄语和俄罗斯文学教师协会基金会（IATR）成立，后发展成为拥有来自 54 个国家的 139 个集体会员、8 万多名俄语工作者的庞大组织。苏联解体后，美国国务院在基

金会投资设立"未来领导人"计划,提供在美国高等专科学校和综合性大学学习一年的奖学金,部分负担学费、交通费和伙食费。到 2003 年,7400 多名俄罗斯 9—11 年级的学生免费在美国学习,只有少数人回到了俄罗斯。

在吸引优秀的俄罗斯大学生方面,美国做得有板有眼。一是研究透彻。他们非常了解决俄罗斯学生的留学愿望、出国渠道和进修方式,能够提供个性化的方案。二是实力强。2002 年,美国有 827 个资助高校学生的计划和组织,比英国多两倍,比澳大利亚多五倍。三是方法多。美国高校将最有发展前途的大学生的学费予以减半,或者提供一定数额的奖学金。许多基金会还提供临时奖学金,予以资助。四是专业针对性强。美国并不看好人文专业,而是偏重专业性技术领域的俄罗斯学生。五是时间安排有技巧。奖学金通常是一年,最多两年。等到俄罗斯大学生用完奖学金,也就到了毕业的时候,必须回国进行论文答辩。然而,70% 以上的优秀生回国前夕,已与原先就读的美国大学、进修或实习的公司签订了工作合同。如此一来,这些本来到美国"镀金"的俄罗斯"未来领导人",在回国完成答辩、拿到毕业文凭后,反而重新回到美国升学或者就业。

二、英国:欧盟框架计划和高级技术移民项目计划

为了应对高层次人才流失以及美国带来的危机,英国制定了从英联邦国家、欧盟其他国家和包括中国在内的发展中国家吸引人才的战略。英国政府规定,英联邦国家的人才不需要办理工作签证,就可以到英国工作两年。这种广揽人才的做法从英联邦内的加拿大、澳大利亚等国吸收了不少专业技术人员。2004 年,波兰等 5 个东欧国家加入欧盟后,英国又率先向这些国家的劳动力敲开了大门。与此同时,一些著名的跨国公司和科研机构也拥有自己签发工作许可证的特殊权力,不受政府的限制。①②③

(一)欧盟框架计划

1984 年,"欧盟科技框架计划"(FP)开始实施。2000 年,欧洲实施了欧洲研究区域计划(ERA)。还有尤里卡计划、欧洲空间局和欧洲分子生物学实验室、Innovation Union、EU-US Task Force 以及协调和资助欧洲

---

① http://en.wikipedia.org/.
② 徐会苹:《英国应对人才流失有高招》,《人才资源开发》,2011 年第 11 期。
③ 程如烟:《英国公共科学开支:"10 年 10 项计划"》,《人民日报》,2010 年 10 月 26 日。

科研合作的计划的 ERA-NET 等。在这些合作框架下，欧洲成为科研合作最为活跃的地区之一，也重新成为科研人才交流合作最活跃的地方之一。

欧盟框架计划和 ERA 实施后，英国凭借在欧盟地区的经济与科技核心地位，使得欧盟地区科研人员纷纷流向本国。2000—2006 年，英国拥有非英国籍的欧盟科学家人数从 8 万上升到 11 万。2005—2006 年，8% 的英国科研人员属于国外入境工作，34% 拥有欧盟成员国国籍（非英国国籍），30% 拥有非欧盟成员国国籍，仅有 32% 是英国国籍。

（二）高级技术移民项目计划

近年来，英国的社会老龄化相当严重，退休年龄达到 65 岁，年轻的劳动力很短缺，失业率创 25 年来的新低。受到工作许可证的限制，许多中国留学生毕业后很难找到工作。但是，对于高技术移民许可证的持有人来说，由于不受工作许可的限制，找工作相对容易。2002 年 1 月，英国施行"高级技术移民项目计划"（HSMP），专门为有意在英国找到工作或自谋职业的人才提供机会。

计划将申请人分为两类，即 28 岁以下和 28 岁以上的申请人。它与工作许可计划最大的不同点在于：申请人在没有雇主提供职位的情况下，也可申请高技术移民。申请人不需要提供详细的商业计划，也不必事先在英国找到工作或者在英国做任何投资。它的主要特点是：申请周期短；无年龄限制；英语没有硬性的要求，申请人只需提供学习英语的证明即可；没有任何专业限制；等等。如果获得批准，申请人就可以凭借高技术移民工作许可证书，首先获得为期 12 个月的英国高技术移民签证。一年后，申请人可继续申请为期 3 年的延签。根据移民法规定，在英国连续住满 4 年并能符合其他条件的，取得永久居留资格。第 5 年时，可申请加入英国籍，成为英国公民。

2004 年 10 月，针对自然科学、工程、数学人才缺乏，劳动力市场缺少技术熟练工人的情况，英国政府启动"理工科毕业生培养计划"，允许在英国高等教育或继续教育机构取得相应资格的非欧洲的学生，在完成学业后继续居留 12 个月以便求职。

2012 年，英国调整人才政策，倾斜于高科技、基础科研和高等教育领域有突出贡献的人才，其中，英国政府锁定的几百个"杰出人才"其年薪达到 10 万英镑以上。同时，政府将鉴定人才的权力下放到一些英国的著名跨国公司、科研机构等。只要是大公司有意雇佣的外国人，英国都将这些雇员视为"人才"而发给签证；因为政府相信，"大公司是不会雇佣傻子的"。

三、德国：绿卡计划和投资未来科学计划

20世纪80年代以后，随着世界局势的变化和不可逆转的全球化潮流，面对德国将由非移民国家转为移民国家的需要和趋势，德国的移民政策由原来的排斥态度逐渐转为战略兼容。为此，政府颁布了一系列移民政策，包括闻名遐迩的"绿卡计划"和"投资未来科学计划（ZIP）"。

（一）绿卡计划

2000年2月，施罗德政府宣布实施"绿卡"计划，吸引高科技人才，解决IT业人才紧缺的燃眉之急。3月，联邦内阁正式公布了"联邦政府和信息通讯经济为满足德国信息技术人才需求的应急计划"。该计划的主要内容是：3年内分步骤地接受来自非欧盟国家的20000名IT专业人才，绿卡有效期为5年，在此期间可以更换雇主；5年后可根据外国人居留法有关规定申请延长居留；可携带家属居留德国，2年后家属也可获工作许可；到德国工作的IT专业人才的年薪不得低于10万马克等。到2003年，"绿卡计划"只发放1.5万张绿卡，并没有达到2万张的目标。然而，这却是继1973年之后大规模引进非欧盟劳动力的行动，进一步明确了德国政府对于移民问题的开放态度，也为新的《移民法》铺垫了道路。[1][2]

2000年，新的《国籍法》颁布实施。它在血统原则之外首次引入了"出生地"原则，即政府承认在一定条件下，外籍移民子女在德国一出生就可以获得德国国籍。这使得将近一半在德出生的移民子女获得了德国国籍。同时，对于成年外籍移民申请入籍所要求的居留期限，也由15年降低至8年。[3][4]

2001年，移民事务独立委员会的研究报告，提出在"尊重文化多样性的前提下"，实现移民对于"社会、经济、文化和政治生活平等的分享"，机会平等从而成为沟通个体维度和政策维度的核心价值。这一理念阐述之后，成为众多政府部门在涉及移民融入问题上的指导思想。

2005年，新《移民法》正式出台，对移民的权利和义务做出了全面、清晰的规定，移民问题首次拥有了完善而又统一的规范指导，从而在法律

---

[1] http://www.chinastudents.net/000807_n_22580.html.
[2] http://immigration.tigtag.com/euro/news/10955.shtml.
[3] Ines Michalowski, Integration als Staatsprogramm. Frankreich, Deutschland und die Niederlande im Vergleich, Münster: Lit Verlag, 2007, S. 101.
[4] 郑朗、伍慧萍：《新世纪德国移民融入政策及其理念分析》，《德国研究》，2010年第4期。

文本上最终默认了移民国家的现状。

2008年，政府通过"工作移民行动项目"，期望借此在德国的就业市场上实现平衡，即对外国精英人才更加敞开怀抱，但是，却对水平一般的外国劳工依然保持较高的门槛。政府还规定，2009年1月1日起，来自欧盟9个新成员国的大学毕业生可以享受特别优惠，德国就业市场向他们全面开放的同时，无须审核这个工作岗位是否应优先考虑接纳具备同等条件的德国籍公民。而对于来自非欧盟国家的精英人才，德国一直努力放宽政策、降低门槛，希望吸引更多的外国精英到德国就业。

2010年9月，《联邦境内融入方案》更加明确了移民融入的政策目标，就是要"使具有移民背景的人能够拥有平等的机会并公平分享经济、社会、文化和政治生活"。这标志着德国开始改变先前保守的移民理念，以机会平等主义为价值导向的新移民融入政策初步成型。①

（二）投资未来科学计划

20世纪90年代末，政府制定"投资未来科学计划（ZIP）"。主要是利用洪堡基金会这个国际性的学术平台，增加沃尔夫冈·保罗奖、索非亚·克瓦雷夫斯卡亚奖和亚历山大·洪堡教席奖三大奖项，资助优秀的年轻外国科学家及其团队来德国从事长期研究。

1. 沃尔夫冈·保罗奖（Wolfgang Paul Award）

2001年设立，是德国科学史上直接支持研究人员的个人最高奖，奖金高达230万欧元，几乎超过诺贝尔奖一倍。该奖由洪堡基金会和德国学术交流中心（DAAD）管理。

联邦教研部希望借此向世界表明德国吸引全球优秀人才的决心和努力，表明德国是优秀的科研基地、到德国来是值得的、要进一步加强科学界内部的联系，努力"吸引全世界最好的头脑"。该奖旨在资助各个领域内、世界上最著名的学者到德国最好的研究机构，在一流的研究条件下进行为期3年的自由研究，并提供相应的学术环境和辅助条件。高额的奖项的确具有难以抵御的诱惑力。仅在颁奖的第一年，德国就将以前流向美国的顶级人才又吸引回来，14位获奖者中有8位来自美国，其他是本土学者。

2. 索非亚·克瓦雷夫斯卡亚奖（Sofja Kovalevskaja Award）

2001年由德国联邦教育和研究部出资设立，以著名女数学家索非

---

① Bundesamt für Migration und Flüchtlinge, Bundesweites Integrationsprogramm, Angebote der Integrationsförderung in Deutschland—Empfehlungen zu ihrer Weiterentwicklung, Berlin: 2010, S. 10.

亚·克瓦雷夫斯卡亚命名，交由洪堡基金会管理。

克瓦雷夫斯卡亚奖旨在资助在全球范围内挑选的、27～35岁的顶尖杰出青年科学家，通过组建独立的研究小组，在德国的研究所或大学开展项目合作研究的方式，吸引各个学科领域的国际年轻优秀人才。获奖者可得到最高165万欧元的资助，用于研究人员的报酬、材料费、实验室和器材经费和其他费用等。

3. "亚历山大·洪堡教席奖"[①]

即资助引进人才为期5年的科学研究，最高额度可达500万欧元。这是德国奖金额度最高的科研奖。为了确保引进人才享有长期而良好的科研氛围，该奖与德国高校的整体战略规划保持一致，主要用于科研梯队的建设以及实验设备的添置和更新，同时向梯队的领头人提供一份具有国际竞争力的丰厚薪水。

"洪堡教席"奖的基本内容包括：

a. 宗旨。帮助德国高校解决在构建科研特色、聘请一流学术研究人员时遇到的经费困难，通过打造一流的学术梯队，促使德国高校的科研能力达到国际一流水平，进而提升国际影响力。

b. 提名程序。候选人必须由相关高校申报，经主管部门批准后，再向洪堡基金会提出，且提名不受编制限制。但是，不接受个人申请。

c. 基本条件。候选人必须在国外高校或研究机构任职，且所从事的科研领域拥有杰出的研究成果，享有国际知名度。如果是德籍或外籍人士，则需要证明研究成果的前沿性。

d. 评选。洪堡基金会负责组建跨学科专家组成的评选委员会，在对候选人的申报资料进行专业评判，并遴选出获奖名单。

e. 奖金额度。在5年资助年限内，从事实验性研究工作的学者最多可获得500万欧元的资助；从事理论性研究工作的，最高可达350万欧元。奖金主要用于研究工作及相关支出，几乎可以自由开支；但是，个人收入不得超过18万欧元/年。

f. 高校的额外补贴。获奖者所在的高校和科研机构，可以从奖金额度中提取15%作为管理费，用于创造更加优厚的工作和生活条件，如配偶家属的安置、资助期结束后的交通补贴和基础设施使用费等。

[①] 李国强：《"洪堡教席"奖——德国吸引海外尖子人才的新举措》，《德国研究》，2009年第2期。

四、欧洲联盟：蓝卡计划和伊拉斯谟计划

（一）蓝卡计划

2008年11月，欧洲议会通过决议，启动了吸引欧盟以外的高技术人才的"蓝卡"计划。[1]

决议明确规定了蓝卡计划的实施细则。例如，蓝卡的申请者必须拥有欧盟成员国所认可的大学文凭或者至少5年的工作经验；申请人必须在欧盟成员国境内找到固定工作，且其薪金必须至少是该国同等职种的平均薪酬的1.7倍等。根据这项计划，各成员国将向外来移民统一发放工作签证，即所谓的"蓝卡"，有效期最高为4年。持有"蓝卡"的外来移民将获得在欧盟的工作和居住许可。他们在工作期间享受欧盟居民同等的福利待遇，家人也可以陪同生活。

蓝卡计划借鉴美国的"绿卡"制度，实际上是工作和居留许可证。根据本国情况，欧盟27个成员方都有权决定蓝卡的发放数量及允许工作的领域，但是，发放条件必须遵循欧盟统一制定的标准。它还对技术移民给予了许多优惠条件，如可以优先获得家庭团聚签证；在工作满3年之后，可选择到另外一个欧盟国家工作；即使返回原籍地，以后也可以自由进入欧盟国家工作等。

欧洲议会还要求，在缓解欧盟就业压力的同时，不要造成其他国家的"人才流失"，也不要使蓝卡持有人享受到比欧盟成员国公民"更高的待遇"。该计划在限制非法移民、控制普通移民的同时，吸引和鼓励高智商和高知识结构的人才到欧盟就业，努力改变就业人员的知识结构，为经济社会发展做长远打算。蓝卡计划预计将在未来20年内吸引至少2000万来自亚洲、非洲和拉丁美洲的技术人才到欧盟国家就业。

观察家认为，蓝卡计划能否达成预期目标，还需要持怀疑态度。因为，欧盟对蓝卡的发放和使用，设置了诸多限制。例如，蓝卡的申请者必须拥有学士学位或至少5年的工作经验，而蓝卡持有者若想到其他欧盟国家工作，则必须要重新申请，这无疑降低了蓝卡的实用性。

（二）伊拉斯谟计划[2]

1999年6月，包括欧盟成员国和申请国在内的，总共29个国家的教

---

[1] 潘革平：《欧洲议会通过欧盟"蓝卡"计划》，新华网，2008年11月21日。
[2] 德西德里乌斯·伊拉斯谟（Desiderius Erasmus，1466—1536），荷兰哲学家，欧洲人文主义运动的代表人物。长期在法国、英格兰、意大利、瑞士和比利时游学和教书，花费毕生精力促进不同文化、不同语言的人与人之间的相互理解。

育部部长在意大利的波罗尼亚举行会议，共同签署宣言，标志着欧洲高等教育改革进入快行道。"波罗尼亚进程"（Bologna Process）随即启动。

2003 年，为了促进和落实"波罗尼亚进程"，欧洲理事会批准通过高等教育领域的"伊拉斯谟计划"（Erasmus Mundus），2004 年 1 月—2008 年 12 月正式执行，项目总预算为 2.3 亿欧元。

"伊拉斯谟计划"定位在硕士层次的高等教育交流。通过建立 100 个跨大学的欧洲硕士专业点和提供近上万个奖学金和访问学者名额的方法，吸引更多外国教师和学生在欧洲的大学学习，借以加强欧盟成员国大学之间的学术联系，提高欧洲高等教育的质量和竞争力，扩大欧洲高等教育的全球影响力。

该项目既面向欧洲学生，也面向欧洲以外的第三国的留学生和访问学者。主要内容包括：

1. 鼓励欧洲的学生在学习期间在欧洲大学之间的流动

欧盟决定到 2008 年年底，在从欧盟国家现有的和即将开设的有关专业中挑选，建设 100 个跨大学的欧洲硕士专业点，有效期为 5 年，至少由 3 个不同成员国的大学联合设立。欧洲学生在学习期间，至少应在两所大学学习，文凭得到相关国家的承认。同时，这些专业点也作为申报和管理机构。

2. 吸引来自欧盟成员国之外的学生和学者到欧洲大学学习和研究

针对欧盟国家以外的第三国的学生，伊拉斯谟计划提供 5000 个奖学金和 1000 个访问学者名额，重点投向是发展中国家。奖学金生获得每月 1600 欧元的生活费补贴，可在相关国家进行为期两年的学习；访问学者可以进行为期 3 个月的教学或研究，每月获得 4300 欧元的资助。

3. 鼓励欧盟国家的学生和学者外出学习或者工作

对于欧盟成员国的学生和学者，伊拉斯谟计划提供 4000 个奖学金和 1000 个访问学者名额，赞助他们到成员国之外的大学进修、教学和研究。

4. 提升欧洲高等教育对外的影响力和形象

伊拉斯谟计划还资助出版计划、组织教育国际会议、为第三国学生进入欧盟学习提供咨询服务等子项目。

2004 年，欧盟将"伊拉斯谟"计划改称"伊拉斯谟－世界"，支持欧洲同世界其他各国的学生交流，推广研究生奖学金项目，吸引全球人才到欧洲求学。

为了争夺亚洲市场，欧盟还在"伊拉斯谟－世界"专门开设"亚洲窗口"。2005—2006 年，5 个的其中 4 个，特设中国、印度、泰国和马来西亚"窗口"。到2006年6月,已经发放1377份奖学金,其中,中国的180名学生、32名访问学者受益。第二期(2009—2013年)随即启动,并在第一期的基础上进行了较大程度的改革,主要是将参与国际流动的学生、学者从硕士扩大至学士和博士层次,同时,大幅度提高了资助金额。

五、日本:人才复兴计划

日本向来重视人才培养和引进工作。近年来,伴随本土的人口压力、老龄化趋势日益增加,政府加大加快了吸纳海内外高层次人才的力度。主要包括留学生计划、E-Japan重点计划、促进外国研究者日本落户计划、海外优秀人才现地化计划、外国人高度人才引进计划等。

(一) 10万和30万留学生计划[①]

1983年,中曾根在首相就职演讲中发表《对21世纪的留学生政策建议》,旨在检讨并改革留学政策。8月,日本政府在高等教育水平上的教育、研究领域方面,从国际理解、国际协调的推进,发展中国家的人才培养合作的观点出发提出综合性的留学生政策,通称《留学生10万人计划》。计划提出,要由1983年的8116名留学生数量,在2000年达到和法国一样的10万人,其中,公费留学生1万人,其余的是自费生。

2008年1月,日本首相福田康夫在施政方针演说中提出,要"接收30万外国留学生"。7月,文部科学省联合外务省、法务省、厚生劳动省、经济产业省、国土交通省制订"留学生30万人计划"。计划以2020年为目标,将在日本学习的留学生人数增加到30万人,以此作为日本加强国际化程度、提高国际地位的重要政策之一。主要包括五个方面的内容。其中,在"吸引外国学生赴日留学"领域的基本内容包括:使学生树立留学日本的正确动机,并为学生提供最完善的留学相关服务,日本各方加强对外宣传;加强与海外大学合作,有效增设日语教育基地,积极促进海外的日语教育;通过举办日本留学说明会,进一步提供留学信息;驻外使领馆、独立行政法人的海外办事处、大学等在海外的办事机构要加强合作;加强日语教学,为希望留学日本的人员提供一站式服务;等等。

与《留学生10万人计划》相比,"留学生30万人计划"不仅只是简单的规模扩张,而且是通过日本大学自身水平的提高来吸引外国留学生,特别是降低语言障碍,吸引英语国家的留学生。为了帮助留学生毕业后在

---

① 武田里子:《日本の留学生政策の歴史的推移-対外援助から地球市民形成》,《日本大学大学院総合社会情報研究科紀要》,2006年第7卷,第77-88页。

日本就业，政府还延长留学生在日本找工作的时间。对于 30 所接收留学生的高质量、高水平的试点大学，政府在 5 年内给予经费援助，这就是后续的"国际化基地建设项目 Global 30"计划。

（二）E-Japan 重点计划[1][2][3]

E-Japan 的目标是建设世界最高水平的信息通信，培养一大批具有国际水平的优秀人才，使得日本在 5 年内成为世界 IT 行业最先进的国家之一。

E-Japan 的主要内容包括：第一，推进构造改革，创造新价值的社会；第二，通过灵活运用 IT 的价值，能方便、安心地生活，制造知性的感动，个人能力可以得到最大限度发挥的社会；第三，通过构建 IT 作为中心的全面合作关系，积极开展新的国际合作关系。

"E-Japan 战略 2001"在实施过程中，积极动用政府和民众的力量，加大了通信基础设施建设，整顿了电子商务交易市场。"E-Japan 2002 计划"的 5 个工作重点，就包括"强化教育信息化及人才培养"和"强化国际组织"两项内容，并把"引进高层次外国人才"列为重要的考核指标。为了在电子政府、医疗、教育领域等 IT 的利用方面，让国民真切感受到安心和真正 IT 产业的便利性，还制定了"IT 政策方案—2005"，旨在强化在行政服务、医疗、教育等领域，特别是人才选拔、培养和使用方面的制度建设。

（三）促进外国研究者日本落户计划[4]

日本政府鼓励录用优秀的外国研究人员。主要措施包括：促进大学和研究机构录用优秀外国研究人员；提高外国研究人员和博士生比例；完善招聘外国研究人员制度，尽早在博士生阶段就签订录用协议，外国博士生回国后也通过网络等手段与之经常保持联系；完善招聘外国研究人员政策，包括简化居留资格认定手续，延长居留时间，降低获得永住权条件，改善住房和工资待遇等。

2005 年，日本政府着手改革出入境制度，把原来只在"构造改革特区"实施的"外国人研究者接受促进事业"逐步推向全国，还把经过认

---

[1] IT 战略本部：《e-Japan 重点计划-2003》，平成 15 年 8 月 8 日。
[2] IT 政策パッケージ-2005.《IT 战略本部决定》，平成 17 年 2 月 24 日。
[3] 文部科学省：《e-Japan 戦略の目標達成に向けて》，平成 17 年 12 月。
[4] 王挺：《日本吸引海外人才的政策与措施》，《全球科技经济瞭望》第 24 卷第 5 期，2009 年 5 月。

定的研究人员签证时间从 3 年延长到 5 年。

从 2007 年开始，开始实施"促进外国研究者日本落户项目"。在日本企业和研究机构里提供与研究业务相关的工作体验场所，向有志于从事科研的留学生、青年研究人员提供需求信息，促进外国研究人员在日本落户。

（四）海外优秀人才现地化计划①②③④

日本企业清醒地认识到，在人才、产品、资金、信息等经营资源之中，最重要的要素是人才。实现人才资源现地化，具有弥补派遣人才不足倾向，削减派遣人数费用成本的，推进现地人才的录用和安定，提高现地人才的劳动欲望，能有效利用现地人才的知识和技能等优点。为此，日本企业积极推动海外优秀人才现地化计划，主要包括：

1. 跨国企业的经营现地化策略

如在泰国，日企公司的人才资源现地化进展很快。通过不断提拔现地人作为责任者，重要职位的现地人比例增长迅速。2008 年、2009 年的调查发现，从管理到生产、机械操作管理等 12 个职务为对象进行了调查，"库存管理"和"品质管理"都在 80% 以上，在"高层管理职务"指标，泰籍人的比例是 23%。被调查的日企公司中，泰籍首席执行官占 5%，中层管理人员则高达 80%。这些表明了，日企公司控制人在泰国子公司的管理权限转让方面，抱着积极而务实的心态。

2. 日企制造业中国人才现地化策略

南通市地理位置优越，所以外资企业非常多，其中，日资企业超过 550 家。2000 年的联合调查发现，日资企业鉴于日本人派遣的成本较高，多倾向于实现人才现地化。为了推进人才现地化，多数企业每年都提供一定的名额，让当地的优秀员工到日本研修。还有一些企业在决定经营管理大事的时候，都会安排中方人员参加。中方担任总经理的日资企业超过 80 家，约占企业总数的 15%。这也证明南通市日企人力资源的现地化程度是非常高的。

---

① 古井仁：《日本多国籍企业における経営現地化 – 研修システムと業績》，《国際関係紀要》，第 19 卷，第 1・2 合併号。

② 徐雄彬：《中国における日系製造業企業の人才现地化に関する研究》，桜美林大学大学院．博士学位请求论文。

③ 《実務作業部会報告書のポイント》，《外国高层次人才采纳推进会议》，内阁府，平成 21 年 5 月 29 日。

④ （社）日本経済団体連合会：《日本企業の中国におけるホワイトカラー人才戦略—優秀人才の確保と定着こそが成功の鍵》，2006 年 5 月 16 日。

3. 日企的中国白领现地化战略

在中国白领人才管理过程中，日本企业经常面对的最大问题"雇用不到人"和"辞职"。企业领导层最终发现，对中国白领来说，在工资水平相近的前提下，越有名气的企业，越是具有吸引力。为此，日本企业针对中国白领人才战略提出五个要点，并在中国内地试行推广。首先，制定经营现地化政策。如果中国白领觉得能胜任更高级的工作，或者是感到升职有阻碍，就会主动离职。因此，非常有必要实现人才当地化，培养当地人才并委任权力重任。第二，建设能够提高企业魅力的人事制度。包括报酬、晋升、业绩评价、人才培养以及激励制度等。其中，要激发中国白领参加多种技能提升培训的积极性，配备能够激活个性化的人才培养体系。对于特别优秀的，要采取脱产进修的方法进行培养。第三，宣传企业的经营理念和文化。第四，活学活用日本的经营特质。第五，发挥日本总公司的作用。

（五）外国人高度人才引进计划[1][2]

日本政府始终把吸收外国高层次人才作为国家中长期战略。IT技术者层入管法修改后，技术专家从1988年的2个人，猛增到1990年的1414人。1992—1999年，从不到5000人发展到超过1万人。引进中国IT专家的途径包括留学生的日本就职、日本企业的直接采用、通过企业内部调转工作在日本企业就职、研修等。2003年，通商白皮书强调，日本引进外国的IT专家，其实就是在国际市场的最前线争夺人才。2000年8月，森喜朗首相访问印度，提出日印IT合作推进计划。2000年10月，经济产业大臣平沼提出亚洲IT技能标准化倡议，在不同的国家实现相互认证，以方便高层次人才能够自由流动。

日本政府、企业和公众开始认同"外国空降兵"。1999年6月，出生在巴西的法国人卡洛斯·戈恩出任日产汽车公司CEO的时候，全日本都惊愕了。戈恩随即发表的《日产复兴计划》，包括关闭主力工厂、大幅削减人员等系列改革，从根本上否定了日本的企业文化、经营理念，却得到很多日本人的支持。不久，日产公司就扭转了赤字。2005年，索尼公司首席执行官霍华德·斯金格就任时，三菱和马自达公司也出现了外国人担任的高管。日本效率协会以上市公司新任的董事们为对象，进行"日本企

---

[1] 安田聪子：《外国人高度人才のグローバル移动とイノベーション》，《中小企业总合研究》，第6号.2007年3月。

[2] 经济产业省九州经济产业局：《海外高度人才活用事例集》，平成18年3月。

业中的外国人担任最高领导者的心理接受程度"调查，肯定回答从66.7%（1999年调查）增加到74.7%（2003年调查），对4名新任董事中的外国最高领导者高达3个，并没有异议。在"最佳首席执行官"的排名中，卡洛斯·戈恩是第一（得票率16.8%），第二是号称"经营之神"的松下幸之助（得票率8.8%），冠亚军居然相差6个百分点。对于成功的"外国空降兵"，日本媒体和国民是高度认可和赞赏的。

2007年10月1日，新《雇佣对策法》生效，明确将促进具备高级专业知识和技术的外国人在日本就业，提升到国家战略级别。还规定雇主有义务改善雇佣管理，使海外人才获得适当的受聘机会，并能够发挥自己的能力。同时也提出了一些具体要求，比如雇主必须对外籍高层次人才进行日语教育，帮助他们加深对日本生活习惯、文化、风俗等的理解。

六、韩国：多级别多层次人才专项计划

韩国的科技起步与经济发展都是在政府精心计划和组织之下展开的，具有明确的奋斗目标和具体的实施措施。主要包括：人才引进专项计划、科学技术基本计划和2025年构想计划等。①②

（一）人才专项计划

20世纪五六十年代，韩国在科技上是单纯的受援国，没有自己的科技事业。70年代中期，韩国积极地推进适合国内技术需要和条件的工业基础建设，开始有组织引进外国高层次人才。

1982年，全斗焕总统主持召开韩国"第一次科学技术振兴扩大会议"，正式提出了"科技立国"的口号。政府先后颁布一些科技发展计划，如"生命科学发展基本计划""下一代增长动力产业技术发展计划""国家研发计划""21世纪前沿研发计划"等。

1994年，韩国科技部颁布了为期14年、7个部委联合投资200亿美元的"生物技术2000"计划。2002年起，"生命科学发展基本计划"（1994—2007年）开始实施，重点研究开发遗传基因组学、蛋白组织学、干细胞、脑科学生物信息学等源泉技术。

政府确立了吸引海外高层次人才的长期国策，多管齐下：实施并资助了"长期回国计划""临时回归计划"和"外国学者访问计划"；"特别工

---

① 周鹏：《韩国吸引海外人才回国服务政策对我国的启示》，《经营管理者》，2009年24期。
② 李威：《韩国民生科技发展战略和政策支持体系对中国的启示》，《发明与创新》，2012年第1期。

业技术研究财政计划"旨在支持政府研究机构、大学和私营企业合作研究;"产业技术开发计划"旨在加强研究所企业的联系,促进科研成果向企业转移;"促进中小企业十年长期计划"鼓励大公司与中小企业建立长期合同关系,促进技术转让;"两万美元时代人力资源开发综合对策"旨在培养1万名新一代成长动力人才;等等。

(二)科学技术基本计划

2001年,韩国政府出台《科学技术基本计划(2002—2006年)》,对信息技术生命工程、纳米技术、宇宙航空技术、环境工程、文化技术等领域进行重点科技攻关。2002年11月,韩国科技部完成了"国家技术地图"的制定,其中,工作重点包括知识与信息化生命与健康、环境与能源、新的基础产业、国家安全与提高国际地位5个应用领域,优先发展49个战略产品和99个技术项目,包括光通信技术、数字广播、智能网络、信息家电、新的交通管理系统等。

2007年,韩国制定《科学技术基本计划2008—2012年》,目标是在2012年成为世界第5大科技强国。在该项计划中,确定了太阳能电池、氢燃料电池、风能和煤气化联合循环发电4个优先发展领域。此外,韩国政府还将积极推动智能电网、LED、绿色软件的开发。

(三)科技精英奖和企业奖学金

为激励科技精英进行研究开发,韩国政府投入大量财政经费。1999年,政府设立"蒋英实奖",每年设立52个荣誉奖项,不设奖金。2007年起,改为国际科学文化奖。日本、中国的科学家先后获奖。还有国家最佳科学家评选委员会颁发的"最佳科学家"奖,由韩国科技部颁发的被誉为"国内科学界诺贝尔奖"的"韩国科学奖",总统颁发的"总统奖""韩国科技大大奖""青年科学奖"等。其中,"最佳科学家"的奖金达30亿韩元,约合300万美元。

韩国将中国视为最直接、最广阔的销售市场。为此,政府与财团大力推行针对中国大学生的奖学金项目,加强产品宣传力度,培养消费群体,预订未来的企业员工。2002年起,三星集团北京大学设立奖学金,奖励德才兼备、品学兼优的优秀学子,最高奖励额度为12000元/年,涉及数学、物理、化学、电子、计算机、微电子、经济管理、法学等专业的本科生和研究生。2007年,"LG电子奖学金"启动。该奖颁发给中国28所高校的270多名优秀博士、硕士以及学士在读学生,总投入近100万元。获奖者均为指定院校的综合排名在前20%的优秀学生，主要涉及信息电子产业的技术和管理领域。

（四）韩国2025年构想

2000年6月，韩国科技部公布长期科技发展规划《韩国2025年构想》，重点涉及信息技术、材料科学生命科学、机械电子学、能源与环境科学。远景目标是：到2015年，韩国要成为亚太地区的主要研究中心；到2025年，韩国的科技竞争力排名要达到世界第7位。2010年，韩国还实施了一项战略性计划，旨在开发帮助老年人的核心技术，建设一个有助于老年社会产业发展的数据库。为实现未来经济增长，韩国政府还将加大力度支援新产业技术的开发，其中包括智能型机器人、新材料、纳米融合、文化产业与生物医疗等。2011年，又启动了定名为"十大新一代成长动力"的科技发展工程，重点发展数码广播、智能型机器人等十大高新技术产业。

七、新加坡：政府和企业联袂出击

新加坡政府主导猎头产业发展，特别是支持和刺激猎头公司的海外猎头，作为政策之外的重要补充。从20世纪90年代开始，新加坡人才回流率开始逐年上升。到2000年，已经超过了60%，是亚洲人才回流率最高的国家之一。

（一）政策法规

新加坡的移民政策比较全面。主要包括：国际公司和地区总部计划、投资居留计划、国外人才居住计划、抵境永久居民、港人永久居留计划、艺术人才计划、海外体育运动人才计划、新加坡奖学金等。

2001年起，为了推动和团结海外新加坡人，政府设立非营利性的"新加坡国际基金"，一直坚持在海外召开年会制度。他们认为，海外新加坡人不仅能对影响新加坡发展的事件提出世界性观点和战略，还是团结海外新加坡人最有效的途径之一。在新加坡商会和俱乐部的支持下，基金会号召海外的新加坡人随时服从祖国的需要，自觉地、踊跃地回国效力。

（二）强化窗口建设，增加海外联络站

为了直接吸收海外人才，新加坡在海外设立了8个"接触新加坡"联络处，负责海外宣传和招聘联络工作。政府定期举办"新加坡职业博览会"，在世界大城市巡回展出并现场招聘。

华点通国际顾问是担当海外猎头任务的公司型专业机构，主要为委托

方提供管理咨询和服务。能够以多语种向本地和海外专业人士提供市场进入战略、品牌管理、声誉管理、政府关系管理、销售及市场推广服务及国际业务开发等,是引入海外智力和资金的国际化窗口。[①]

(三) 鼓励企业招纳外国优秀人才

新加坡政府规定,企业在招聘、培训外来人才,以及为外来人才提供福利待遇的支出等方面享受减免税。政府还通过调低个人所得税、出资为在新加坡工作的外籍人员提供培训机会等手段进一步吸引人才。2003 年 11 月,新加坡政府特别设立了商业入境证,凡在新加坡创业的外国人,凭借商业计划书就可以申请来新加坡居留两年,居留期内无限次出境,并可更新居留期限和为家属申请居留权。

新加坡人力部还规定,在本地申请就业准证的外国人,其月工资不得低于 2500 新元 (1 美元约合 1.82 新元)。新加坡优美的环境、良好的社会秩序,比较完善的交通、通信等基础设施,廉洁高效的政府和公正透明的法律制度,都对来自世界各地的人才,特别是来自欠发达国家和地区的人才具有强大的吸引力。特别是新加坡科学园,已经吸引 300 多家跨国公司、本地企业和研究机构在这里落户。它已经不再是单纯向企业出租土地和房屋的房地产开发商,而在为企业的生产经营活动提供空间的同时,还提供幼儿园、会议室、诊所、文具店等配套设施和服务,全心全意地解决企业和企业家们的后顾之忧。[②]

(四) 极力留住高层次人才

近几年,新加坡政府每年都批准约 3 万名外国人成为永久居民,并允许部分专业人士成为公民。许多世界知名的商学院,如芝加哥大学商学院、欧洲工商管理学院等,也选择在新加坡成立亚洲校区。麻省理工学院和约翰斯·霍普金斯大学等著名学府也与本地大学合作设立研究机构,共同培养人才。新加坡国立大学、南洋理工大学新加坡管理学院、新加坡管理发展学院每年都直接招收中国优秀的学生。外国留学生毕业后,只要在当地找到用人单位,就有机会申请新加坡绿卡,获得永久居住权。学生的父母就可获得长达 5 年的长期签证,5 年签证到期后可以顺延。如果学生的父母身体健康,还可以申请工作。

(五) 外国艺术人才计划

该计划由新加坡移民和检查局 ICA 和新加坡国家艺术理事会 NAC 联

[①] http://www.51prc.com/.
[②] http://www.topsage.com/english/2010/0225/abroad_7309.html.

合办理，目的是协助外国合格艺术人才在其领域申请新加坡永居身份。新加坡本身对艺术人才特别是音乐人才急缺，此计划有利于吸引更多的艺术人才到新加坡为其做贡献。

著名的"功夫之王"李连杰，国际影星巩俐、赵薇，演员丁岚，乃至体育界的乒乓球运动员李佳薇、井浚泓、冯天薇等，都先后加入新加坡国籍。其中，在体育竞赛场上，形成了先前是同事、后来是对手的著名"海外兵团"。①

众所周知，如果与香港投资定居方案对比，新加坡投资移民方案就太呆板了，可投资的金融产品太单一，只能被动投资政府基金，而香港则可以投资股票、债券、基金、后偿债项等5种金融产品和房产的资产组合。新加坡投资定居受富豪偏爱的原因不在于投资移民方案本身，而在于新加坡特殊的税制。对于穷人和普通家庭来说，是无须税务咨询和合法避税的；但是，对于富豪来说，税务咨询和合法避税则是发财绝学。

新加坡税率非常低，企业所得税和个人所得税对富豪来说非常有吸引力，没有遗产税，而且公民及绿卡持有者在新加坡以外的收入均免税。为吸引世界各地的财富，新加坡采取一系列措施迎合富豪需要，如建造配备私人游艇码头的高档公寓。新加坡已成为富豪分布密度最大的国家之一。如果从资金来源解释的严格程度上说，新加坡比中国香港宽松，中国香港比美国宽松，美国又比加拿大、澳大利亚宽松。新加坡移民当局只对移民申请人的"第一桶金"作一般性了解。不少人只知道瑞士金融业对富豪财产隐私的保护，其实新加坡金融业对富豪财产隐私的保护是有过之而无不及。新加坡银行业一直"阻击"经济合作与发展组织（OECD）关于"银行客户信息保密和交换"的规定，严格实施银行保密法规。国际货币基金组织（IMF）把新加坡与瑞士、列支敦士登、摩纳哥等国共同列入"避税天堂"黑名单，美国甚至有意对新加坡适用新制定的"反避税法"。不过，新加坡似乎并不打算让步，新加坡总理李显龙曾说，西方国家对银行保密法规的审查和限制将会使更多资金从欧洲流向新加坡。

对比香港投资定居，新加坡投资移民的一些优势其实非常有吸引力。比如，新加坡投资移民办理速度非常快，6个月可以办理移民；入籍和获取新加坡护照的速度更是快得惊人，绿卡持有者只需在任意2年中累积住满1年，就可获得护照乃至申请加入国籍，而在美国、加拿大、澳大利

---

① 《为何许多名人选择移民新加坡》，http://www.aigedu.com/liuxuezhengce/20110825/170.html。

亚，新移民获取护照的历程都长达四五年。获取新加坡护照可以 100 个国家免签证，这是许多企业家梦寐以求的。

然而，最具有新加坡特色的移民政策是，投资移民申请人可以带父母一同移民。而在其他国家和地区，主申请人只能带配偶和适龄子女（一般 21 岁以下）。有移民顾问称这一特色是融合了东方特有的"孝道"文化。主申请人的父母和岳父母绿卡申请的费用是，每人需再投资 30 万新元。①

八、中国：百人计划、千人计划和万人计划

（一）百人计划②③

1994 年，中国科学院启动的高目标、高标准和高强度支持的人才引进与培养计划。朱日祥、曹健林、卢柯等 14 人成为首批支持对象。项目经费完全来自中科院自己的科学事业费，国家财政没有提供更多的经济支持。1998 年，中科院开始实施"知识创新工程试点"。经国务院批准，财政部提高了对中科院创新经费的投入，并对"百人计划"提供每年 2 亿元的专项资金，以引进国外杰出人才。

1998—2000 年是"知识创新工程"的一期阶段。"百人计划"包括"引进国外杰出人才"、国内"百人计划"、项目"百人计划"以及"国家杰出青年科学基金"获得者入选"百人计划"等。2000 年进入二期以后，中科院及时有效地改进、完善了管理办法，于 2001 年，增加了以创新团队方式吸引"海外知名学者"的内容。

2002 年年初，中科院对"百人计划"的进展和实施情况进行了全面摸底调研，发现旧的管理模式存在一些问题。2003 年，中科院决定对计划的管理模式进行重大改革和调整，"百人计划"入选者从原来的"所先行推荐、院评审决策"，改变为"所自主决策、院择优支持"。从 2004 年起，在"百人计划"初选答辩以及"百人计划"入选者申请择优支持和终期评估的过程中，中科院更加强调学术道德和团队精神方面的评价。一方面体现中科院选人、用人坚持"德才兼备"的原则；另一方面也是要求入选者重视自身修养和全面素质的提升，做到自律自省。

2006 年，伴随着进入知识创新工程三期，中科院的科技发展目标对

---

① 《移民新加坡非富豪莫问》，《广州日报》，2009 年 6 月 30 日。
② 赵亚辉：《创新路上"火车头"——中科院 60 年推进科技发展纪事》，《人民日报》，2009 年 10 月 31 日。
③ 雷宇：《中国科学院"百人计划"走过 16 载：最大"引智"工程筑造中国人才高地》，《中国青年报》，2010 年 5 月 25 日。

人才队伍建设提出了更高的要求，人才引进和培养工作得到进一步加强。"引进国外杰出人才"计划在五年之间，从海外陆续引进500位杰出人才，以国内"百人计划"支持西部地区及部分特殊领域单位引进100名国内优秀急需人才；结合科技创新基地重大项目和重要方向项目的部署，以项目"百人计划"引进支持200名优秀人才；继续对"国家杰出青年科学基金"（以下简称"杰青"）获得者给予后续支持；在创新三期将更加注重对青年人才的培养，通过为优秀青年科技人才提供科研启动支持、为博士后提供资助等方式，加大对青年人才的培养力度。

2009年年底，"百人计划"入选者共达1846人，其中，引进"国外杰出人才"1292人，国内"百人计划"251人，项目"百人计划"78人。41人当选为"两院"院士，73人成为"973"计划项目首席科学家，371人成为国家"863"项目的负责人，384人获得国家杰出青年科学基金。

（二）千人计划[①]

2008年12月，中共中央办公厅转发《中央人才工作协调小组关于实施海外高层次人才引进计划的意见》，简称"千人计划"，主要是围绕国家发展战略目标，从2008年开始，用5～10年，在国家重点创新项目、重点学科和重点实验室、中央企业和国有商业金融机构、以高新技术产业开发区为主的各类园区等，引进并有重点地支持一批能够突破关键技术、发展高新产业、带动新兴学科的战略科学家和领军人才回国（来华）创新创业。各省（区、市）也结合本地区经济社会发展和产业结构调整的需要，有针对性地引进一批海外高层次人才，即地方"百人计划"。到2012年7月，"千人计划"已引进各领域高端人才2263名。

2009年7月，中组部和科技部召开依托国家科技重大专项引进海外高层次人才工作会议，要求"加大力度、加快进度、加紧实施"，计划在未来5～10年内吸引千名左右海外高层次人才（包括外籍人才）入华，进驻国家科技系统、国资委大型国企、国家金融部门、国家各大创业园区等重要岗位。这是改变中国在全球人才贸易中巨大逆差的开始，也是中华人民共和国成立以来"国家猎头"最大规模的一次出动。

"千人计划"入选者将享受国家、省级、市级，甚至区级、乡镇级的多项奖励、资助和优惠政策。以2009年8月26日施行《中国科学院引进海外高层次人才管理实施细则》为例：

第10条规定："确定'千人计划'入选名单后，院人才办协助落实

---

① http://www.1000plan.org/.

国家专项支持经费；院支持入选'千人计划'的创新人才专项经费200万元；各创新基地（业务局）对入选者申报的研究项目组织可行性论证，并给予立项支持；同时，用人单位匹配支持相应的启动经费。"

第11条规定："配合'千人计划'入选者的团队建设，在其人才引进方面院将适当给予所需人员编制、'百人计划'岗位及研究生招生指标等配套支持。"

第13条、14条、15条规定：依据引进海外高层次人才归国前的工资收入，结合国内实际消费水平，用人单位与入选者协商确定其项目执行期间的薪酬水平，并报院人事教育局备案。创新人才一般相当于用人单位创新岗位研究员平均工资的2～4倍，创业人才按市场机制取酬并享受相应的优惠和奖励政策。引进人才薪酬福利所需经费采取国家、院、研究所共同负担的原则。国家支持安家费100万元；院人才专项经费的50%可用于团队人员经费；不足部分由研究所通过承担各类项目经费、自由资金等支持。引进人才的工资按实际到位工作时间发放，所需工资额度由院单独核定。引进人才的社会保险按照国家有关政策规定执行。

（三）万人计划[①]

2012年9月，中组部、人力资源和社会保障部、中宣部等11部委联合出台《国家高层次人才特殊支持计划》，简称"国家特支计划"，也称"万人计划"，面向国内各领域遴选1万名杰出人才、领军人才和青年拔尖人才，加快造就一支为建设创新型国家提供坚强支撑的高层次创新创业人才队伍。

"万人计划"专门面向国内遴选支持高层次创新创业人才。这个计划与引进海外高层次人才的"千人计划"并行实施，对于统筹国内国际两种人才资源、打造一支强大的国家创新力量具有十分重要的现实意义。

九、印度：人才环流和携金回国策略

印度是人口大国，英语是通用语言。1991年7月，政府开始实行全面经济改革，激起了移民潮。到2006年，海外印度人超过2000万，遍布世界110多个国家，对母国投资超过300亿美元。在美国的印度裔家庭平均收入超过18万美元，被称为"和犹太人一样有成就的外国人"。

20世纪60年代，50%以上的哲学博士、技术员、医生移居美国、英

---

① 许跃芝、李万祥：《解读"万人计划"：为建设创新型国家搭建坚强支撑》，《经济日报》，2012年9月21日。

国和中东的石油输出国。1971年,印度在国外的工程师、科学家和医生的总人数为3万人。到80年代末,高科技人才外流达30余万人。1990年,印度在国外谋生的科学家和熟练技术人员达41万人,其中知名度很高的科技人才有3000人。2000年印度外流的人才达50多万人。现在美国硅谷的工作人员中,有38%的人来自印度,而在他们之中,有不少是成功的企业家。调查统计,印度人领导着美国硅谷约2000个企业中的40%。其中有1/2的人才来自印度理工大学。约有25%的印度理工大学的毕业生到国外留学,且多数人再也没有回国。1978年,美国的大学和企业与印度6所理工大学的80%的毕业生签订了合同。在计算机专业,80%的毕业生离开印度前往美国硅谷。虽然印度每年可培养7.3万名信息专家,但他们中的大部分都去了国外,其中主要是去美国。2010年,印度外流的工程技术人员,约占国内技术人员的10%,其中医生约占25%。美国比较教育学家阿诺夫将印度视为"一个向西方输送高级人才的净出口国"。

印度人才的外流给经济带来严重损失,据联合国贸易与发展会议的研究表明,印度一名医生流往美国,印度要损失33万卢比,而美国从中所得到的好处为500多万卢比。印度一名科学家前往美国,印度要损失17.2万卢比,而美国要获利180多万卢比。

印度政府非常重视侨民资源。1999年,政府开始允许一些拥有外国国籍的海外印度人免签证出入印度,后者可以在印度国内购买土地,并在投资项目上享受优惠条件。2000年,印度政府组建高级别的委员会,专门研究如何改善与海外印度人关系的问题。2004年,又成立海外印度人事务部,归口管理有关海外印度人的事务。2007年,海外印度人事务部和印度工业联邦合作成立海外印度人促进中心(OIFC),主要功能包括:为印度推荐海外印度人的投资项目并促进业务关系;建立和维护海外印度人的知识共享网络;整理过滤所有投资信息;帮助印度各省规划投资项目;为海外印度侨民和本土居民提供咨询服务;等等。①

海外印度人曾经被视为"可有可无的印度人"。但是,前总理拉·甘地一针见血地指出,"即使一个科学家、工程师或医生在50岁或60岁时回到印度,我们也没有失去他们。我们将因为他们在国外获得经理职位或成为富翁而高兴。我们不要大惊小怪,不要把这看成是人才外流,而应当把它看成是智慧银行,正在积聚利息,等着我们去提取"。在欧美发达国家存储着大批的中高级软件人才,是印度最为宝贵的海外财富。当软件人

---

① http://www.oifc.com/.

才从欧美归来时,他们不仅带回了资金和技术,也带回了国际视野和科技创新精神。

(一) 人才环流

进入新的世纪以来,远在海外印度的软件工程师们以饱满的热情和创业诀窍回到印度(back to India),开始出现从"人才流失"到"人才环流"的改变,让"新印度"的前景谨慎乐观。①

20世纪80年代,在高关税壁垒保护政策下,一批类似Wipro这样小型软件公司在印度出现,逐渐发展成为国内领先的大型软件商。1991年,伴随印度信息技术市场的开放,Wipro利用低成本优势,吸引10多名外籍程序员加盟,并开始选派技术人员到美国进修。印度裔软件工程师Sanjay Anandaram就是这种情况。1998年秋天,他在硅谷接受采访时,已经离开Wipro,进入一家互联网公司任职,主要业务就是根据硅谷的市场需求,从印度采购新开发的软件。他直言不讳地说:"在硅谷是会传染的,因为,每个人都抓住了创业的错误。"

20世纪90年代末,面对硅谷汹涌而来的移民企业家,一些美国专家们发表了对印度软件业的悲观预测。因为,在美国人看来,印度仍然是一个中低端的软件服务供应商,最好的和最聪明的软件工程师将继续选择离开。1999年12月,Sanjay Anandaram再次接受采访时,却坐在宽敞的班加罗尔办公室,和Jump Start Up风险投资公司的合伙人一起。办公室还悬挂了"在充满活力的印度创造新财富!"的奋斗口号。他们解释了如何以印度和美国的导师和顾问们为榜样,利用自己的人脉和经验,向印度的科技企业提供融资服务。

这不是一个特例。Sanjay Anandaram的故事反映了印度经济生活中的意义深远的变革——任何一个国家,长期脱离时代潮流是没有希望的——这些因素包括官僚体制、极度贫困、不受欢迎的战后印度企业家、借鉴硅谷风格创造的财富以及外商投资等。在这样的情况下,高层次的技术人员通常选择离开祖国。然而,他们在美国的成功是令人钦佩的:2000年年初,750个印度软件公司跻身硅谷一流,其中10%是在1995年前后创立的。许多如Hotmail的印度公司在美国成功上市,而其他国家却已被收购。尽管如此,印度的官僚主义和基础设施落后,很难吸引海外工程师回家,甚至是印度公司的"回流式"投资。

---

① Annalee Saxenian. Back to India. Wall Street Journal: Technology Journal Asia: January 24, 2000.

然而，印度今非昔比，创业之风盛行。印度每一天都有新的创业公司开张。著名的风险投资家 Sudhir Sethi 和 Wipro 的元老们，晒着瓦尔登湖的日光，每周都要接待两三个创业团队。很多的大型高科技企业为了挽留高级管理人员和工程师，选择分拆出独立的子公司，交由后者运营。

印度软件工程师们开始把过去的"人才外流（brain drain）"转换成"人才环流（brain circulation）"。如 Hotmail 的 Sabeer Bhatia，就是新一代的榜样。在印度，只要他一出现，就能够吸引数以百计的观众和雷鸣般的掌声。这些新的全球企业家们，无论是专业技能、管理模式，还是反应速度，都超过了现有的大多数著名公司。

以 T. S. Rajesh 为例。这位年仅 30 岁、一家主营互联网到无线通信的公司 CEO，经常往返于班加罗尔总部和硅谷办事处。他声称已经在硅谷的技术和商机，以及印度本土的高端设计之间，建立了一条"财富新航线"，能够同时满足美国和印度客户的双重需要。从硅谷企业文化带回的"种子"，播撒在印度大地上，正在开花结果。

1. 天使投资（Angel investing）

美国硅谷最杰出的印度企业家，如通信行业著名企业家和 Hotmail 创始人 Chandrasekar，已经在印度本土投资几个有前途的初创企业。模仿硅谷的印度网络协会如雨后春笋般，向年轻而充满激情的创业者们提供观摩、聆听行业榜样们的机会，大量收集启动资金申请书。

2. 风险投资

2000 年，至少 25 家风险投资公司在印度管理着总额高达 130 亿美元的资金，这比十年前增加 25 倍。当然，这不包括外国投资者，如英特尔和通用电气等。也不包括最近成立的基金，如印度企业家在硅谷成立的互联网创业投资基金组织。Infosys Technologies 和 Satyam Infoway 在纳斯达克成功上市，以及印度证券交易所的 IT 公司交易金额比例从 1994 年的 2%、1999 年的 30%，上升到 2000 年的 60%，都毫无疑问会继续吸引国内外的投资者。

3. 公共政策

瓦杰·帕伊总理声称，为了"印度的明天"，为了不变的承诺，一个专门管理 IT 部和信息技术的内阁委员会业已成立。如此，印度政府针对国际 IT 市场做出的决策，比专业人士的预测都要快。一些印度企业家们开始对这个国家缓慢、往往也是腐败的官僚机构，渐渐有了信心。Sanjay Anandaram 说，印度就是一个正常运作的无政府状态；而软件产业的进步顺应了民意，也改变了班加罗尔的道路、电话、电力和互联网连接。令人惊叹的是，印度开始积极举办国际博览会。例如，班加罗尔的 Innomedia 公司生产的互动电视，利用现有的有线电视基础设施，为观众提供视频点播，互动媒体和网上购物进入低成本时代。来自印度马德拉斯技术学院子公司开发的电信系统，这将使大多数贫穷的印度人负担得起互联网费用。

信息技术给印度国民带来了信心和希望，这在以前是不能够想象的。最主要的原因，就是印度政府和国民都在参与其中。今天，一个充满活力的印度企业家群体，不仅让贫穷的国民们受益，还为那些"不可救药"的国家树立了成功的典范。

（二）携金回国策略

2000 年以来，印度开始调整吸引海外高层次人才的策略。在吸引海外留学人员回国的同时，更加重视"功成名就"的印度籍科技精英和企业家回国创业。这就是"人才携金回国"策略。[①]

1. 大量吸引海外印度人存款

海外印度人从事医生、律师、科学家和工程师等自由职业，20 多万名海外印度人进入百万富翁行列。他们手握大量的现金，却不具备到印度本土直接投资的现实条件。2007 年，High-Powered Expert Committee 受印度政府委托调查并发布报告称，海外印度人财富总量达到 1 万亿美元，超过了 2006 年印度本土近 8500 亿美元的国内生产总值（GDP）。仅在 2005 年，海外印度人在印度的存款就达到了 320 亿美元，相当于印度外汇储备的 23% 以上。

印度政府认为，海外印度人大量的资金流入，有助于稳定印度卢比的价格并抑制印度国内的通货膨胀。因此，采取长期而稳定的高利息政策，吸引巨额的海外资金，存取自由、及时方便。一些流进孟买证券交易所投机的资金，在印度经济持续向好的气候下，收获也不小。

2. 鼓动印裔企业家回国创业

2003 年起，印度政府瞄准海外的百万富翁，成功地引进了一批世界级的企业和金融、地产甚至是收藏界的风云人物，如美国枫树网络科技公司的创始人古鲁拉伊·德什潘德、Intel 奔腾处理器之父维诺德·达姆、硅谷企业家瓦妮·科拉、著名风险投资家维诺德·科斯拉、Google 集团执行董事兰姆·谢里兰等。其中，曾在美国创立 hotmail.com 的沙比勒·巴提亚，于 2007 年回国创业，在哈里亚纳邦投资 20 亿美元建立新"硅谷"。居住在英国的世界"钢铁大王"拉克西米·米塔尔，也应邀回国，在奥里

[①] 赵海建：《海外印度人：印度发展的强心剂》，《广州日报》，2006 年 11 月 8 日。

萨邦投资 90 亿美元的巨资，建造了一个新钢厂。

2000—2005 年，32000 多名海外企业中层管理职位级别以上的印侨回国创业，以企业的首席执行官（CEO）身份回国的，超过 20 名/年。2007 年，由于 50 多名印度侨民就以首席执行官的身份回国，被媒体称为"首席执行官回归年"。当然，不排除印度政府采取猎头方式，直接委托猎头公司引进印度裔企业家的可能。2009 年 2 月，德国罗兰·贝格国际管理咨询公司与印度塔塔战略管理集团（Tata Group）宣布战略合作，共同为印度企业提供国际化的高端专业咨询服务，协助为国际企业在印度市场的拓展和大型印度企业进军欧洲、中国和日本市场。

印度裔企业家的回流现象，引起了美国的忧心。2007 年的《金融快报》曾经指出，"这些印度公司每年在美国的营业额达 520 亿美元，保障了 45 万个工作机会。大批印度信息人才回流，可能影响全球科技中心——硅谷，乃至整个美国今后的竞争力"。

3. 放任本土猎头公司出击

印度本土猎头擅长"团队式海外猎头"。2005 年，印度企业一举挖走电子资讯系统比尔·布德团队。摩托罗拉、德勤、麦肯锡、埃森哲和安永等著名的西方企业的 10 多名高管，也被先后挖走。当年，印度塔塔集团委托猎头公司，挖来澳大利亚电信精英技术团队，几乎让后者陷入经营瘫痪。Morgan Howard World 猎头公司表示，一些财大气粗的印度公司能够以上百万美元的年薪、优厚的福利待遇，甚至还会提供股票期权，搜猎中意的海外科技精英和高级经营管理者。

十、巴西：控制外流、吸引流入

巴西是典型的发展中国家，也是著名的金砖国家，吸引外资的能力仅次于中国。在积极遏制高层次人才外流的同时，加大吸引技术移民、投资移民的力度，形成了"内部控制外流、外部吸引人才"的政策格局，取得了良好的效果。①

（一）承认双重国籍

1995 年实施。除承认巴西公民的双重国籍以外，对申请巴西国籍的外国人也承认其双重国籍。这项政策无疑为巴西的足球产业出口创汇提供了最重要的保障。除了著名的世界级球星以外，每年还有上千的巴西球员，因为双重国籍能够申请欧盟护照，为巴西每年带来上百亿美元的外汇

---

① http://www.cienciasemfronteiras.gov.br/.

收入。如著名的贝利、罗纳尔多、卡卡、罗纳尔迪尼奥、法尔考、邓加、塔法雷尔、卢西奥等球星，多少都受益于此。

基于此项政策，巴西的"球探"生意也非常红火。许多人力资源中介机构，先后被外资介入。这无疑也提升了巴西球星猎头的国际视野和策略。然而，政府对此并没有严格约束，反而，只以通行的法律而不是市场手段进行管制。

（二）9394/1996 法案

1996 年实施。明确规定了高等教育组织管理机构、各机构在国际化管理方面的具体职责、教育及财政资源的专业标准等问题，进一步推进了巴西高等教育国际化。

（三）博士扎根计划

2001 年实施。旨在通过奖学金和津贴等方式鼓励高级科研人员留在国内企业和科研机构工作，以解决巴西人才流失问题。该计划第一年的预算为 1000 万雷亚尔（约 630 万美元），资助的对象主要是国内外在生物、信息、农业等领域工作的博士和高级研究人员。

计划承诺增加工资待遇、改善研究条件、支持参与国际性科学活动等优惠，鼓励在本国获得博士学位的人员留在巴西，鼓励在国外获得学位的人员返回巴西。同时，也鼓励本国高级技术人才留下来，并为那些缺少同本国联系渠道的学者搭建沟通平台。还有一些项目，则致力于短期聘用优秀人才，最大限度地吸引他们回国。巴西对外关系部统计，2000 年以来，80% 的留学生回到祖国；而在 20 世纪 90 年代，只有 15% 左右。

（四）"人才签证"移民计划

2002 年 4 月实施。允许具有一定专业技能的外国人移民入籍。永久居留证有效期一般为 10 年，到期后可顺延。获永久居留证者，连续两年以上未在巴西居住，即丧失永久居留权，但是，可以重新申请恢复。

（五）青年留学生双向派遣计划

2011 年 7 月实施。未来 3 年里，联邦政府出资约 20 亿美元提供 7.5 万个奖学金名额、私企提供 2.5 万个奖学金机会，资助和鼓励 10 万个巴西学生到英国和美国的顶尖大学去深造，以此提升国家创新能力、竞争能力以及战略部门的领导能力。计划还瞄准了那些在海外生活的巴西人，设置了 390 个来巴西访问学者的名额，受资助者可在巴西工作 3 年时间。

十一、阿根廷：大幅修改移民法

阿根廷是南美洲教育程度最高的国家之一，教育水平首屈一指。然而，人才外流始终是阿根廷面临的一大问题。人才短缺已使阿根廷无法适应全球化条件下的国际竞争。据阿根廷政府报告，造成人才外流的主要原因是经济因素，国家和企业科研投入过少，造成科研设备设施陈旧落后，许多科研项目无法进行，科研人员收入过低；同时，国内科研岗位过少，以致大批年轻科研人员就业无门，被迫出国。此外，科研体制落后，已不适应当前形势的需要。基什内尔政府上台以后，十分重视人才问题，着手制订全面改革科研体制的方案。①

现行的移民法是 20 世纪 80 年代公布实施的，并与世界上部分国家签署了移民协议。其移民法的基本内容包括：鼓励外国人集体移民、商业移民和投资移民，并根据实际情况共同拟定有关移民的具体条件计划；以家庭为单位移民者，必须事先预交 3 万美元以上的现金作为移民的生活基金；阿根廷公民和永久居民的配偶、子女等直系亲属均可申请定居；等等。

2006 年年初，阿根廷移民局对入境法进行了修改。其中，投资移民是"指利用自有资产为阿创造财富的人员。可被授予最长三年的居留权，可以延期，可以多次出入境"；技术移民是"指被阿公共或私人部门聘用，从事科学技术研究、咨询等工作的专业人员。外国公共或私人部门的行政、管理和技术人员，因工作需要来阿工作并享受薪水或酬金的，也可申请技术移民。可被授予最长三年的居留权，可以延期，可以多次出入境"；体育人士及艺术家"受聘于个人或机构，来阿从事相应体育和艺术工作的人员。可被授予最长三年的居留权，可以延期，可以多次出入境"；学者"根据高等教育机构间达成的协议，应阿教育科研机构聘请，来阿从事专业学术活动的人员。居留期最长为一年，可根据实际情况延期，可以多次出入境"；等等。

新的入境法还规定，外国人在阿根廷留学完成学业，毕业后在当地合法工作两年，就可以获得永久居住权（红本）；获得永久居住权两年以上，可以申请加入阿根廷国籍。签证分长期签证和短期签证，1～6 个月的短期签证无法获得永久居住权。长期签证在一年以上，必须由阿根廷移民局审理。

---

① 商务部网站：http://fec.mofcom.gov.cn/.

十二、泰国：人才回流计划

泰国人才流失严重。1965—1971 年，2765 名医生外流，20% 定居异国。1980 年，回流本土的泰国医生第一次超过外流的比例。这也反映泰国当局在对付人才外流、保护当地人才的不懈努力。①

1996 年起，泰国政府制订了"人才回流"（reverse brain drain）计划，对具有博士以上学位且具有国外两年以上工作经验的留学生，如愿意回国服务，政府将适当补偿其在国外的学习生活费用，平均每人能得到 350 万铢泰币（约 7.8 万美元）。政府还专门规定，外国人和外籍泰国人开办的企业永不收归国有，税后利润可自由汇出。②

泰国政府认为，只要专业技术人员在国内能获得较高的收入，就不会到西方国家找出路。为此，政府允许在政府部门任职的专业人员从事第二职业，增加家庭收入；鼓励大学的教师开展研究工作，获得额外的收益；向专业人员提供低息住房贷款；专业人员可到私立院校兼课或出国担任客座教授；等等。

这些人才政策简单实用，效果显著。泰国是著名的佛教国家，佛教徒占全国居民人口 94% 以上。兼之气候宜人、风景秀丽，是世界上最闻名的旅游胜地之一。2000 年以来，制造业尤其是电子工业发展迅速，经济持续高速增长。许多高层次人才在国外和国内的收入差别日益缩小，感觉"还是在家好"，纷纷放弃出国。原先移民和出国留学的人员，逐渐愿意回到著名的"微笑王国"，在工资稍微低一些的情况下，更多地享受亲情和友情，还有熟悉的本土风俗。2010 年的统计表明，泰国留学生的回流比例是亚洲最高的，达到 80% 以上。这一切都与泰国积极调整人才政策密不可分。

十三、马来西亚：多媒体超级走廊计划

"多媒体超级走廊"（MSC）计划是马来西亚第七个五年计划（1996—2000 年）的优先发展项目，1996 年 8 月正式实施。它是马来西亚政府为迎接新世纪信息革命挑战，实现产业结构升级而做出的重大决策。

政府将"规模性生产、加强科研和人才培训"三大策略，列为顺利实施计划的重点。其中，人才培训被认为是关键。为此，马来西亚政府紧紧

---

① 史君明：《泰国人才出现回流趋向》，《国际展望》，1987 年第 19 期。
② 李其荣：《实施人才强国战略，延揽留学人才回归》，《研究与探讨》，2006 年第 6 期。

围绕"吸引人才、培训人才和留住人才"三大主题,采取了多种政策和措施:

(一) 全力吸引人才

1. 吸引外国投资者

马来西亚政府对拥有多媒体超级走廊营运地位的公司承诺 10 项优惠政策,包括提供世界级的软硬件基础建设;对聘请当地技术人员和引进国外的知识工人无数量限制;外资公司可独资拥有股权;可自由在全球集资及借贷;可免除长达 10 年的盈利税或投资税补贴以及多媒体设备进口免税等;在区域内执行电子法令,保护知识产权;不对因特网的信息传送进行任何政治审查;电讯收费低廉;可优先投标多媒体超级走廊的主要基础建设工程项目;多媒体开发公司提供一站式高效服务等。

为了推广信息通信技术在电子政务、电子商务等领域的广泛应用,政府出台了《电子签名法令》(1997)、《计算机犯罪法令》(1997)、《电子政府法令》(1997)、《通讯与多媒体法令》(1998)、《知识产权保护法令》(1998) 等。

计划邀请比尔·盖茨在内的 IT 业巨子,组成国际咨询小组 (International Advisory Panel),为政府和公司建立了高效的沟通平台。公司可以更好地对政府施加影响来争取优惠政策,而政府则可以通过国际咨询小组来寻求更多跨国公司投资,对于多媒体行业的发展起较大的推动作用。

2. 吸引外籍熟练工人

2011 年 10 月,马来西亚首相纳吉宣布新的人才政策,允许外籍熟练工人更容易申请到就业签证,甚至是永久居留权。政府专门成立人才机构 (talent corporation),工作重点是要吸引人才进入经济转型计划的核心领域,协助政府完成转型,并为这些核心领域增加价值链。至于档次较高的"技术移民",几乎不受限制。

3. 吸引马籍专业人士回国创业

马政府拨出 5 亿令吉(约合 1.3 亿美元)推行"科学技术人力资源"计划,吸引在国外的马籍专业技术人才回国创业。对志愿回国投资创业的留学生,免除两年所得税及所有固定资产税,对其配偶及子女发放永久居留证。为了提高工作效率,政府规定凡是申请回国服务的留学生,均可在半年内获得永久居留证。

2005 年,马来西亚政府还在美国主要城市设置工作组,以猎头机构运作的方式,一对一地对居住在美国、加拿大的,大约 2 万名马籍专家中的 600 人开展攻势。4 年间,促成 240 多名专家回国工作。

（二）积极培训本国人才

为提高国民对信息通信技术的知识水平与技能，政府设立了人力资源开发基金（HRDF），对信息通信技术类培训的开支进行补贴。1996—1998年，信息通信技术培训课程补贴达6480万令吉。1998年，专门为下岗员工设立84.6万令吉的培训计划，用于203所可颁布相当于本科学历证书的合法培训场所。

政府还采取的措施包括：招募在国外的掌握计算机专业及相关信息技术的工艺人才回国服务；向全民宣传信息产业对国家未来发展的重要性，使民众认识到加大信息产业人才培养的紧迫意义；以各种方式加强培养信息技术人才，尤其强调向中小学生推介信息技术，增强他们的学习兴趣。如微软公司资助《马来西亚年轻电脑程序设计人俱乐部》，让年龄在12～15岁的年轻人参加，使那些有素质和潜能的青年经过训练之后，能够成为杰出的信息技术人才；调整人才培养结构。将公立中学中学习理工科学生的比例从35%调整至60%，文商科则从65%下降到40%；倡导私立大学与外国大学合作，联办大学课程，政府在资金上给予适当资助；等等。

从1997年起，马来西亚电讯公司和日本的NTT公司合作投资的多媒体大学已经培养1万多名多媒体和IT业人才。学校希望培养10多万受过良好教育、非常适应未来信息经济发展需要的人才。政府还派人到国外学习，掌握最新科技动态和知识。2006年，在外国的留学生达5万人（其中，1.5万人在美留学）。

（三）尽量留住人才

马来西亚的留学生学费低，签证宽松。资金担保也非常少，对于存款历史没有具体要求。即使没有雅思托福成绩，也可以先读半年语言课程，获得英语成绩后，转签其他国家。可以在当地办理转签手续，无须回国办理。由于引入了英国、澳洲的双联制课程，性价比较高。

2010年，政府宣布每年将发出工作签证给本地大专院校1000名最优秀的外国学生，让他们毕业后留在马来西亚工作。2011年8月，政府放宽签证政策允许留学生允许外国留学生半工半读，进一步提高了马来西亚留学的吸引力。但是，这一政策只限于合法外国留学生在课余时间打工。

第三节　反猎头策略

一般意义上的国家反猎头，系指针对外国通过掠夺、吸附和共享高层次人才的情况下，主动采取的防守、争夺和反击措施，借以保卫现有资源、对抗市场竞争和维护国家人才安全。

政府反猎头可以分成两种四类。一种是采取防范、制止和阻挠的明显政策，控制本国的高层次人才外流，可分成两类：一类以美国的人才遏制政策、土库曼斯坦和白俄罗斯的限制美女出国政策较为典型；另一类是采取多种措施，在防范高层次人才外流的同时，采取得力措施刺激本国高层次人才留下，以俄罗斯的人才专项政策为典型。另外一种则比较隐蔽，又分成两类：一类是通过培育外国高层次人才并积极促成他们/她们回国效力，间接达到增强本国的号召力和影响力，这以古巴为例；一类是通过破坏敌视、敌对的外国高层次人才的声誉，借以维护本国利益，如以色列的游说集团。

一、美国：实行人才遏制政策

"二战"后，美国开始实施目的明确、花样繁多的遏制政策。其中之一，就是人才遏制政策。包括两个层面：对特定的外国高层次人才，通过暗杀、绑架、叛逃、利诱等手段，予以消灭、冻结和策反；在防止和制止高层次人才外流方面，对于特定的外国高层次人才的移民出境，通过一层层的政策封锁和审查，采取极其复杂的管制甚至无限期拘禁措施。这些法律政策主要包括以下几种：

（一）《美国护照法》

第70条规定了拒绝签发护照的12种情形。主要包括6类：联邦法庭逮捕令、传唤令的对象和刑事法庭管制的对象以及军方逮捕令或禁闭的对象；外国政府要求引渡的对象；根据法庭决议应押送精神病院的；未偿还政府贷款的；限制行为能力人和未成年人的监护人不同意签发的；可能危害国家安全的；等等。

第75条还规定，对于拒绝签发护照的申请者，"该人应有权得到一份不利行动的通知书，通知书应说明采取不利行动的特别原因和所采取的审核程序"。[①]

（二）《美国移民与国籍法》

1952年，《美国移民与国籍法》颁布后，经过多次修订。其中，第

---

① 中华人民共和国公安部出入境管理局：《外国护照法规选编》，第193－308页、215页，2006年。

215条第2款规定："除非总统另有规定，根据总统批准和制定的限制和例外情况的规定，任何美国公民不持有效的美国护照而出入美国或企图出入美国均属非法。"

第358条规定，当一个公民寻求放弃美国国籍并递交必要文件给美国驻外单位的领务官员时，"仍然需由美国国务院作最终决定，是否核准这位公民的放弃国籍声明"。这项条文内容并包括，直到国务院核准一份"丧失国籍证明"之前，公民所签署的放弃国籍誓词，不具有"终止这位公民的美国籍"的法律效力。

第349条规范了美国公民放弃国籍的7种情况。符合条件的公民有意放弃美国籍，仍必须在"志愿且明确"的行为下，必须完成三项法律程序：到美国大使馆或领事馆、在一位美国外交官或领务官面前、签署一份放弃美国籍的誓词。移民法条文同时明指，如果没有完成这三项法律程序，这位公民有关放弃国籍的宣示将不具有法律效力。美国公民获得其他国家的国籍，美国籍也不会因此自动失效；美国公民担任其他国家政府的官员或为这个政府服务并宣誓效忠这个国家，这位公民的美国国籍也不会自动失效。

相关条文还规定，宣示放弃国籍的文件如果不是国务卿核定的格式，也不具有法律效力；公民不能透过信件、代理人、双亲来宣布放弃国籍，原则上也不能在美国境内宣布放弃国籍。

（三）《爱国者法》

2001年10月26日，国会以压倒多数通过的《爱国者法》，授权联邦政府官员能够以某公民参与了"不良组织"为理由对该公民实施起诉。它同时授权政府无限期拘禁"恐怖主义"嫌疑犯，可以不需要法官监督和许可，即可在任何时间获取任何公民的个人资料、金融交易资料和医疗资料，从而实际上可以不受任何约束地监视任何人。并且，政府在正常法律程序以外获得的证据，可以不必呈交给被告人的辩护律师。它甚至还规定，如果公民试图"通过胁迫和强迫"影响民众，则该公民的行为构成"国内恐怖主义"。

（四）《国防授权法》

2007年度《国防授权法》颁布后，等于取消了1807年《起义法》和1878年《民团法》的部分条款，即禁止美国政府在美国境内使用军队采取针对美国公民的行动。它授权美国政府为了反恐的目的，可以采取针美国公民的任何行动,还授权军队在美国境内为了反恐的目的实施作战行动。

2012年《国防授权法》的第1031条、1032条规定,只要总统认为必要,政府就可以无限期地拘禁美国公民,不再需要经过指控和审判;联邦政府官员只要基于怀疑,就可以拘捕任何美国公民,而不再需要向任何法官出示证据并取得拘捕许可。该法案还授权美国陆海空三军可以在全球任何地方根据"国家安全"需要拘捕任何美国公民,而不需要经过法律上的正当程序。

美国的法律法规构成了一个严密而完整的控制体系。对于一个准备放弃美国国籍并想顺利离开的普通人来说,程序烦琐、审批严格。如果申请对象是一个准备移民外国的科学家、教授、医生、工程师、运动员等高层次人才来说,随便找一个理由都可以被阻挠,势必将面临没有休止的审查,甚至直接带来牢狱之灾。

二、俄罗斯:全面整治人才外流

苏联一直实行计划经济,素以国民整体素质较高著称于世,曾经有成就的科学家就达10万之多。1987年,苏联当局简化出境手续,取消闭关锁国的人为限制以后,4年内就移民78万,其中高级知识分子占18%,技术工人占25%。1989年,苏联科学院系统移民美国的科学家达252人,其中物理学家和计算机软件专家131人、生物学家96人、化学家29人、经济学家和数学家23人。1991年苏联解体前后,爆发了大规模的人才流失。2000年年初,俄罗斯累计将近50万名拥有中高级学衔的专业科技人才移民和定居国外,其中包括80%的数学家和50%的理论物理学家。

2004年7月,面对欧美发达国家对俄罗斯优秀人才的激烈争夺,普京当局高度重视,旋即采取得力措施保护本国科研资源,主要包括:一是增加国家总体投入,如俄科学院预算已经连续3年以20%的幅度增长;二是提高科研人员的物质待遇和社会保障,将3%的联邦预算用于支持他们搞科研,并扩大青年科学家住宅建设规模;三是强化对人才外流的控制力度,加强审批制度,限制对国家具有战略意义的专家出国;四是鼓励企业家与政府一道以多种形式资助青年学者,与美国争夺本国人才。这些旨在吸引海内外高层次人才的政令、方案、行动、举措等,总称"俄罗斯人才振兴计划"。

(一) 科技及教育人才联邦专项计划[①]

2008年7月28日,总理普京批准"2009—2013年创新俄罗斯科技及教育人才联邦专项计划"。该计划被认为是针对俄罗斯高校学者的,实施效果最为显著的专项人才计划。人才联邦专项计划所支持的科研活动范围广、形式多样,既支持青年学者的流动、召开学术会议,也支持建立由德高望重的专家学者及博士或者年轻的副博士、研究生领导的团队,以及支持设立科学教育中心等。所支持的领域不仅涉及工科、数理等方向,还包括人文和经济等学科。在它的支持下,俄罗斯学者开展了一系列具有世界水准的科研活动,如研制通过加入钽元素方法提高耐腐蚀性的核能新材料,高效率涂层电子辐射技术和基于数学仿真方法的石油和矿产精准勘探电测新技术等。同时,人才联邦专项计划促进了大学和科学院研究所之间的横向合作和国际合作,形成了优势互补、资源共享的新局面。

人才联邦专项计划也在留住和吸引青年人才投身"创新俄罗斯"行动中发挥了重要作用。如在人才联邦专项计划评比中获胜,就有可能在两年内获得60万~70万卢布(合2万~2.3万美元)的支持,这极大地鼓舞了年轻人,留学日本、英国、德国等地的学生都纷纷返回俄罗斯工作。

人才联邦专项计划在实施的过程中也暴露了一些问题:如科研成果商业化转化缓慢,某些项目因不具备价格优势而中止;一些项目合作者必须通过竞标的方式来确定,导致项目执行周期延长;在组织实施过程中,烦琐的审批手续造成时间成本和费用大量增加;等等。

计划实施以来,财政支持力度不断加大,所涉学科范围较广。在吸引人才、重振俄罗斯科技强国方面成效显著。即使人才联邦专项计划促进了青年人才回归高校,但是,也仅仅只能部分恢复到20世纪90年代俄罗斯人才流失前的水平。尽管如此,人才联邦专项计划不会是短期行为,而是能够给俄罗斯带来持续发展的长远举措。

(二) 10万留学生计划

2011年6月18日,俄罗斯政府在"中俄教育高峰论坛"宣布,正式启动"十万留学生计划",将对赴俄学习的留学生给予全面优惠政策。教育部助理副部长弗拉基米尔·马尔科维奇说,希望5年内吸引10万中国留学生,并强调说俄罗斯的最大吸引力在于物价低、费用低和入学条件低。俄罗斯有国立大学555所,即使10万人留学,每所高校平均也不会

[①] http://base.garant.ru/6390825/.

超过 200 名学生，能保证为每一位学子提供良好的教育环境。

俄罗斯名校众多，国立莫斯科大学排名世界第 7 位，还有国立圣彼得堡大学、俄罗斯人民友谊大学、国立圣彼得堡技术大学等世界名校。柴可夫斯基音乐学院、列宾美术学院、巴甫洛夫医学院等专科类院校，更是独领风骚。他表示，俄罗斯将给中国留学生提供更便捷的条件，如提高奖学金，加大教育设备、基础设施的投入等，同时将设立一些新的专业，让学生有更多的选择。

（三）国防工业高技能人才支持计划①

苏联时期，在坚定的革命意志和党组织的坚强领导下，军工企业采取独特的人才政策和劳动纪律，获得巨大的成功。伴随苏联解体，高层次人才纷纷选择离开，导致军工企业人才匮乏、举步维艰。

俄罗斯政府认为，国防工业对付经济危机的最佳措施，就是挽救和保护高技能人才。2010 年 4 月，梅德韦杰夫在经济现代化与技术发展委员会上，宣布了《关于对俄罗斯联邦国防工业年轻工作人员提供国家支持措施》总统令。② 规定从 2010 年 1 月 1 日起，俄罗斯对国防工业所属单位 35 岁以下、工作满两年的年轻工作人员（工程技术人员、专家和高技能工人）进行评选，拟定入围名单；之后，总统将依据政府部门的审核和提议，对获胜者每人每月提供 2 万卢布（约合 700 美元）的津贴，以奖励其在科技工作中的突出贡献。津贴设立期限为 3 年，一人可多次获得。但是，每年获得津贴人数不超过 1000 人。

虽然受世界经济危机的影响，俄罗斯经济出现困难。但是，俄国防工业发展良好，在应对经济危机计划框架下，国防工业 2009 年工业产品总量比 2008 年提高了 4.1%，军事产品提高近 13%。

（四）高校科研专项计划③

2010 年，俄罗斯政府设立高校科研专项计划，鼓励俄高校教师从事科研，高校与外国科学家进行联合研发工作，提高本国高校的科研能力。该专项计划总额为 120 亿卢布（约合 4 亿美元），通过评审的研发项目可直接从该计划中获得 1.5 亿卢布（约合 500 万美元）的项目资助。

2010 年，该专项计划第一次项目竞标时，俄罗斯教科部共收到 507 个

---

① 刘玉宝、纳·维·梅里尼科娃：《苏联核武器生产厂的人才政策及劳动纪律》，《西伯利亚研究》，2007 年 2 月第 34 卷第 1 期。
② http://xn—d1abbgf6aiiy.xn—p1ai/news/7582.
③ http://yandex.ru/clck/redir/.

本国高校与外国专家的联合项目申请，335 名俄罗斯专家和 636 名世界著名科学家参与了项目评选，从中评选出 40 个项目。2010—2012 年，这些项目共获得 53.3 亿卢布（约合 1.78 亿美元）的政府资金支持。

2011 年 5 月 23 日，梅德韦杰夫专门会见了与俄罗斯高校开展联合研发的 33 位外国科学家代表。他们来自于美国、英国、德国、日本、瑞士等国家的大学和研究所。总统表示，政府努力创造良好的工作和生活条件，吸引更多科学家到俄高校工作，以此来提高本国高校研发能力，并最终解决智力流失问题。

（五）IT 专业人才培养计划[①]

20 世纪中叶以后，世界 IT 行业迅猛发展。俄罗斯却一直处于 IT 人才培养滞后和严重流失的困境。高校 IT 专业的学科设置不合理、教学理论与实践严重脱节、教学设备发展落后、专业教师队伍人员老化、发达国家对年轻人才的争夺等诸多因素，使得俄罗斯的 IT 行业举步维艰。2000 年，俄罗斯 250 所开设 IT 专业的高校在校生还不到 10 万人，且主要集中在莫斯科、圣彼得堡、高尔基、喀山等地区的 12 所大学。即便程序员专业的高校毕业生都顺利毕业，也至少得需要 4 年之后才能满足填补市场空缺。

2000 年，普京总统批准《国家信息安全理论》。2001 年，俄罗斯政府制订了《统一教育信息环境（2001—2005 年）》专项规划，旨在有效提高公民应用 IT 的能力以及在公民中普及信息化教育。该规划要求到 2005 年在俄罗斯境内建成统一的信息化教育体系。2002 年 1 月，随着 IT 行业的迅猛发展和广泛应用，俄罗斯又正式出台了《电子俄罗斯（2002—2010 年）》联邦专项规划，标志着国家信息化建设被正式提上日程。

政府还积极鼓励各联邦主体按照统一规划部署，开展地区信息化建设。许多联邦主体都制定了有关本地区信息化发展的全局性规划，如莫斯科市的《电子莫斯科计划》、滨海边疆区的《电子滨海计划》和专项计划（如高尔基州的《电子政府计划》、伏尔加格勒州的《高等教育机构的信息化发展计划》）。这些规划的制定与实施，都对俄罗斯 IT 人才的培养起到了保驾护航的作用。

---

① 于文兰：《俄罗斯培养 IT 专业人才的政策与措施》，《国外社会科学》，2002 年第 5 期。

（六）实验场计划①②③④

2010年3月，梅德韦杰夫总统宣布莫斯科郊外的斯科尔科沃市（Skolkovo），被选定为"世界上最大的实验场"。9月，两个独联体成员国以法律的形式，通过"Skolkovo Law"和"Law on Amendments"。根据规定，斯科尔科沃的居民在广泛的领域将享受特殊的法律，包括税收、土地使用和开发、户口迁移、技术法规、社会和医疗保险、教育、卫生、消防安全和流行病控制，以及商业广告领域，斯科尔科沃议会可以自行治理。

2011年11月，《福布斯》指出，斯科尔科沃是总统亲自督办的重点项目，未来的俄罗斯将成为一个科技强国。谷歌董事长埃里克·施密特表示，俄罗斯将成为国际IT企业的劳务和知识产权中心。IBM也在考虑在斯科尔科沃建立研发中心，并与斯科尔科沃市政府、斯科尔科沃基金会和IBM已经签署了一份不具约束力的谅解备忘录。麻省理工学院也将启动联合教育项目。总统希望打造一个全新的、高科技俄罗斯，而不是将俄罗斯的经济依赖于天然气出口。尽管斯科尔科沃市的规例可能会抵触现有的俄罗斯法律和规则，潜在的混乱不可避免。但是，这个雄心勃勃的计划将成为一个展示现代化俄罗斯的新窗口。

（七）慈善基金⑤⑥⑦

在计划经济时期，一些国有企业也向高校提供奖学金和资助金。苏联解体以后，各种形式的基金组织得以迅速发展。

1. 俄罗斯科学促进基金会

2000年，俄罗斯著名企业家罗曼·阿布拉莫维奇、奥列格·德里帕斯卡和亚历山大·马穆特共同发起成立，持续投入200多万美元，奖励俄罗斯的学科带头人。2003年，84位具有副博士和博士学位的科学家，分别得到3000美元和5000美元，11位对国家科研事业有突出贡献的科学家每人得到1万美元。

2. 俄罗斯弗拉基米尔·波塔宁慈善基金

波塔宁是俄罗斯矿业巨头、传媒大王。2010年《福布斯》世界亿万

---

① Evgenia Korotkova, Kirill Skopchevskiy. Skolkovo as a Model of Modernized Russia. EuroWatch. January 15, 2011.
② http：//lenta.ru/lib/14203527/.
③ http：//www.rg.ru/2010/09/30/skolkovo-dok.html.
④ http：//www.chess-news.ru/node/3491.
⑤ http：//www.mapkdex.com/board/top50businessman/5-1/2011-11-09/4.html.
⑥ http：//www.studentboss.com/html/news/2011-06-02/75768.htm.
⑦ http：//www.chinadaily.com.cn/english/doc/2003-10/28/content_358800.htm.

富豪排行榜，他以145亿美元身价位列第46名。2000年5月，普京就任总统以后，发誓要"将寡头作为一个阶层消灭"。机敏的波塔宁公开表态愿意合作，随即成立了以自己名字命名的波塔宁慈善基金会。

基金会主要包括"北方计划""联邦计划"和"学校计划"。其中，"联邦计划"面对学习成绩优秀，并且积极参加社会活动的国立高校学生。基金会的专家经常到大学考察，对申请的学生进行评估。2002年，1260名研究生和本科生获得了为期一年、每月1500卢布的奖金。基金会还给研究生和青年教师提供研究经费。每个高校学术委员会可以提出5名候选人，然后由决策委员会定夺。优胜者可以得到1200美元的一次性研究经费。2012年7月，宣布向俄罗斯国际奥林匹克大学（RIOU）招收的第一批体育管理硕士（MSA）提供20个奖学金名额。到2011年10月，共有12640人获得波塔宁基金会的各种资助。

3. 俄罗斯霍多尔科夫斯基奖学金

1999年，米哈伊尔·霍多尔科夫斯基领导的尤科斯石油公司，开始为与石油加工、化学冶金和天然气部门有关的高校学生提供奖学金。从事石油加工方面科研活动的优秀学生可以得到该公司提供的1500卢布奖学金，或由该行业提供的奖学金，分成1000卢布、700卢布两个等级。高校学术委员会每年两次提出候选人名单，经评审、公示后颁奖。尤科斯石油公司还向优等生提供到公司实习的机会，约90%的实习生成为公司员工。

4. 俄罗斯王朝慈善基金

基金由维姆佩尔科姆公司出资，主要对物理理论学家提供支持。2010年，60名大学生获得了该公司提供的奖学金，奖金标准2000卢布/月，为期一年。2011年，100人享受奖学金。在评选指标上，包括学习成绩、科研深度和构思中的学年论文计划等。

青年科学家也有可能得到基金会的资助。如果他们的科研工作被认为有价值、有发展前途，他们就可以每月得到15000卢布，期限一年。现在，有40所俄罗斯著名高校参与了基金会的计划。

5. 俄罗斯尼古拉·彼得罗夫慈善基金

1998年设立。以著名的钢琴家尼古拉·彼得罗夫命名，主要针对莫斯科柴可夫斯基音乐学院、俄罗斯格涅辛音乐学院和伊戈尔·莫伊谢耶夫领导的国家模范民族歌舞团所属艺术学校的学生。每年对20～25名优秀的在校大学生，地区和国际比赛的优胜者，以及"克里姆林宫音乐节"佼佼者颁发3000卢布的一次性奖学金。

三、土库曼斯坦和白俄罗斯：美女列为战略资源

土库曼斯坦、白俄罗斯盛产美女，眼睛大、颧骨高、头发长，有着"魔鬼"般的身材。她们是许多外国模特和广告公司百万美元年薪的签约对象。如世界旅游小姐玛丽娅·马拉申科娃、巴西小姐娜塔利娅·宾达索娃、世界小姐亚军奥尔加·杜津斯卡娅、国际网络小姐杰米娅诺娃、世界超级名模玛丽娅·迪达罗娃等。然而，许多美女纷纷远嫁外国富商。这很快就引起了政府的警觉和高度重视。

（一）土库曼斯坦[1][2][3]

土库曼斯坦物产丰富、地广人稀。2012年年初，每平方千米的人口还不到11人。在苏联时期，它是出生率最高的地区之一，多数家庭拥有5个以上的小孩。苏联解体后，土政府面临人口持续减少和女性纷纷远嫁国外的双重难题。为此，政府制定了一系列针对性的新政策。

1. 政府干预涉外婚姻

2001年6月，土库曼斯坦发布《关于完善土库曼斯坦公民与外国公民或无国籍人士登记结婚问题的法律》总统令，公民与外国公民或无国籍人士登记结婚前应签婚约，其中要说明财产权、丈夫的义务及离婚后子女的抚养义务。其中，涉外婚姻登记须具备以下条件：①土公民必须年满十八岁；②为给离婚后未成年子女生活提供保障，外国公民或无国籍人士需向土国家保险公司投保5万美元以上；③外国公民或无国籍人士在土境内居住一年以上并拥有私人住所。在涉外婚姻登记时，应向户籍登记局提交的文件中，必须包括"土中央银行出具的关于申请人为离婚后未成年子女生活而向土国家保险公司投保5万美元以上的文件"。这就是著名的"新娘税"。

2005年4月，土库曼斯坦总统宣布施行《土库曼斯坦某些法律条文修改法》。重要变化包括：①对《土库曼斯坦婚姻和家庭法典》中涉及本国公民与外国公民结婚的条款做出补充规定，即"外国公民和无国籍人士

---

[1] 中华人民共和国驻土库曼斯坦大使馆经济商务参赞处：《土库曼放宽涉外婚姻制度》，2005年4月25日。
[2] 谷维：《土库曼斯坦修改涉外婚姻法律条款》，《中亚信息》，2005年第6期。
[3] 海涛：《土库曼斯坦实施鼓励生育政策》，《远东经贸导报》，2009年3月24日。

只有在土库曼斯坦居住一年以上，才可与土库曼斯坦公民结婚"。②取消 2002 年 3 月土总统颁布的关于"外国公民或无国籍人士与土库曼斯坦公民结婚，必须向土库曼斯坦国家保险公司缴纳 5 万美元保险金，以保障双方离婚后其未成年子女有必要的经济来源"的规定。

2008 年 6 月，土库曼斯坦又颁布新法令：禁止男士留长发、蓄胡须。该法令由教育部负责监督执行。新总统别尔德穆哈梅多夫解释说，留长发和蓄胡须会给人们留下"土库曼斯坦人是邋遢的粗人"的坏印象，有损国际形象。该项法令同时强调，这对适用于任何踏上土库曼斯坦国土的外国人。政府还说，将在飞机场和各边境检查站安装特制的摄像头，违法者将被强行剃发。观察家指出，土库曼斯坦的两大邻国——伊朗和阿富汗都是相当保守的伊斯兰国家。任何外国人，只要踏入这两个国家的领土，男子就必须蓄须，女子必须包头巾和面纱。因此，这项法令的针对性是不言而喻的。

2012 年 3 月，土库曼斯坦总统古尔班古雷·别尔德穆哈梅多夫签署的新《移民法》开始生效。第三章"土库曼斯坦的长期居留证"第 11 条规定，"该人员在土库曼斯坦的居留与土库曼斯坦的国家安全利益相抵触，有可能危害土库曼斯坦的公共秩序，或对土库曼斯坦居民造成精神伤害"时，将拒绝向外国公民或无国籍人士发放签证。第五章第 30 条规定了土库曼斯坦公民出境的条款。其中，第 8 款规定"土库曼斯坦公民在国外居留期间存在着成为人口买卖的牺牲品或沦落为奴隶的危险"时，将被临时限制出境。这对一度猖獗的"美女出口"现象形成了双重打击。一方面，外国模特公司采购土国美女，将面临非常严格的审核；另一方面，美女出国必须接受严格的审查。

2. 政府鼓励多育

2001 年 3 月，根据土库曼斯坦第 3356 号总统令第四条"税收优惠"第 1 款的规定，"英雄母亲（生育多子女妇女）"将得到免税；第 2 款则规定，"有两个或两个以上年龄在 16 岁以内孩子的单身母亲"和"有两个或两个以上年龄在 18 岁以内孩子并无养老金来源的孀妇或鳏夫"减征 50% 的税收；对"对靠在主要工作地点获得的收入供养三人及三人以上的工人、公务员和与其纳税相当的公民"，减征 30% 的税收。

2009 年 3 月，土库曼斯坦总统提出的对养育两个以上子女的家庭实行奖励的方案获得议会批准。同时，通过了对社会保障法的修改，将母亲照看子女的月补助提高了 30%，一次性补助提高了 25%。此外，还将自

2007年开始实施的医疗补助提高了30%，更重要的是，现行的补助标准将发放到孩子满3岁，而不是以前的1岁半。土库曼斯坦总统还表示，国家应承担15岁以前儿童的所有医疗费用。除此以外，奖励措施还包括提供购房贷款。

（二）白俄罗斯

白俄罗斯以"出产世界小姐和超级名模"而著称。政府借鉴土库曼斯坦的经验，直接采取行政手段，干预"美女出口"，打击地下"美女经济"，并把美女上升为"国家的战略资源"，进行"特别的商业保护"。政府明确表示，任何一个想出国当模特的年轻漂亮姑娘，都必须得到政府的书面批准；否则，这些美女以及将她们"出口"到国外的模特公司都将受到重罚。

2005年年初，卢卡申科总统在首都明斯克市视察时，突然发现大道两旁，几乎所有的广告牌上都是外国美女，就质问究竟。陪同视察的明斯克市长回答说，由于国外公司的高薪诱惑，绝大部分白俄罗斯女模特都跑到国外去了。总统当即表态："我国的美女流失到西方是一大损失，有损国家尊严，我们决不允许年轻姑娘成为被贩卖的对象。白俄罗斯的美女没必要到国外去，她们在国内有足够的发展空间。"政府决定向"美女出口"现象宣战，授权总统办公厅主任沙伊曼负责主抓这项工作。很快，明斯克市已开始对街头广告牌进行大规模清理。市政府规定，凡是位于十字路口处的广告牌，都不允许出现外国美女，那些外国名模做的广告都必须被本国模特做的广告或交通标志取代。

政府开始整顿遍地开花、猖獗一时的模特界。一些模特、模特培训学校、模特公司受到检查，500多名美女模特受到调查。多家模特公司被重罚，明斯克的娜塔利亚·马凯模特学校等知名公司被关闭，一些模特公司经理甚至被逮捕。总统发表声明说，年轻女模特出国，必须经政府书面批准，勾结境外机构合伙"贩卖"白俄罗斯美女的机构和个人将受到严惩，他还指示内务部长亲自核查所有美女模特的出国申请，缩减女性大学生和游客在国外的居留时间。白俄罗斯各大城市相继出现了以白俄罗斯女性为主角的系列广告，包括手拿麦穗的女农民，帮助警察维持秩序的女市民，还有女奥运会冠军等。

卢卡申科总统要求，所有的政府官员都必须将白俄罗斯美女列为"国家战略资源"，实行"特别商业保护"。因为，"我们所有人都应该保护女性。白俄罗斯是世界上为数不多的、以拥有数量众多美女而著称的国家之一"。①

四、古巴：拉丁美洲留学计划

哈瓦那大学创建于1728年，是古巴最古老、规模最大的大学，也是拉丁美洲地区历史最悠久的高等学府之一。1959年1月，菲德尔·卡斯特罗率领起义军推翻巴蒂斯塔独裁政权，成立了革命政府，出任了政府总理（部长会议主席）和武装部队总司令。1961年，他指挥古巴军民取得了著名的吉隆滩之战（猪湾事件）的胜利。1965年起，卡斯特罗担任共产党中央委员会第一书记。

为了对抗以美国为首的军事联盟的政治和经济封锁，积极寻找战略盟友国家，储备国际盟友和友好势力，卡斯特罗主持启动了拉丁美洲人才留学计划。从20世纪60年代起，哈瓦那大学向玻利维亚、秘鲁、巴西、委内瑞拉、智利、巴拿马等国家的适龄青年们，提供极其优厚的条件和待遇，动员和鼓励他们前来古巴深造。哈瓦那大学支付留学生的教学、教材、服装、住宿、饮食等全部费用，还提供回国探亲费用。对于一些信仰社会主义、政治立场坚定的经济贫困学生，政府关照有加、资助其顺利完成学业。到2010年，已经为第三世界的65个国家培养了1560名留学生。

古巴政府耗费不菲，成效极其显著。21世纪初，当年在哈瓦那大学就读的海外留学生们经过30多年的努力和奋斗，纷纷跻身于所在国家的上流社会，成为政治、经济、军事和文化领域的精英人物。在国际政治、经济和军事舞台上，古巴、委内瑞拉、智利、阿根廷、秘鲁等许多国家的领导人，以"不结盟运动"为平台，凝结成共同利益一致、国际立场一致、行动步伐一致的"哈瓦那声音"。②

哈瓦那大学、古巴高等教育学院、拉丁美洲医学院广泛接受海外留学生，政策待遇比较优厚：报名考生只需缴纳少量押金，以备在发生突发情况时使用，学生完成学业时即全额退回；学习期间的食、宿、医疗和学习相关费用由古巴政府提供；宽带免费；对学生实施封闭式管理，出行由校车接送；学生自由升学或就业，不受任何限制；等等。

---

① 黄晓东：《白俄罗斯打响美女保卫战，美女被视为战略资源》，《环球时报》，2005年2月16日。

② 宋斌：《政府猎头》，暨南大学出版社2010年版。

五、以色列：游说集团①②③④

这是指任何积极活动影响美国政策的以色列组织，以及参与其中的犹太裔移民。基于以色列的国家利益，坚决支持（捐款、融资、选票、报刊、广播、出版、电影等）一切支持和帮助以色列的政府、企业、非营利组织甚至个人；坚决打击一切他们认为是反对、敌视以色列的势力和个人。

以色列的非营利组织包括社团、社会企业、合作社和基金会四种主要类型。所有的非营利组织必须经过注册登记才能开展活动，并享受相应的税收优惠。以色列的非营利组织经过多年发展，已经成为经济、社会事业建设的重要力量。2011年第二季度，依法登记的非营利组织超过44.8万个，每年收入约300亿美元，拥有超过12万名志愿者，吸纳超过30万人就业，占到全国就业总人口的13%。

2011年，600多万犹太人居住在美国，集中于纽约、洛杉矶、波士顿、费城、芝加哥、迈阿密等大城市。他们先后成立200多个非营利组织，以色列游说集团（Israel Lobby），也称院外集团，人数最多、影响最大。其中，"美国-以色列公共事务委员会（AIPAC）"最为活跃（如图8-2所示）。

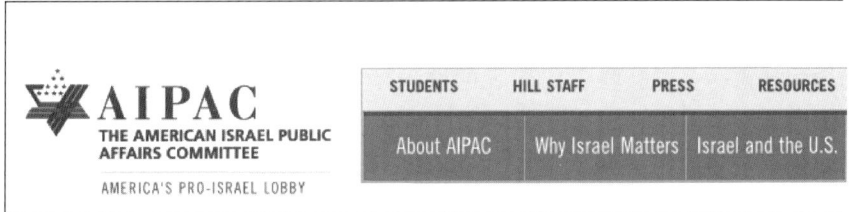

图8-2

---

① Michael Cervieri. The Israel Lobby：Does it Have Too Much Influence on US Foreign Policy? October 11, 2006. http://www.scribemedia.org/.

② John J. Mearsheimer, Stephen M. Walt. The Israel Lobby and U.S. Foreign Policy. Farrar, Straus and Giroux, 2007.

③ Ben White. Israel lobby uses discredited anti-Semitism definition to muzzle debate, The Electronic Intifada, September 28, 2012.

④ http://www.aipac.org/.

游说集团的核心成员是美国的犹太人。其中，不乏诸如美国国际组织（AIG）前主席莫里斯·格林伯格、美国联邦储备署前主席格林斯潘、世界金融投机大亨索罗斯、微软公司的总裁兼首席执行官巴尔默等风云人物。在组织内部，成分比较复杂。如"美国－以色列公共事务委员会"和"犹太人主要组织主席联议会"（CPMJO）的成员多是强硬派，支持利库德集团的扩张政策，反对奥斯陆和平进程；而大部分美国犹太人则倾向于向巴勒斯坦人让步；温和派和强硬派都呼吁美国支持以色列。游说集团目标却是高度一致的，那就是促使美国与以色列保持特殊关系，千方百计保护后者在中东的安全利益。

值得一提的是，游说集团似乎向来崇尚国家利益，且无所顾忌。如在20世纪80年代，一名美国高官向以色列游说集团提供了大量机密文件，获得了巨额的金钱；没有想到的是，后者居然将这些文件通过政府转给苏联，以换取更多的苏联犹太人出境签证，引起全球一片哗然。

美国犹太人领袖常和以色列官员会面。他们反对批评以色列，反对向以施压。即使是内部的不同派别的不同意见，也会受到围攻。如在2003年，世界犹太人大会主席埃德加·布隆夫曼写信给布什总统，希望阻止修建隔离墙。此举被指责为"背信弃义"。2005年11月，"以色列政策论坛"主席西蒙·雷西建议美国向以色列施压，重开加沙的一处通道，也被指责为"不负责任"。

AIPAC是最大、最著名的一个游说集团，被1997年《财富》杂志列为第二大的组织。成员包括基督教福音派的要人，如前众议院多数党领袖汤姆·狄雷、美国驻联合国代表的博尔顿、前《华尔街日报》编辑罗伯特·巴特利、前教育部长威廉·贝内特等。

游说集团通过阻挠、破坏妨碍以色列国家利益的美国政治明星的前途，进而消除潜在的威胁和危险。如前参议员查尔斯·珀西和众议员保尔·芬利，曾经公开指责美国偏袒以色列。游说集团迅速调动各种力量，破坏他们两人的声誉，使得他们在1984年的竞选连任中败北。加州前众议员保尔·麦克洛斯基、众议员辛西娅·麦金尼公开批评美国袒护以色列的中东政策，也招致游说集团的全力围剿，均在选举中失利。2001年，在众议院表决通过"与以色列团结打击恐怖主义"的决议时，黑人众议员厄尔·希利亚德投了反对票，在2002年又投了反对票。为此，游说集团出钱出力破坏了后者的连任计划。资深记者比尔·琼斯说，20世纪90年代以来，美国许多重要政客成为以色列游说集团的受害者。

六、非洲:"向东看"

(一)非洲之痛[1][2][3][4]

1963年,英国皇家学会因为发现大批科学家离开英国前往美国,并给英国经济造成损害,首次公开提出了"人才流失"论。当时因为苏联的军事威胁,欧洲不得不用鞍前马后追随的代价,来换取美国先进的原子弹、火箭、导弹等武器的保护。但是,学者们却发现正是大量的欧洲顶尖科学家流失到美国,才让美国这些领域的科技实力赶超欧洲,领先全世界。

发展中国家似乎更严重。从流失比例来看,人才流失影响最严重的灾区,往往是非洲这样人才总量不多、最需要人才改变现状的最贫穷地区。2007年,联合国贸易和发展会议的结论就指出:人才流失严重,是阻碍非洲国家发展并影响其顺利实现千年发展目标的主要障碍之一。

古巴领导人卡斯特罗就撰文抨击说,不发达国家从屈指可数的财政收入中挤出巨资投入人才培养,但所培养的人才最终却去为强国服务,其中非洲受人才外流影响最大。这"阻碍了贫困国家的发展,削弱了这些国家的人才培养计划,而这些人才对这些国家摆脱不发达状况又是必不可少的"。

不发达国家为人才流失付出了高昂的代价,尤其是非洲国家。在安哥拉、布隆迪、肯尼亚、毛里求斯、莫桑比克、塞拉利昂、乌干达、坦桑尼亚等发展中国家,已经有33%~55%受到高等教育的人才去了经合发组织国家,斐济的比例超过60%,加纳达到83%。

2004年就有一项研究指出,在经合组织成员国工作的非洲高等教育毕业生已经超过100万,非洲国家每培养1名高科技人才大约需要18.4万美元,这笔费用可供非洲最不发达国家500个农民生活一年。人才的缺乏又使非洲国家同时不得不高薪聘请外国专家以弥补必要的人才缺口,每年开销又高达40亿美元,占非洲每年所获外来援助资金三分之一。人才教育、培训、替代成本的损失,对于经济困难的非洲来说,几乎是天文数字。

---

[1] 王东:《足球劳工输出尼日利亚排第八,非洲人才外流严重》,《贵州都市报》,2010年6月29日。
[2] 《饥荒——非洲之痛》,《人民日报海外版》,2011年7月30日。
[3] 王辉耀:《人才战争》,中信出版社2009年版。
[4] 杨梅菊:《人才流失留下"失败国家"——他们为什么要移民?》,《国际先驱导报》,2010月6月12日。

而在医疗、教育等特殊领域，人才战争带来的伤害更为深远。正如世界卫生组织一份报告所言：医生和护士是穷国向富国提供的"最有悖常情的资助"。2005年，挽救儿童组织（Save the Children）和Medact组织进行研究调查，就估计英国从海外补充了大量专业医务人员，其中仅仅从加纳引进医生和护士，自1999年以来就节省了6500万英镑的医生培训费和3800万英镑的护士培训费。

对于贫穷国家来说，医疗关系生命，教育关系未来，这种损失还不能完全用金钱来衡量。非洲拥有全世界20%的人口，但只有占全世界3%的医务人员。世界卫生组织2006年估计撒哈拉以南非洲医务人员缺口100万以上，全球57个极端缺乏医务人员的国家有36个在该地区，将近50%的非洲人享受不到任何医疗服务。因此，时至2004年，有26个非洲国家的国民平均寿命低于50岁。赞比亚、安哥拉、津巴布韦、莱索托的人均寿命甚至低于40岁。利比里亚的婴幼儿死亡率也有15.7%，马拉维妇女生产死亡率也达到1.8%……

然而，这些非洲国家并不是没有努力培养医生。因为医生的缺位，塞拉利昂的婴幼儿死亡率在2003年为16.6%，妇女生产死亡率为2%，约30%婴幼儿在5岁前夭折，人均寿命不足40岁。但是，美国芝加哥来自塞拉利昂的医生却比塞拉利昂全国的医生总数还多。这也不是特例，赞比亚1964年独立之后所培训的医生90%移民到了国外；肯尼亚卫生部统计显示每年在公立医院受训的医生只有10%留在国内；英国曼彻斯特来自马拉维的护士比马拉维本土的护士总数还要多很多……

这一切的背后正是全球的人才战争，以及疯狂的人才掠夺。正如一位加拿大的经济学教授在《华尔街日报》所说："掠夺最有才华的人，尤其是从小国、穷国吸引有智之士，可能会损及这些国家的政治和经济发展。出于最糟糕的考虑，可能会让这些国家一败涂地。"

以津巴布韦为例。2010年7月12日，《国际先驱导报》指出，在美刊《外交政策》新近出版的全球"失败国家"排行榜上，津巴布韦位列"人才流失"指标榜首。2000—2010年，20%的人才选择"出走"，涵盖教授、医生、工程师、律师，以及记者等多种职业。连年来饱受政治动荡不安与严重经济危机的津巴布韦，成为全球人才流失问题的"重灾区"。2000年起，津政府实行"快车道"土地改革以来，全国有300多万人口移居海外，其中包括大量的专业人士。2003年，首都哈拉雷"科学与工业研究发展中心"指出，这个仅有1200万人口的非洲小国，专业技术人才移居国外的数量超过50万。流失人才绝大多数获得了学士以上学位，其中拥有硕士学位的占 20%，博士学位的占 5%。

人才流失直接影响到了津巴布韦未来的人才培养。而人才匮乏不只体现在教育部门，在过去 10 年的采矿业，专业人才损失了三分之一；在医疗卫生领域，人才流失使其几乎陷于完全瘫痪状态。当 2008 年那场历时 10 个月的霍乱突然爆发时，当地医疗部门却因为人力不足而束手无策，最终霍乱夺去了 4000 多条生命。

（二）向东看

美国给非洲开出了药方——多党制；中国也开出了药方——自主更生，或者说"中国模式"。事实证明，实行了多党制的国家大多战乱不断，如津巴布韦；走"中国模式"的国家都发展很好，如安哥拉等多个国家。①

非洲国家开始积极行动起来。1980 年，非洲国家联合成立了"政府间迁移委员会"，在工业化国家物色流出人才并动员他们回归祖国。该委员会着重在发达国家寻找有可能回国的人。一旦找到合适的人选，就同非洲有关国家的机构或雇主联系。1983 年，国际移民组织开始实施"非洲人才回归计划"，与联合国、非洲统一组织、非洲经济委员会及欧盟等机构广泛合作，通过地区以及全大陆性的大型科研项目来吸引海外人才。到 1987 年，已有 300 名物理学家、经济学家、科学家、教师和记者回到了祖国。其中，拥有硕士或博士学位的占 41%。这些人回国后，有 83% 的人认为，目前担任的职务同在海外学的专业是对口的。1999 年，尼日利亚派出庞大的代表团，前往美国招募本国留学生。贝宁、加纳等国对海外人员进行爱国教育，鼓励他们用资金和技术报效祖国。南非政府则通过修改移民法放宽对外国人才的限制。2009 年 6 月 11 日，非洲科学院发表了一份声明，呼吁 G8+5 国家帮助非洲遏制人才流失，重建其大学体系。

一些非洲国家在经济发展道路上，开始反思，探索新的政策方向。2005 年 4 月，津巴布韦总统穆加贝公开宣布，政府决定"背对太阳落下的西方，转向太阳升起的东方"。积极发展同中国的政治与经济关系，并采取措施加强同印度、马来西亚、伊朗和其他亚洲国家的经贸合作。肯尼亚总统齐贝吉说，肯尼亚非常关注中国等亚洲国家的发展模式。外长图朱更明确地说："'向东看'不是一个要讨论的问题，而是肯尼亚必须选择的一项务实决策，而中国则是这个政策选择的主要目标。"2005 年 6 月，

---

① 王尔德、姜静：《面对争议，我们要及时开展"公共外交"》，《21 世纪经济报道》，2011 年 10 月 22 日。

在南非开普敦举行的世界经济论坛非洲会议上,坦桑尼亚总统基奎特认为,中国和印度的经济持续高速增长,让非洲国家看到了希望,"中国和印度的今天就是非洲的明天"。2006年6月,在南非开普敦举行的世界经济论坛非洲会议上,"向东看"成为这届年会的中心议题。与会的政治家、大公司的总裁和经济学家们替非洲把脉后,雄心勃勃地展望:非洲经济持续增长了11年,要想把这个良好势头保持下去,非洲需要向亚洲学习,寻找到一条属于自己的发展道路。2008年4月,14个非洲国家出席了印度在新德里举办的印非论坛峰会。5月,52个非洲国家出席了日本在横滨召开的第四届东京非洲发展国际会议。可见,"向东看"成为非洲国家外交政策发展的必然趋势。"向东看"政策不只是"向中国看""向印度看""向日本看",还面向韩国等东盟国家,甚至还包括俄罗斯和伊朗,但是,"向中国看"却在"向东看"政策中占据了很大分量,旨在学习中国经济发展模式,并通过与中国合作达到共同发展的目的。①

  中非关系逐渐紧密。自1998年起,中国政府开始举办官员研修班,每年为非洲培训7000～8000名各类官员,他们回到非洲后在政治舞台上扮演了重要角色,甚至成为国家总统。2000年,中非合作论坛(FOCAC)创立,成为中非进行集体对话与多边合作的有效机制,构筑了中非间长期稳定、平等互利新型伙伴关系的重要框架和平台。中国政府还专门设立了"非洲人力资源开发基金",为非洲国家培训外交、经济管理、农业、卫生、教育、科技、文化和服务等领域的专业人才达数千名,并向非洲国家派遣了专家和教师,协助非洲国家在当地培训农业科技、职业教育、汉语教学及文艺、体育和杂技等方面的人才。2012年7月,中国政府宣布将实施为期三年的"非洲人才计划",为非洲培训3万名各类人才,提供政府奖学金名额18000个,并为非洲国家援建文化和职业技术培训设施。在此之前,中国已经累计为非洲国家培训各类人员近4万名,向非洲国家提供2万多个政府奖学金名额。中非双方合作在22个非洲国家设立了29所孔子学院或孔子课堂,20对知名高校在"中非高校20+20合作计划"框架下结对合作。在尼日利亚,中国公司为当地培训电力工程技术人员;在阿尔及利亚,一大批当地的高速公路和基础设施建设人员在中国企业的培训班中受益;在肯尼亚、埃及、突尼斯等地,中国通讯公司在当地建立了培训中心;等等。

---

① 张茂春、杨恕:《非洲"向东看":中国面临的机遇和挑战》,《当代世界》,2008年第12期。

参 考 文 献

[1] ADSHEAD J. Headhunting without tears. Personnel management (October), 1990: 56-57.

[2] AILI MCCONN. A Headhunter searches for a second life —Heidrick & Struggles looks beyond executive recruiting. Business Week I, 2009-02-02.

[3] ANNA LEE SAXENIAN. From brain drain to brain circulation: transnational communities and regional upgrading in India and China. Forthcoming in studies in comparative international development, Fall 2005.

[4] BENJAMIN DUNFORD, JOHN BOUDREAU, WENDY BOSWELL. Out-of-the-money: the impact of underwater stock options on executive job search. Personnel psychology, 2005.

[5] CRONIN R J. Executive recruiters: are they necessary. Personnel Administrator, 1981: 26 (2), 31-34.

[6] DAVIES S. Hong Kong's year of the headhunter. Asia Money and Finance (November), 1992: 55-56.

[7] AESC. Executive search at 50: a history of retained executive search consulting presented by the association of executive search consultants in celebration of its 50th anniversary, 2009.

[8] HUNTER M. Executive safari: headhunters: how they work, how they bill, and how to find the right one for you. Folio: The Magazine for Magazine Management (September), 1989: 116-125.

[9] JENN N G. Executive search in Asia-Pacific: choosing and using a headhunter, London: The economist intelligence unit, 1994.

[10] JENN N G. Executive search in Asia and Australasia: choosing the best headhunter in a growing Market, London: The Economist Intelligence Unit, 1997.

[11] JONES S. Headhunting: a guide to executive search in Asia, London: Prentice Hall, 1995.

[12] JOSEPH DANIEL MCCOOL. The World's Most Influential Headhunters. BusinessWeek Special Report, 2008 – 01 – 31.

[13] LEE M. Executive Recruitment Firms Work in Various Ways. (1997). http://www.amcity.com/tampabay/stories/082597/smallb 5. html.

[14] MARKETDATA. The U. S. Executive Search Firms Industry: An Analysis of Industry Characteristics, Market Size & Segments, Structure & Competition, Corporate Demand, Major Issues, Trends and Forecasts Lynbrook, NY: Marketdata Enterprises, 1989.

[15] MC CREARY C. Get the most out of search firms. Work force (August), 1997: 28 – 30.

[16] MELE, D. AND B. ROIG, B. Ethical issues in executive search consultancy//H. W. Hoivik and A. Follesdal (eds.), Ethics and Consultancy: European Perspectives. Boston: Kluwer Academic Publishers, 1995.

[17] MEYER J D. Modern day headhunters, directions (September/October), 1995: 42 – 44.

[18] ONG E. Executive search through headhunters. Careers (October – November), 1989: 26 – 27.

[19] PARKER J J & R H PERRY (eds.). The executive search collaboration: a guide for human resources professionals and their search firms. New York: Quorum Book, 1990.

[20] RAKESH KHURANA. Three-party exchanges: the case of executive search firms and the CEO search, working paper. Harvard Business School, 2001.

[21] REACH TALENTS CO., LTD. The key process of executive search, 2003 – 08 – 18.

[22] Recruitment and Development Report. Industrial Relations Review and Report 26, 1992: 2 – 12.

[23] ROBINSON S. Headhunters Unnerved by Unethical Behavior. Business journal (May), 1985: 27.

[24] ROBERT CLIVE. The job of filling jobs. Management decision, 1993.

[25] ROGER M KENNY. Executive search today. California management review (Summer), 1978.

[26] RUTLEDGE J. Don't headhunt without a guide. Forbes (September), 1997: 146.

[27] SARAH HALL, JONATHAN V BEAVERSTOCK. Exploring cultural economies of internationalization: the role of "iconic individuals" and "brand leaders" in the globalization of headhunting. Global Networks, 2009, 9 (3): 399–419.

[28] Singapore Yellow Pages: 1998. Executive search consultants. http://www.yellowpages.com.sg/cgibin/DirAppn/Image/web_process_input.

[29] TAYLOR A R. How to select and use an executive search firm. New York: McGraw-Hill, 1984.

[30] THORNDIKE DELAND, EDWARD A. Raisbeck The retail executive, his preparation and training. Harper & brothers, 1930.

[31] WATSON H, BALL D, BRITTAN C AND CLARK T. Executive search and the european recruitment market. London: The Economist Publications, 1990.

[32] WILLIAM FINLAY, JAMES E COVERDILL. Headhunters: matchmaking the labor market. New York: Cornell University Press, 2002.

[33] 大久保順一. スタッフサービスグループ人才派遣業界の新たな雄. 东京: 早稲田大学商学部井上研究室ケース, 2005.

[34] 武田里子. 日本の留学生政策の歴史的推移－対外援助から地球市民形成. 日本大学大学院総合社会情報研究科紀要, 2006 (7): 77–88.

[35] 古井仁. 日本多国籍企業における経営現地化－研修システムと業績. 国際関係紀要 (第19卷, 第1·2合併号).

[36] 安田聡子. 外国人高度人才のグローバル移動とイノベーション. 中小企業総合研究 (第6号), 2007.

[37] 刘嵬. 台湾的"猎头"公司. 中国人才, 1998 (7).

[38] 吴伯辉. 猎人头产业研究. 台北: 中山大学企业管理学系研究所, 2000.

[39] 尼克 A 科克迪勒斯. 向猎头学习. 张丽宾, 等, 译. 北京: 机械工业出版社, 2001.

[40] 陶涛. 21世纪全球人才争夺及其思考. 求是, 2001 (8).

[41] 康兵. 成都A猎头公司竞争战略研究. 成都: 西南财经大学, 2002.

[42] 张凯集. 猎头实战操作指南. 北京: 对外经济贸易大学出版社, 2003.

[43] 林泽炎, 主编. 转型中国企业人力资源管理. 北京: 中国劳动社会保障出版社, 2004.

[44] 宋斌，程贤文. 猎头 VS 反猎头. 北京：中国财政经济出版社，2005.

[45] 陈惠滇. 台湾地区猎人头产业之经营服务方式探讨. "台湾中山大学"企业管理学系研究所，2005.

[46] 人事部中国人事科学研究院. 2005年中国人才报告：构建和谐社会历史进程中的人才开发. 北京：人民出版社，2005.

[47] 王洪浩. 猎头. 广州：南方日报出版社，2005.

[48] 宁瑜. 猎头智慧. 北京：中国时代经济出版社，2005.

[49] 潘晨光. 中国人才发展报告. 北京：社会科学文献出版社，2006.

[50] 宋斌. 中国猎头产业规制研究. 武汉：中南财经政法大学，2007.

[51] 程贤文，宋斌. 美国崛起的国家人才战略. 国际人才交流，2007（3）.

[52] 元辉. 猎头公司人力资本经营模式研究. 天津：天津财经大学，2007.

[53] 张华群. 广州市猎头顾问胜任力特征模型研究. 广州：暨南大学，2007.

[54] 程贤文，张婷婷. 美国的猎头产业，国际人才交流，2007.

[55] 程贤文，宋斌. 法国的猎头产业. 国际人才交流，2007.

[56] 周禹，曾湘泉. 基于企业和经理人视角的猎头运营实践有效性研究，管理世界，2008（1）.

[57] 程贤文. 印度的猎头产业. 国际人才交流，2008（4）.

[58] 付超. 泽恩猎头公司汽车行业中高级人才猎取方案研究. 苏州：苏州大学，2008.

[59] 沈荣华. 人才引进和保持的国际视野. 上海社会科学院，2008.

[60] 程贤文. 中国猎头产业发展路径研究. 武汉：中南财经政法大学，2009.

[61] 宋斌. 一般意义上的猎头、猎头公司和猎头行业，中南财经政法大学研究生学报，2009（5）.

[62] 王靖. 上海 A 猎头公司发展战略研究. 成都：西南交通大学，2009.

[63] 宋斌. 经济全球化视野下的政府猎头. 中国商界，2009（10）.

[64] 宋斌. 政府猎头招募高级人才的十种风险及其分析. 管理观察，2009（23）.

[65] 宋斌. 美国政府首席人力资本官制度解析及其借鉴. 财经界，2009（11）.

[66] 宋斌. 中小企业参与政府猎头的基本路径分析. 中小企业管理与科技, 2009 (28).
[67] 宋斌. 政府猎头: 广州市国有企业猎头的理论范式与实战路径. 广州: 暨南大学, 2012.
[68] 郑晓廉. S猎头公司的发展战略管理. 上海: 华东理工大学, 2012.
[69] 欧阳东勇. 国内猎头公司和客户企业合作策略研究. 兰州: 兰州大学, 2012.
[70] 王辉耀. 人才战争. 北京: 中信出版社, 2009.
[71] 刘国福. 技术移民法立法与引进海外人才. 北京: 机械工业出版社, 2012.
[72] 顾克文, 丹尼尔·罗雅区, 王辉耀. 以色列谷. 北京: 机械工业出版社, 2014.
[73] 刘宏, 王辉耀. 新加坡的人才战略与实践. 北京: 党建读物出版社, 2015.
[74] 王辉耀, 苗绿. 解密大国背后的"第四力量". 北京: 中信出版社, 2017.

致　　谢

　　中国的猎头研究依然处于起步阶段。2005年以来，先后在北京、天津、广州、深圳、济南、昆山、烟台、宁波等城市演讲、座谈和授课，深深感觉到人们对现代猎头还比较陌生。一些本土猎头公司对外国同行一无所知。在行业管理和产业规制、政府猎头和国家猎头等领域，尚处于理论的细化阶段。至于全球猎头的整体研究，近乎空白。

　　事在人为。2011年11月，我们聘请13名翻译，全力搜到1917年以来、30多个国家和地区的30000多份文献，希冀完整而系统地认知现代猎头的前生今世、来龙去脉。2012年1月起，国家外国专家局主办的《国际人才交流》开设《猎头》专栏持续刊发文章，有着很好的普及和探索效应。

　　《现代猎头》是全景式的多层级编译。依据家族猎头、猎头机构（猎头公司和非营利猎头组织）、猎头行业、猎头产业、政府猎头和国家猎头等6个层次展开。采取"一纵三横"的体例，借以展示丰富多彩、包罗万象的猎头世界。"一纵"，就是以时间为主线划分成主要的发展阶段；"三横"，就是围绕"最典型、最主流、最突出"的理论要义和实战案例，适当兼顾全面、力求对比，并做简要的剖析。

　　山外有山，天外有天。书稿涉及面较为广泛，多个语种同译的风格不一；资料来源尚不穷尽，必定存在挂一漏万。一些立场、观念和提法，只能是抛砖引玉。少许的点评，目的无外乎是增加阅读的直观和亲近意味。

　　全书凝结许多人的智慧、心血和奉献。7年以来，蔡贤双、左衡、李松、林春华、文静、李山根、张华威、严五胤、何兆中、欧崇亚、黄文雅、林烨、郑欣、罗巾如、李科（英语），林珠妹、任瑞（日语），张君艳（德语），丁夏荣（朝鲜语），温荣璋（法语），沈丹（俄语），纳雷什·库马尔（印地语）参与搜集、遴选和翻译工作。

初稿出来，先后邀请彼得·菲利克斯（Peter Felix）、曾宪章、刘延国、夏兵、吴江、沈荣华、王辉耀、裔锦声、刘国福、纪云、郭展序、蔡贤双、魏建新、王洪浩、文静、金凯、谢文斌、陈怀霖、李明、黄子浮等参与校译。

杜万平、邹传太、贺国强、沈炳宽、李玉梅、卓化、杨海军、宋德刚、周极宏、陈尚濂、叶林、金凯、何贵忠、陈绪泉、冯浩、王静、陈星等予以支持。

特别鸣谢：刘保平、罗家宾，硕士生导师蔡启源教授、邓以新教授、吴连连教授，博士生导师邬义钧教授及夫人李俊哲女士，博士后导师凌文辁教授及夫人方俐洛研究员。

2017年，正值猎头百年诞辰纪念。能够在有生之年，陆续出版系列研究猎头的著述，应是慰藉。

这个世界，从来不是一个理想状态；正因为于此，才有我们存在的价值，改变、改造和改良之。一代人，就必须体现一代人的智慧、眼光和能力。正是得力于持续强劲的艰辛累进，古老的中华民族才能饱经风霜、弥久日新。面对风起云涌、扑面而来的现代猎头，我们注定要在现实中思考、在追赶中探索、在创新中超越。这是使命，也是责任。

宋斌

2017年5月